KB044495

## 윤회(輪廻)의 과환(過患; 허물과 우환)

불교의 입장에서 보면 중생은 삼계(三界)를 끊임없이 돌면서 생사(生死)가 계속 이어지고, 인과(因果)가 서로 의지하니 이것은 괴로움의 순환이다. 옛사람이 말하기를 "모든 악은 짓지 말아야 한다.", "악은 아무리 작다고 해도 행하지 말라."고 하였는데 이것은 오랜 세월의 교훈이다. 만약 사람의 마음속에 원한과 탐욕이 더 이상 없다면 이 세상도 고통과 슬픔이 없을 것이다. 이것이 마음의 자아를 초월한 것이다.

**아수라도(阿修羅道)**
이 도(道)의 중생은 질투로 분노와 원한이 생겨 쉼 없는 전쟁의 고통 속에 깊이 빠지며, 여의과(如意果)와 미녀가 그들 전쟁의 원인이 된다.

**천도(天道)**
천인들은 생활이 자유롭고, 번뇌가 없으나 향락에 미련을 두게 된다. 따라서 복보(福報)를 모두 누리게 되면 다른 오도(五道)에 떨어지기 때문에 최종적인 해탈이 없는 것이다.

**인도(人道)**
인도는 육도 가운데 가장 뛰어난 것이다. 이 도의 중생들만 깨달음의 기쁨을 선택할 방법을 자제(自制)할 수 있기 때문이다.

**축생도(畜生道)**
축생은 무명(無明)하고 무정(無情)하며 우둔한 존재이다. 이들은 추위와 더위, 굶주림과 목마름을 참고 견디며, 자연계에서 서로 잔인하게 죽이거나 인류에게 노역을 당한다.

**지옥도(地獄道)**
극악무도한 자의 결말로 냉정한 원한과 치열한 분노가 중생을 육도 가운데 가장 어두운 지옥도에 떨어지게 한다.

**아귀도(餓鬼道)**
만족하지 못한 탐욕이 굶주림과 갈증을 일으키는데, 그들은 목구멍이 좁고, 배가 불룩한 괴물이어서 그들이 받는 고통은 축생도보다 훨씬 크다.

## 지혜가 열리고 마음이 즐거운 생활

사법인(四法印)은 불법의 모든 이론을 포괄한다. 이것은 불법 구축의 기반이며, 차례마다 모두 유대가 긴밀하여 순서에 따라 연결된다. 이것은 생명이 진실하게 발전한 흔적을 밝혀 주며, 이러한 관념은 우리가 더욱더 진지하게 인생을 사고하도록 도와주고, 우리가 슬픔에 직면하거나 취사선택의 기로에 임했을 때 우리로 하여금 앞으로 나아가게 하는 힘을 전해줄 수 있다.

**③ 제법무아(諸法無我)**

세상의 물리 현상을 만드는 색법(色法)과 정신 현상을 조성하는 심법(心法)을 영원히 주재할 수 있는 하나의 '나[我]'는 없다. 오온(五蘊)이 어우러져 구성된 사람의 몸도 순간 생멸하고 있어 실체(實體)가 없다.

**① 제행무상(諸行無常)**

세상의 모든 행위와 현상은 모두 끊임없는 변화 속에 처해 있어서 초목이 봄에 피어나고 가을에 낙엽 지는 것처럼 사람의 육체도 죽음을 피할 수 없다.

**② 유루개고(有漏皆苦)**

모든 법에 생멸이 있고, 세상의 모든 것이 무상하며 무아인 이치를 중생이 제대로 모르고 거듭해 그 속에 집착하면 세상은 곧 고통의 바다인 것이다.

**④ 열반적정(涅槃寂靜)**

삼법인(三法印)에 따라 수행하면 문득 해탈의 상태로 들어갈 수 있다. 이때 무상함 속에서 항상함[常]을 볼 수 있고, 무아인 상태에서 나[我]를 볼 수 있으며, 생멸의 환영과 고뇌 속에서 진정한 즐거움이 영원함을 보게 된다.

인과업보(因果業報)의 법칙은 모든 일이 근거 없이 발생하는 경우는 없으며, 즐겁지 않고 행복하지 않은 것도 각기 이유가 있음을 우리에게 가르쳐 준다. 만약 일어난 이 모든 원인을 충분히 이해할 수 있다면, 우리는 언제 어디에서든 말과 행동을 신중하게 하고, 마음에 자비와 친절을 품을 줄 알게 된다. 행복의 씨앗은 바로 이 순간에 심어지는 것이다.

### 인연과보(因緣果報)
인(因)은 원인이고, 연(緣)은 그것이 변화하는 물질적인 조건이다. 인과 연이 한데 어울려서 발생되는 것을 과(果)라고 하며, 이 과는 원인을 조성한 것의 입장에서 말하면 보(報)가 된다. 업(業)은 업인(業因)과 업연(業緣)을 포함하며, 과는 업과(業果)와 업보(業報)를 포함한다. 간단하게 말해서 인과가 되는 것이고, 인과는 서로 비슷해서 서로 이어받아, 쉬지 않고 생겨나 끝없이 멈추지 않는다.

### 업력(業力)은 윤회(輪廻)를 이끈다
곧 선행과 악행을 가리키는 것이다. 과는 곧 선악의 행위로 초래된 인도(人道)·천도(天道)·축도(畜道) 등 육도(六道)의 필연적인 결과이다. 업력은 중생이 육도에서 윤회하는 원인이며, 중생의 몸[身]과 입[口]과 생각[意]으로 지은 결과이다.

### 마음은 재앙[禍]과 복의 근원이다
모든 안락과 괴로움은 선악의 업으로 초래된 것이며, 선악의 업은 마음에서 일어난 지금 이 한 생각에서 근원한다. 따라서 재앙과 복의 근원은 바로 지금 이 한 생각에 달려 있는 것이다.

### 생명에는 차별이 있다
어째서 현실 속의 어떤 사람은 운이 좋고, 어떤 사람은 운이 좋지 않은가. 불교에서 보면 모두 사람의 인과가 만들어짐에서 근원한다. 옛말에 "선행에는 선한 과보가 있고, 악행에는 악한 과보가 있다."라고 하였으니 바로 이러한 이치이다.

## 지금 이 자리에서 일마다 뜻대로 편안히 머물다

'지금 이 자리[當下]'는 바로 자나 깨나 늘 생각하며, 생각마다 분명하다. 눈앞에서 숨 쉬는 그 한 순간이지 다른 곳에 있는 것이 아니며, 또한 다른 시간에 있는 것도 아니다. 인생에 가장 귀중한 것은 이 순간을 가지고 있는 것이다. 그것은 이미 지나가 버린 행복이 아니며, 미래에 있을 성취도 아니다. 마음을 추억과 환상이 차지하고 있으면 즐거움은 한 순간도 나타날 수가 없다.

**오온이 있지 않음을 관(觀)하라**

연기성공(緣起性空)을 깨달으면 '무아'를 알게 되어 분별하는 마음을 내려놓게 된다.

**죽음을 관하라**

죽음의 필연성을 상상하면 지금의 순간을 붙잡아 곧바로 즐거운 생각이 일어난다. 더 이상 모든 외물에 대한 탐욕에 집착하지 않고 내적으로 마음의 청정함을 찾게 된다.

**무상함과 공존하라**

꽃이 피고 지며, 북두칠성이 방향을 틀고 뭇 별들이 자리를 옮기며, 흐렸다 맑고, 둥글었다 이지러지며, 태어나고 늙고 병들고 죽는 것은 모두 무상하며, 우리의 몸은 그 속에 처해 있어서 무상과 공존하는 것을 배워야 하는 것이다.

**'지금 이 자리'에 편안히 머물러라**

과거를 그리워하며 미련을 두지 말고, 미래를 붙잡으려고 하지 말며, 지금 이 자리를 생각하고, 항상 맑고 뚜렷한 깨달음[覺知]을 유지하라. 시시각각 지금 이 자리를 주시하고, 지금 이 자리에 집중하는 것은 평안한 가운데서 살아가는 하나의 지혜이다.

## 생명은 무상(無常)하다

'세상의 모든 사물과 사유 개념은 모두 생멸의 변화가 끊임이 없다'란 기본 명제는 모든 존재의 본성을 밝혀 준다. 그림의 시타림주(尸陀林主)는 수행자가 '무상의 관함[觀無常]'과 '더러움의 관함[觀不淨]'에 있어서 숭배하는 우상이다. 그래서 인생은 집착할 필요가 없고, 번뇌는 저절로 소멸되니, 가장 어려운 순간에도 즐거움을 포기하면 안 된다.

### 무상과 집착에 대한 괴로움[苦]
불교는 인생의 괴로움이 무상함을 항상한다고 여기고, 변할 수 있는 것을 변하지 않는다고 생각하는 사람의 마음에 달려 있다고 본다. 이러한 집착은 스스로 번뇌를 초래하여 자유로운 해탈을 얻지 못하게 될 수 있다.

### 생명의 참모습[眞相]을 꿰뚫어 보다
세상의 만사만물은 모두 일시적으로만 존재할 뿐이다. 정신과 물질을 막론하고 모든 현상은 찰나에 생멸하여 변화하지 않는 것이 하나도 없기 때문이다. 따라서 무상은 세상의 실상(實相)이며, 영원히 변치 않는 진리이다.

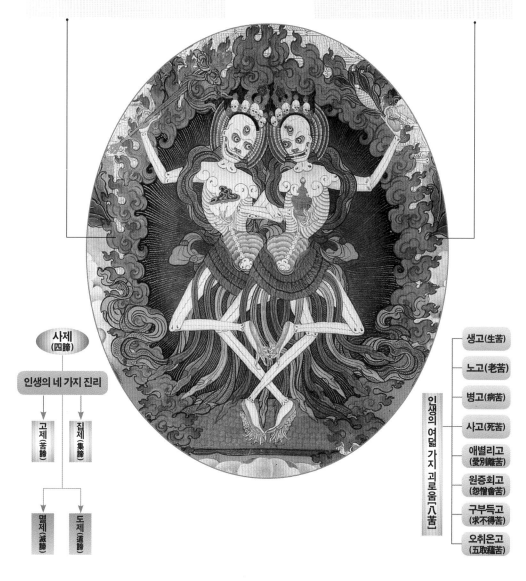

사제
(四諦)

인생의 네 가지 진리

고제
(苦諦)

집제
(集諦)

멸제
(滅諦)

도제
(道諦)

인생의 여덟 가지 괴로움[八苦]

생고(生苦)

노고(老苦)

병고(病苦)

사고(死苦)

애별리고
(愛別離苦)

원증회고
(怨憎會苦)

구부득고
(求不得苦)

오취온고
(五取蘊苦)

## 한량없고 끝없는 복과 행운의 일생을 만들다

건강·지혜·감정·금전·지위, 이러한 것들은 우리 인생의 재산이며 모두 다 중요하다. 다만 우리 생활 속에서 이것들의 비중이 적당히 마련될 필요가 있을 뿐이다. 마치 자산을 투자하는 것처럼 자신에게 최대의 행복을 가져와 보답해 줄 수 있는 그 하나에 관심을 가질 필요가 있으며, 지니고 있는 한 조각 자비심은 우리가 인생을 실현하는 데 있어서 행운으로 전환되도록 도와줄 수 있다.

마음을 닦는 여덟 가지 송(頌)

귀중하게 보라. / 중생을

보고 사유하라. / 비열한 자들을

신속히 번뇌를 끊어라.

삼가 아껴라. / 이 보배를

손해를 당하라. / 스스로

여겨라. / 해악을 스승으로

고통을 거두어라. / 어둠 속에서도 그의

환영과 같다. / 모든 법은

인자함에서 나오는 자애로운 마음

남과 나를 이롭게 하며 아껴 씀

충성스럽게 예를 지킴

많이 보고 들어 지혜를 증진함

성실하여 속임이지 않음

자애와 인내로 복을 쌓음

옳고 그름의 다툼이 없음

자애로운 마음으로 자기를 버리고 희생함

말씀에 예의가 있음

말이 자애롭고 온화함

## 마음을 전환해 운(運)을 바꾸는 네 가지 사유 방법

인생은 하나의 기나긴 여정이다. 행복하거나 행복하지 않은 것, 원만하거나 원만하지 않은 것은 태어나면서부터 정해진 것이 아니다. 그래서 우리는 일생이라는 행운의 시간을 어떻게 잘 운영해 더 나은 생활을 할 것인지 결정할 충분한 자격이 있다. 만약 인생에 고통과 번뇌가 없다면 무언가 변화할 필요가 없을 것이다. 그러나 사람마다 생활하는 가운데 즐겁지 않고, 뜻대로 되지 않는 많은 것들이 늘 있었기 때문에, 우리는 이 모든 것을 변화시킬 수 있는 일종의 방법을 찾을 필요가 있는 것이다. 만약 불교에서 말하는 마음을 바꾸는 사유의 심오한 뜻을 깊이 깨달을 수 있다면, 우리의 마음은 정화되고 난 다음의 즐거움을 얻을 수 있고, 우리의 인생도 이로 인하여 원만하고 행복하게 변할 것이다.

### 인간의 몸을 얻기 어려움

인도(人道)의 중생이 열 가지 원만한 좋은 인연을 갖춘 것은 육도(六道) 가운데 가장 수승한 기연(機緣)이 모인 것이다. 석가모니는 인간으로 태어나 부처님이 된 가장 위대한 성취자로, 변화하는 이 과정에서 만약 마음의 가장 깊은 곳에 있는 지혜를 깨어나게 하면 인생에 중대한 변화를 겪게 될 것임을 우리들에게 보여주었다.

**여덟 가지 여유[八有暇]**

지옥도, 아귀도, 축생도, 천도(天道)에서 태어나지 않고, 불법을 수행하기 불리한 곳, 정법(正法)이 없는 곳, 부처님이 출현하지 않은 곳에서 태어나지 않으며, 몸과 마음이 건강하고 온전하게 태어남 등의 여덟 가지를 말한다.

**열 가지 원만함[十圓滿]**

사람의 몸으로 불법이 전해진 곳에 태어나, 살생과 도둑질을 하지 않고, 몸과 마음이 건강하고 온전하며, 삼보를 깊이 믿고, 바로 불타께서 머무는 세상을 만나게 되며, 부처님이 가르침을 펼치고, 불법이 널리 전해져 실천함이 있으며, 스승들의 도움이 있음 등의 열 가지가 원만함을 말한다.

## 생명이 윤회하는 가운데 행복의 방향을 찾다

생사는 종이 한 장 차이이다. 죽음은 끝맺음이 아니라 한차례 새롭게 시작하는 것이다. 사람이 만약 마음속 최초의 청정함으로 되돌아가 진정한 자아를 끝내 찾을 수 없다면, 영원히 윤회하는 가운데 길을 잃고 낯선 곳에 떨어지는 고통을 참고 견뎌야 한다. 행복은 결코 아득히 멀리 있는 것이 아니니 우리가 해야 할 일은 바로 자기의 마음을 위하여 해탈을 찾는 것이다.

**중생이 윤회하는 업인(業因)**
중생의 행위는 육도 가운데에서 각자 끊임없이 윤회하는 것을 결정짓는다.

**마음은 씨앗이다**
사람의 마음은 행위를 결정하는 씨앗이다. 그러므로 윤회의 고통을 끊는 것은 마음에서부터 시작해야 한다.

**인과율(因果律)**
윤회의 원인에는 인과의 규율이 존재하며, 십이연기(十二緣起)는 인생에 대한 가장 훌륭한 설명이다.

**십이연기의 해탈관(解脫觀)**
고멸제(苦滅諦)는 십이연기의 첫 번째 인연인 어리석음[無明]을 끊음으로부터 열두 번째 인연인 늙고 죽음[老死]을 끊음에 이르렀을 때가 바로 범부를 초월해 성인에 들어가는 해탈의 경계 및 열반의 경계인 것이다.

# 도해 운명을 바꾸는 법

그림과 도표로 터득하는 일생일대의 인생 변화를 위한 운명 관리술

편저 석심전 — 역 김진무 · 류화송

당신의 운명을 바꿔 줄 불법 지혜의 모든 것

# 도해 운명을 바꾸는 법

그림과 도표로 터득하는 일생일대의 인생 변화를 위한 운명 관리술

편저 석심전 ― 역 김진무·류화송

불광출판사

# 스스로 자기 운명에 개입하라

'운명은 있는가?' 나는 운명이 있다고 믿는 쪽이다. 오십 넘으면서부터 팔자가 정해져 있다는 생각이 많이 들었다. 나와 주변 사람들의 삶을 돌이켜보며, 인생의 결정적 순간에 '왜 그런 선택을 했을까?' 하는 의문을 품곤 했다. 지나고 보니 팔자소관으로 돌리는 게 몸과 마음에 병이 덜 걸리는 방법이다. 이걸 운명 탓으로 여기지 않고, 나의 판단력 부족이나 머리가 아둔해서 그렇게 된 것이라고 여기면 제 발등을 계속 찧는 일만 계속된다. 그래서 남는 게 무엇인가. 아무것도 없다.

'운명을 바꾸는 방법이 있는가?' 있다면 무엇인가. 기독교와 이슬람에서는 운명을 신이 관장하는 영역이라고 믿는다. 그러나 이 책에서는 자기 마음이 결국 자기 운명을 결정짓는 핵심 요소라고 설명한다. 자기 마음을 바꾸는 데서 운명을 바꿀 수 있다는 것이다. 그렇다면 이 마음이란 게 도대체 어떤 것인가.

명심(明心), 마음을 알고 밝히는 일은 어렵다. 이 책에서는 우선 여덟 가지 식(識)을 이야기한다. 마음의 구조가 여덟 겹으로 되어 있다는 것이다. 오식(五識)까지는 눈, 귀, 코, 혀, 몸이다. 이 다섯 가지 감각 기관으로 정보가 들어와서 마음이 형성된다. 육식(六識)은 지성[意]이다. 육식이 이전의 오식을 총괄한다. 육식의 배후에는 칠식(七識)이 있다. 길을 가다 갑자기 공이 날아오면 반사적으로 머리를 피하게끔 하는 게 칠식의 작용이다. 이 배후에는 또 팔식(八識)이 있다. 깊은 무의식인 팔식은 윤회의 자본금이 된다. 칠식까지의 모든 정보가 최종적으로는 팔식에 저장된다. 이 팔식이 그 사람의 팔자요, 운명에 해당된다고 설명한다.

팔자는 전생에 자신이 쌓아 놓은 팔식을 이월 받아 금생에 살아가는 것이다. 말하자면 전생 팔식의 성적표대로 대개 현생을 사는 것이고, 현생에 마음의 구조를 알아서 선업(善業)을 쌓아 나가면 내생의 팔자가 결정되는 것이다. 기독교나 이슬람은 전생의 업보라는 개념을 통틀어 '신의 섭리', '신의 뜻'이라고 정리한다. 하지만 불교는 숙생의 업보라고 본다. 자기가 지은 업보인 것이다.

이 책은 업(業, Karma)이 어떻게 형성되고 축적되어 작동하는지를 설명하며, 마음의 구조가 어떻게 되어 있는지를 자세히 밝히고 있다. 그것을 알아야 운명을 바꿀 수 있기 때문이다. 또한 마음을 돌려 운명을 바꾸는 법으로 '사공가행(四共加行)'의 사유법을 이야기한다. 이를 정식 수행을 위한 필수적인 준비 과정으로 보며, 마음을 번뇌에서 벗어나게 하고 인생을 불행(不幸)에서 행(幸)으로 돌린다고 말한다. 이 사유법은 비록 우리의 지금까지 생활 이념이나 방식과는 결이 다르지만 겁낼 필요는 없다. 일상에서 간단하고 쉽게 실천할 수 있다. 이 책에선 이를 '순식간에 지혜를 얻고, 행복한 마음의 문에 곧장 이르도록 돕는 지름길'이라 하였다.

불교에서는 누구나 부처가 될 자질을 갖추고 있다고 말한다. 하지만 대부분 자신의 불성(佛性)을 깨닫지 못한 채 삼독(三毒, 욕심·어리석음·무지)에 중독되어 산다. 고단한 삶에 자신의 운명을 탓하고 있는 이들이라면, 이 책에서 이르는 대로 지금 당장 제 마음부터 고쳐먹는 것부터 시작해 보기를 권유한다. 스스로 운명을 바꾸는 건 물론 그것을 뛰어넘을 수 있는 존재가 바로 '나'임을 깨닫게 될 것이다.

조용헌(강호동양학자·사주명리학연구가)

# 자본을 관리하는 것처럼 당신의 행운을 관리하라

사람의 일생은 무수한 재산과 부(富)를 쌓아 가는 과정이다. 건강, 지혜, 감정, 금전, 신분, 지위……, 이러한 모든 것들이 다 재산이자 부이며, 이것들은 우리의 삶을 즐겁고 행복하도록 보장해 준다. 다만 사람마다 그것을 보유하고 있는 정도는 다르다. 그래서 운명의 다양한 격차가 나타나는 것이다.

예컨대 어떤 사람은 건강을 가지고 있으나 어떤 사람은 질병의 고통에 가득 차 있으며, 어떤 사람은 돈이 있으나 어떤 사람은 빈곤하여 실의에 빠지기도 한다. 이러한 차이로 우리는 형형색색의 다른 운명을 가진 사람들을 볼 수 있는 것이다. 어떤 사람의 행운은 다이아몬드처럼 반짝반짝 빛나는데, 어떤 사람은 저주를 당한 것처럼 재수가 없고 불행하다. 이러한 차이에 직면하면 많은 사람들은 소극적으로 '인정하는 태도'를 선택하여 마치 이 세상은 본래 좋은 것도 있고 나쁜 것도 있어야 하는 것처럼 여긴다. 그러나 우리는 불교의 지혜를 통해 우리의 운명도 우리 스스로 만드는 것이라는 깨달음을 얻는다. 만약 우리 각자의 태도가 적극적이고, 낙관적이며, 활달하고, 자비롭고, 선량하다면 그러한 행위 방식은 자연히 행운을 가져다줄 것이다. 이러한 행운은 어떤 신선이 하늘에서 내려와 주는 게 아니다. 우리 자신의 노력을 통해서 얻게 되는 것이다. 모든 사람들이 부러워하는 이른바 '행운아'들은 하는 일마다 뜻대로 되고 번뇌가 없는 것 같지만, 그들의 행운은 순전히 그들 자신의 좋은 마음가짐 덕분이다.

한번은 우연한 기회에 『요범사훈(了凡四訓)』을 읽게 되었다. 이 책의 내용은 한 사람이 '운명을 하늘에 맡기던 것'에서 '운명을 자아로부터 세우는 것'을 어떻게 실현하는가에 관련된 이야기이다. 누군가 이 책을 본 사람은 모두 복이 있는 사람이라고 하였다. 한 사람의 운명의 궤적이 판에 박힌 반복 속에서 변화될 수 있다는 것을 우리는 『요범사훈』의 이야기 속에서 볼 수 있다. 결국 그는 원하는 모든 것을 실현하였고, 그의 인생은 그가 바라던 모습으로 바뀌었다. 마치 신화처럼 들리지만, 우리는 불교의 이론에서도 이러한 진리의 논리를 찾을 수 있다. 사람의 운명은 자기의 손안에 쥐어져 있으며, 사람은 자기 운명을 창조하는 천재라는 것을 증명해 준다.

만약 몇십 년의 인생을 한 차례의 자본 활동 과정으로 본다면, 우리는 마땅히 유한한 자본으로 최대의 가치를 창출해 내기 위해 어떻게 할 것인가를 고려해야 한다. 투자한 재산 대비 분배는 어떻게 해야 하며, 가장 가치 있는 투자는 또 무엇일까? 인생은 과학적인 관리가 필요하다. 이러한 관리는 우리가 인생 활동을 더욱 잘하도록 도와줄 수 있다. 우리의 인생 관리가 잘되어야만, '하늘에서 떡이 떨어지는' 그런 행운에 기대는 것이 아닌, 우리 자신이 노력해서 하는 일마다 뜻대로 되고, 즐겁고 풍족한 생활을 얻게 되는 행운아가 될 수 있다.

'일 중독'과 '과로사' 현상은 한동안 사회의 이슈였다. 또 우리 삶 곳곳에서 '하우스 푸어', '수전노', '직장 노예' 등을 볼 수 있다. 사람들이 이렇게 물질을 좇는 가운데 하나의 체험을 얻게 되는데, 그것은 '산다는 건 정말 피곤하다'는 사실이다. 바쁜 일상 속에 수많은 사람들은 다 자신의 생명을 갉아먹고 있다. 소수의 사람들만이 자기의 목적지가 어디에 있는지, 언제가 끝인지 분명히 말할 수 있다.

　이와 동시에 갈수록 많은 사람들이 바쁘고, 피곤하고, 우울한 생존 상태에서 자신을 빠져나오게 할 방법을 찾기 시작했다. 마음의 변화를 통해서 인생을 바꾸는 것은 이미 모두가 보편적으로 인정하는 가장 좋은 방법이다. 마음이 바뀌면 태도도 따라 변하며, 태도가 변하면 우리의 습관도 따라서 변하고, 습관이 변하면 우리의 성격도, 성격이 변하면 우리의 인생도 따라서 변한다. 만약 자신의 심리를 가장 좋은 상태로 조절하여 안정되고 침착하며 편하고 즐거운 심리 체험을 얻을 수 있다면, 우리의 인생은 저절로 행복하고 즐거우며 자유롭고 거침없을 것이고, 그렇게 되면 저절로 행운아가 될 것이다. 그래서 '운명이 나쁘다'라는 말은 사실 틀린 말이다. 단지 우리가 그것을 잘 잡을 수 있는지에 달려 있다.

　불교는 오래된 지혜의 철학으로서 사람들이 자아를 찾고 영혼을 구제하는 과정에 점점 독특하고 완벽한 심리 정화 작용을 과시하고 있다. 생활하면서, 사계절이 바뀌고, 씨 뿌리고 김매며, 가족들이 화합하고, 세심하게 돌보는 가운데 쓰고 달고, 차고 뜨겁고, 짙고 옅은 연(緣)이 흩어지면 결국 공상(空相)이 됨을 우리는 받아들일 수 있다. 불교의 반야(般若)도 무상(無常), 고(苦), 공(空), 무아(無我)임을 가르쳐주고 있다. 모든 일은 집착이 번뇌의 고통이 되어 업력(業力)과 심력(心力)에 까지 작용하면 안 되고, 인(因)은 반드시 과(果)를 초래하며, 연기성공(緣起性空), 성공연기(性空緣起)의 이치가 있다. 이것으로 세상 사람이 적극적으로 선(善)을 따르며 행하고, 아집(我執)과 법집(法執) 및 탐욕[貪]·성냄[嗔]·어리석음[癡] 등의 번뇌를 없애며, 복덕을 배양하고, 자기의 인격적 매력을 완벽해지게 하여 행복하고 즐거움이 가득한 자유로운 인생을 살도록 깨우쳐 주고 있다.

　『도해 운명을 바꾸는 법』은 불교 수행의 준비를 위한 행법으로 마음을 돌리는 '사공가행(四共加行)'을 주요 내용으로 한다. 독특한 시각에서 깊이 들어가 생명의 운행 궤적을 전면적으로 분석하고, 아울러 그 속에서 사람의 마음과 인생의 관계를 도출해 냈다. 사람의 몸을 얻기 어려움을 사유하고, 생사의 무상함을 관찰하며, 인과와 업보를 밝히고, 윤회의 허물과 우환[過患]을 벗어나는 이 네 가지 내용에 대한 소개를 통하여 현실 생활의 진실한 현상과 결부시켰다. 또 불교에서 말하는 고통에서 벗어나고, 마음의 열반을 얻는 사유 양식이 사람들을 위하여 진실로 행할 수 있는 완전히 새로운 생활 이념과 생활 방식을 제공함을 보여주고 있다. 법으로 마음을 돌리는 '사공가행'은 불교 수행의 기초이며, 가장 간단한 불교 지식의 입문이다. 이로 인하여 형성되는 "마음을 돌려 운명을 바꾸는 법[轉心改運法]"은 현실 생활 가운데 가장 간단하고 실천하기 쉬운 즐거운 방법이며, 사람들이 순식간에 지혜를 얻고, 행복한 마음의 문에 곧장 이르도록 돕는 지름길이다.

　이 책을 편찬하는 과정에서 가장 대중적이고 보기 쉬운 언어로 불경 속의 심오하고 복잡한 지혜 이론을 설명하였다. 또한 하나의 절마다 정교하게 그린 도해를 배치하고 있어, 독자들이 그 속에 담긴 심오한 의미를 더욱 잘 깨우칠 수 있도록 도움을 줄 것이다. 독자들은 지혜를 얻어 깨우침과 동시에 편안하고 즐거운 독서를 경험 할 수 있을 것이다.

2010년 3월
편자 삼가 씀

본 절 주표제
본 절에서 토론하려는 주제

무상과의 공통점

# 지금 이 자리에 사는 즐거움

"과거를 슬퍼하지 말고, 미래를 탐내지 않으며, 마음을 지금 현재에 두면 이로부터 평온해진다."라고 하신 부처님의 말씀은 참으로 적절한 표현이다.

본문
대중적이고 보기 쉬운 표현으로
책 읽기를 편안하게 하였다.

지금 이 자리[當下]가 바로 생명이다

아주 오래전 어떤 지방에 홍수가 나서 마을이 잠기자 두 청년이 서로 옆에 있는 두 그루의 나무 위에 올라갔다. 한 명은 품속에 만두를 지니고 있었고, 한 명은 품속에 엽전 꾸러미를 지니고 있었다. 이틀이 지나도록 홍수는 물러갈 기미가 보이지 않았고, 두 사람은 모두 굶주려 뱃속에서 꼬르륵 소리가 났다. 품에 엽전 꾸러미를 지닌 사람이 만두를 지닌 사람에게 말하기를 "내가 당신에게 엽전 꾸러미를 줄 테니 나에게 만두를 팔겠소?"라고 했다. 만두를 가지고 있던 사람은 '홍수는 조만간 물러갈 것이니 만약 엽전 꾸러미가 있으면 나는 더 많은 밭을 사서 더 많은 농사를 지을 수 있고, 멋진 집을 짓고, 예쁜 마누라를 얻을 수 있을 텐데, 그 생활이 얼마나 윤택하겠어.'라고 생각했다. 그래서 그는 흔쾌히 승낙하고 만두를 엽전 꾸러미와 교환하였다. 나중에 홍수가 물러나자 만두를 엽전 꾸러미로 바꾼 사람은 굶어죽었고, 엽전 꾸러미를 만두로 바꾼 사람은 살아남아 그 엽전꾸러미를 집어 들고 집에 돌아왔다.

경전에 "생명은 호흡하는 사이에 있다."라고 하였다. 생명은 덧없이 왔다 가며, 미래의 삶은 망상이고, 과거의 삶은 잡념이며, '현재'만이 가장 좋은 시기이다. 불행은 혼자 오지 않는다. 서양의 정신의학에서 환자의 생각을 치료하는 가장 핵심적인 것도 환자에게 'Here and Now', 즉 '지금 이 자리'에 살도록 하는 것이다. 왜냐하면 과거의 일은 이미 일어난 것이기 때문이다. 그

## 지금 이 자리에 활짝 핀 아름다움

인생의 짧은 몇십 년 동안 과거의 아름다움은 이미 잡을 수 없는 그림자가 되었고, 미래의 꽃향기는
아직도 씨앗의 고요함 속에 잉태되어 있다. 오직 지금 이 자리, 이 순간이 가장 화려하게 피어 있으나
어느덧 금방 지나가 버린다. 그러므로 마음을 지금 이 자리에 편안히 머물게 하고, 세월에 맡겨 흐르는
물처럼 늙어 가면 우리는 이미 아름다움을 꽉 잡고 있는 것이다.

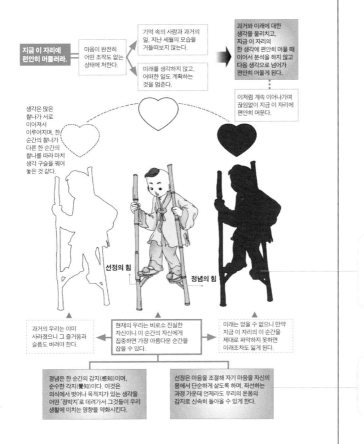

지금 이 자리에
편안히 머물러라.

마음이 완전히
어떤 조작도 없는
상태에 처한다.

기억 속의 사람과 과거의
일, 지난 세월의 모습을
거들떠보지 않는다.

미래를 생각하지 않고,
어떠한 일도 계획하는
것을 멈춘다.

과거와 미래에 대한
생각을 물리치고,
지금 이 자리의
한 생각에 편안히 머물 때
이어서 분석을 하지 않고
다음 생각으로 넘어가
편안히 머물게 된다.

이처럼 계속 이어나가며
끊임없이 지금 이 자리에
편안히 머문다.

생각은 많은
찰나가 서로
이어져서
이루어지며, 한
순간의 찰나가
다른 한 순간의
찰나를 따라 마치
생각 구슬을 꿰어
놓은 것 같다.

선정의 힘

정념의 힘

과거의 우리는 이미
사라졌으니 그 즐거움과
슬픔도 버려야 한다.

현재의 우리는 비로소 진실한
자신이니 이 순간의 자신에게
집중하면 가장 아름다운 순간을
잡을 수 있다.

미래는 얻을 수 없으니 만약
지금 이 자리의 이 순간을
제대로 파악하지 못하면
미래조차도 잃게 된다.

정념은 한 순간의 감지(感知)이며,
순수한 각지(覺知)이다. 이것은
의식에서 벗어나 목적지가 있는 생각을
어떤 '정박지'로 데려가서 그것들이 우리
생활에 미치는 영향을 약화시킨다.

선정은 마음을 조절해 자기 마음을 자신의
몸에서 단순하게 살도록 하며, 좌선하는
과정 가운데 언제라도 우리의 온몸의
감지로 신속히 돌아올 수 있게 한다.

# 차례

하나의 관념은 하나의 생각을 변화시킬 수 있고, 생각은 마음가짐을, 마음가짐은 태도를, 태도는 습관을, 습관은 표현을 변화시킨다. 다시 표현의 변화로 일생이 변화되고, 일생이 변화되면 운명도 변한다. 인생에 대한 각종 심리 요소의 작용을 이해하고, 이것에 의해 대조해야 마음의 건강이 효과적으로 보장된다. 바른 믿음[正信]과 지혜가 수립된 인생관은 안으로 마음의 변화를 찾고, 밖으로 물질의 만족을 찾지 않는다. 이것으로 마음을 바꿔 운을 고치는 것을 실현하여 편안한 마음의 체험과 행복이 가득한 인생을 얻게 될 것이다.

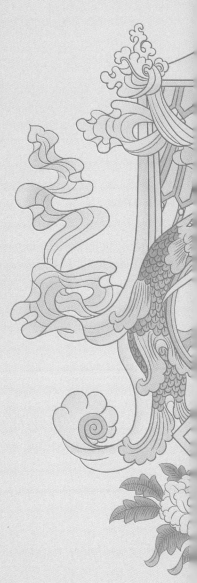

# 제1장

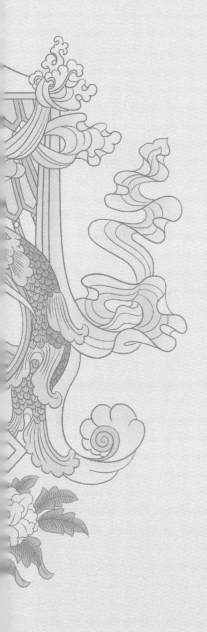

# 마음을 돌려
# 운을 바꾸다
—
# 불법의 사유로
# 인생이 변하다

본 장의 중요 내용

—

행복한 인생의 관건은 우리가 어떤 마음가짐으로 생활하느냐에 달려 있다.

—

모든 선을 받들어 행하고, 모든 악을 하지 않는 것이 자아의 운명을 개조하는 근본이다.

—

안으로 마음의 변화를 찾아야 한다. 밖으로 물질의 만족을 찾는 것이 아니다.

—

사람의 마음과 인생의 관계에 대한 탐색은 사람들로 하여금 마음을 중시하도록 환기시키기 위한 것이다.

—

건강한 마음이어야 행복한 인생이 보장된다.

—

지혜로운 마음, 착한 마음, 좋은 마음, 바른 마음이 즐거움과 복보(福報)를 찾도록 우리를 이끈다.

# 운을 바꾸려면 먼저
# 마음을 바꾸어야 한다

사람이 물질의 상(象)에 집착하는 것은 어느 누구도 피할 수 없다. 사람으로서 갖고 있는 모든 것은 인간의 운명이지만, 사람으로서 갖고 있지 않으나 갖고자 갈망하는 것도 또한 인간의 운명이다. 사람은 자신의 운명 속에 깊이 빠져 있으나, 그 속에서 운명을 바꿀 방법을 찾을 수 있다.

---

불교가 세상 사람들에게 마음을 닦고 불법을 실천하여 원만히 해탈을 얻도록 권유하는 데 뜻을 둔 것은 지혜와 진리를 사람들에게 전하여 그들로 하여금 정확한 사유 방식을 형성하도록 하고, 그들의 마음을 원만하게 하고자 함이다. 이러한 사람은 좋은 일을 많이 하여 마침내 행복하고 즐거운 인생을 얻을 수 있다.

### 인생의 변화는 마음의 변화로부터

불교는 마음이 행위의 근본이며, 고통과 즐거움의 근원이라고 여긴다. 사람들은 모두 '콩 심은데 콩 나고, 팥 심은데 팥 나는' 이치를 알고 있다. 그러므로 우리의 인생은 우리가 경작하는 밭에 설사 똑같이 따뜻한 햇볕과 비와 이슬이 내려도 뿌린 씨가 콩인지 팥인지 분별되므로 다른 결실을 맺게 되는 것에 비유될 수 있다. 우리의 마음은 각종 행위를 유발하는 씨앗이다. 어떤 마음인가에 따라 그에 따른 어떠한 행위를 일으키고, 어떤 인생의 결과를 초래하는 것이다. 많은 사람들이 이 점을 알지 못한다. 그래서 예컨대 성공을 향해 나아가는 많은 사람들은 자격증, 능력, 자금, 인간관계 등의 외부 조건에만 관심을 쏟고, 마음에 대한 수련을 소홀히 해 일단 실패하면 운명이 불공평하다고 원망하기 시작한다. 물질화된 이 시대에 사람들은 재산으로 모든 것을 결정하는 것이 습관이 되어 고통과 즐거움을 여기에 붙들어 매고, 오로지 밖을 향해 물질의 풍요를 추구한다. 그러나 조건이 끊임없이 개선된다 하더라도 고통이 늘면 늘었지 줄진 않은 것 같다는 게 사람을 곤혹스럽게 한다. 게다가 즐거움은 대개 잠깐 나타났다 이내 사라져 버린다. 우리는 고통과 즐거움을 느끼는 가운데 마음이 중요하게 작용하는 것을 알지 못하기 때문에 진정한 즐거움을 영원히 찾지 못하는 것이다.

불교에서 말하는 '불법'·'좌선'·'열반'은 사실 모든 고통과 즐거움은 오직 마음에서 만들어진다는 것을 우리에게 가르쳐준다. 사람은 자기의 마음에 대하여 공부해야 한다. 간단히 말해서 우리의 마음을 다스려 굴복시키고[調伏] 마음을 훈련하는 것을 배워야 한다. 이 이전에 우리는 먼저 인간의 본성과 마음의 본성을 이해하고, 자애로운 마음, 슬픈 마음, 인내, 강인함, 깨끗함, 평정 등과 같은 마음의 긍정적인 상태를 자세히 알아야 한다.

**그래야 우리는 현실에 늘 만족하고, 낙관적으로 노력해 나아가며, 마음이 저절로 평온해져서 번뇌가 생기지 않을 수 있게 된다.** 결국 이러한 긍정적인 상태는 갈수록 자연스럽게 나타나게 되어 비우호적인 대우를 당했을 때, 좌절을 겪을 때, 우리는 번뇌하거나 원망하지 않고 냉정함과 인내심을 유지할 수 있게 된다. 우리의 생활도 이로 인하여 행복하고 즐겁게 변할 수 있으며, 우리의 인생도 다른 경계가 있게 된다.


## 운을 바꾸기 위해선 결국 우리의 업력에 기대야 한다

불법은 연기(緣起)로 세계를 보며 세상에 홀로 존재하고 변하지 않는 인(因)이 있다는 것을 부정하기 때문에 무상(無常)과 무아(無我)의 사상을 제기하였다. 불법은 외부세계이든 내부의 마음이든 모두 항상 변하지 않는 실체는 없다고 여긴다. **결국 마음도 영원히 변하지 않는 게 아니므로 변화될 가능성이 있다.** 불교에선 생명에는 과거와 현재 그리고 미래의 삼세(三世)가 시작도 끝도 없이 있다고 생각한다. 태어남[生]이 최초의 시작이 아니며, 죽음[死]으로 끝나는 것은 더욱 아니다. 금생(今生)은 길고 긴 생명의 여정에 한 단락일 뿐이다. 현재 있는 육신[色身]은 비록 사라지더라도 생명의 큰 흐름은 계속될 것이다. 인생의 모든 노력이 끝내 수포가 될지라도 이로 인하여 형성된 업력(業

力)과 마음속 경험은 미래의 생명을 이어가는 잠재적 힘이 되어 미래세계의 우리에게 영향을 주게 될 것이다.

『한비자(韓非子)』「해로편(解老篇)」에서 다음과 같이 분명하게 말하였다. "사람은 복이 있으면 부귀하게 된다. 부귀하게 되면 먹고 입는 것이 화려해지고, 먹고 입는 것이 화려해지면 교만한 마음이 생기고, 교만한 마음이 생기면 행동이 삿되고 치우치며 도리를 저버리는 짓을 한다. 행동이 삿되고 치우치면 육신이 요절하고, 도리를 저버리는 짓을 하면 공을 이루지 못한다. 무릇 안으로 육신이 요절하는 환난이 있고 밖으로 공을 이룬 명성이 없는 것은 큰 재앙이다. 재앙은 본래 복이 있는 곳에서 나온다. 그러므로 노자(老子)가 '복이여, 재앙이 숨어 있는 곳이로다.'라고 한 것이다. 사람은 재앙을 당하면 마음이 두려워지고, 마음이 두려워지면 행동이 단정하고 바르게 되고, 행동이 단정하고 바르게 되면 사려가 깊어지고, 사려가 깊어지면 사물의 이치를 알게 된다. 행동이 단정하고 바르게 되면 재앙과 화가 없게 되고, 재앙과 화가 없게 되면 천수를 다해 살 수 있게 된다. 사물의 이치를 알게 되면 반드시 공을 이루게 되고, 천수를 다하면 온전하게 장수하게 되며, 반드시 공을 이루게 되면 부귀해진다. 온전하게 장수하고 부귀해지는 것을 복이리고 하며, 복은 본래 재앙이 있는 곳에서 나온다. 그러므로 노자가 '재앙이여, 복이 기대는 곳이로다.'라고 한 것이다."•

대다수 사람들은 현실 속에서 세상과 인생의 참모습[眞相]을 간파하지 못하고, 더욱이 선악의 인과를 취사선택할 줄 모른다. 이로써 탐욕을 추구하는 혼란 속에 빠져들어 무상하고 순간적인 쾌락을 위해 오랜 고달픔과 고통을 인내하고 갖가지 악업(惡業)을 지어 가다가 이로 인하여 후세에 더욱 악취(惡趣)의 깊은 함정에 떨어져 끝없는 윤회 속에 온갖 고통의 시달림을 받게 된다.

---

• "人有福, 則富貴至. 富貴至, 則衣食美; 衣食美, 則驕心生; 驕心生, 則行邪僻而動棄理. 行邪僻, 則身死夭; 動棄理, 則無成功. 夫內有死夭之難而外無成功之名者, 大禍也. 而禍本生於有福. 故曰: 福兮禍之所伏. 人有禍, 則心畏恐; 心畏恐, 則行端直; 行端直, 則思慮熟; 思慮熟, 則得事理. 行端直, 則無禍害; 無禍害, 則可活盡天年. 得事理, 則必成功; 盡天年, 則全而壽; 必成功, 則富與貴. 全壽富貴之謂福, 而福本於有禍. 故曰: "禍兮福之所倚.""

# 마음을 홀가분하게 하다

행복한 인생의 관건은 우리가 어떠한 마음 상태를 가지고, 어떠한 관념을 가지고 생활하느냐에
있다. 만약 마음 상태가 건강하지 않았고, 정확한 인생의 관념이 없었다면, 이 몇십 년동안 행복하게
살았다고 생각하는 것은 결코 쉽지 않다.

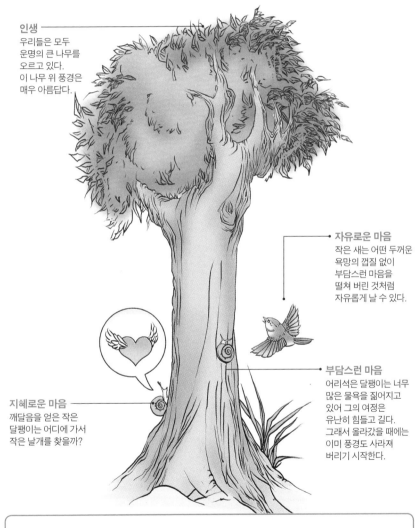

**인생**
우리들은 모두
운명의 큰 나무를
오르고 있다.
이 나무 위 풍경은
매우 아름답다.

**자유로운 마음**
작은 새는 어떤 두꺼운
욕망의 껍질 없이
부담스런 마음을
떨쳐 버린 것처럼
자유롭게 날 수 있다.

**부담스런 마음**
어리석은 달팽이는 너무
많은 물욕을 짊어지고
있어 그의 여정은
유난히 힘들고 길다.
그래서 올라갔을 때에는
이미 풍경도 사라져
버리기 시작한다.

**지혜로운 마음**
깨달음을 얻은 작은
달팽이는 어디에 가서
작은 날개를 찾을까?

금전·지위·명예·감정 등의 수많은 욕망은 우리들의 마음과 인생을 속박한다. 우리가 몸과 마음을
온통 이러한 환상에 집착하고 안주하게 하면, 평생 그것을 위해 기뻐하고 그것을 위해 걱정하게
된다. 불교의 지혜는 우리의 마음을 이러한 환상 속에서 벗어나게 하여 심경(心境)을 전환하게 할
수 있다. 즐겁고 평온한 마음은 우리를 자유롭고 소탈한 삶을 살게 한다.

## 인생을 바꾸는 유일한 방법

만약 우리가 불법이 진술하는 진상(眞相)과 진리(眞理)를 이해하고 체득해 깨달아 마음을 맑고 깨끗하게 하여 본성을 보게 된다면, 이때 우리는 어떠한 인과의 영향도 받지 않게 될 것이다. 이것이 바로 인과를 초월하는 것이며, 이것이 가장 좋은 방법이다. 그러나 우리는 이 단계와 경계에 아직 도달하지 못하였으니 인과를 바꿀 방법을 모색해야 한다. **선과 악을 취사선택함을 익혀서 모든 악을 끊고 모든 선을 실천해야 하는 것이다.** 악행을 끊어 없애면 고통의 인(因)이 없어지고, 고통의 과(果)를 받을 필요가 없다. 그래서 우리는 악업을 선업(善業)으로 돌리고, 악과가 선과로 바뀌도록 노력해야 한다. 즐거움과 행복은 자기의 손안에 쥐어져 있으니, 다만 불법은 우리에게 길을 가르쳐주고 인도한다. 우리에게 방법을 가르쳐주고, 무엇이 선인지 무엇이 악인지, 무엇이 악을 끊고 선을 실천하는 것인지를 알려주는 것이다. 우리가 그것을 따라 실천해 가다 보면 인과를 바꿀 수 있고, 자신의 운명을 바꾸어 미래에 즐겁고 행복한 과보(果報)를 얻을 수 있다.

이로써 우리는 다음과 같은 결론을 얻을 수 있다. 범부의 마음[凡心]을 진상과 진리로 향하게 하고, 불법의 지혜를 자신의 일상생활 속에서 운용하여 인품과 덕성을 수양하고, 마음을 정화하며, 언행을 미화해야 한다는 것이다. 그러면 우리는 지금 당장 즐거울 뿐만 아니라 복과 지혜도 갖추게 되며, 이로써 운명도 바뀌게 된다.

# 인생의 도미노 카드

어떤 중학교에 다음과 같은 교훈이 있었다. "말을 주의하시오. 말은 당신의 행동을 이끕니다. 행동을 주의하시오. 행동은 당신의 습관이 됩니다. 습관을 주의하시오. 습관은 당신의 성격을 만듭니다. 성격을 주의하시오. 성격은 당신의 운명을 결정하기 때문입니다!" 이것은 현실 생활 가운데 우리 인생의 운행 규칙을 지적한 것으로 업력(業力)과 운명에 대한 내용도 이러한 현상과 매우 닮았다.

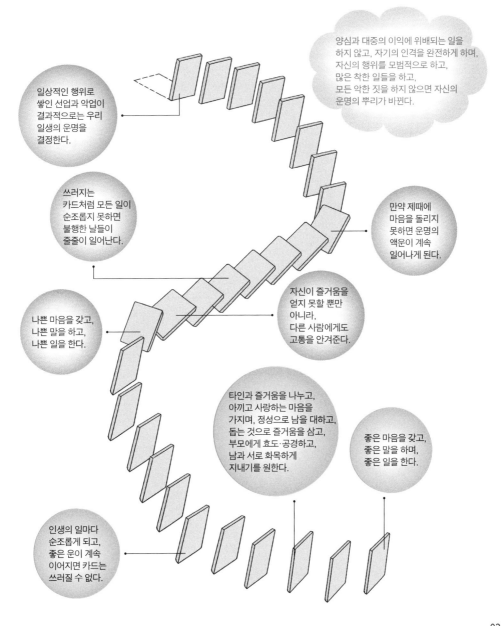

양심과 대중의 이익에 위배되는 일을 하지 않고, 자기의 인격을 완전하게 하며, 자신의 행위를 모범적으로 하고, 많은 착한 일들을 하고, 모든 악한 짓을 하지 않으면 자신의 운명의 뿌리가 바뀐다.

일상적인 행위로 쌓인 선업과 악업이 결과적으로는 우리 일생의 운명을 결정한다.

쓰러지는 카드처럼 모든 일이 순조롭지 못하면 불행한 날들이 줄줄이 일어난다.

만약 제때에 마음을 돌리지 못하면 운명의 액운이 계속 일어나게 된다.

나쁜 마음을 갖고, 나쁜 말을 하고, 나쁜 일을 한다.

자신이 즐거움을 얻지 못할 뿐만 아니라, 다른 사람에게도 고통을 안겨준다.

타인과 즐거움을 나누고, 아끼고 사랑하는 마음을 가지며, 정성으로 남을 대하고, 돕는 것으로 즐거움을 삼고, 부모에게 효도·공경하고, 남과 서로 화목하게 지내기를 원한다.

좋은 마음을 갖고, 좋은 말을 하며, 좋은 일을 한다.

인생의 일마다 순조롭게 되고, 좋은 운이 계속 이어지면 카드는 쓰러질 수 없다.

# 자신의 행복을 여는 비밀번호를 풀어라

불교도 비록 운명을 말하지만 외도(外道)의 기계적 숙명론과는 다른 점이 있다. 불교는 모든 법이 인연으로 발생하고 텅 비어 자성(自性)이 없다고 말한다. 따라서 운명도 인연으로 생기는 법이며, 자성이 없다고 주장한다.

## 인연이지 운명이 아니다

불교를 배우는 사람이 말하는 운명은 사실 업력이다. 업은 좋은 것도 있고 나쁜 것도 있다. 우리의 운명이 행복한지 불행한지도 이로 인해 결정된다. 선업이 많으면 복으로 보답 받는 것[福報]도 크며, 복으로 보답 받는 것이 크면 모든 일이 순조롭다. 하지만 악업이 많으면 복으로 보답 받는 것이 적으며, 복으로 보답 받은 것이 부족하면 모든 일이 순조롭지 못하다. 이런 까닭에 **운명의 좋고 나쁨은 자신이 한 행위에 의해 결정**되며, 운명의 카드는 자신의 손에 쥐어져 있으니 우리 자신을 제외한 어느 누구도 우리를 대신해서 받아 줄 수 없으며, 누구도 우리를 도와 바꿔줄 수 없다. 불법은 우리에게 다음과 같이 깨우쳐 준다. "마음을 일으켜 생각을 하고, 입을 열어 말을 하고, 손을 들고 발을 내딛는 것이 업 아닌 게 없다." 업력이 선한 쪽으로 끌고 가면 인생은 눈부시게 찬란해지고, 업력이 악한 쪽으로 끌고 가면 인생은 우수에 젖어 암담해진다. 좋은 운명을 갖고 싶으면 선업을 많이 실행하여야 한다. 선행은 착한 생각[善心]에 의해 실천하게 되는 것이다. 악업은 착한 생각을 바탕으로 끊어야 한다. 만약 우리가 운명을 바꾸고 싶다면 스스로의 노력으로 선을 실천하여 복을 짓고 선업을 쌓아야 한다. 이렇게 복으로 업을 바꾸어 무거운 업을 가벼운 보(報)로 바꾸고, 가벼운 보를 없어지게 해야 바라던 인생을 얻을 수 있다.

# 바둑판 같은 인생

사람의 일생은 변화무쌍하여 예측할 수 없다. 마치 자기 혼자 바둑 한 판을 두듯 운명의 바둑알을 집어 대국을 펼쳤을 때 어떻게 운영해 갈 것인지, 그리고 그때 나온 결과가 승인지 패인지는 모두 자신에게 달려 있다. 그러므로 우리는 손에 쥔 바둑알마다 잘 치고 들어가야 하며, 그래야 인생의 단락마다 잘 트인다.

**흑과 백이 분명하다**
선업과 악업은 흑과 백이 분명한 바둑알과 같다. 우리가 어떤 바둑알을 선택하는가에 따라 인생의 좋고 나쁨이 정해진다.

**후회 없는 인생**
바둑판에 놓인 바둑알은 밤하늘의 별처럼 영원히 변하지 않고 반짝이며 빛나고 있다. 이 한 점의 별빛마다 모두 저마다 다른 세월을 기록하고 있으며, 우리에게 따뜻함을 가져다주기도, 싸늘함을 가져다주기도 한다. 그러나 지나온 인생의 길은 다시 되돌아갈 수 없으므로, 마치 손에 있는 바둑알을 두고 후회가 없어야 하는 것과 같다.

**인생의 궤적**
바둑판 위에 선과 선이 교차하는 것은 우리가 걸어 온 인생의 자취이다. 하나의 교차선으로부터 다른 하나의 교차선까지는 많은 사색과 성장이 가득 스며 있고, 여기저기 놓인 바둑알 사이에는 많은 쓰라림과 눈물이 담겨 있다.

**자신의 손안에 있는 운명의 바둑알**
인간은 자기 운명의 주인이다. 우리의 말 한마디, 행동 하나가 바로 우리 인생의 바둑판 위에 있는 바둑알이다. 우리는 손에 쥔 바둑알을 잘 들어 자신을 위해 한바탕 멋진 인생의 대결에서 이겨야 한다.

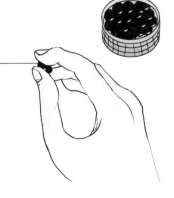

## 생각이 인생의 재앙과 복을 결정짓는다

'복보' 외에 **한 사람의 '생각'도 흔히 보이지 않는 가운데 일생의 운명을 결정짓는다.** 삶의 과정 속에서 생각은 우리의 모습을 시시각각으로 좌지우지한다. 좋은 생각은 한 알의 좋은 씨앗이 향기롭고 아름다운 꽃을 피우는 것처럼 우리에게 행복하고 즐거운 인생을 선물한다. 그러나 나쁜 생각은 한 알의 나쁜 씨앗이 비운의 결실을 맺는 것처럼 우리에게 슬프고 원망스러우며 쓰고 매운 인생의 맛을 보게 한다. 개성과 습관, 심리 상태 등은 모두 '생각'과 관련이 있어서 생각이 바뀌지 않으면 풍수와 직업, 이름 등을 어떻게 바꾸어도 운명은 바뀔 수 없다. 이것은 '환경은 바꿀 수 없지만, 심경은 바꿀 수 있다'는 점을 알려준다. 마찬가지로 '인생은 바꿀 수 없지만, 인생관은 바꿀 수 있다'. 행복과 즐거움의 여부는 무엇을 얼마나 가지고 있는가에 달려 있는 것이 아니다. 우리 마음의 '생각'과 '심리 상태'에 달려 있다. 생각이 어떠한지에 따라 운명이 결정되고, 심리 상태가 어떠한가에 따라 처지가 결정된다.

따라서 **관념은 생각을 바꿀 수 있으며, 생각이 바뀌면 심리 상태가 바뀌고, 심리 상태가 바뀌면 태도가 바뀌며, 태도가 바뀌면 습관이, 습관이 바뀌면 표현이, 표현이 바뀌면 일생이, 일생이 바뀌면 운명이 바뀐다.** 그래서 '명(命)'은 남이 대신 살아 주지 못하고, '운(運)'도 우리를 도와 바꿔 줄 사람은 없으며, 운이 좋아지려면 '운명'을 배워야 한다고 하는 것이다. 바른 믿음과 지혜로운 인생관으로 미신과 사악함을 타파하여 안으로 마음의 변화를 추구하고, 밖으로 물질의 만족을 추구하지 않음으로써 마음을 바꿔 운의 변화를 실현해 마음의 평온함을 체험하고, 행복이 넘치는 인생을 얻게 된다.

# 부처님은 어리석은 믿음에 빠지지 말라고 했다

인생은 운명이 이미 정해져 절대 변하지 않는 게 결코 아니다. 모든 성현들도 자신의 인생을 스스로 완성해 나갔다.

## 미신은 인생의 속박

고대 중국인은 미신(迷信)을 신봉하였다. 예컨대 숫자 '8'과 '4'에 대한 미신, 길일(吉日)에 대한 미신, 사주팔자에 대한 미신과 같이 봉건적인 미신 사상이 오늘날까지도 중국인의 생활에 영향을 미치고 있다. 미신 사상은 마치 한 줄의 포승줄과 같아 우리의 마음을 옭아매며, 미신 행위는 한 조각 먹구름과 같아 우리의 인생을 어두운 그림자로 가려 자성의 빛을 볼 수 없게 함으로써 우리의 인생을 '운명'에 끌어들인다.

## 세상은 신이 창조한 것이 아니다

일단 운명이란 말이 거론되면 봉건적인 미신이 연상될 수밖에 없다. 사실 불교는 무신론이자 이성의 종교이다. 불교의 무신론은 주로 모든 법이 인연에서 발생하는 현상에 기초하며, 이것은 곧 사람은 모두 업력으로 조성되는 과보를 받는다는 것을 말한다. 사람은 각자 업을 짓고 개별적으로 과보[報]를 받아 이전의 생(生) 속에서 일찍이 한량없는 업을 지었으며, 같은 종류의 업인(業因)으로 같은 종류의 과보(果報)를 얻어 그에 따른 환경에서 태어난다. 이것은 부처님이 말하는, 중생은 끝이 없고, 세상은 무궁하다는 말의 의미이며, 중생의 자업자득이란 말의 의미이기도 하다. '부처님'도 신이 아니다. 범문에서 말하는 부처님은 감정과 마음이 뒤틀리는 가운데 정화되고 벗어나

위없는[無上] 지혜를 얻은 사람을 뜻한다. 때문에 부처님은 사람이지 신이 아니며, **불교에선 개개인의 운명은 모두 각자의 손에 쥐어져 있는 것이지 신에 의해 지배되는 것은 아니라고 믿는다.** 여러 방면에서 불교와 과학은 일치한다. 불교는 과학의 적(敵)인 미신을 숭배하는 것이 아니다. 도리어 불교는 이성을 추앙하고, 미신을 반대하며, 변증법적 사유 내용을 풍부하게 포함하고 있는 인과를 중시한다.

　　하지만 불교의 무신론과 유물론의 무신론은 다르다. 유물론은 우주와 인생의 모든 현상은 다 물질의 운행으로 생성되며, 물질의 활동 이외에 물질을 떠나서 존재하는 영체(靈體)는 없다고 본다. 사람이 태어나기 이전에 과거는 없고, 사망한 다음에는 미래가 없으며, 만약 있다고 한다면 육체가 유전(遺傳)의 근원이자 연속인 것이다.

## 불교는 사람이 운명을 개척하길 바란다

어떤 사람은 곤경에 처했을 때 아득한 어둠 속에서 하늘이 일찍이 정해 놓아 어떠한 노력도 모두 헛수고라고 생각한다. 그래서 의기소침하고 낙담하여 떨치고 일어나 분발할 줄을 모른다. 또 귀중한 자신의 앞길을 무의미한 신적 존재에게 맡겨 주재하도록 하며 스스로 숙명의 노예가 된다. 불교는 자신의 운명은 자기 손안에 쥐어져 있으므로 어떠한 힘도 우리의 운명을 주재할 수 없다고 여긴다. 설사 하늘의 신일지라도 우리의 운명을 조종할 수 없으며, 우리는 자신의 운명을 결정하는 주인이고, 자신의 운명을 창조하는 천재(天才)라고 본다.

# 인간에서 부처가 되는 깨달음

부처님의 본래 이름은 고타마 싯다르타이고, 인도 정반왕(淨飯王)의 아들이다. 우연히 한번 궁 밖으로 나와 다니다가 깨달은 그는 부귀영화를 단호히 뿌리친 채 집을 떠났고, 유행하던 중 보리수 아래에서 깨달음 얻고 부처님이 되었다.

 왕자의 신분이었던 붓타는 일찍이 호화로운 궁궐 안에서 생활하며 음주가무와 여색에 취해 있었다.

❷ 왕자가 한번 성을 나와 돌아다니던 길 가운데서 인간의 생로병사의 고통을 목격하고 깊은 충격을 받았다. 이로써 마음을 내 세속의 생활을 떠났다.

❸ 가야산(伽耶山)의 고행림(苦行林)에서 왕자는 6년 동안 정진하여 뼈가 앙상해질 때까지 고된 수행을 하였으나, 고된 수행은 결국 실패로 막을 내렸다.

❹ 왕자는 고행림을 떠나 보리수 아래에서 도를 깨닫고 부처가 되어 사성제(四聖諦)의 진리를 설법하기 시작하였다.

# 자신이 변하면 인생도 변한다

하늘은 명(命)을 만들지만, 그 명을 세우는 건 사람의 몫이다. 근본이 선 다음에야 도가 생기는 법. 착한 일을 힘써 행하여 음덕(陰德)을 널리 쌓으면 인생은 점점 좋은 방향으로 나아가게 된다.

---

이제 우리는 운명이 미신적인 것이 아니며, 보이지 않는 신에 의해서 주재되고 있는 것도 아님을 알게 되었다. 그럼 우리는 자신의 운명을 어떻게 바꿔야 하는가. 고달픈 운명에 처해 있는 나의 일생을 바꿀 기회가 아직 있을까? 즐거운 운명에 있는 나의 삶이 계속 순조롭게 흘러갈 수 있을까? 나쁜 운명도 여러 가지 수행을 통하여 고쳐 갈 수 있다. 이와 반대로 좋은 운명도 선(善)으로 수호할 줄 모르면 그 운을 잃고 타락하게 된다. '거안사위(居安思危)', 즉 편안한 처지에 있을 때 위태로움을 미리 생각해야 한다고 하였으니 신중하게 경계하지 않을 수 없다!

불교는 과거, 현재, 미래의 삼세인과를 말한다. 금세의 운명은 전세에 만들어진 것에서 왔기 때문에 그것은 이미 정해져 있고 영원히 바로잡을 수 없는 것이라고 많은 사람들이 생각한다. 하지만 사실은 그렇지 않다. 더 심각한 악업도 가볍게 줄일 수 있다. 소금 한 숟가락을 잔 속의 물에 넣으면 짜서 당연히 마실 수가 없지만, 대야나 큰 물 항아리에 넣으면 짠맛이 저절로 줄어드는 것과 같다. 죄업이란 소금은 어쨌든 짜고 떫다. 하지만 복덕의 인연이라는 맑은 물을 많이 넣으면 짠맛이 옅어질 수 있으며, 심지어 감미로워질 수도 있다. 한 뙈기 논에 비록 잡초와 볏모가 같이 나서 자라지만, 우리가 열심히 노력해서 무성하게 자란 잡초를 차츰 뽑아 주고 공덕이란 어여쁜 벼가 자라기를 기다리면, 설사 더 많은 잡초가 있더라도 벼를 수확하는 데 영향을 주지

# 인생의 토지 위에 복보를 심다

불교에서 운명이란 정해져 있어서 변할 수 없으며, 단지 가만히 앉아 죽음을 기다리는 것이라고 여기는 숙명론이 아니다. 불교에서는 이것과는 정반대로 우리는 원만하지 못한 금생을 적극적으로 고쳐 나가야 하며, 금세의 행위에서 과거에 지은 나쁜 요소를 제거해 감으로써 운명을 바꾸는 목적을 달성해야 한다고 가르치고 있다.

## 불행한 인생을 행운으로 바꿀 수 있다

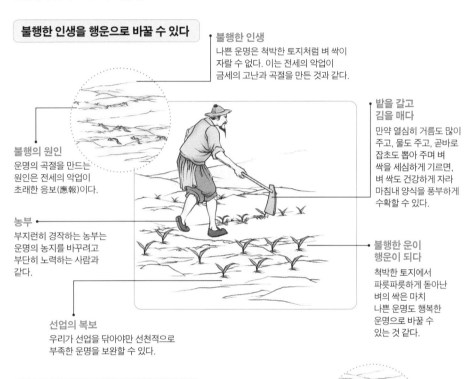

**불행한 인생**
나쁜 운명은 척박한 토지처럼 벼 싹이 자랄 수 없다. 이는 전세의 악업이 금세의 고난과 곡절을 만든 것과 같다.

**밭을 갈고 김을 매다**
만약 열심히 거름도 많이 주고, 물도 주고, 곧바로 잡초도 뽑아 주며 벼 싹을 세심하게 기르면, 벼 싹도 건강하게 자라 마침내 양식을 풍부하게 수확할 수 있다.

**불행의 원인**
운명의 곡절을 만드는 원인은 전세의 악업이 초래한 응보(應報)이다.

**농부**
부지런히 경작하는 농부는 운명의 농지를 바꾸려고 부단히 노력하는 사람과 같다.

**불행한 운이 행운이 되다**
척박한 토지에서 파릇파릇하게 돋아난 벼의 싹은 마치 나쁜 운명도 행복한 운명으로 바꿀 수 있는 것 같다.

**선업의 복보**
우리가 선업을 닦아야만 선천적으로 부족한 운명을 보완할 수 있다.

## 행운의 인생이 불행하게 변할 수 있다

**복보를 헤프게 써서는 안 된다**
복보는 유한한 것이다. 우리가 만약 이 복을 멋대로 헤프게 써 버리고 악행을 하여 이 복보가 완전히 소모되면 악보(惡報)는 불행을 초래하게 된다.

농부가 농사를 짓듯 나쁜 운명을 직면하여 악업의 영향을 제거해 가면 인생은 좋은 쪽으로 바뀔 것이다. 좋은 운을 가진 사람은 복보를 지킬 줄 알아야 하고, 언제나 악행을 깨끗이 제거하여 운명이 나쁜 쪽으로 변하는 것을 막고 더 많은 복보를 쌓아야 한다.

**행운의 인생**
좋은 운명은 기름진 밭처럼 벼 싹이 무럭무럭 실하게 자란다. 이것은 마치 전세의 선행으로 금세의 행복한 인생을 얻은 것과 같다.

**행운은 사라질 수 있다**
토지가 좋아도 부지런히 밭을 갈고 씨를 뿌려야 한다. 누워서 잠만 자는 농부는 좋은 수확을 기대할 수 없다.

못한다. 그렇기 때문에 극심한 죄업은 복덕을 널리 심는 것에 의해 고쳐 갈수 있다. 그래서 **운명은 바꿀 수 없는 필연적인 것이 결코 아니다. 중요한 것은 지금 당면한 우리 운을 보는 것이다.**

### 하늘의 뜻에 순응하여 자기의 처지에 만족하는 자와
### 철저히 회개하여 새 사람이 되는 자

불교는 비록 과거의 명을 중시하지만 현재와 미래의 명을 더욱 중시한다. 과거에 지은 묵은 업[宿業]이 이미 이와 같기 때문에 더 고뇌하며 번민해도 뉘우칠 수가 없다. 그러나 **현재와 미래의 운명은 우리의 손안에 쥐여져 있어서** 우리가 매 순간 진실한 현재를 적절하게 이용하면 앞길은 여전히 찬란하게 빛날 것이다. 따라서 불교는 과거의 운명에 대한 비탄에 빠지지 않고, 희망이 한없이 충만한 미래의 운명을 적극적으로 추구한다. 공자는 "50에 천명(天命)을 알았다."라고 하였다. 공자 같은 성인도 마음의 지혜가 점점 성숙해지는 중년이 되어서야 우주와 인생의 이치를 깨달았으니, 하늘의 뜻에 순응하여 자신의 처지에 만족하는 것이 쉽지 않음을 알 수 있다. 하지만 불교는 사람이 천명에 순응하고 자연을 따라야 한다고 주장하는 것에서 더 나아가 철저히 회개하여 새 사람이 되기를 더 바란다.

불교가 주장하는 혁신은 다른 사람의 생명을 해치는 것이 아니다. 자신의 잘못을 찾아 고쳐 사람의 마음속에 있는 여러 가지 결점을 뿌리 뽑는 것이다. 불교의 이상 속에 있는 혁신은 외부로 향하는 것이 아니다. 자신의 마음에 있는 욕망과 싸움을 벌이는 것이다. 오로지 자신을 혁신하는 데 과감한 사람과 자기에게 용감하게 도전하는 사람만이 빛나는 인생을 얻는 것이다.

# 불경의 지혜로 사유를 바꾸다

불법을 배우는 이유는 문자반야(文字般若)를 통해 우리가 바른 견해[正見]을 얻음으로써 관조반야(觀照般若)가 일어나고, 이것에 의해 실상(實相)의 진제(眞際)와 실상반야(實相般若)를 깨달을 수 있기 때문이다.

## 지혜가 곧 반야이다

불교에서 말하는 지혜를 '반야'라고 한다. 이것은 범어 'prajña'를 음역한 것이다. 이러한 지혜는 우주와 인생에 대한 통찰과 인식이다. 바꾸어 말하면 자아와 우리가 생존하는 이 세계에 대한 통찰인 것이다. 그러므로 이것은 우리에게 가장 근본적인 실상(實相)을 알게 함으로써 우리가 해탈을 얻고 열반에 이르도록 한다.

불타의 교법 가운데 많은 곳에서 반야지혜를 언급하는데, 세 가지 배움[三學]인 계(戒)·정(定)·혜(慧)에도 지혜[慧]가 있으며, 육바라밀(六波羅蜜)인 보시·지계·인욕·정진·선정·지혜에서도 지혜를 거론하였다. 그리고 팔정도(八正道) 가운데 바른 견해[正見]과 바른 사유[正思惟]가 바로 지혜이며, 대반야경 600권에서 말하는 것이 전부 불교의 지혜학이다.

불교의 지혜와 우리가 평소 알고 있는 총명함은 다른 것이다. 우리가 평소 말하는 총명함은 일종의 분별하고, 이해하고, 인식하는 능력이다. **불교에서 말하는 반야는 '계율[戒]'의 윤리 도덕을 기반으로 하여 선정(禪定) 수행을 통해서 얻은 분별없는 지혜[無分別智]를 뜻한다.** 따라서 불교에서 말하는 반야는 이롭고 해가 없다. 왜냐하면 반야 속에 무연대자(無緣大慈)와 동체대비(同體大悲) 등의 보살사상과 정신을 포함하고 있기 때문이다. 반야가 있는 사람은 모든 중생을 동물 안에 포괄하여 평등해 둘이 아니라고 보며, 타인이 고통 받는 것을 보고 반야의 지혜로 그의 고통을 없애 줄 수 있다.

## 부처님의 사유로 인생에 대하여 생각하다

우리는 불경의 가르침에 따라 불법의 깊은 뜻과 진실을 천천히 깨달아 가고, 이것에 의거하여 우리의 몸과 마음 안팎의 모든 사물을 관찰한다. 외적으로 관찰하면 세상의 모든 사물은 다음과 같은 세 가지 특징이 있다. 첫째, 모든 사물은 다 무상하고 변화하는 것이다. 둘째, 무상한 것이기 때문에 모든 사물 또한 모든 것이 다 뜻대로 되는 것은 아니다. 불교에서 하는 말로 하면 괴로움[苦]인 것이다. 셋째, 모든 사물에는 변함없이 상주하는 주재자가 없다. 다시 말하면 모든 사물은 다 독립적인 존재가 아니다.

평소와 다르지 않은 똑같은 생활 속에서 우리는 어떤 특별함을 기대할 수 없다. 하지만 우리에게 반야가 있으면 생활이 달라진다. 옛말에 "평소와 늘 같은 창가의 달빛도 매화꽃 피니 다르구나."*라고 하였다. 농민도 그의 일생을 살고, 교수도 그의 일생을 살며, 철학자도 그의 일생을 살지만 그들의 인생은 각자 다른 것이다. 어떤 사람은 의미 있는 일생을 살고, 어떤 사람은 무의미한 일생을 살며, 어떤 사람은 번뇌에 찬 일생을 살고, 어떤 사람은 즐거운 일생을 산다. 인생 가운데 반야가 있으면 우리는 의미 있고 즐거운 일생을 살 수 있다.

---

*   송대(宋代) 두뢰(杜耒)가 지은 「한야(寒夜)」의 한 구절. "平常一樣窓前月, 才有梅花更不同."

# 반야, 정밀하고 미묘한 대지혜

숙명론에서는 운명을 정해져 있어 바꿀 수 없는 것으로, 그저 앉아서 죽음을 기다리는 것으로 여긴다. 불교에서는 정반대로 우리에게 원만하지 못한 금생을 적극적으로 고쳐 나가고, 금세의 행위에서 우리가 과거에 지은 나쁜 요소를 없앰으로써 운명을 바꾸는 목적을 달성하라고 가르친다.

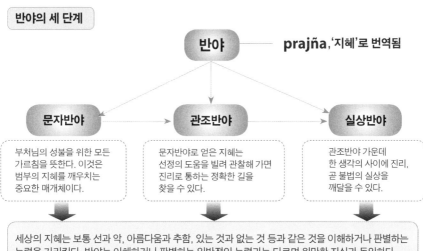

**반야의 세 단계**

반야 ——— prajña, '지혜'로 번역됨

**문자반야**
부처님의 성불을 위한 모든 가르침을 뜻한다. 이것은 범부의 지혜를 깨우치는 중요한 매개체이다.

**관조반야**
문자반야로 얻은 지혜는 선정의 도움을 빌려 관찰해 가면 진리로 통하는 정확한 길을 찾을 수 있다.

**실상반야**
관조반야 가운데 한 생각의 사이에 진리, 곧 불법의 실상을 깨달을 수 있다.

세상의 지혜는 보통 선과 악, 아름다움과 추함, 있는 것과 없는 것 등과 같은 것을 이해하거나 판별하는 능력을 가리킨다. 반야는 이해하거나 판별하는 일반적인 능력과는 다르며 원만한 지식과 동일하다.

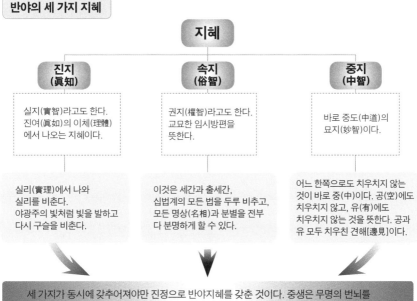

**반야의 세 가지 지혜**

지혜

**진지(眞知)**
실지(實智)라고도 한다. 진여(眞如)의 이체(理體)에서 나오는 지혜이다.

**속지(俗智)**
권지(權智)라고도 한다. 교묘한 임시방편을 뜻한다.

**중지(中智)**
바로 중도(中道)의 묘지(妙智)이다.

실리(實理)에서 나와 실리를 비춘다. 야광주의 빛처럼 빛을 발하고 다시 구슬을 비춘다.

이것은 세간과 출세간, 십법계의 모든 법을 두루 비추고, 모든 명상(名相)과 분별을 전부 다 분명하게 할 수 있다.

어느 한쪽으로도 치우치지 않는 것이 바로 중(中)이다. 공(空)에도 치우치지 않고, 유(有)에도 치우치지 않는 것을 뜻한다. 공과 유 모두 치우친 견해[邊見]이다.

세 가지가 동시에 갖추어져야만 진정으로 반야지혜를 갖춘 것이다. 중생은 무명의 번뇌를 소멸하기 위해 반야를 의지해야 한다.

불법의 사유로 마음을 바꾸다

# 마음속에 있는 지혜의 힘을 발굴하라

현재의 노력을 통해 미래를 위한 훌륭한 출발점을 다지고, 생각의 개선을 통해 인생을 위한 아름다운 장래를 개척한다.

## 유형의 마음과 무형의 마음

우리의 마음은 먼저 하나의 형태가 있는 것으로, 흉부의 왼쪽 폐부 가운데 있으며 통칭 '심장'이라고 하는 혈액순환기 계통의 중요한 기관이다. 한편 형태가 없는 것은 '마음'이라고 불리는 비물질적 생체에 속한다. 마음의 세계는 바다와 같고, 심리 활동은 파도와 같다. 바다는 폭풍으로 인해 파도가 거세며, 내심(內心)은 환경의 자극으로 인하여 여러 가지 생각이 일어난다. 물보라가 일어났다 사라지고, 바닷물이 끊임없이 계속 흐르듯 마음의 세계 또한 이와 같다.

기쁨과 고통의 내재된 경험은 본질적으로 주관적인 심리와 인지 상태임을 모두 다 안다. 우리가 인지하고 있는 물질세계는 사실 심식(心識)에 투사된 것일 뿐이다. 한 사람이 만약 내심의 평화와 안정을 유지할 수 있다면 외재적인 환경이 그에게 영향을 미치는 데는 한계가 있다. 반대로 내심이 불안한 사람은 주위에 가장 좋은 환경이 있을지라도 평온함과 유쾌함을 느끼기 매우 어렵다.

## 마음에는 팔식(八識)이 있다

불교에서는 마음에 여러 가지 경험을 축적할 수 있다[積集義]는 의미를 부여했다. '식(識)'은 육식(六識)이 육경(六境)에 대하여 차이를 이해하고 판별하는

# 마음은 세계를 어떻게 인식하는가

어째서 하나의 마음에 팔식이 있는 것일까? 본래 사람들은 보통의 경우 실제의 나와 실제의 법 – 우주의 모든 것을 실체로 봄 – 에 집착한다. 마음을 언급할 때도 사람들은 어렴풋하게 하나의 실체를 떠올린다. 그래서 유식가(唯識家)가 분석하는 방법으로 이 마음을 여덟 가지로 분석하여 사람들의 집착을 타파하였다.

## 마음에는 팔식이 있다

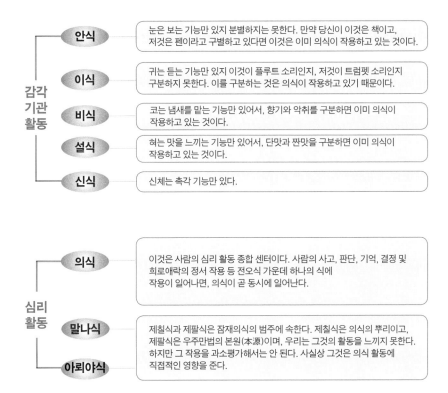

**감각 기관 활동**

**안식** — 눈은 보는 기능만 있지 분별하지는 못한다. 만약 당신이 이것은 책이고, 저것은 펜이라고 구별하고 있다면 이것은 이미 의식이 작용하고 있는 것이다.

**이식** — 귀는 듣는 기능만 있지 이것이 플루트 소리인지, 저것이 트럼펫 소리인지 구분하지 못한다. 이를 구분하는 것은 의식이 작용하고 있기 때문이다.

**비식** — 코는 냄새를 맡는 기능만 있어서, 향기와 악취를 구분하면 이미 의식이 작용하고 있는 것이다.

**설식** — 혀는 맛을 느끼는 기능만 있어서, 단맛과 짠맛을 구분하면 이미 의식이 작용하고 있는 것이다.

**신식** — 신체는 촉각 기능만 있다.

**심리 활동**

**의식** — 이것은 사람의 심리 활동 종합 센터이다. 사람의 사고, 판단, 기억, 결정 및 희로애락의 정서 작용 등 전오식 가운데 하나의 식에 작용이 일어나면, 의식이 곧 동시에 일어난다.

**말나식**
**아뢰야식** — 제칠식과 제팔식은 잠재의식의 범주에 속한다. 제칠식은 의식의 뿌리이고, 제팔식은 우주만법의 본원(本源)이며, 우리는 그것의 활동을 느끼지 못한다. 하지만 그 작용을 과소평가해서는 안 된다. 사실상 그것은 의식 활동에 직접적인 영향을 준다.

## 인식 활동은 어떻게 생성되는가

불교에서는 인식 활동을 인식 기관과 인식 대상으로 나누어, 인식 기관을 '육근(六根)'이라고 하고, 인식 대상을 '육진(六塵; 六境)', 이를 합쳐 '십이처(十二處)'라고 한다. 우리의 모든 인식 활동이 모두 근(根)과 진(塵)에서 결합되어 생기는 것이다.

의미를 가리킨다. 우리의 육식이 색깔[色]·소리[聲]·향기[香]·맛[味]·감촉[觸]·법(法)의 육진(六塵) 경계를 직면했을 때 접촉한 대상에 대하여 분별·판단할 수 있고, 높고 낮음, 선과 악, 아름다움과 추함을 구별할 수 있다. 이러한 판단과 구별은 식이 생성한 작용이다. 불교에서는 마음에 안식(眼識)·이식(耳識)·비식(鼻識)·설식(舌識)·신식(身識)·의식(意識)·말나식(末那識)·아뢰야식(阿賴耶識)의 여덟 가지 인식 작용[八識]이 있다고 본다. 전오식(前五識)은 눈[眼]·귀[耳]·코[鼻]·혀[舌]·몸[身]의 오식(五識)이다. 이것은 사람의 다섯 가지 감각 기관이다. 여섯 번째 식은 의식(意識)이다. 이것은 인간 심리 활동의 종합 센터로서 사람의 사고, 판단, 기억, 결정 및 희로애락(喜怒哀樂)의 정서 작용 등이 전부 제육식(第六識)의 기능이다. 제칠식과 제팔식은 잠재의식의 범주에 속한다. 잠재의식이란 우리가 그것의 활동을 느끼지 못하는 것이다. 하지만 그 작용을 과소평가해서는 안 된다. 그것은 의식 활동에 직접적인 영향을 주고 있다.

**우리의 마음속에는 헤아릴 수 없는 삶의 경험이 저장되어 있다.** 다만 심리적인 각종 요소를 인식해야만 우리는 효율적인 관리를 할 수 있고, 착한 마음의 힘을 강화하며, 삿된 각종 유혹을 거절할 수 있다. 의식 활동은 바로 아뢰야식의 여러 가지 경험을 기반으로 하고, 육진 경계를 인연으로 하여 끊임없이 분별하며 각종 심리를 일으킨다. 느낌에 있어서 인연의 경계가 순응하고 거스르는 변화로 인해 고통[苦]·즐거움[樂]·근심[憂]·기쁨[喜]의 감정이 일어난다. 우리는 마음의 중요성을 인식하고, 선(善)을 더하고 소중히 여기며 효율적으로 이용해야 한다.

# 인생은 마음에 따라 변한다

착한 생각[善念]이 일어나면 당장 복이 오지 않아도 재앙은 이미 멀리 떠나며, 악한 생각[惡念]이 일어나면 당장 재앙이 오지 않아도 복은 이미 멀리 떠난다.

---

옛사람이 다음과 같이 말했다. "범부는 운명에 조종당하고, 지혜로운 사람은 운명을 조종한다." 또한 "사람은 명(命)을 운용해야 하고, 운에 명령받지 않아야 한다."라고 말이다. 즉 운명은 진실로 존재하는 것이며, 또한 우리의 생활에 영향을 미치고 있지만, 운명의 끈은 우리 자신의 손안에서 조종되는 것임을 알려준다. 좋은 운명은 부처님께 절하고 신에게 빌어서 얻어지는 것이 아니고 자기의 노력으로 닦는 것이다. '한 생각으로 마음을 바꾸면' 마음이 열리고 뜻이 풀려 복이 온다. '한 생각으로 깨끗해지면' 마음이 성실하고 뜻이 곧아 운이 통하게 되며, '한 마음으로 바르게 향하면' 마음이 바르고 기운이 왕성하여 사특함이 침범하지 못하고, '한 마음으로 선을 향하면' 한 생각의 착한 마음이 천 개의 재앙을 제거한다. 운명을 바로잡는 귀인(貴人)이 먼 곳에 있는 게 아니다. 바른 생각[正念]과 선업은 우리의 삶 속에서 가장 큰 귀인이다.

## 마음을 닦는 것이 인생을 닦는 것이다

생각이 인생의 선택을 결정한다. 사실상 많은 사람들의 삶은 욕망과 감정 사이에서 흔들리며, 매일 말하고 일을 하는 것이 내가 원하는 것과 원하지 않는 것, 좋아하는 것과 싫어하는 것, 즐거운 것과 고통스러운 것뿐이다. 때로는 사람들도 이러한 삶의 무료함과 어쩔 수 없음에 한탄하지만 이후 대부분은 여전히 타협하며 계속 욕망과 감정에 따라 방황한다. 하지만 욕망과 감정을 초월할 정확한 생각을 찾기는 매우 어렵다. 이 또한 사람들이 행복과 어깨를 스친 채 지나치게 되는 중요한 원인이다. 욕망과 감정은 종잡을 수 없는 것이기 때문에 이것이 인생의 선택을 맹목적으로 하게 하고, 인생의 목표를 왔다 갔다 하게 한다. 만약 정확한 생각을 결택하고 취사선택하지 못하면 행복이 어떻게 오겠는가. 인생에 각종 심리적인 요인이 작용하는 것을 이해하고 이것에 의해 대조하여 지금 갖고 있는 욕망이 합리적인지, 어떤 생각에 조정이 필요한지, 어떤 감정을 극복해야 할 것인지를 점검한다. 끊임없이 조절하고, 여러 방면으로 정비하면 마음의 건강은 보장된다.

사람의 마음과 인생의 관계를 탐색하는 이유는 사람들로 하여금 마음을 중시하도록 환기하기 위해서이다. 내심에 번뇌가 나타날 때, 삶이 곤경에 처했을 때, 인간관계에 벽이 생겼을 때 우리는 그저 외적인 원인만을 찾아서는 안 된다. 눈길을 거두어 자신의 마음이 어떤 상태에 처했는가를 살피고, 인생의 감독에게 문제가 존재하는지를 살펴야 한다. 그 근원을 찾으면 마음에 맺힌 것이 풀리고, 근본적으로 번뇌가 와해되는 것을 우리는 발견하게 된다.

외적 개선은 여러 가지 많은 조건들의 화합에 의한 것이어서 반드시 개인의 의지로 좌우할 수 있는 것이 아니다. 하지만 정확한 심리 상태로 직시해야만 외부 환경의 변화로 인하여 상처를 받지 않고, 더욱이 자신이 사회에 위해를 끼치고, 타인을 해치는 불안정한 구성 요소가 되지 않을 수 있다. 그러므로 건강한 마음이라야 행복한 인생이 보장되는 것이다.

# 마음이 만든 열 가지 법계

『화엄경』에서 "마땅히 법계의 본성을 관하라. 모든 것은 오직 마음이 지어내는 것이다[應觀法界性,
一切唯心造]."라고 하였다. 열 가지 법계[十法界]는 중생의 망상과 분별로 인하여 나타나는
허환(虛幻)의 경계이다. 사람들은 각자 생각이 다르고, 깨달음과 깊이가 다르기 때문에, 지은 업력이
같지 않고 얻은 업과 또한 다르다. 그러므로 열 가지 법계의 차별이 생긴 것이다.

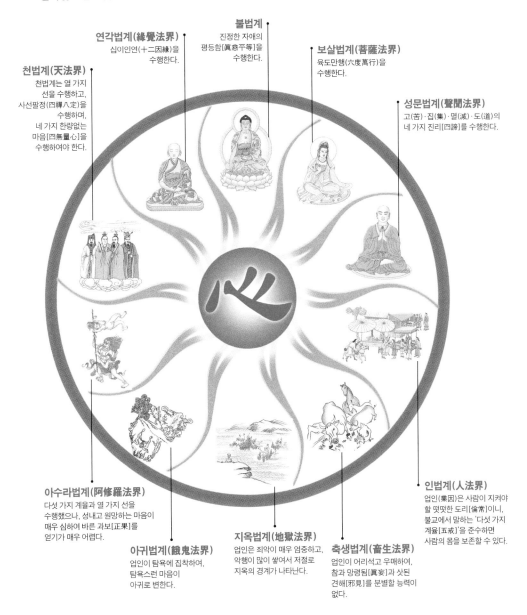

**연각법계(緣覺法界)**
십이인연(十二因緣)을
수행한다.

**불법계**
진정한 자애의
평등함[眞慈平等]을
수행한다.

**보살법계(菩薩法界)**
육도만행(六度萬行)을
수행한다.

**천법계(天法界)**
천법계는 열 가지
선을 수행하고,
사선팔정(四禪八定)을
수행하며,
네 가지 한량없는
마음[四無量心]을
수행하여야 한다.

**성문법계(聲聞法界)**
고(苦)·집(集)·멸(滅)·도(道)의
네 가지 진리[四諦]를 수행한다.

**아수라법계(阿修羅法界)**
다섯 가지 계율과 열 가지 선을
수행했으나, 성내고 원망하는 마음이
매우 심하여 바른 과보[正果]를
얻기가 매우 어렵다.

**아귀법계(餓鬼法界)**
업인이 탐욕에 집착하여,
탐욕스런 마음이
아귀로 변한다.

**지옥법계(地獄法界)**
업인은 죄악이 매우 엄중하고,
악행이 많이 쌓여서 저절로
지옥의 경계가 나타난다.

**축생법계(畜生法界)**
업인이 어리석고 우매하여,
참과 망령됨[眞妄]과 삿된
견해[邪見]를 분별할 능력이
없다.

**인법계(人法界)**
업인(業因)은 사람이 지켜야
할 떳떳한 도리[倫常]이니,
불교에서 말하는 '다섯 가지
계율[五戒]'을 준수하면
사람의 몸을 보존할 수 있다.

# 업력은 운을 늘리기도
# 줄이기도 한다

불교에서는 업이 모든 것을 창조하고 구성한다. 세간 역시 업의 소생(所生)이고, 업으로 고통과 즐거움을 그린다고 한다. 모든 연(緣)이 모여 업이 생기고, 업으로 고통과 즐거움을 받는다.

---

## 업력, 업인, 업과

업력(業力)은 우리가 한 행위가 하나의 힘을 형성하여 미래에 우리에게 각종 과보를 받게 할 수 있음을 말한다. 예를 들어 우리가 1분 동안 남을 욕한다면 이 행위는 1분이 지난 후 이미 사라지지만 이것의 힘은 존재하고 있어서 미래에 인연이 있을 때 과보를 이루게 된다. 이것을 업력이라고 한다. 업력 자체는 통제하는 것도, 주재하는 것도 없으며, 행위 자체로 형성된 힘인 것이다. 하늘에서 비가 내리면 땅은 자연히 흠뻑 젖게 된다. 이것은 초목을 왕성하게 자라게 하는 힘을 갖고 있다. 이것은 자연계의 현상이자 규칙이다. 이처럼 우리가 한 여러 행위 다음에는 자연히 하나의 힘이 형성되어 미래에 우리가 여러 과보를 받아야 한다. 이것이 인간 세상의 현상이자 규칙이다.

업인(業因)은 우리의 행위 및 우리가 한 일을 말한다. 사실 진정한 업인은 번뇌이다. 만약 그것이 없다면 우리는 행위하지 못한다. 그러므로 번뇌야말로 행위(업)의 진정한 인(因)인 것이다.

업과(業果)는 업보(業報)이다. 우리가 과거에 업을 짓고 인연이 무르익으면 과보를 이루는데 이것을 업보라고 하는 것이다. 업인이 있으면 업력이 형성되지만 당장에 과보가 따르는 것은 아니다. 업력은 과보를 형성하지만 이는 외재적인 인연에 의존하여 초래되기 때문이다. 그러므로 경전에서는 항상 "만약 천백 겁이 지나도 지은 업은 없어지지 않고, 인연이 만날 때 그 과보

# 인과업보의 운행

우리 일생의 운명은 몸과 마음의 상태부터 형편의 차이까지 과거의 생으로부터 가득한 업의 지배를 받지 않는 것이 없다. 이미 업을 지으면 보(報)는 피하기 어려우며, 유일하게 주도권이 있을 때가 바로 현재이다!

## 과보의 순서

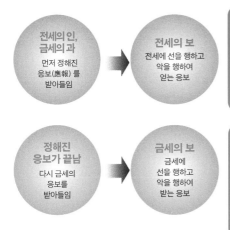

| | |
|---|---|
| **전세의 인,<br>금세의 과**<br>먼저 정해진<br>응보(應報)를<br>받아들임 | **전세의 보**<br>전세에 선을 행하고<br>악을 행하여<br>얻는 응보 |

"선을 행하면 반드시 번창하는데, 선을 행하고 만약 번창하지 않으면 조상이나 자신에게 아직도 남은 재앙이 있어, 그 재앙이 다하면 번창하게 된다." 여기에서도 우리는 착한 일을 한 사람의 "만년이 아름답고 원만한 것은 그의 '재앙이 다했기' 때문"이며, 그는 왜 착한 일에 마땅한 좋은 보[善報]를 한평생 받기 시작하는가 알 수 있다.

| | |
|---|---|
| **정해진<br>응보가 끝남**<br>다시 금세의<br>응보를<br>받아들임 | **금세의 보**<br>금세에<br>선을 행하고<br>악을 행하여<br>받는 응보 |

"악을 행하면 반드시 재앙이 따른다. 악을 행하고도 만약 재앙이 따르지 않으면 조상이나 자신에게 아직 남은 영화가 있는 것이며, 영화가 다하면 재앙이 따른다." 여기에서도 우리는 나쁜 일을 한 사람이 모두 "만년이 처량한 것은 그의 '영화가 다했기' 때문"이며, 그가 나쁜 일을 한 것에 마땅한 나쁜 보[惡報]를 왜 한평생 받기 시작하는가를 알 수 있다.

## 인이 있으면 반드시 과가 있다

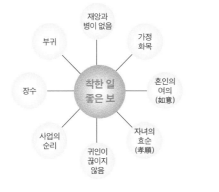

착한 일 좋은 보
- 부귀
- 재앙과 병이 없음
- 가정 화목
- 혼인의 여의 (如意)
- 자녀의 효순 (孝順)
- 귀인이 끊이지 않음
- 사업의 순리
- 장수

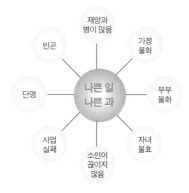

나쁜 일 나쁜 과
- 빈곤
- 재앙과 병이 많음
- 가정 불화
- 부부 불화
- 자녀 불효
- 소인이 끊이지 않음
- 사업 실패
- 단명

미래의 생이 원만해지기 위해서는 우리가 지금부터 원만한 선업의 정인(正因)을 심고, 장수하기를 바라며 생명을 반드시 부지런하게 보호하고, 사이가 좋기를 바라며 반드시 꽃으로 부처님께 공양하고, 부유해지기를 바라며 반드시 아낌없이 후하게 보시하고, 인연에 따라 갖추어지기를 바라며 항상 남 돕는 것을 반드시 즐거워해야 한다.

를 자신이 다시 받게 된다."●라고 하였다. 이것은 불교에서 매우 유명한 게송인데, 우리가 지은 행위(업인)는 업력을 형성하고, 그것이 많은 연(緣)을 만나야 과보가 형성될 수 있다는 것을 의미한다. 만약 업인이 지금 당장 과보를 형성한 게 없어도 그것의 세력은 천백겁 년 동안 오래도록 이어질 수 있어서 인연이 무르익을 때가 되면 반드시 그 과보를 받게 된다.

## 업의 규칙

세상에 우연히 발생한 사건은 하나도 없다. 사건이 발생할 때마다 반드시 그 원인이 있다. 이것은 우주의 가장 기본적인 법칙이다. 인간의 운명도 당연히 이 규칙을 따른다. 인간의 사상, 언어와 행위가 모두 '인(因)'이며, 모두 그에 상응하는 '과(果)'를 발생시킬 수 있다. 만약 인이 좋으면 과도 좋고, 인이 나쁘면 과도 나쁘다. 사람은 생각[思想]만 있으면 필연적으로 끊임없이 인을 심게 되는데[種因], 좋은 인[善因]을 심을 것인지 나쁜 인[惡因]을 심을 것인지는 자신이 결정한다. 그러므로 운명을 바꾸고 싶은 사람은 반드시 먼저 자신의 생각에 따라 어떠한 언어와 행동을 이끌어 낼 것이며, 이러한 언어와 행동이 어떠한 결과를 초래할 것인가를 주의하고 명확히 알아야 한다. 업의 규칙은 곧 다음과 같다. 설사 아주 작은 선업(善業)일지라도 지극히 커다란 즐거움의 과보[樂果]로 나타날 수 있으며, 아주 작은 악업(惡業)일지라도 엄청나게 큰 고통의 과보[苦果]로 나타날 수 있다.

●　"若經千百劫, 所作業不亡, 因緣會遇時, 果報還自受."

# 복과 지혜를 함께 닦다

행복한 인생을 만들기 위해선 '복혜쌍수(福慧雙修)'를 이해해야 한다. 복덕은 있는데 지혜가 없거나, 지혜는 있는데 복덕이 없다면 결함 있는 인생을 살 수밖에 없다.

과거의 평탄치 못한 운명을 어떻게 미래의 아름다운 운명으로 바꿀 것인가? 성격을 고치고, 마음을 바꾸고, 회개하고, 뒤돌아보는 공부를 실천해야 한다. 만약 고치기 어려운 성격을 고칠 수 있고, 불같이 발끈하는 성미를, 또 괴팍한 성질을 인연에 따라 고칠 수 있으면 인생은 반드시 그 면모가 달라질 것이다. 심장 수술을 하는 것처럼 어리석은 마음은 지혜로운 마음으로 바꿀 수 있고, 나쁜 마음은 좋은 마음으로, 악한 마음은 착한 마음으로, 삿된 마음은 바른 마음으로 바꿀 수 있으며, 이러한 변화된 마음은 모두 우리가 덕을 쌓고 선을 행하고, 기쁨과 복보를 쌓도록 이끌 수 있다.

## 복을 닦다

사람들은 일반적으로 부귀와 장수, 건강을 갖추고, 거기에 덕행을 즐겨 행하며[攸好德], 제명대로 살다 편안하게 죽는 것[考終命]을 '오복(五福)'이라고 칭한다. 그리고 그 오복이 찾아왔다고 해야 진정으로 행복한 인간이라고 생각한다. 하지만 밭을 갈고 김을 매지 않으면 수확할 수 없는 법. 만약 이러한 복을 누리고 싶다면 열심히 복을 닦고 아끼며, 끊임없이 행복의 씨앗을 뿌려야 수확할 수 있는 것이다.

예컨대 은혜에 감사하는 마음으로 부모님께 효도하고, 스승과 어른을 존중하며, 동정심으로 자기 주변에 있는 불행한 사람에게 관심을 갖고 도와

주며, 우호적이고 사랑하는 마음으로 화합하며 일하는 환경을 만들어 가고, 참회하는 마음으로 과거의 잘못된 행위를 씻어 나가야 한다. 이러한 예는 모두 마음을 닦고 복을 닦는 가장 간단한 방식이다.

복을 아낀다는 것은 자기를 소중히 여기고, 조심하고 보호해야 하며, 이미 가지고 있는 복보를 제멋대로 낭비해서는 안 된다는 것이다. 속담에 "있는 복을 다 누려서는 안 된다."는 말이 있다. 애석하게도 현대인의 대부분은 행복한 생활을 하면서도 행복을 느끼지 못한다. 혹은 영원히 만족하지 못하고, 타인의 성취에 질투를 하거나 허영을 부러워하며 추구하고, 돈을 물 쓰듯 하며 절약할 줄을 모른다. 심지어 더 많은 부와 재물을 갖기 위하여 다른 사람에게 해를 끼치는데, 이러한 행위는 모두 복을 해치고 깎을 뿐이다.

### 지혜를 닦다

복을 닦는 데 있어서 가장 중요한 전제는 바로 지혜를 닦는 것이다. 지혜가 생기고, 아름다운 마음을 갖고 선을 실천하며 덕을 쌓으면 일이 저절로 성사된다. 우리는 모두 자신이 총명하고 지혜가 있는 사람이 되어 불법의 진리를 이해하고 지혜를 깨달아 생각이 달라질 수 있기를 바란다. 인생관과 가치관의 변화는 우리의 사고를 더욱 깊고 넓게 하여 마음은 저절로 탁 트이고, 이로써 언제 어디서든 우리의 행위는 지혜로 충만할 것이다. 만약 불법의 이치를 듣고 운용해 자신의 나쁜 습관과 행위를 고쳐 신(身)·구(口)·의(意)의 세 가지 업에서 사악(邪惡)함을 없애면 자신의 마음속에 본래 갖추어진 지혜가 일깨워진다. 진리의 지혜를 눈으로 보고, 마음으로 생각하고, 행동으로 실천하면 이것이 우리의 인생을 바꾼다.

# 복과 지혜를 함께 닦는 인생

복과 지혜를 함께 닦는 것은 불법을 수행하고 배우는 자에게 있어 필수이자, 열반을 이루는 자량(資糧)이다. 지혜를 닦는 것은 경전에 깊이 들어 그 가르침에 따라 받들고 실천하는 것이다. 복을 닦는 것은 자신의 언행을 신중히 하고, 자신의 수양을 향상시켜 복보를 구하는 것이다. 만약 우리가 한 알의 씨앗이라면 불법은 햇빛과 같고, 생활은 대지와 같으며, 지혜는 밭을 갈고 김매는 것과 같다. 양분에 멀리 있는 씨앗은 튼실하게 자랄 수 없다.

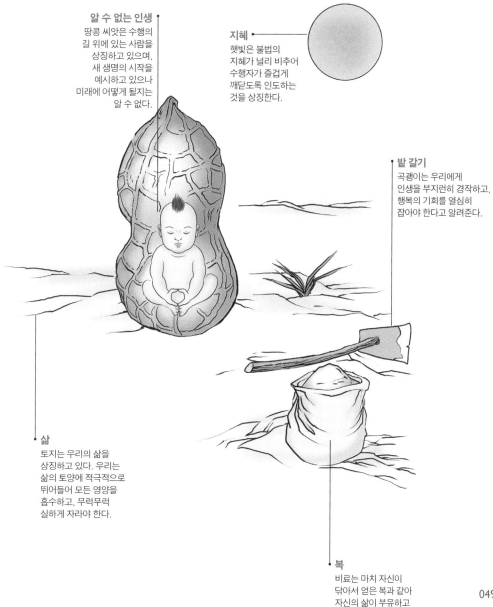

**알 수 없는 인생**
땅콩 씨앗은 수행의 길 위에 있는 사람을 상징하고 있으며, 새 생명의 시작을 예시하고 있으나 미래에 어떻게 될지는 알 수 없다.

**지혜**
햇빛은 불법의 지혜가 널리 비추어 수행자가 즐겁게 깨닫도록 인도하는 것을 상징한다.

**밭 갈기**
곡괭이는 우리에게 인생을 부지런히 경작하고, 행복의 기회를 열심히 잡아야 한다고 알려준다.

**삶**
토지는 우리의 삶을 상징하고 있다. 우리는 삶의 토양에 적극적으로 뛰어들어 모든 영양을 흡수하고, 무럭무럭 실하게 자라야 한다.

**복**
비료는 마치 자신이 닦아서 얻은 복과 같아 자신의 삶이 부유하고 뜻대로 되도록 한다.

049

# 쾌락의 모퉁이를 만나다

불교에 따르면 사람은 마음속에 있는 모든 망령된 생각[妄念]과 집착을 버려야 더 없이 행복한 커다란 자유를 얻을 수 있다.

---

## 모든 법은 마음에서 나오고, 모든 일은 마음에서 사라진다

일찍이 한 무사가 유명한 백은(白隱) 선사를 찾아 뵙고 그에게 다음과 같이 여쭈었다. "선사님, 당신이 하신 지옥과 극락에 관한 말씀은 진실한 것입니까? 아니면 꾸며 낸 것입니까? 만약 진실한 것이라면 저를 데리고 친히 참관한번 하실 수 있습니까?" 뜻밖에도 백은 선사는 즉시 악독한 말로 무사의 품행과 도덕을 공격하며 그를 유명무실한 위선자이고, 돈과 여색을 밝히는 나쁜 놈이라고 욕했다. 무사는 대단히 놀랍고 의아했으나 무사다운 자질로 인내하면서 있는 힘을 다해 자신을 자제하며 화를 내지 않았다. 뜻밖에도 백은 선사는 욕하는 데 재미가 붙어 무사의 검은 의외로 쥐조차도 베어 죽일 수 없는데 또 체면은 있어 불법을 묻고 참선한다고 조롱하였다.

무사는 더 이상 참을 수가 없어서 허리에 차고 있던 대검을 뽑아 들고 백은 선사를 쫓아가 죽이려고 했다. "이 중놈이 참으로 무례하구나! 내가 겸손하고 간곡하게 도를 물으러 왔는데, 어떻게 이처럼 남을 헐뜯을 수 있는가?"라고 욕을 하였다. 그는 핏발이 선 두 눈을 부릅뜨고 온몸에 살기가 등등하여 칼끝을 선사의 코에 겨누고, 한 걸음 한 걸음 백은 선사를 구석으로 몰아붙였다. 백은 선사는 기둥 뒤에 숨어서 얼굴빛 하나 변하지 않고 "당신은 나에게 당신을 데리고 지옥을 참관해 달라고 하지 않았는가? 보시오. 지금이 바로 지옥이지 않은가?"라고 하였다.

# 기쁨의 방향

불법의 네 가지 법은 본래 "모든 행은 무상하고, 모든 것은 다 괴로우며, 모든 법은 내가 없고, 열반은 고요하다[諸行無常, 一切皆苦, 諸法無我, 涅槃寂靜]."라는 것이다. 이는 중생이 우주와 인생의 참모습이 무상하고, 괴로움[苦]이며, 비어 있고[空], 내가 아님[無我]을 분명히 알아 흐름대로 빠져들지 않고, 번뇌를 비워 가며, 악업을 짓지 않고, 고보(苦報)를 받지 않도록 하려는 것이다.

**고요함[靜]**
불교에서 좌선할 때 마음을 조절하고[調心], 몸을 조절하고[調身], 음식을 조절하고[調食], 수면을 조절[調睡眠]한다. 그리고 불법의 계·정·혜 삼학도 모두 조용히 생각하는 것[靜慮]을 기본으로 한다. 조용히 앉아 고요히 생각하는 것은 선사들이 불교의 이치를 참선하며 깨닫는 중요한 과정이다.

**평범함[凡]**
불교에서는 사람들이 고요한 생각을 통해 작고 평범한 일에서부터 큰 도를 철저히 깨달아 가고, 보잘 것 없는 일상생활 속에서 우주의 심오함과 인생의 철학적 이치를 깊이 깨달아 가기를 요구한다.

**고통[苦]**
불교에서는 대체로 인류의 존재를 구성하는 모든 물질과 인류가 생존하는 과정에서의 정신 요소는 모두 사람에게 '고뇌'를 야기할 수 있다고 한다. 불법이 찾는 것은 "고해는 끝이 없지만, 고개를 돌리면 거기가 바로 피안이다[苦海無邊, 回頭是岸]."라는 것이다. 즉 생사관을 꿰뚫어 보아야 '괴로움[苦]'에 대한 해탈을 얻을 수 있다.

**내려놓음[放]**
불교의 수행에서는 특히 십팔계(界)를 모두 내려놓아야 한다고 강조한다. 즉 몸과 마음의 세계도 모두 내려놓아야 한다. 모든 것을 내려놓으면 사람은 저절로 비할 수 없이 홀가분해져 세상의 햇볕은 따스하고 바람은 부드러우며, 달은 밝고 별은 초롱초롱 빛나 보인다.

> 만약 열반의 경계에 도달하면 곧 자유롭고 커다란 기쁨을 얻게 된다.

무사가 놀라 어리둥절하다가 예를 잃고 난동을 부리고 있는 자신의 모습을 발견하고 선사의 고심(苦心)을 분명히 이해하고서 얼른 무릎을 꿇고 사죄하였다. "죄송합니다, 선사님! 방금 제가 경솔하게 난동을 부렸습니다! 용서해 주십시오." 백은 선사가 빙그레 웃으며 "보십시오. 이것이 극락입니다!"라고 하였다.

어떤 선시에 "생각이 바르면 천당길이요, 생각이 삿되면 지옥문이라네. 모든 법이 마음에서 나오고, 모든 일이 마음에서 사라진다네."* 라고 하였다. 선(善)이 발동하면 곧 천당의 극락이고, 악(惡)이 발동하면 곧 지옥의 아수라이다. 백은 선사가 무사에게 가르쳐 주려고 한 것이 바로 이러한 것이었다.

## 기쁨의 도리

『반야심경(般若心經)』에서 "색이 바로 공이고, 공이 바로 색이다[色卽是空, 空卽是空].", "모든 법은 공한 모습을 나타낸다[諸法空相]."라고 말한 것처럼 사람의 마음은 담지 못하는 것이 없으며, 고요하게 텅 빈 성품[寂靜空性]을 지녔다. 불교에 따르면 사람은 마음속에 있는 망령된 생각[妄念]과 집착을 버려야 극락의 커다란 자유를 얻을 수 있다. 하지만 현실 속에서 사람들은 더 많이 가져야 만족감을 얻을 수 있고, 또 기쁨을 얻을 수 있다고 늘 고집스럽게 생각한다. 이것은 불교에서 설교하는 인생의 참모습[眞相]과 서로 위배되는 것이다. 그래서 우리들도 관념을 바꾸어 한번 다음과 같이 생각해 보도록 하자. 왜 우리는 항상 즐겁지 못한 것일까? 사람은 정말 그토록 많은 물질적 만족을 찾을 필요가 있는 것일까? 사실 불교에서는 인도(人道)의 마지막에 기쁨조차도 버리고, 고통도, 즐거움도 없는 일종의 해탈의 경계에 도달하기를 바라지만, 사람들이 세속에 싸여 있으면 결국 진정한 해탈을 할 수가 없다. 그러나 다음번에는 우리가 기쁘지 않을 때 반드시 뒤돌아 살펴보아야 한다. 어쩌면 다음 길목에 돌아들어 예기치 못한 기쁨을 만날 수 있을 것이다.

* "念正天堂路, 念邪地獄門, 萬法由心生, 萬事由心滅."

좋은 운은 우연히 오는 것이 아니다

# 행운관리학

사람은 연기의 규칙에 순응하지만 스스로 묵묵히 노력하여 천도(天道)가 잘 돌아가면 보(報)를 두 배로 받는 날이 올 것이다.

## 고통과 즐거움의 법칙

아래로 무간지옥의 범부에서 위로 성인(聖人)인 모든 불보살에 이르기까지 우주의 무한한 시공간 속 성인과 범부의 경계는 갖가지 고통과 즐거움에 차이가 있다. 하나의 고보(苦報)마다 반드시 그에 대응하는 악업의 인이 있고, 하나의 낙수(樂受)마다 반드시 그에 대응하는 선업의 인이 있다. 하나의 업인마다 반드시 그것의 과보가 아주 적절하게 나타나 전도되지도 않고 문란해지지도 않는다. 예컨대 선을 행하면 고통을 느낄 수 없고, 악을 지으면 즐거움을 얻을 수 없다. 그러므로 세상의 모든 법들이 다 이 고통과 즐거움의 법칙을 따르고 있다.

바로 이것이 세속의 명언 가운데 하나의 영원한 법칙이기 때문에 이 우주의 언제 어디서든 이것의 존재가 나타난다. 그래서 진실하고, 선량하고, 아름다운 모든 도덕적 행위는 근거와 보증이 있게 되었고, 모든 성현의 가르침은 모두 여기에 기반을 두며, 모든 생명이 원만함의 증거를 찾는 것도 반드시 여기에 기반을 둔다. 그렇지 않으면 모든 세간의 아름다운 덕과 모든 출세간의 해탈도 말로만 내세우는 이론이 되어 실질적인 의미가 털끝만큼도 없을 것이다. 만약 이에 대하여 굳건하고 확실한 이해가 생길 수 있으면 선과 악, 고통과 즐거움의 구분이 분명하여 우리의 몸[身]·말[口]·생각[意]의 모든 행위는 반드시 오직 선으로만 진행될 것이다. 인간의 가장 큰 염원은 인생 경영이 일마다 뜻대로 되는 것 아님이 없다. 그러나 좋은 운이 갑자기 하늘에서 떨어지기를 기대하고 있지 말아야 한다. 좋은 운은 액운의 조짐에 불과할 뿐이다. 진정으로 좋은 운은 착한 마음으로 맺어진 착한 인연[善緣]이며, 이것은 사람 스스로의 노력을 통해서만 얻을 수 있다.

## 인생을 가꾸다

우리는 가을 수확을 위해 봄에 씨앗을 뿌리고, 중간에 물을 대 주고 비료를 주며 세심하게 돌봐야 한다. 또 여기에 충분한 햇볕과 충분한 비, 비옥한 토지 등 이러한 자연의 도움이 더해져야 한다. 그렇게 수확의 계절이 되면 아주 잘 익은 열매를 저절로 얻을 수 있다. 만약 위에 서술한 필요조건이 완벽하지 못하거나 갖추어지지 못하면 결과적으로 반드시 그에 상응하는 결함이 나타난다.

우리가 세상에서 원하는 모든 것은 공짜로 하늘에서 떨어질 수 없다. 그것을 생성하고 얻게 되는 인과 연이 있는 것이다. 그러므로 진정으로 인과 규칙을 아는 사람은 그에 따라서 적극적으로 자신의 인생을 만들게 된다. 어느 방면의 성취를 바라든 간에 반드시 성공의 인과 연을 우선 이해하고 나서 그것에 순응해 착실히 실천에 옮겨야 겨우 성공의 가능성이 있다. 예컨대 명의가 되려면 우선 세상을 구원하고 고통 받는 사람을 구제하려는 마음을 마땅히 지니고 나서 의사로서의 덕성과 의술을 겸허하게 배우고, 의료 연구에도 전념하고 적극적으로 뛰어들어 실천하며, 자신을 위해 능동적으로 조건을 만들어야 한다. 사람이 자신의 운명을 바꾸고 싶으면 이와 같이 인연을 갖출 필요가 있다. 먼저 진실하게 대보리심(大菩提心)을 내고 나서, 불법을 듣고 복과 지혜의 두 가지 자량을 부지런히 쌓아야 한다. 이렇게 인지(因地)의 실천이 있으면 과지(果地)의 공덕을 이룰 수 있다. 결론적으로 우리의 인생은 투자가 있을 때 수확이 있는 것이다.

# 누가 나의 좋은 운을 훔쳤는가

우리가 생활 가운데 좋은 말을 할 때마다, 또는 좋은 일을 할 때마다 모두 다른 사람에게 목격되고, 마음에 기억된다. 작은 동전을 저축할수록 저금통 안의 금액이 커지는 것처럼 우리의 업력도 점점 더 많이 저장된다.

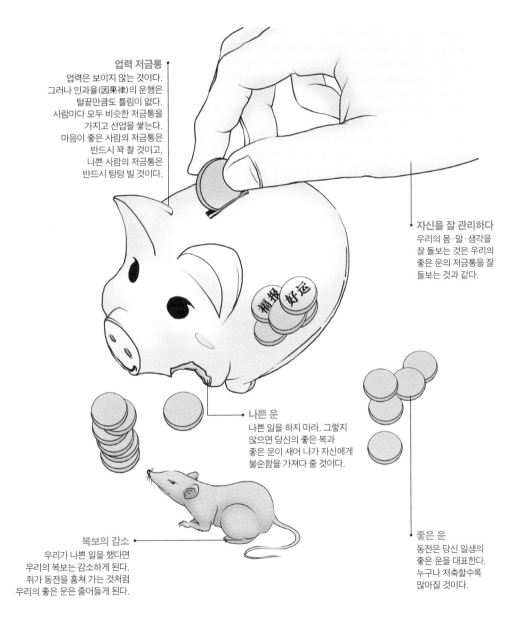

**업력 저금통**
업력은 보이지 않는 것이다. 그러나 인과율(因果律)의 운행은 털끝만큼도 틀림이 없다. 사람마다 모두 비슷한 저금통을 가지고 선업을 쌓는다. 마음이 좋은 사람의 저금통은 반드시 꽉 찰 것이고, 나쁜 사람의 저금통은 반드시 텅텅 빌 것이다.

**자신을 잘 관리하다**
우리의 몸·말·생각을 잘 돌보는 것은 우리의 좋은 운의 저금통을 잘 돌보는 것과 같다.

**나쁜 운**
나쁜 일을 하지 마라. 그렇지 않으면 당신의 좋은 복과 좋은 운이 새어 나가 자신에게 불순함을 가져다 줄 것이다.

**복보의 감소**
우리가 나쁜 일을 했다면 우리의 복보는 감소하게 된다. 쥐가 동전을 훔쳐 가는 것처럼 우리의 좋은 운은 줄어들게 된다.

**좋은 운**
동전은 당신 일생의 좋은 운을 대표한다. 누구나 저축할수록 많아질 것이다.

'사공가행(四共加行)'은 불교의 삼승(三乘)에 공통되는 법으로 어떤 종파의 수행자이든 모두 마땅히 수학(修學)해야 한다. 이것은 수행자가 마음을 내어 수행할 때 세속에서의 마음을 완전히 불법의 네 가지 사유로 전향할 수 있게 하기 때문이다. 이 네 가지 사유는 '사람의 몸을 얻기 어려움[人身難得]', '생명의 무상함[生命無常]', '인과업보(因果業報)', '윤회(輪廻)의 허물과 우환[過患]'이다. 이 네 가지 사유는 마음을 번뇌에서 즐거움으로 돌리고, 인생을 불행에서 행운으로 돌리는 효과적인 방법이다.

# 제2장

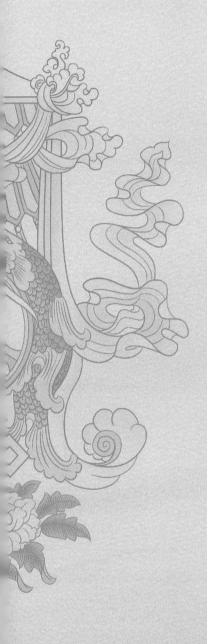

## 법으로 마음을 돌리는 사공가행의 이해

—

### 당신의 지금 생을 열어 이끄는 마음의 수행

인생의 지혜 원천

# 일상 가운데 불경을 읽다

재산의 많고 적음이 개인의 정신적인 만족 여부를 대표하는 것은 결코 아니다. 인격을 수양하고 마음을 정화해야 편안하고 즐거운 인생이 될 수 있다.

## 불법은 인생의 행복을 위하여 봉사한다

불교는 몇천 년 동안 전해 내려오면서 이미 우리의 일상생활 속에 스며들었다. 불교의 가장 주된 취지는 개인의 삶에 지혜를 일깨우는 데 있다. 현대인이 불경을 읽는 것은 시대적 조류일 뿐만 아니라 일종의 요구이다. 불경의 지혜로운 관점은 모든 사람의 마음에 빛과 희망을 밝혀 주고, 우리가 즐겁고 행복한 인생을 살 수 있도록 이끌어 준다.

불교를 배운다는 것은 일반인이 생각하는 출가를 말하는 게 아니다. 사람이 난잡하고 저속한 세상사 속에서 벗어나 물욕의 함정에 유혹되지 않고, 선입견과 편견, 고정관념에 사로잡히지 않으며, 모든 색상(色相)에 장애되지 않을 수 있기를 바라는 것이다. 불경의 지혜는 한 사람이 마음의 만족을 얻도록 하고, 동시에 자기를 일깨워 심리적인 곤경과 장애로부터 해탈하도록 해 준다. 사람마다 모두 이러한 '벗어나고자 하는 마음[出離心]'을 가지고 있다. 번잡한 삶의 남루한 허울을 벗어 버리고, 진실하고 귀중한 삶의 지혜를 찾아 원만하고 행복해질 수 있다.

우리는 불경을 읽음으로써 일상생활 가운데 자신을 향상시키고 단련시킬 수 있다. 불교를 배우는 사람은 수행을 통하여 자각하고 지혜로워지며, 정신생활의 원만함을 얻는다. 열심히 수행하는 가운데 허영심과 탐욕, 나쁜 습성이 제거되고, 자신의 마음과 지혜가 강인해진다. 불교를 배우는 사람은 수

# 마음을 수호하는 불법

사람의 마음은 가장 따뜻하고 깨끗한 곳으로 우리의 보물이다. 하지만 분주한 생활 속에서 우리는
늘 그것을 함부로 세속의 수렁 속에 내던지고 상처투성이로 만든다. 불교에서 말하는 평등과 자비,
사랑은 메마른 마음을 촉촉하게 적셔 주는 영양의 원천과 같은 것이다.

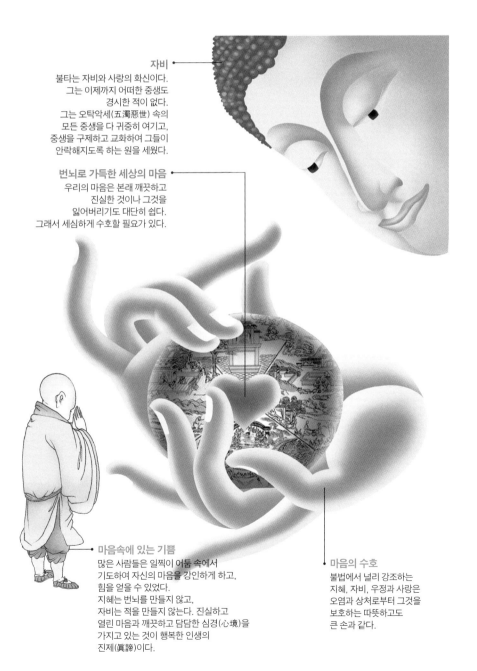

**자비**
불타는 자비와 사랑의 화신이다.
그는 이제까지 어떠한 중생도
경시한 적이 없다.
그는 오탁악세(五濁惡世) 속의
모든 중생을 다 귀중히 여기고,
중생을 구제하고 교화하여 그들이
안락해지도록 하는 원을 세웠다.

**번뇌로 가득한 세상의 마음**
우리의 마음은 본래 깨끗하고
진실한 것이나 그것을
잃어버리기도 대단히 쉽다.
그래서 세심하게 수호할 필요가 있다.

**마음속에 있는 기쁨**
많은 사람들은 일찍이 어둠 속에서
기도하여 자신의 마음을 강인하게 하고,
힘을 얻을 수 있었다.
지혜는 번뇌를 만들지 않고,
자비는 적을 만들지 않는다. 진실하고
열린 마음과 깨끗하고 담담한 심경(心境)을
가지고 있는 것이 행복한 인생의
진제(眞諦)이다.

**마음의 수호**
불법에서 널리 강조하는
지혜, 자비, 우정과 사랑은
오염과 상처로부터 그것을
보호하는 따뜻하고도
큰 손과 같다.

059

행하는 가운데 자신의 환경 적응력이 향상되고, 쾌활한 마음이 양성되며, 청담하고 활발한 처세 태도가 갖추어진다. 또 유쾌한 성정이 배양되어 마침내 성공적인 인생을 실현하게 된다.

불법은 우리에게 정확한 인생관을 제시해 줄 수 있고, 불법에 따라 수행하면 우리는 건강한 마음가짐을 배양할 수 있게 된다. 불교를 배움의 의미가 바로 여기에 있다. 때문에 불교에서는 이러한 배움을 우리의 행복한 인생을 위하여 봉사하는 것이라고 하는 것이다.

## 의사를 찾아가지 않고 불경을 보다

현대인은 많은 심리적 문제를 안고 산다. 번뇌는 마치 버섯처럼 끊임없이 돋아난다. 어떤 사람들은 정신과 의사에게 도움을 청하지만 의사의 치료는 소통과 완화의 작용을 할 수 있을 뿐 심리적 질병의 근원을 찾지 못하기 때문에 결코 문제를 근본적으로 해결할 수 없다. 인류의 심리적 질병의 근원은 무엇일까? 불교에서 말하는 우리의 오랜 무명(無明)과 이로 인해 야기되는 각종 불건전한 요소, 즉 탐욕, 분노, 원망, 어리석음, 자만심 등과 같은 것들이다. 때문에 우리는 불경에 있는 지혜를 배워 운용하여야 하고, 마음의 수행을 통해서 이러한 불건전한 요소를 없애 근본적으로 모든 심리적 질병의 근원을 뿌리 뽑아야 한다. 불경이 정신과 의사는 아니지만 마음을 구하고 보호하는데 가장 효과적인 방법이다. 그래서 갈수록 많은 사람들이 심리적 문제를 해결하기 위해 불경을 보는 경향이 있다.

# 수행으로 마음을 향상시키다

불교의 수행 이론과 실천은 불교의 전체 사상 체계에서 대단히 중요한 위치를 차지하고 있다. 수행은 사람들을 위해 윤회의 고통에서 벗어나 열반에 이르러 영원히 즐거울 수 있는 구체적인 방법을 분명히 가르쳐 주고 있기 때문이다.

## 불교 수행의 목적

좁은 의미에서 수행은 불교도가 불교의 기본적인 교리를 받아들인 기초 위에서 실천 활동을 적극적으로 하는 걸 가리킨다. 사실상 어떻게 성불하고, 어떻게 열반에 이르고, 어떻게 고통스런 윤회를 벗어나는가 하는 구체적인 방법을 우리에게 알려 주는 것이다. **불교 수행의 가장 높은 이상은 성불이나 열반의 경계에 도달하여 윤회에서 초래되는 인생의 각종 고통으로부터 벗어나는 데 있다.**

## 불교의 기본적인 수행 방법

팔정도는 사성제(四聖諦) 중의 도제(道諦)에 대한 구체적인 내용이다. 번뇌를 소멸시키는 여덟 가지 정확한 방법, 즉 정견(正見)·정사유(正思惟)·정어(正語)·정업(正業)·정명(正命)·정념(正念)·정정진(正精進)·정정(正定)을 가리키는 것이다. 불교도들은 오랫동안 위의 팔정도를 수행했을 때 그 내용의 기준에 따라 진행한 것에 대하여 분류한 다음 계·정·혜 삼학으로 총결하였다. 사실상 불교 수행의 세 단계를 설명하는 것이다. 불교가 발전하고 분열됨에 따라 불교의 수행 이론은 점점 팔정도의 범위를 벗어나고 날이 갈수록 복잡해졌다. 소승불교의 수행은 '삼십칠도품(三十七道品)'으로 나눌 수 있고, 대승불교는 주로 '십바라밀(十波羅蜜)'을 수행한다.

불교의 수행 효과는 계단식으로 상승하는데, 불교도가 수행하면서 이르게 되는 다른 상태나 단계의 분류에 따라 소승불교의 수행 효과 이론은 사향사과(四向四果)이고, 대승불교는 전자의 기초 위에서 발전한 보살과위(菩薩果位)이다.

## 대수인의 수행

'대수인(大手印)'은 위없는, 지극히 높은 깨달음의 상태로서 선 수행을 통해 자신의 마음이 평온해지고, 나아가 자신의 마음을 관조하게 되어 마음의 본질이 나타나게 된다. 우리는 하나의 물체를 응시하고 있을 때 물체가 존재하지 않는다는 것을 발견한다. 물체는 마음으로 현상된 것이므로 우리가 마음을 응시하고 있을 때 마음도 사실 존재하지 않는 것임을 발견할 수 있게 된다. 우리가 마음의 실체성(實體性)은 곧 공성(空性)임을 깨달았을 때 대수인의 깨달음의 상태를 얻게 되는 것이다.

대수인을 수련하는 목적은 인류의 개체의식과 우주의식 사이를 연결시켜 개체의식에서 우주의 본체의식으로 확장, 마지막에는 양자가 일체(一體)가 되도록 하는 데 있다. 바꾸어 말하면 바로 '천인합일(天人合一)'을 실현하는 것이다. 개체의식은 곧 개체인 자아(自我)이며, 우주의식은 곧 우주인 대아(大我)이다. 수행자가 개체 자아와 우주 대아가 이원적인 대립이 아니라 일체이며 일원화임을 깨달았을 때 그는 청정하고 온전하게 밝은 자성을 인지하게 되고, 자기 본래의 면목을 인지하게 된다. 즉 '마음을 밝혀 본성을 보게 된다[明心見性]'. 이와 같이 깨닫게 되면 대수인은 완전하게 갖추어진다. 이러한 인지가 연속되어 일단 우주의식에 통달하게 되면 무상보리(無上菩提)를 깨달아 얻게 된다. 보리는 곧 진여(眞如), 자성, 법신(法身), 정각(正覺), 실상(實相)이며, 또한 대수인이다.

# 줄 위를 걸어가는 사람이 되어서는 안 된다

우리의 인생은 극치의 기쁨이 가득하기도 하고, 단절의 고통이 가득하기도 하다. 우리가 악착같이 집착하는 '보물'은 삿된 견해[邪見]와 망령된 생각[妄想]일 뿐이지만 우리는 의식하지 못하고 있다. 수행의 목적은 바로 자신과 이 세상의 참모습[眞相]을 분명하게 보고, 거추장스러운 망령된 생각을 없애는 것이다.

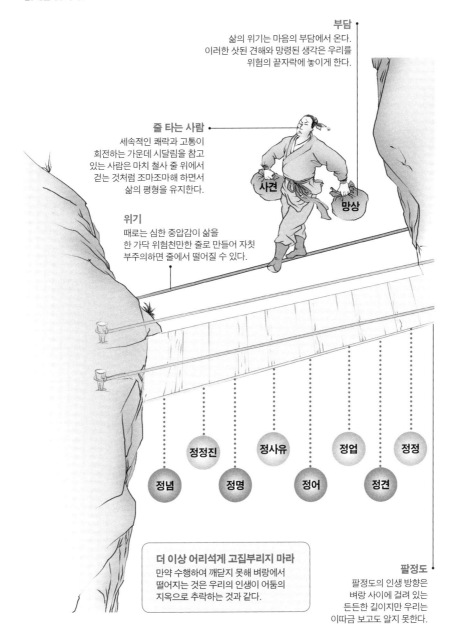

**부담**
삶의 위기는 마음의 부담에서 온다.
이러한 삿된 견해와 망령된 생각은 우리를
위험의 끝자락에 놓이게 한다.

**줄 타는 사람**
세속적인 쾌락과 고통이
회전하는 가운데 시달림을 참고
있는 사람은 마치 철사 줄 위에서
걷는 것처럼 조마조마해 하면서
삶의 평형을 유지한다.

**사견**

**망상**

**위기**
때로는 심한 중압감이 삶을
한 가닥 위험천만한 줄로 만들어 자칫
부주의하면 줄에서 떨어질 수 있다.

정정진  정사유  정업  정정

정념  정명  정어  정견

**더 이상 어리석게 고집부리지 마라**
만약 수행하여 깨닫지 못해 벼랑에서
떨어지는 것은 우리의 인생이 어둠의
지옥으로 추락하는 것과 같다.

**팔정도**
팔정도의 인생 방향은
벼랑 사이에 걸려 있는
든든한 길이지만 우리는
이따금 보고도 알지 못한다.

# 사공가행은 불법 수행의 시작이다

사공가행은 불교 우주 인생관의 네 가지 기본 관찰이다. 입문자의 입장에서 말하면 이것은 마음을 종교로 돌리게 하는 네 가지 사유이다.

---

### 법을 닦는 전행

가행(加行), 즉 전행(前行), 도전(道前)의 기초는 정식으로 수행하기 전에 필요한 준비를 가리킨다. 행군하기 전에 군량과 장비를 준비하고, 차를 운전하기전에 기름을 넣거나 타이어에 공기를 넣는 것과 같이 정식으로 수도하기 전에 수행하는 모든 행동을 가행한다고 할 수 있다. 불교의 각종 수행도(修行道)는 모두 전제와 근거가 되는 가행이 있다. 마치 집을 지으려면 반드시 먼저기초를 잘 다져야 하며, 기초가 부실하면 집이 무너지는 것을 면하기 어려운것과 같다. 대승의 많은 경론에서 모두 가행의 중요성을 강조하여, 가행의 내용과 관수(觀修) 방법을 자세히 설명하였다. 입문할 때 먼저 가행을 닦는 것은 본래 불교의 삼승(三乘)에서 수도의 통로이다. 티베트불교는 수학의 차제를 상당히 중시하고, 수도하기 전에 가행을 수행하는 것을 강조하며, '사공가행'과 '사불공가행(四不共加行)'의 체계적이고 엄격한 가행 수행법이 있다. 사공가행은 현교(顯敎)와 밀교(密敎)가 함께 수행하는 것이고, 사불공가행은 밀교 특유의 것으로 사불공가행의 수행은 사공가행을 기초로 해야 한다. 사가행을 수행하지 않으면 대수인법(大手印法)의 정행(正行)을 수행할 자격이 없다.

### 사공가행

사공가행은 불교 삼승이 함께 수행하는 법으로 어느 종파의 수행자이든 간

# 티베트불교의 수행 차제

티베트불교 갈거파(噶擧派)의 대수인이 전수하는 수지법문은 수행자가 반드시 차제에 따라서 점진적으로 실행해야 한다. 우선 수지해야 하는 것은 함께 가행하는 것이며, 마음을 불법으로 돌린 다음이라야 불공가행의 수지에 들어갈 수 있다.

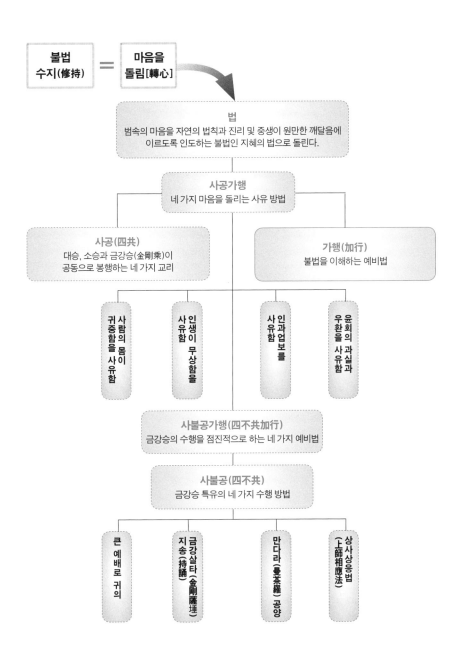

에 모두 수학해야 한다. 이것은 수행자가 마음을 내어 수행할 때, 먼저 범속의 마음을 불법의 네 가지 사유로 완전히 돌리게 하는 것이기 때문이다. 이 네 가지 사유는, 즉 '사람의 몸을 얻기 어려움[人身難得]', '생명은 무상함[生命無常]', '인과업보', '윤회의 허물과 우환[過患]'이다. 불교에서는 수행자가 그것들을 깊이 생각하고, 그것들의 의미와 그것들이 우리의 삶에 어떠한 영향을 주는지 사유하기를 바란다. 그것의 공능은 현교와 밀교의 모든 정행을 훨씬 뛰어넘는다. 그것은 수행의 기초 중의 기초로 그것의 작용을 절대 가볍게 여기면 안 된다. 그렇지 않으면 모든 수행이 의미를 잃어버리기 때문이다.

　사공가행에 이와 같은 공능이 있는 까닭은, 수행자가 만약 사람 몸의 귀중함과 쉽게 소멸되는 서글픔을 철저하게 이해하지 못하면, 이 귀중한 사람 몸을 가지고 수행을 정진해 가는 것을 절대로 완전히 할 수 없기 때문이다. 그리고 만약 공·고·무상과 인과업력(因果業力) 및 사바세계 육도윤회의 비애를 깊고 절실하게 깨닫지 못하면 보살도를 행하고, 대승법을 닦고, 모든 중생을 구제하여 성불하는 것을 망령되이 말하여 모든 것을 다 실현하지 못하기 때문이다. 반대로 일단 수행자가 범속의 사상을 철저하게 내재화하게 된 다음에는 그들의 관심은 단기적인 세속의 사물에서 장기적인 종교적인 관점으로 옮겨지며, 그것을 위하여 종교의 수행에 있어서 끊임없이 정진하며 튼튼하게 기초를 다지게 된다.

　불교에서는 사공가행에 대해 한층 더 깊은 대수인 관상(觀想)보다 훨씬 쉽게 배울 수 있으며, 따라서 효력도 더 있다고 말한다. 그러므로 사공가행은 대수인 수행의 중요한 선결 조건이다. 대수인을 수행하는 데 있어서 사공가행을 실시하는 것이 설령 아주 조금일지라도 그 효력은 현재 통용되는 사부밀속(四部密續) 가운데 모든 염송과 관수(觀修)를 단순히 수행하는 것보다 뛰어나다.

# 사불공가행

초학자가 대수인법을 수행하기 전에 먼저 입문의 안내자로서 사불공가행을 반드시 수행해야 한다.

사불공가행은 티베트 밀종 특유의 엄격하고 완비된 수행 방식이자 차제이다. 이 수행 차제는 시작하자마자 있었던 것이 아니다. 많은 조사와 성자, 대성취자가 끊임없이 정진하여 마침내 빚어낸 것이다. 그 주된 내용은 다음과 같다.

**대예배(大禮拜)를 올려 귀의함.** 수행자가 잘못하여 옆길로 빠지지 않게 하고, 깨끗한 자신의 신체에 과거와 현재에 지은 각종 업장을 짓지 않게 하기 위한 것이다. 대예배를 올리고 귀의하는 것은, 즉 경건한 귀의예로 부처님, 법, 승려, 상사(上師)에게 예배하고, 이로써 자신의 삼업을 깨끗이 없애는 일종의 수행법이다. 이것이 사불공가행의 수행의 중심이며 모든 수행법이 다여기에서 시작한다.

**금강살타(金剛薩埵)를 관상(觀想)함.** 금강살타 백자명진언(百字明眞言)을 수지하여 수행자의 마음속, 즉 의식 방면의 오염을 깨끗하게 한다. 대예배를 올리고 귀의하여 보리심을 낸 다음 수행자는 먼저 수행에 장애가 되는 부정(不淨)한 물건을 반드시 없애야 한다. 즉 많은 세간을 윤회하는 가운데 지은 신·구·의 세 가지 악업 및 그러한 업력의 인(因)과 무명을 없애야 한다. '금강살타'를 관상하는 것과 '금강백자명'을 염송하는 것으로 악업을 정화할 수 있으며 미래의 수행을 보증하는 효과가 있다.

**만다라(曼茶羅)의 공양.** 만다라는 '단성(壇城)'이라고도 한다. 사실상 공양의 상징이다. 수행자는 충분한 자량을 모아야만 상사(上師)의 개시(開示)를 들었을 때 마음에 부합될 수 있고, 침체되거나 들뜨지 않을 수 있다. 그리고 만다라를 공양하여 지혜와 자비를 펼칠 수 있다. 자기와 모든 중생이 다 불과(佛果)를 증득할 수 있기를 깊이 바랄 때, 만다라로 온 우주를 대표하여 지혜와 자비를 갖춘 각자(覺者)를 공양할 수 있다.

**상사에 대한 상응법(相應法).** 제자와 스승 간에 서로 호응[相應]하는 것을 통해 수행자는 상사처(上師處)에서 무상(無上)한 가지(加持)를 얻을 수 있다. 상사는 수행의 모범이다. 만약 수행자가 상사를 범부로 여긴다면 수행자의 마음은 범부의 단계에 머무르게 될 것이다. 이와 반대로 만약 수행자가 상사를 지혜와 자비의 화신으로 여긴다면 이러한 독실한 믿음의 힘은 수행자의 의심을 깨끗이 없애고, 그를 상사와 동등한 경계에 이르게 할 것이다. 이것을 바로 '상사의 가지'라고 한다.

이상의 네 가지 가행 수련을 통해 수행자의 몸과 마음이 자유롭게 조복(調伏)할 수 있게 되어 더 이상 바깥세상의 방해와 시달림을 받지 않는다. 동시에 무상, 인과, 윤회에 대하여 모두 상당한 각수(覺受)가 일어 마음 깊은 곳에서 삼계를 벗어나려고 하는 신념이 생기게 된다. 이러한 수행의 기초가 있어야 수행자는 계속해서 대수인의 수행에 들어갈 수 있다.

**❶ 자신의 삼업을 깨끗이 제거한다**

대예배를 올리고 귀의함

신·구·의를 완전히 집중하는 것을 수지(修持)의 중점으로 삼는다.

**❷ 마음속 더러움을 깨끗이 제거한다**

금강살타를 관상함

금강살타를 수행하면 자신이 범한 악업을 전체적으로 깨끗이 없앨 수 있다.

**❹ 도에 들어가는 자량을 쌓는다**

만다라 공양

중점은 실물에 있지 않다. 수인(手印)과 진언, 관상에 있다.

**❸ 상사(上師) 가지(加持)를 빌다**

상사의 상응법

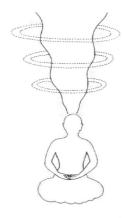

'화신(化身)', '보신(報身)', '법신(法身)'의 세 가지 경계를 체험한다.

세계는 눈 속에 있다

# 세상 만물의 근본, 오온

오온(五蘊)이 쌓여서 이루어진 인생은 연(緣)이 쌓이면 생기고, 연이 흩어지면 소멸하며, 생멸이 무상하여 단지 환유(幻有)로서 임시로 존재하고[假有], 참으로 존재하는 것이 아닌 것[非眞有]이다. 그렇지만 자기 것에 집착하여 여러 가지 번뇌와 고통을 일으킨다.

## 오온의 세간

불교의 세계관에서는 우주 만물이 모두 오온(五蘊)을 떠날 수 없으며, 인간의 생명 개체도 오온이 화합해서 이루어진 것이라고 본다. 우리 인간은 이 다섯 가지 면에서 자기 것에 집착하고, 이로 인하여 여러 가지 번뇌와 고통이 일어난다. 오온은 또 '오음(五陰)' 혹은 '오중(五衆)'이라고도 한다. 이것은 불교가 인체와 그 몸과 마음의 현상이 형성되는 데 관하여 내놓은 답안이다. 불교에서는 세계와 생명은 색(色)·수(受)·상(想)·행(行)·식(識)의 다섯 가지 요소로 구성되었으며, 이 다섯 가지 요소는 각각 한 종류가 되는데, 즉 특정한 인과 관계에 따라 긴밀하게 함께 모일 수 있고, 또 분리될 수도 있다고 본다. 오온으로 조성된 세계와 생명은 시공간을 막론하고 그 형태에 있어서 모두 변화무쌍하며 어떠한 의식의 지배도 받지 않는다.

## 색온

색온(色蘊)은, 즉 물질의 축적이다. 이러한 물질은 모두 지(地)·수(水)·화(火)·풍(風)으로 만들어진 것이며, 이것은 세계를 구성하는 네 가지 물질이다. 이 네 가지 물질을 대표하는 경성(硬性)·온성(溫性)·난성(暖性)·연성(軟性)은 형형색색의 사물을 만들어 내는데, 이 사물은 볼 수도 있고 만질 수도 있는 객관적으로 존재하는 것이다. 사람이 살아 있을 때 물과 열량, 공기가 필요하고

070

# 오온의 도해

오온 이론은 인체와 그 심리 현상의 구성에 대한 불교의 인식을 집약적으로 구현한 것이며, 이에 미루어 보면 모든 사물은 다 이 오온이 어우러져서 이루어진 것임을 알 수 있다.

범어: **Pañca  Skandha**

의역:     오            온

내용:
물질 단계 **색온(色蘊)**
정신 단계 **수온(受蘊) 상온(想蘊)**
          **행온(行蘊) 식온(識蘊)**

**색온[물질]**

색은 물질을 가리키며, 색온은 물질의 응집이다. 인체는 지·수·화·풍의 사대(四大) 물질이 응집해서 이루어진 것이다.

**수온 [감수(感受)]**

사람의 감각 기관이 외부와 접촉한 후 생성되는 직관적인 감각을 가리킨다. 그림 속의 사람이 맛있는 음식을 먹은 후 이 요리가 매우 맛있다고 느끼는 것과 같다.

**상온[개념]**

외부에 대하여 직관적인 감각이 생성된 후의 감성적 인식을 가리킨다. 그림 속의 사람이 이 요리가 매우 맛있다고 느낀 다음에 외부의 특정한 것에서 이것을 인식할 수 있는 것과 같다.

**행온[행위]**

외부에 대하여 감성적 인식을 한 다음에 능동적으로 생각해 가는 심리적인 동기나 주관적인 목적을 가리킨다. 그림 속의 사람이 그 요리가 맛있다고 느낀 다음에 더 먹고 싶은 동기에서 자신이 직접 그 요리를 만드는 것과 같다.

**식온[요별(了別)]**

외부 사물에 대한 이성적인 인식을 가리킨다. 그림 속 사람의 그 요리에 대한 인식은 표면적인 것에만 머무르지 않는다. 한층 더 깊이 들어가 이성적인 인식이 생겨 바로 그것의 제작 방법을 알게 되는 것이다.

죽은 다음에는 지·수·화·풍으로 돌아가기 때문에 사람은 색(色)이 잠시 조합된 것이다. 색의 조합은 무상한 것이고, 변화는 정해진 것이 아니기 때문에 사람들에게 보이는 것은 삶[生]과 죽음[死]이라는 생명의 환멸(還滅)이다. 불교에서는 색은 질애(質碍), 변괴(變壞), 현현(顯現) 등의 뜻이 있다고 본다. 질애는 물질이 각각 특정한 공간을 갖추고 있어 서로 분리되어서 같은 공간을 차지할 수 없다는 것이다. 변괴는 물질의 변화로 인하여 파괴되는 것이다. 현현은 형상이 뚜렷하게 나타날 수 있음을 가리킨다. 색은 내색(內色)과 외색(外色)의 구별이 있다. 내색은 눈[眼]·귀[耳]·코[鼻]·혀[舌]·몸[身]의 오근(五根)을 가리키며, 우리가 생활에 의지하는 근신(根身)이다. 외색은 색[色]·소리[聲]·냄새[香]·맛[味]·촉감[觸]의 오경(五境)을 가리키며, 모든 외부 환경을 말한다.

## 수온

수온(受蘊)은 곧 수령하여 받아들인다는 뜻이다. 외부의 작용으로 인한 눈·귀·코·혀·몸에 나타나는 아픔과 가려움, 고통과 즐거움, 근심과 기쁨, 좋음과 나쁨 등의 감각, 즉 순경(順境)과 역경(逆境)에 대한 느낌[感受]으로 신수(身受)와 심수(心受) 두 가지로 나눌 수 있다. 마음은 외부 환경을 받아들이면 일종의 생각[心念]이 일어나고, 이것은 순경과 역경의 처지에 대하여 세 가지 다른 느낌[感受], 즉 삼수(三受)라고 하는 괴로움[苦], 즐거움[樂], 괴롭지도 즐겁지도 않음[不苦不樂; 捨]를 나타내게 된다. 고수(苦受)는 역경을 받아들여 몸과 마음이 핍박받고, 자극이 매우 강해 몸과 마음이 고통을 느끼는 것이다. 낙수(樂受)는 순경을 받아들여 좋아하는 경우를 만나 몸과 마음이 알맞게 기쁜 것이다. 사수(捨受)는 중용적인 경계를 받아들인 것으로 몸과 마음이 고통도, 즐거움도 없는 느낌에 처해 있는 것이다.

## 상온

상온(想蘊)은 마음이 알아내는 대상에서 집착해 가지고 있는 형상이다. 물건을 보고, 듣고, 접촉했을 때 대상에 특정한 모습이 있는 것을 인정하고 그것에 명칭을 세워 인식이 일어나는 심리가 바로 '상(想)'이다. 사람들이 외부 사물을 접촉하고 그것에 대해 분석하여 얻은 지각(知覺)과 표상(表象)은 일종의 이성 활동, 개념 작용이다. 사람들은 세계를 인식하는 과정에서 우선 이 세계에 '나무', '새', '돌' 등과 같은 각양각색의 라벨을 붙여 놓는다. 사물의 형상은 눈을 통하고, 소리는 귀를 통하며, 재질은 촉감을 통하여 모두 우리의 '인식' 속에 저장된다. 일단 어떤 사람이 어떤 개념을 입에 올리거나 우리가 소리를 듣게 되면 즉시 그것이 무엇인지 분별해 낼 수 있고, 심식(心識)에서 그것의 모습[相]이 떠오른다.

## 행온

행(行)은 조작의 의미이다. 즉 경계를 마주하고 마음에서 일어나 숙고와 결단을 통해 행동과 언어로 나오는 행위이며, 이것은 심리학에서 말하는 의지가 유발하는 행위에 해당된다. 불교에서는 이 '행' 자에 넓은 의미와 좁은 의미의 두 가지 함의를 이야기한다. 법인(法印)에서 말하는 '제행무상(諸行無常)'의 '행'은 넓은 의미의 '행'이고, 그 다음은 오온에서의 '행', 그리고 십이인연(十二因緣)에서의 '행'이 가장 좁은 의미의 것이다. 행온(行蘊)이 생기는 마음이 업을 짓는 주된 힘이자 원인이다. 이러한 생각[心念]은 우리의 몸과 입, 생각이 업을 짓도록 몰아가기 때문에 행온은 오온 가운데 업을 짓는 주된 심리 작용을 한다.

## 식온

식온(識蘊)은 사람의 총체적인 의식이다. 수·상·행의 세 가지 온이 모여서 경계에 대해 깨닫고 분별할 수 있는 것도 바로 인식의 기능과 결과이다. 식(識)은 분별의 의미로 눈은 빨간색과 파란색, 흰색과 검은색을 분별하고, 귀는 음률과 소음을, 코는 향기와 악취를, 혀는 쓴맛과 매운맛을, 신체는 차고 따뜻함을 분별하는 것 등 심리학에서 말하는 인식에 해당된다. 또 식은 '요별(了別)'의 뜻이다. 즉 판단을 하는 것으로 느낌[感受]의 측면에서 말하면 '좋음'과 '좋지 않음'을 판단하는 것이고, 색신(色身)의 측면에서 말하면 '내 것'과 '내 것이 아닌 것'을 구분하는 것이며, 사상(思想)의 측면에서 말하면 '정확한 것'과 '잘못된 것'을 판단하는 것이고, 행위의 측면에서 말하면 '선'과 '악'을 구분하는 것이다. 식온은 구체적으로 소승불교에서 말하는 '육식(六識)'과 대승불교에서 말하는 '팔식(八識)'의 식체(識體)를 가리키며, 이 식체는 사람의 감성적인 인식과 이성적인 인식 활동 및 그 내용을 포함한다.

이상 오온은 우주 만물, 즉 사람과 모든 유정식(有情識)인 중생과 중생이 생존하는 데 의지하는 산과 강, 대지의 근본을 구성하는 것이다. 불법에서는 우주와 인생을 한 데 묶어 '세간'이라고 하며, 사람과 모든 유정식의 중생을 '유정세간(有情世間)'이라고 한다. 중생이 생존하는 데 의지하는 산과 강, 대지는 '기세간(器世間)'이라고 한다. 우리는 여기에서 불교가 근본적으로 모든 실체적 물질의 존재를 부정하고 있음을 볼 수 있다. 이것은 불교의 연기성공 이론과 일맥상통하는 것이다. 다음 장에서 그것들 사이의 관계를 더욱 자세히 밝히기로 하겠다.

# 오온을 관하는 비유

잡아함경(雜阿含經)은 오온을 관하여 일체가 모두 텅 비고 무아라는 것을 비유로 설명하였다.
"색(色)은 거품이 모여 있는 것 같고, 수(受)는 물위의 거품과 같고, 상(想)은 봄날의 햇빛 같고, 모든 행(行)은 파초와 같고, 모든 식법(識法)은 환영과 같음을 관하라."

**'행'은 파초와 같다**
행온은 파초 나무의 줄기와 같아
약하고 바삭거려 튼튼하지 않다.

**'상'은 봄날의 햇빛 같다**
상온은 마치 광야에 햇빛 때문에 생기는
수증기와 같아서 사실은 물이 아닌데
사람들은 갈증 때문에 그것을 물로 여긴다.

**'식법'은 환영과 같다**
식온은 수건(깃발)의 환영이
말이 되고, 초목의 환영이
사람이 되는 것과 같아
모두 경계에 따라 생겨났다 없어지며,
결코 실제로 있는 것이 아니다.

**'수'는 물거품과 같다**
수온은 마치 물위에 거품과 같아
잠깐이면 없어지며,
일었다 없어짐이 무상하다.

**'색'은 거품이 모여 있는 것과 같다**
색온은 물과 나무에 바람이 불어서 생겨난 거품과 같아
모습의 형태가 허상이고, 체(體)는 본래 실재하지 않는다.

# 생명의 기원

연기론(緣起論)이 말하는 것은 세상의 모든 사물들이 일종의 상호의존적인 관계 속에 있으며, 세계는 이러한 관계 속에서 특정한 조건에 의해 생멸 변화한다는 것이다.

## 연기론

불경에서는 인생의 현상을 설명하며 연기론(緣起論)을 제기하였다. '연(緣)'은 사물이 존재하는 원인이나 조건을 가리킨다. 하지만 이러한 원인이나 조건은 사물이 존재하는 근본 인(因)(조물주나 만물이 본래 한 종류의 물건이라는 것과 같은 것)을 가리키는 것은 아니다. 세계의 모든 사물들이 일종의 상호의존적인 관계 속에 있고, 세계는 이러한 관계 속에서 특정한 조건에 의해 생멸 변화하는 것을 가리킨다. 연기는 곧 조건에 의해 생긴다는 뜻이다. 여기에서 불교는 사실상 세간의 현상과 상호간의 관계에 관한 문제, 즉 사물의 인과적 연계에 대해 언급하고 있다.

## 십이인연

불교는 인생 현상을 설명하기 위해 연기사상의 기초에서 십이인연론을 제기하였다. 십이연기설(十二緣起說)은 인생의 과정을 다음과 같이 열두 개의 고리가 긴밀하게 연결되어 있는 마디로 나누었다.

**무명:** 마음의 어두운 무지(無知)로 사리에 밝지 못한 것을 가리킨다. 자아에 집착하고, 욕망, 물질, 향략 등에 집착하는 것으로 나타난다.

**행:** 마음의 동향, 즉 각종 관념으로 인하여 유발되는 여러 가지 행위를 가리킨다. 일반적으로 전세에 지어진 선업이나 악업을 가리킨다.

# 십이인연은 인생의 현상을 설명한다

연기법은 우리로 하여금 사물의 실상(實相)을 깨닫게 하는 가르침이다. 연기법 이해의 목적은 우리가
몸과 마음의 무상, 고, 무아를 체득하는 데 도움이 되도록 하는 것에 있다. 불교는 '십이연기'로
생사윤회를 조성하는 인연 관계를 설명한다.

## (1) 열두 가지 고리가 연결되는 유형

우리는 열두 개의 연결된 고리로
십이연기를 설명할 수 있다.
고리 하나마다
다음 고리의 원인이 되어 계속해서
끊임없이 생사윤회를 조성한다.

## (2) 세 개의 매듭이 연결되는 유형

세 개의 매듭은 혹결(惑結), 업결(業結),
과결(果結)을 가리키며, 십이연기는
세 개의 매듭 속에 포함된다. 이 유형은
세 개의 매듭지어진 연기로 십이연기의
인과를 설명한다.

## 십 이 연 기

십이연기는 불교의 핵심 이론 가운데 하나이다. '십이작지(十二作支)', '십이인연'이라고도 하며,
무명·행·식·명색·육처·촉·수·애·취·유·생·노사의 12지(支)를 가리킨다.

**무명:** 즉 무지로서 이의 반대는 팔정도에서 정견(正見)이다.

**행:** 즉 몸·말·생각의 세 가지 행이며, 또한
삼업(三業)이라고도 한다.

**식:** 식, 즉 육식(六識)은 대상을 인식하는 주관적인 육식을
가리킨다.

**명색:** 식의 연이 되는 육경(六境)을 가리킨다.

**육처:** 눈부터 생각에 이르는 육근을 가리킨다.

**촉:** 근(根), 경(境), 식(識) 세 가지의 화합이다.

**수:** 고통스러움, 즐거움, 고통스럽지도 즐겁지도 않음,
이 삼수(三受)를 가리킨다.

**애:** 갈애(渴愛)로, 목마른 사람이 물을 찾는
욕구와 같은 것이다.

**취:** 사랑·생각·태어남·버림·취함에 대한 실제 행동이다.

**유:** 즉 존재이며, 12지가 모두 유(有)이다.

**생:** 일상생활에서 어떤 경험이 생기는 것을 가리킨다.

**노사:** 노사는 모든 근심과 슬픔의 고뇌를 대표한다.

**식**: 인식이나 식별을 가리키며, 과거세에서 쌓인 여러 가지 선악의 행위가 형성한 업체(業體)의 본능이 모태에 투입되는 최초의 한 생각으로 이해할 수 있다.

**명색(名色)**: 정신 요소와 물질 요소의 집합체를 가리킨다. 곧 사람으로서의 개체도 몸과 마음이 색·수·상·행·식의 오온이 합해져 조직된 것이다.

**육처(六處)**: 여섯 가지 감각 기관, 눈·귀·코·혀·몸·생각이다. 이를 육근이라고도 하며, 모든 착한 행위와 악한 행위를 조작(造作)하고 느끼는 것[感受]은 모두 이 육근에서 심체(心體)에 도달하므로 모든 업의 여섯 개 입구라고 할 수 있다. 육처에서 육경, 즉 색·소리·향기·맛·감촉·법을 인식하며, 또한 몸과 마음이 처한 생활 환경 속의 모든 사물을 인식한다.

**촉(觸)**: 감각 기관의 외부 세계에 대한 접촉을 가리킨다.

**수(受)**: 객관적인 경계와 사물에 대하여 일어난 각종 감각과 느낌이다. 고통과 즐거움의 감각으로 인하여 생명의 욕구가 일어난다.

**애(愛)**: 사물에 대한 접촉과 느낌으로 인하여 생성되는 외부세계에 대한 갈망을 가리킨다.

**취(取)**: 외부 사물에 대한 추구와 집착을 가리킨다.

**유(有)**: 외부세계에 대한 탐욕과 추구 등의 행위로 인하여 만들어진 후세에 이에 상응하는 과보나 생존 환경을 가리킨다.

**생(生)**: 금생에 지은 생사의 업인(業因)으로 인해 미래에 반드시 다시 태어나는 업과를 받는다. 즉 오온으로 인하여 구성된 몸과 마음, 몸과 마음이 처한 환경이다.

**노사(老死)**: 내생은 오온이 만든 몸과 마음이 있는 이상 미래에 반드시 생리, 즉 심리적인 노쇠를 겪으며 퇴화하여 죽음에 이르게 된다.

# 연기성공을 깨닫다

과거 부처님이 보리수나무 아래에서 깨달은 것은 만물이 모두 인연에서 생기는 것으로 연(緣)은 모든 법을 만들고, 자성이 없으며, 그 성(性)은 본래 빈 것[空]이라는 것이었다.

## 연기

'연기'란 세간에는 홀로 존재할 수 있는 것은 없으며, 항상 머물며 변하지 않는 것도 없고, 모든 것이 다 인연 화합하여 생기는 것임을 말한다. '성공(性空)'이란 인연 화합하여 생기는 것은 임시로 있는 것[假有]이어서 본성은 빈 것[空]임을 말한다. 자성이 비어 있지 않은 것은 있을 수 없다는 게 "진공에서 묘유가 생함[眞空生妙有]"의 뜻이다. 연기성공은 우주와 인생의 진리이다. 산, 강, 대지, 화초, 나무, 한 사람, 한 사물, 미세한 먼지와 모래 등과 같은 세간의 삼라만상이 모두 인연 화합해서 생긴 것이며 인연이 분산됨에 따라 소멸되기도 한다. 따라서 우리 눈에 보여 '존재하는[有]' 모든 현상은 다 연기로 인해 존재하는 것이며, 그러므로 그것의 본성은 '빈 것[空]'이다.

## 인연

연기법은, 세간의 모든 것은 전부 상호의존적이며, 만약 인연(因緣) 관계가 없으면 그 모든 것은 이루어질 수 없다고 설명한다. 예를 들면 한 개인은 세간에서 생활함에 있어 농사를 짓는 농부가 있기 때문에 밥을 먹고 있는 것이며, 천을 짜는 노동자가 있기 때문에 옷을 입고 있는 것이다. 그리고 외출해서는 버스 기사가 우리를 위해 운전을 해 주기 때문에 가려는 목적지에 도착할 수 있는 것이다. 만약 이 많은 인연이 없다면 우리는 생존할 수 없을 것이다. 하물며 저녁에 집에서 텔레비전을 켜면 다양한 프로그램이 방송되는데 만약 수많은 연기자들의 연기가 없다면 어떻게 텔레비전 프로그램을 볼 수 있겠는가. 따라서 모든 사람이 생존할 수 있는 것도 인연에 따라야 하고, 또한 마땅히 인연에 감사하고, 세상의 모든 것에 감사해야 한다.

연기의 함의에서 보면, '인(因)'과 '연(緣)'이 있어 이들이 화합해 '과(果)'가 있다. 세간의 모든 것이 다 인연으로 생겨서 모두 인과 법칙을 떠날 수가 없다. '인'과 '과' 사이에 하나의 '연'이 있어서 인이 과를 이룰 수 있기 때문에 반드시 '연'이 있어야 한다. 만약 꽃의 씨앗을 심으면 반드시 토양, 햇빛, 공기, 수분, 비료 등의 많은 연이 있어야 꽃을 피우고 열매를 맺을 수 있다. 따라서 우리가 사람으로 태어난 것은 과거생에 숙세의 '인', 즉 숙세의 업이 있기 때문이다. 마찬가지로 현세의 '연'이 있어 이 인연이 모여야 '과'를 만들 수 있다.

연기는 불교의 근본 교리이다. 연기법은 비록 심오하여 이해하기 어렵지만 인과의 여섯 가지 법칙에서 나아가 우리는 연기성공을 인식해 갈 수 있다.

## 과는 인으로부터 생긴다

연기의 선결 조건은 '인'이다. '인'이 있고 거기에 다시 '연'을 더하여 조건이 갖추어져야 '과'가 생길 수 있다. 인은 모든 사물이 생기는 주되고 내재적인 조건이며, 과를 생기게 하는 직접적인 힘이다. 연은 외재적인 조건으로 인을 도와 과를 생기게 할 수 있으며, 과를 생기게 하는 간접적인 힘이다. 그러므로 세상 모든 법이 존재하는 까닭은 반드시 그것이 생성된 인연이 있으며, 이것이 바로 '과는 인으로부터 생긴다'는 이치이다.

## 상은 연을 말미암아 나타난다

"법은 홀로 일어나지 않고, 경계에 의지해야 바야흐로 일어난다[法不孤起, 仗境方生]." 여기에서 말하는 '경계[境]'가 바로 인연이다. 세간의 모든 현상이 다 인연이 화합해서 생성된 임시적인 상[假相]이며, 본래 자신도 결코 자성이 없으므로 '연기성공'이라고 한다. 자주성(自主性)이 없기 때문에 연을 따라 나타날 수 있고, 연이 소멸하면 흩어진다. 이 때문에 "상(相)은 연을 말미암아 나

# 빈 거울

부처님의 시각으로 보면 우주의 모든 사물이 이렇게 복잡한 현상을 구성하게 된 건 모두 인과 연의 화합 때문이다. 어떠한 사물도 '인연이 모여' 생겨나지 않은 것이 없으며, 어떠한 사물도 '인연이 떨어져' 소멸하지 않는 것이 없다. 더욱이 어떠한 사물도 인연의 범위를 벗어나서 독립적으로 존재할 수는 없다.

**헛된 환영[虛幻]**
거울은 이 세계와 우리 인생의 축소판이다.
우리는 이 모든 존재가 다 인연이 화합한 것이고,
연을 따라 모이고 연을 따라 흩어진다는 것을
분명히 알아야 한다.

**참모습[眞相]**
우리가 불법에서 말하는
공명유전(空明流轉)을
깨닫게 되었을 때,
인생과 이 세계의 참모습을
만날 수 있다.

**연을 따라 자적하다[隨緣自適]**
삶의 풍경이 거울 속의 꽃과 물속의 달처럼 아름답지만
지나치게 미련을 두어 떠나지 못할 필요는 없다.
우리는 거울 속의 사람 모습처럼 닿을 수 없는데
이미 흩어져 버리는데 불과하다. 헛되이 탄식해도 좋고,
미친 듯이 좋아해도 좋다. 모두 금방 사라져 버리는
뜬구름과 같을 뿐이다.

타난다."라고 하는 것이다.

## 일[事]은 이치를 조건으로 하여 이루어진다

우주의 모든 법이 생겨남에 있어 인연이 있어야 하지만 인연과보가 생기는 데 있어 또한 인과의 법칙이라고도 하는 보편적인 원칙이 있다. 예를 들면 콩을 심으면 콩을 얻고, 팥을 심으면 팥을 얻으며, 콩 심은 데서 팥을 얻을 수 없고, 팥 심은 데서 콩을 얻을 수 없다. "이와 같은 인이 이와 같은 과를 감응한다." 이 '이치[理]'를 위배하면 그 '일[事]'을 이룰 수 없으므로 "일은 이치를 조건으로 하여 이루어진다."라고 하는 것이다.

## 많음[多]은 하나로부터 시작된다

일반 사람들의 관념에서 '하나'라 하면 한 개만 있는 것, '많은 것'이라 하면 매우 여러 개가 있는 것을 떠올린다. 그러나 불교에서 하나는 곧 많은 것이고, 많은 것은 곧 하나이다. 심지어 '많은 것은 하나부터 있는 것이다'. 예를 들면 한 알의 과일 씨앗을 땅에 심고, 물을 주고 비료를 뿌려 주면 그것이 자라서 꽃이 피고 과일이 주렁주렁 달리는데, 이것이 모두 한 알의 씨앗에서 나온 것이다. 그러므로 불교는 보시를 씨 뿌리는 것에 비유하여 "동전 한 푼을 보시하면 만 푼을 거둬들인다."라고 한다. 그 도리와 '한 알의 씨앗이 땅에 떨어져 열매 백 알을 수확하는 것'은 같은 것이다. 이것이 바로 '많은 것은 하나부터 있는 것'이란 이론의 근거이다.

## 존재[有]는 빈 것[空]에 의지해 선다

세상 사람들에게 종종 잘못된 관념이 하나 있는데 '빈 것[空]'을 없는 것으로 생각한다는 점이다. 불교에서는 비어야[空] 존재[有]할 수 있다. 예를 들어 방이 비지 않으면 사람이 머무를 수 없다. 귀, 코, 구강, 위장이 비어 있지 않으면 우리는 어떻게 생존할 수 있겠는가. 우리의 입이 비어 있지 않으면 음식을 그 속에 넣을 수 있을까? 세상에 허공이 비어 있지 않으면 삼라만상이 어떻게 안치되었겠는가. 비었기 때문에 모든 것이 있는 것[有]이니, 존재는 빈 것

# 인연의 세계

자연계와 사람의 마음은 물론이고, 심지어 사람의 전반적인 생명 과정에 이르기까지 모두 일련의 간단한 인연이 연결되어 있다. 우리가 평소에 비교적 복잡한 문제로 여기는 것도 다양한 요소가 연결되어 형성된 것이다. '연기론'의 운행 규칙을 이해하면 우리가 당면할 어떠한 문제에도 이것과 연계선상에서 그것을 관찰하고 해결해 갈 수 있다.

**물이 변해 수증기가 된다**
강물이 햇빛을 받으면 열이 올라 수증기가 되어 공중으로 증발된다.

**수증기가 모여 구름이 된다**
수증기가 함께 모이면 변하여 구름이 된다.

**구름이 변해 비가 된다**
구름이 무게를 이기지 못하게 되면 빗방울이 되어 떨어진다.

**비는 지면에 떨어진다**
빗물이 지상에 떨어지고, 또 쌓이기 시작하여 다시 강으로 흘러들어 간다.

**우산의 작용**
비가 내리면 사람은 우산으로 빗방울을 막아 젖는 것을 방지한다.

**넘어짐의 원인**
비가 내렸기 때문에 지면이 미끄러워 사람이 넘어질 수 있다.

**환경은 사람에게 작용한다**
넘어지면 사람의 몸은 통증을 느끼게 되고, 사람의 마음에 속상한 느낌이 생겨 그에 따라 '재수 없는 날이다.', '남들이 비웃을까 두렵다.', '다음엔 더 조심해야겠다.' 등과 같은 일련의 생각이 든다.

불교의 가장 핵심적인 이론은 '연기론'이다. 불교에서는
"이것이 있는 까닭에 저것이 있고, 이것이 없는 까닭에 저것이 없으며,
이것이 생긴 까닭에 저것이 생기고, 이것이 소멸한 까닭에 저것이 소멸된다
[此有故彼有, 此無故彼無; 此生故彼生, 此滅故彼滅]."라고 연기론을 설명하였다.

[空]에 의지하여 서는 것이다. 그러므로 『반야심경』에서 "공은 곧 색이요, 색은 곧 공이다[空即是色, 色即是空]"라고 하였으며, 용수보살은 『중론(中論)』 「관사제품(觀四諦品)」에서 "공의(空義)가 있는 까닭에 모든 법이 이루어질 수 있으며, 만약 공의가 없다면 모든 것은 이루어지지 못한다.*"라고 하였다. 이것이 바로 '존재는 빈 것에 의지해 선다'는 이론의 근거이다.

## 부처는 사람이 이룬 것이다

부처님이 깨달으신 초기에 일찍이 설법하시기를 중생에겐 모두 불성이 있어서 누구든 부처가 될 수 있으나 번뇌와 어리석음에 가려 있어 깨달을 수 없는 것이며, 어리석음[無明]을 끊어 없애고, 먼지를 털어 때를 없애면 불성이 열려서 스스로 깨달음을 얻어 부처가 될 수 있다고 하셨다. 그러므로 "부처님은 이미 깨달은 중생이고, 중생은 아직 깨닫지 못한 부처이다."라고 하는 것이다. 『대승이취육바라밀다경(大乘理趣六波羅蜜多經)』 권1에서 "모든 유정(有情)이 불지(佛智)에 들어가는 것은 성품이 깨끗하여 차별이 없는 까닭이며, 부처님과 중생의 성품은 차별이 없으나 범부는 차별해 보며 성인은 차별이 없이 본다.**"라고 하였다. 이것이 바로 '부처는 사람이 성불한 것'이라는 가장 좋은 증거이다.

　'연기성공'은 바로 주먹과 손바닥과 같다. 다섯 개의 손가락을 합치면 주먹이 되는데 이것을 '연기'라고 한다. 손가락을 펴면 손바닥이 나타나는데 이것을 '성공'이라고 한다. 본성이 비었기[性空] 때문에 연기할 수 있는 것이며, 연기하기 때문에 본성이 비었음을 아는 것이다. 연기성공의 도리는 이해하기 쉽지 않지만 인생에 존재하는 여러 관계는 모두 연기성공의 도리를 벗어날 수 없다.

## 인연이 한바탕 모이다

부처님께서 "모든 법이 인연에서 생기고, 모든 법이 인연에서 소멸한다."라

---

● 　"以有空義故, 一切法得成, 若無空義故, 一切則不成."
●● 　"一切有情入佛智, 以性清淨無別故; 佛與衆生性不異, 凡夫見異聖無差."

고 하신 것은, 우주 만물은 전부 인연이 서로 얽혀 존재하고, 또 모든 연(緣)은 성공(性空)에서 생기기 때문에 실성(實性)은 조금도 없다고 말씀하신 것이다. 여기에서 말하는 '성공'은 일종의 '공(空)'의 경계가 있다는 것이 아니라 만상(萬象)의 본성은 생기지도 않고 소멸하지도 않는 '공성'임을 의미한다. 비록 만상이 생겨나고 소멸할 수 있는 것일지라도 이 생멸 가운데 오히려 생기지도 않고 소멸하지도 않는 일종의 '공성'이 있다. 내적인 오온으로 인한 몸과 마음 도처의 우주 만물은 모두 '공' 아닌 것이 없다. 옛날 부처님이 보리수나무 아래에서 깨달은 것은 바로 만물은 모두 인연에서 생기고, 연은 모든 법을 만들어 본래 자성 아닌 것이 없으며, 그 본성은 '본래 비었다[本空]'는 것이다. 즉 이 공성이 바로 우주의 원리이며, 현상계의 본체(本體)이고, 중생이 본래 가지고 있는 진심(眞心)이며, 불성(佛性)인 것이다.

만물은 모두 인연이 화합하여 생긴 것이고, 인연에 따라 분리되고 흩어진다. 예를 들면 사람의 신체는 사대 원소, 즉 땅, 물, 바람, 불이 화합해서 이루어진 것이며, 사대 원소는 결국 완전히 해체되어 버린다. 사대 원소가 녹아 흩어져 버림에 따라 정신 작용을 일으키는 오온도 똑같이 소실된다. 오온은 반드시 사대에 의지해 화합하여야 생명이 있는 몸속에서 작용을 일으킬 수 있기 때문이다. 여기에서 인간은 어떠한 실체가 없으며, 하나의 '임시적인 모습[假相]'만 있을 뿐임을 알 수 있다. 오온개공(五蘊皆空), 즉 오온은 모두 비었음이 내포하는 바는 모든 것을 소극적으로 부인하고 세상을 부정하며 세속을 떠난다는 게 아니다. 오히려 모든 것을 적극적으로 일으켜 세상을 이롭게 함을 내포하는 것이다. 공성을 깨닫는 것은 소극적인 것에서 적극적인 것으로 넘어가고, 비관적인 것에서 낙관적으로 나아가고, 우매함에서 지혜로움으로 바뀌고, 죄악에서 착하고 선량함으로 변하는 것이며, 심지어는 어리석음에서 깨달음으로 가고, 범부에서 성인이 되어 인간 세상의 모든 고통을 벗어날 수 있는 것이라고 할 수 있다. 자아가 중심이 되는 관념에서 우리를 돌이켜 살펴보면 종종 "나는……"이나 "나의……"에 집착하여 천 가지로 따지고, 만 가지로 고뇌하며, 심지어 자신의 사욕을 위해 타인에게 해를 입히기도 한다. 만약 우리가 무아를 품은 태도로 사람을 대하고 처세하며 집착과 탐욕

을 내려놓을 수 있다면 몸[身]·마음[心]·사물[物]이 조화를 잘 이루는 관계가
되어 즐거운 삶을 누릴 수 있다.

# 자심은 공성이다

'공성'은 세간의 만물이 모두 인연으로 화합해서 이루어진 것이며, 인연에 따라 변화하여 생겨나고 소멸하고, 이로 인하여 어떠한 사물도 모두 '절대 본질'이라고 할 수 있는 것이 없음을 가리킨다. 이를 '성공(性空)', '공'이라고도 칭한다. 다시 말해서 모든 사물의 모든 현상은 인연이 화합해서 생기는 것이기 때문에 독존적인 것은 없으며, 따라서 스스로 이루어지고[自成], 상주(常住)하며, 독립적인 자성은 없는 것이다.

희 로 애 락

'공성'을 깨달으면 사람은 외부 사물에 대한 의지와 추구에 더 이상 집착하지 않게 된다. 모든 번뇌와 고통도 종속된 주체를 잃어버리게 되고, 인간의 삶도 즐겁고 자유롭게 변할 것이다.

불교에서 말하는 열반은 고요한 공성을 깨달아 고통도 없고, 즐거움도 없는 최고의 경지에 도달하는 것이자 최종적인 해탈에 이르는 것이다.

공성

인간의 마음은 본래 깨끗하며, 이 깨끗함이 바로 '공성'이다. 그러나 인간은 무시이래로 무명에 싸여서 각종 임시적인 모습[假相]에 미혹돼 인간의 마음에 각종 물욕이 생겨, '희로애락'의 각종 심정 변화가 나타나 이끌리게 되었다.

우리는 '자아'의 관념을 사물에까지 폭넓게 투영하여 그것에 물질의 함의를 부여하였다. 그러나 사실상 자아도 공성인 것이며, 우리가 자아를 찾아갈 때 그것을 아예 찾을 수 없다.

인생의 괴로움을 꿰뚫어 보다

# 사성제의 가르침을 새겨듣다

부처님께서는 네 가지 진리를 다음과 같이 말씀하셨다. 부처님께서는 인생의 참모습[眞相]은 괴로움이라고 하시고, 사람들에게 그것으로부터 벗어날 방향을 가리켜 주셨다.

　　인간은 세상에 살면서 '괴로움[苦]'이란 글자와 떨어질 수 없음을 많은 사람들이 동감하리라 생각된다. 인생은 곧 하나의 고난의 여정으로서 『서유기(西遊記)』에 "당나라 승려가 경전을 얻기까지 9번의 9, 81번의 어려움을 겪고서야 완성하였다."•라는 표현이 있는 것과 같이 어려운 것인데, 우리 같은 평범한 사람들은 더욱 그렇다. 도대체 이 한평생동안 얼마나 많은 고통을 겪어야 끝맺을 수 있을까? 모든 사람이 다 고통을 느낄 수 있지만 그렇다고 이 고통의 참모습을 꿰뚫어 볼 수 있는 것은 아니다. 불교의 사성제는 괴로움을 강론한 학설이다. 그것은 불타가 세상 사람들의 인생의 진실한 상황에 관한 가치 판단과 해탈하는 길에 관한 진리를 깨닫고 분명히 밝힌 것이다. 사성제에는 고제(苦諦)·집제(集諦)·멸제(滅諦)·도제(道諦)가 있다. 인생의 고통의 참모습, 고통을 조성하는 원인 및 고통을 소멸하는 방법을 지적해 낸 이것은 불타가 깨달은 후 절실하게 체득한 것으로 불교의 네 가지 진리로 받들어진다.

## 인생은 고통이다

사성제 가운데 첫 번째 진리가 '고제'이다. 고제는 석가모니가 철저히 깨달은 이후 인생 현상에 대한 가치 판단으로 현실 세계는 고통으로 가득 차 있다고

---

　　•　　"唐僧取經只要歷經九九八十一難就可以完成."

# 고통의 바다는 끝이 없다

사계(四季)가 돌아가며 바뀌고, 밭 갈고 씨 뿌리고, 여러 연(緣)이 화합하여 쓰고 달며 차고 뜨겁고 짙고 옅은 것을 받고, 연이 흩어져 결국 빈 모습[空相]이 되는 것들이 모두 무상함, 고통, 텅 빔[空], 무아(無我)임을 우리에게 알려주는 건 아니다. 모든 일이 번뇌의 고통이 되도록 집착해서는 안 된다.

생고
(生苦)

노고
(老苦)

사고
(死苦)

병고
(病苦)

원증회고
(怨憎會苦)

오취온고
(五取蘊苦)

구부득고
(求不得苦)

애별리고
(愛別離苦)

고통의 바다가 아득하여 찾는 것이 모두 고통이다 … **고제**(苦諦)

애타게 취해 복잡하게 얽히니 번뇌의 근본이다 … **집제**(集諦)

생사와 열반이 마치 어젯밤 꿈같다 … **멸제**(滅諦)

선정에 들어 수행해 깨달아 마음이 하나의 연에 이어진다 … **도제**(道諦)

보았다. 이 '고통'은 단순히 글자로서 뿐만 아니라 대단히 넓은 의미를 가지고 있다. 고제는, 인생은 고통의 바다에 떠 있는 배와 같다고 말한다. 사람은 몸과 정신상 여덟 가지 고통, 즉 출생[生], 늙음[老], 병[病], 죽음[死], 미워하는 사람과 계속 만나는 고통[怨憎會苦], 사랑하는 사람과 이별하는 고통[愛別離苦], 구하여도 얻지 못하는 고통[求不得苦], 오음(五陰: 色·受·想·行·識)이 활활 타오르는 고통[五取蘊苦]을 받아야 한다. 이것은 세간의 고과(苦果)이며, 생사의 유전(流轉)이다. 생로병사는 피할 수 없는 자연의 규칙이다. 미워하는 사람과 계속 만나는 고통과 사랑하는 사람과 이별하는 고통은 사람과 사람 사이의 관계로 조성되는 것이고, 구하여도 얻지 못하는 고통은 사람이 욕망에 집착하여 만족스럽게 얻지 못해 조성되는 것이며, 이러한 고통이 괴로움의 근원이라고 여겨진다. 오음이 활활 타오르는 고통은 사람이 영원한 생명의 추구를 이루지 못함에 따라 이루어진 것으로 인생의 모든 고통의 종합이며, 앞의 나머지 일곱 가지 고통도 여기에서 생기는 것이다. 고제가 말하는 바는 인생의 근본적인 고통과 생명 현상은 뗄 수 없는 것이기 때문에 보편적인 진실성을 갖는다는 것이다. 인생이 고통이라는 사실을 명백히 알 수 있는 것은 아니다. 사람들에게는, 이 세상은 어떤 즐거운 사정이 있으며, 모든 것이 다 고통스러운 것이라 말할 수 없다고 고집스럽게 믿는 본능이 있기 때문이다. 이것이 바로 사람들이 해탈할 수 없는 까닭이다.

## 고통은 어디에서 오는가

사성제 가운데 두 번째 진리는 '집제'이다. 집제는 '습제(習諦)'라고도 한다. 집(集)은 많이 모였다는 뜻으로 많은 고통의 인(因)으로 수많은 생사의 고과(苦果)를 불러일으킬 수 있다는 의미이다. 간단히 말하면 집제가 말하는 바는 인생의 고통을 조성하는 각종 원인이나 근거이다. 불교에서는 중생의 모든 고통의 근원을 세 가지 근본 원인, 즉 탐욕(貪慾)·성냄[嗔恨]·어리석음[愚癡]의 본능적인 번뇌에서 찾을 수 있다고 여긴다. 집제가 설명하는 것은 이 세 가지 근본 번뇌의 성질과 그것들이 어떻게 중생의 생사윤회를 일으키는가 하는 사실이다. 윤회설과 십이인연설은 서로 긴밀히 연결되었기 때문에 집제는 또한 십이인연을 주체로 하여 인생이 고통스러운 원인을 지적해 낸다.

## 고통은 없앨 수 있다

사성제 가운데 세 번째 진리는 '멸제'이다. '멸(滅)'은 범어 열반의 의역(意譯)으로 소멸, 그쳐 없어짐의 의미가 있다. 성인의 눈에는 이 세계의 모든 것이 다 탐욕[貪]·성냄[瞋]·어리석음[痴]의 세 가지 독으로 활활 타오르고 있다. 만약 근본적인 번뇌를 끊어 없앨 수 있으면 업보의 유전을 잘라 버릴 수 있어 깨끗하고 적멸한 해탈의 경계, 즉 열반에 들어갈 수 있다. 이것이 불교 수행의 방향이자 목표이다. 불교에서는 모든 사람이 다 평화롭고 맑고 깨끗하며 자비로운 마음에 원만히 이를 수 있는 잠재력을 지니고 있어, 만약 마음이 이 경지에 도달할 수 있으면 부정적인 행위가 초래하는 결과를 더 이상 겪지 않을 수 있고, 미래 고통의 인을 더 이상 만들어 내지 않게 된다고 여긴다.

## 고통을 소멸하는 길

사성제 가운데 네 번째 진리는 '도제'이다. 도제가 말하는 것은 고통을 끊어 없애고, 인생의 고뇌를 해탈하는 방법이다. 부처님께서는 초전법륜(初轉法輪)의 시기에 일종의 중도관(中道觀)을 제시하셨다. 두 개의 극단을 피하기 위한 것이었는데, 하나의 극단은 감각 기관을 통해 쾌락을 누리고 추구해 가는 것이고, 다른 하나는 자학의 여러 가지 고행을 거쳐서 쾌락을 찾는 것으로 이 두 극단은 모두 취해서는 안 되는 것이다. 불교는 사람들에게 자심(自心)을 깨끗이 하는 것부터 시작하여 차츰 분노와 자기 사욕, 집착 등 고통의 인을 버리고, 다른 부정적인 마음의 상태와 이러한 상태로 인하여 나타나는 행위를 버리며, 인내성, 자비심, 집착하지 않음, 관대함 등 쾌락의 인을 일깨우고, 다른 긍정적인 마음의 상태를 일깨우도록 가르친다. 그리하여 마침내 모든 사물의 진실한 본성에 대하여 환히 들여다 볼 수 있게 되어 고통의 근본 원천을 찾아 없앨 수 있다. 이 일련의 방법은 사람들로 하여금 마음의 고통을 벗어던지도록 요구하며, 불교에서는 이것을 고통으로부터 벗어나는 유일한 방법으로 여긴다.

## 이고득락(離苦得樂), 고통을 벗어나 즐거움을 얻다

인과업보가 존재하므로 우리는 인으로 과를 미루어 볼 수 있으며, 과에서 인을 찾을 수 있다. 이것으로 고통의 근본 출처를 찾고, 수행법으로 최초의 인을 끊어 없애면 우리는 더 이상 어떠한 고통도 받을 필요가 없다. 행복은 우리의 마음에서 오는 것이다. 삶의 모든 경력과 처지는 어쩌면 매우 고통스럽거나, 슬프거나, 끔찍할지 모른다. 그러나 우리가 이 모든 것의 참모습[眞相]을 이해하고, 삶 속의 모든 경험을 화랑에서 그림을 감상할 때의 심경(心境)으로 마주 대하며, 심지어 즐길 수 있다면 그것의 아름다움을 발견하게 될 것이다. 그럼 우리의 생명은 매우 평온해지고, 간단해지며, 즐거워지게 될 것이다.

# 진리의 사성제

사성제는 우리에게 인생의 참모습을 알려 준다. 우리는 고통이 무엇이고, 그것이 어떻게 집결된 것인가를 분명히 알아야 비로소 고통에서 벗어날 결심을 하게 된다. 그 후 비로소 부처님의 고통을 없애는 길이 얼마나 철저하고 커다란 깨달음인가를 이해할 수 있을 것이다.

우리는 모두 평온하고, 맑고 깨끗하며, 자비로운 마음의 원만한 경지에 이를 수 있는 잠재력을 가지고 있다. 만약 마음이 이 경지에 처하도록 할 수 있으면 부정적인 행위가 초래하는 결과를 더 이상 겪지 않을 수 있으며, 미래 고통의 인(因)을 더 이상 만들어 내지 않을 수 있다.

생명의 두 가지 존재 상태

# 윤회와 열반

윤회와 열반은 생명의 두 가지 존재 상태이다. 두 가지는 마치 암흑과 광명과 같아 암흑이 광명을 이기면 온통 칠흑 같은 어둠이 되고, 광명이 암흑을 이기면 하늘에 별처럼 찬란하게 빛난다.

## 육도윤회의 전설(傳說)

불교의 설법에 따르면 육도윤회는 세상의 중생이 겪어야 하는 벗어날 수 없는 하나의 과정이며, 이것은 인과업보로 결정된다. 중생의 모든 행위, 언어와 생각은 모두 업보를 초래할 수 있다. 만약 악업을 지으면 육도윤회에 들어가 곧바로 악의 보응(報應)에 이르러 악업을 소진하게 된다. 그러나 윤회하는 과정에서 중생은 또 새로운 악업을 지어서 새로운 보응을 초래한다. 만약 정확한 수행법을 채택하지 않으면 이러한 순환은 종결되지 않을 것이다. 『능엄경(楞嚴經)』에서 다음과 같이 설했다. "너희들은 마땅히 알아야 한다. 모든 중생이 시작 없는 아주 오래전부터 생사를 상속하는 것은 모두 항상 머무르는 진심의 본성이 깨끗하고 밝은 본체임을 알지 못하고, 모든 망상이 작용하기 때문이며, 이러한 망상은 참되지 못하므로 윤회하게 되는 것이다."● 이 경전은 모든 중생이 시작 없는 오래전부터 줄곧 생사의 윤회 속에 유전하는 것은 각종 망상을 자심의 본성인 것으로 잘못 간주하여 자신의 깨끗한 본성이 진실한 것임을 알지 못하기 때문이라 말한다. 이렇게 우리가 여러 가지 의식과 망상을 운용하여 초래한 행위로 결과적으로는 다른 업을 짓게 되어 죽은 후에 그에 상응하는 생명체로 태어나게 되고, 끊임없이 순환하게 된다. 때문에 불

---

● "汝等當知一切衆生, 從無始來生死相續, 皆由不知常住眞心, 性淨明體, 用諸妄想; 此想不眞, 故有輪轉."

# 윤회와 열반

우리가 윤회하는 세상에는 헤아릴 수 없는 여러 고통이 가득 차 있기 때문에 수행을 통하여 육도를
벗어나 태어나지도, 소멸하지도 않는 열반의 오묘한 경계로 들어가야 한다.

## 육도윤회

**윤회를 벗어나다**
법을 듣고 수행하여
깨달은 사람은 열반의
경지에 들어서 더 이상
윤회의 고통을 참고 견딜
필요가 없다.

**'육도윤회'의 부조(浮彫)**
송대(宋代) 사천(四川)의
대족석각(大足石刻)
'전륜법왕'이 두 팔로
'육취륜(六趣輪)'을 안고 있다.
수레바퀴를 네 층으로 나누고,
이 중 두 층에 육도, 즉 하늘[天],
사람[人], 아귀 등의
육취(六趣)를 돌려 가며 새겼다.

**윤회 속의 중생**
각자가 지은 업을 근거로
하여 각자의 고통을
참고 견뎌야 한다.

**윤회의 근본적인 동력**
중생이 해탈을 찾지 못하고
자기 업력의 추진을 받으면
윤회의 소용돌이에서 빠져나올
수 없다. 마음의 밝은 본성을
보고[見心明性], 열반의 경지에
깊이 들어가야 벗어날 수 있다.

## 열반의 네 가지 덕

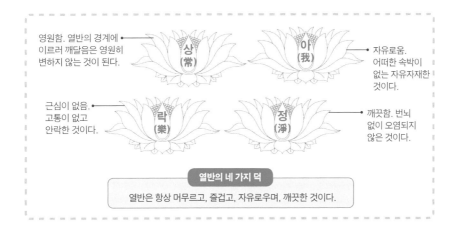

영원함. 열반의 경계에
이르러 깨달음은 영원히
변하지 않는 것이 된다.

상
(常)

아
(我)

자유로움.
어떠한 속박이
없는 자유자재한
것이다.

근심이 없음.
고통이 없고
안락한 것이다.

락
(樂)

정
(淨)

깨끗함. 번뇌
없이 오염되지
않은 것이다.

**열반의 네 가지 덕**

열반은 항상 머무르고, 즐겁고, 자유로우며, 깨끗한 것이다.

교에서는 부처님이 말씀하신 방법에 따라 수행에 각고의 노력을 기울여 육도를 뛰어넘음으로써 태어나지도, 소멸하지도 않는 열반의 경계에 들어갈 수 있다고 강조한다.

## 열반이 곧 해탈이다

열반을 해탈이라고도 일컬을 수 있다. 그것의 함의는 주로 윤회를 벗어나 모든 고통과 번뇌를 소멸한 다음에 도달하는 일종의 경계를 가리킨다. 인간은 열반에 들어간 다음 더 이상 어떠한 번뇌와 고통도 없으며, 더 이상 악인(惡因)을 짓지 않아 육도윤회의 고통에서 영원히 벗어날 수 있다.『열반경(涅槃經)』에서 열반의 네 가지 경계, 즉 상(常)·락(樂)·아(我)·정(淨)을 제시하였다. 세상의 모든 법은 다 무상하여 열반에서만 변함없이 항상 머무르며, 세상의 모든 감수(感受)는 다 고통이어서 열반의 경계에서만 더 이상 고통이 없고, 진정한 즐거움으로 가득차는 것이다. 또 모든 법이 무아여서, 중생은 열반에 들어가서야 무엇이 참된 나[眞我]인지 알 수 있고, 세상의 모든 법은 부정(不淨)함으로 가득차서 열반의 경계 속에서만 진정한 깨끗함이 있는 것이다.

## 열반은 자기 마음속에 있다

열반은 일종의 지혜의 관점으로 이를 위해 사람마다 출가하여 성불해야 하는 것은 아니다. 다만 우리는 맑고, 깨끗하고, 투명한 마음을 수련해야 한다. 우리의 마음은 본래 티 없이 깨끗하다. 그러나 우리는 삶의 참모습을 똑똑히 볼 수 없기 때문에 그것을 망념의 보따리 속으로 빠지게 하니, 마치 광석 덩어리에 싸인 금처럼 단련하고 물로 씻어 내야 찬란한 빛이 나게 된다. 우리에게 필요한 것은 인생의 태도를 바꾸고, 일의 처리 방식을 바꾸는 것에 불과하다. 인생은 곧 일종의 선택이다. 선처에 갈 것인지 악처에 갈 것인지는 자기의 마음에 달려 있다!

# 평범한 사람에게도 불성이 있다

부처님과 인간은 근본적인 차별이 없으며, 사람마다 마음속에 모두 부처님 한 분이 있다.

## 무엇을 불성이라고 하는가

불성은 바로 성불의 가능성이다. 석가모니 부처님께서 인도의 보리수나무 아래 금강좌에 앉아 깨닫고 처음 한 말씀은 "기이하도다! 기이하도다! 이 땅의 중생 모두 여래지혜의 덕상(德相)이 있으나 망상과 집착으로 인하여 깨닫지 못하는 구나."●였다. 사람마다 모두 불성이 있으나 모르고 있을 뿐이라는 것이다. 불성은 사람마다 본래 가지고 있는 품성이며, 불성이 곧 각성(覺性)이다. 불경의 설명에 따르면 불성은 인간에게뿐만 아니라, 동물 등 다른 유정의 생명에게도 있다. 부처님의 입장에서 말하면 불성이라고 할 수 있으나, 범부의 입장에서 말하면 본심이라고 할 수 있다. 불성은 바로 오염된 욕망이 없는 깨끗한 마음이다. 다시 말하면 인간의 본성, 자성, 각성이다. 중생이 성불하지 못하는 까닭은 그들이 세상의 애욕과 망념 등의 여러 유혹을 받아 집착하는 마음이 생겨 본래 순결한 불성이 오염되고, 이러한 것에 연루되어 본래 순결한 마음이 여러 가지 분별심으로 변하기 때문이다. 본심을 찾아 자성을 깨끗이 하면 여래를 볼 수 있다.

## 불성의 상세한 해석

**범속함과 우매함에 처해도 줄지 않는다:** 비록 범부가 어리석은 인생에 처하더

---

● "奇哉! 奇哉! 大地衆生皆有如來智慧德相, 只因妄想執著而不能得."

라도 불성은 감소하지 않는다. 사람마다 본래 불성을 가지고 있고, 하나같이 줄어들지 않는다.

**성현에게 있어서도 늘어나지 않는다:** 부처님과 보살에게 있어서도 불성은 늘지도 줄지도 않는다. 그러므로 마음과 부처님, 중생 세 가지에 차별이 없다고 하는 것이다. 부처님은 이미 깨달은 사람이며, 사람은 아직 깨닫지 못한 부처님이다. 깨달음에 있어 선후는 있으나 불성은 평등한 것이다.

**번뇌에 머물러도 흐트러지지 않는다:** 사람이 번뇌 속에 있더라도 불성은 전혀 흐트러짐이 없다. 마치 황금으로 반지, 귀고리, 팔찌, 심지어 수저, 잔, 시계를 만들어 비록 그 모습이 천차만별이라 하더라도 황금의 본성은 변하지 않고 흐트러지지 않는 것과 같다. 따라서 우리가 오취육도(五趣六道) 속에 구르고, 당나귀 배나 말의 태(胎)에 들더라도 불성은 흐트러지지도, 변하지도 않는다.

**선정에 들어도 적막하지 않다:** 선정에 있어도 불성은 밝게 빛나 마치 맑은 거울이 만물을 비출 수 있는 것처럼 기능을 잃지 않는다.

## 모든 사람은 본래 부처님이다

불교의 수행은 망념을 없애고 본심을 발견하는 과정이다. 만약 본성은 순결하다는 걸 발견할 수 있으면 만물이 평등하다는 관념이 생겨 너와 나의 구분이 없을 것이다. 만약 이렇게 할 수 있으면, 맹자가 "내 집 어른을 받들어 남의 집 어른에게까지 미치고, 내 집 아이를 길러서 남의 집 아이에게까지 미친다."●●라고 말한 것과 같은 박애가 일어 중생의 고난을 자신의 고난으로 여기고, 중생의 행복을 자기의 행복으로 삼을 것이니, 이것이 바로 대자대비한 보살 정신이다. 보살의 마음으로 세상에 나가면 곳곳의 곤경과 어려움을 해결하고 구제하여 널리 사랑하는 마음을 베풀고, 선행을 실천해 덕을 쌓아서 곧 부처님의 목표를 향해 앞으로 나갈 수 있을 것이다. 따라서 사람마다 성불의 가능성이 있으며, 사람마다 모두 미래의 부처님이다.

●● 『孟子』梁惠王章句上 : "老吾老, 以及人之老, 幼吾幼, 以及人之幼."

# 깨달은 사람이 곧 부처님이다

많은 사람들이 부처님에 대해 초월할 수 없는 높은 경지에 계신 신이라고 오해한다. 사실 혜능 대사는 "스스로 부처인 것이 진짜 부처님[自佛是眞佛]"이라고 분명히 설하였다. 즉 부처님은 외계에 계신 것이 아니고, 서방에 계신 것도 아니다. 바로 자신의 깨끗한 자성 속에 있어서 한 생각으로 깨달았을 때 중생은 모두 부처님인 것이다.

범인

물욕의 번뇌가 가득한 세상 속에서 미로에 빠져도 스스로 알지 못하고, 생사의 고통스런 바다 속에서 발버둥칠 뿐이다.

깨달음이 없음
[無覺]

세상 만물의 법에 어두워 여러 가지 선악의 업을 짓기 때문에 육도윤회의 고통을 받는다.

아라한

소승 불법이 가장 높이 추구하는 것으로 생사의 고해를 벗어나는 것이다.

스스로 깨달음
[自覺]

'정각(正覺)'이라고도 한다. 그 자신은 모든 법의 실상에 대하여 정확한 인식과 깨달음이 있고, 성문(聲聞)과 연각(緣覺) 두 승(乘)의 성자가 도달한 최고의 경지이다.

보살

생사에 두려움이 없고, 자유자재하여 이미 해탈을 얻어 보살도를 행하며, 중생의 해탈을 돕는다.

각타
(覺他)

'등각(等覺)', '변각(遍覺)'이라고도 한다. 자기가 깨달았을 뿐만 아니라 평등하고 보편적으로 남[他]을 깨닫기 때문에 다른 사람을 깨닫게 할 수 있다.

부처

가장 원만한 깨달음의 경지에 도달한다.

각행원만
(覺行圓滿)

'원각(圓覺)' 혹은 '무상각(無上覺)'이라고도 한다. 스스로 깨달아 남을 깨닫게 하는 지혜와 공행(功行)이 모두 가장 높고 원만한 경지에 이르렀기 때문에 부처님을 '무상정등정각(無上正等正覺)'이라고도 부른다.

자신의 마음으로 돌아오다

# 최초의 청정함

자기의 마음을 본성의 상태로 돌려서 깨끗해지면 세상도 그에 따라 맑아지고, 고요해지며, 평온해진다.

## 인간의 본성

불교에서는 사람마다 자성, 즉 본성이 있다고 여긴다. 본성은 바로 '부모로부터 아직 태어나기 전 본래의 면목'이다. 인간의 본성은 원래 깨끗한 것이어서 태어나지도 소멸하지도 않고, 동요하지도 않으며, 모든 법을 만들 수 있다. 그러나 중생은 생활하는 가운데 자기의 본성을 깨닫지 못하고, 점점 오욕과 육진으로 그것을 덮어 가린다. 선한 사람이든 악한 사람이든 그들의 본래 자성은 모두 깨끗한 것이며, 부처님과 보살부터 세상의 중생, 그리고 무간지옥의 귀신에 이르기까지 모두 본래 깨끗한 자성을 가지고 있다. 부처님과 범인의 차별은 생사에 있는 것도, 본성에 있는 것도 아니다. 한 생각 사이에 있을 뿐이니, 만약 한 생각에 깨달았다면 범인도 부처님이며, 한 생각에 유혹되었다면 부처님도 범인인 것이다. 본래 자성은 서로 완전히 똑같기 때문에 사람은 선악의 구분이 없으며, 어리석음과 깨달음의 차별만 있어서 만약 본성이 어리석으면 성품이 악하고, 만약 본성이 깨달았으면 성품이 착한 것이다.

경전에서는 "중생이 일단 경계에 집착하면 쉼 없는 번뇌 속에 빠져드니, 일단 세상의 시시비비와 이해득실을 완전히 내려놓으면 곧바로 번뇌를 타파할 수 있다."라고 설한다. 모든 고통과 행복은 모두 자신의 마음에서 느끼는 것이다. 사실 많은 상황에서 마음의 상태가 한번 바뀌면 번뇌가 저절로 사라지지 않을 수 없다.

# 마음의 죄수

우리의 마음은 외부의 티끌에 싸여 있어 우리의 몸을 죄수로 만들어 버린다. 우리는 물질적 풍요
가운데 자유와 쾌락을 분주히 찾고 싶어 하지만 언제나 욕망과 반대쪽으로 달려간다.

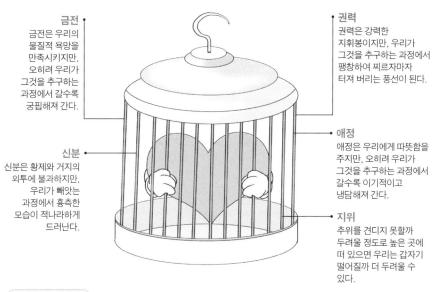

**금전**
금전은 우리의
물질적 욕망을
만족시키지만,
오히려 우리가
그것을 추구하는
과정에서 갈수록
궁핍해져 간다.

**신분**
신분은 황제와 거지의
외투에 불과하지만,
우리가 빼앗는
과정에서 흉측한
모습이 적나라하게
드러난다.

**권력**
권력은 강력한
지휘봉이지만, 우리가
그것을 추구하는 과정에서
팽창하여 찌르자마자
터져 버리는 풍선이 된다.

**애정**
애정은 우리에게 따뜻함을
주지만, 오히려 우리가
그것을 추구하는 과정에서
갈수록 이기적이고
냉담해져 간다.

**지위**
추위를 견디지 못할까
두려울 정도로 높은 곳에
떠 있으면 우리는 갑자기
떨어질까 더 두려울 수
있다.

## 번뇌의 그림자

번뇌는 그림자처럼 우리를 따라다닌다. 누구도 그것을 떨쳐낼 수 없으나, 우리가 뒤돌아섬의 이치를
이해하고 마음을 한번 바꾸면 그것은 몸으로부터 떨어지게 된다.

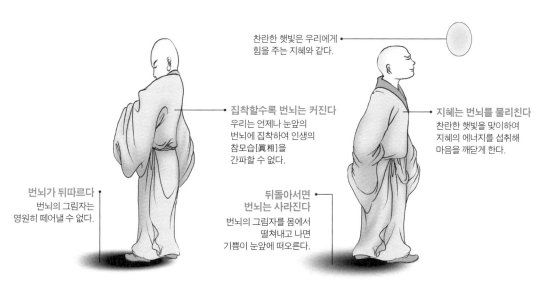

찬란한 햇빛은 우리에게
힘을 주는 지혜와 같다.

**집착할수록 번뇌는 커진다**
우리는 언제나 눈앞의
번뇌에 집착하여 인생의
참모습[眞相]을
간파할 수 없다.

**지혜는 번뇌를 물리친다**
찬란한 햇빛을 맞이하여
지혜의 에너지를 섭취해
마음을 깨닫게 한다.

**번뇌가 뒤따르다**
번뇌의 그림자는
영원히 떼어낼 수 없다.

**뒤돌아서면
번뇌는 사라진다**
번뇌의 그림자를 몸에서
떨쳐내고 나면
기쁨이 눈앞에 떠오른다.

## 본래의 청정한 마음으로 회귀하다

대부분의 사람들이 일상생활 속에서 자신의 건강과 재산 등에 모든 정력을 바친다. 하지만 오직 지금이 자신이고, 마음이 자신임을 잊고 있다. 눈을 들어 멀리 바라보면 문서, 숫자, 영수증, 신분증 등으로 구성된 삶의 미궁 속을 누비는 그림자가 얼마나 조잡하고 공허한지, 그들의 눈앞에는 출구 없는 길만 있을 뿐이다. 생명은 지나치게 길고 지루하거나 지나치게 짧은 여행이다. 게임의 규칙은 가물거린다. 우리가 돈, 명예, 여색부터 매번 새로 늘어나는 동전과 감각 기관의 순간의 향락, 허공에 떨어지는 한 점의 명성에 기쁨을 느끼거나 끊임없이 비애를 느끼며 초조해 하면서도 그것을 끊임없이 좇는다.

인간사의 혼잡함과 소음 속에서 우리는 아주 많은 것들을 동경하고 원하지만, 결과적으로는 언제나 우리가 추구하는 최종 목표의 반대 방향으로 달려간다. 형형색색의 아득한 티끌세상 속에서 우리가 의지할 수 있는 것은 무엇일까? 형체가 있는 모든 것은 다 사라져 없어질 수 있고, 유형과 무형을 초월해 우리 자신에게만 속해 있는 것은 바로 자기 자신의 마음뿐이다. 더 이상 천신만고의 노력으로 여기저기 찾을 필요가 없다. 진리는 바로 자기 자신에게 있으므로 세월 속에 꽃처럼 피었다가 시들어 버리는 것을 두려워할 필요가 없다. 우리의 마음은 영원히 시들어 떨어지지 않는 꽃이다. 영원한 선물이자 후원자이기 때문이다.

사람들이 품고 있는 세 가지 맛의 독약

# 탐욕과 성냄 그리고 어리석음

삼독(三毒)은 육도 중생이 가진 세 가지 근본적인 번뇌로서 중생으로 하여금 한없는 죄업을 짓게 해 육도 가운데 쉼 없이 윤회하게 한다. 윤회를 벗어나기 위해선 반드시 이 세 가지 독을 소멸해야 한다.

삼독은 육도 중생이 가지고 있는 세 가지 근본적인 번뇌이다. 그것들은 세 가지 독약처럼 사람을 본성을 잃어버리게 한다. 이 세 가지 '독약'은 바로 탐욕[貪]·성냄[瞋]·어리석음[癡]이다. 삼독은 중생에게 번뇌를 가져다 줄 뿐만 아니라 중생이 육도 가운데 멈추지 않고 윤회하며 벗어날 수 없게 한다.

## 탐욕

탐욕은 어떤 사물을 좋아하기 때문에 생성된 일종의 점유욕이다. 세상 만물은 각양각색이지만 불교의 입장에서 보면 이러한 것들은 모두 실답지 않은 허환(虛幻)이다. 그것들은 외연(外緣)의 작용으로 잠시 어떤 형태를 갖추고 있을 뿐 고정불변의 자성은 없기 때문이다. 중생이 이 이치를 모르기 때문에 그것들에 대하여 강렬한 점유욕이 생기게 되는 것이며, 이것이 바로 탐욕이다. 우리는 항상 "사람의 욕심은 끝이 없다."라고 말한다. 탐심(貪心)은 사람에게 끝없는 고통을 가져다 줄 뿐이며, 몹시 탐욕스러운 사람은 결국 스스로 비참한 인생을 만들게 된다. 탐욕이 생기면 보시하는 방법으로 대응하는 것이 가장 좋다. 보시는 육도(六道;六波羅蜜) 수행법 가운데 가장 기본적인 것이다. 남에게 재물을 보시하는 것은 인간의 '탐심'을 없애는 데 효과가 있을 뿐만 아니라, 자신을 위해 복보를 쌓아 고통이 가득한 삼악도에 떨어지는 것을 피할 수 있다.

## 성냄

성냄은 성내고 원망하는 마음으로 탐욕과 상반된다. 탐욕은 어떤 사물을 점유하고 싶어서 생성되는 마음이고, 성냄은 어떤 사물에 대하여 싫어하는 것에서 생성되는 일종의 나쁜 정서이다. 질투, 오만, 원한, 분노가 모두 성냄의 표현 형식이며, 이것들은 인간의 마음에 엄중한 영향을 미친다. 어떤 사람은 생활 가운데 쉽게 화를 내고, 한마디 말이 통하지 않으면 노발대발한다. 선정을 수행하는 것은 성냄을 없애는 좋은 방법이다. 수행자는 먼저 마음을 조용히 하여 각종 정서를 모두 내려놓아야 겨우 선정의 상태로 천천히 들어갈 수 있다. 수행이 상당한 단계에 다다르면 성내는 마음이 저절로 없어진다.

## 어리석음

어리석음은 '무명'이라고도 한다. 불법을 이해하지 못하고, 세상의 참모습을 똑똑히 인식하지 못하는 것이다. 세상 만물은 본래 자성이 없다. 만약 그것들이 모두 실질적인 것이라고 생각한다면 탐욕의 마음이 쉽게 일어날 것이다. 중생 자신도 잠시 존재하는 것이다. 만약 이 점을 알지 못한다면 성내는 마음이 일어날 것이다. 따라서 어리석음과 무지는 모든 번뇌의 종합적인 근원지이며, 또한 육도를 벗어날 수 없게 하는 근본적인 원인이다.

그렇기 때문에 윤회를 초월하고 싶다면 반드시 어리석음을 없애는 것부터 시작해야 한다. 우선 불법의 도움을 받아서 세상의 본래 면목을 분명하게 보아야 한다. 중생은 모두 명예와 이익을 얻는 것으로 즐거움을 삼는다. 그런데 기본적인 불법을 이해하고 나면 우리는 그런 세속 가운데 쾌락은 모두 잠시뿐이며, 이로써 초래되는 것은 번뇌임을 알게 된다. 그리고 윤회를 벗어나 열반에 드는 것이야말로 진정한 쾌락임을 발견하게 된다.

# 마음은 인생의 리모컨

한바탕 운명의 연극 속에서 우리는 각본을 쓰고, 연기도 한다. 극의 줄거리도 우리 자신이 편집하는 것이고, 희로애락도 우리 자신이 받아야 한다.

## 비극적인 인생

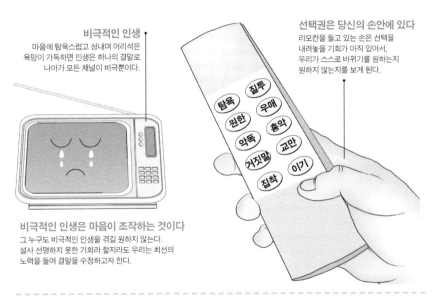

**비극적인 인생**
마음에 탐욕스럽고 성내며 어리석은 욕망이 가득하면 인생은 하나의 결말로 나아가 모든 채널이 비극뿐이다.

**선택권은 당신의 손안에 있다**
리모컨을 들고 있는 손은 선택을 내려놓을 기회가 아직 있어서, 우리가 스스로 바뀌기를 원하는지 원하지 않는지를 보게 된다.

**비극적인 인생은 마음이 조작하는 것이다**
그 누구도 비극적인 인생을 겪길 원하지 않는다. 설사 선명하지 못한 기회라 할지라도 우리는 최선의 노력을 들여 결말을 수정하고자 한다.

## 희극적인 인생

**아름다운 마음**
자비와 사랑이 가득한 사람은 인생의 매 회가 모두 희극이다.

**희극적인 인생**
누구나 행복하고 즐거운 인생을 가질 기회가 있다. 우리의 마음이 가리키는 방향을 보고, 성실하고 우애로운 마음을 가지고 있으면 행복하고 즐거운 인생을 살 수 있다.

# 불법이 가리키는 길, 팔정도

팔정도는 지혜에서 시작한다. 이러한 지혜를 지도 삼아 수행하면 마침내 열반의 경지에 도달한다.

## 불교의 팔정도

팔정도는 바로 불교에서 말하는 여덟 가지 정확한 수행 방법이다. '정(正)', 즉 '바름'은 곧 편견과 고집에 떨어지지 않고 중도를 행하는 법이며, '도(道)'는 길, 경로를 의미한다. 중생이 육도윤회를 벗어나 태어남도, 소멸됨도 없는 열반의 경지로 들어가고 싶다면, 반드시 이 여덟 가지의 정확한 길을 지나야 한다. 팔정도는 어떤 수행을 하는 사람이든 모두 이루어야 하는 생활 방식이자 수행 태도이며, 오직 팔정도만이 수행자의 몸과 마음을 정화할 수 있다. 불교가 세워질 때 처음 봉행했던 '고행주의'와 달리 **팔정도는 고통이나 즐거움의 극단으로 가지 않고 중도를 행하는 법을 제창하였기 때문에 또한 '중도'라고도 일컫는다.**

## 팔정도의 상세한 설명

**바른 견해[正見]:** 바른 견해, 즉 정견(正見)은 곧 올바른 견해를 굳게 지키고, 불교에서의 진리인 사성제를 고수하는 것이다. 바른 견해가 있으면 이후 수행의 과정에서 잘못된 길을 가지 않을 수 있으며, 반대로 바른 수행을 하면 더욱 정확한 견해를 촉성할 수 있다.

　　**바른 사유[正思惟]:** 바른 사유인 정사유(正思惟)는 또한 '바른 뜻[正志]'이라고도 한다. 즉 사성제 진리를 근거로 세상 모든 법에 대하여 사유하고, 판별

**삼학과 팔정도의 대응**

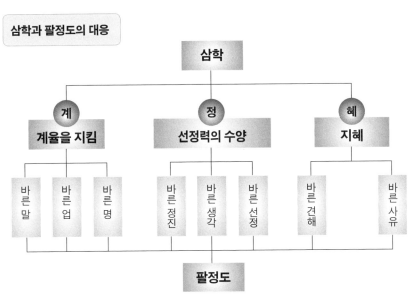

**삼학의 관계**

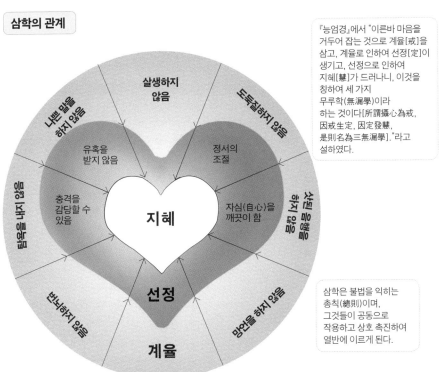

『능엄경』에서 "이른바 마음을 거두어 잡는 것으로 계율[戒]을 삼고, 계율로 인하여 선정[定]이 생기고, 선정으로 인하여 지혜[慧]가 드러나니, 이것을 칭하여 세 가지 무루학(無漏學)이라 하는 것이다[所謂攝心爲戒, 因戒生定, 因定發慧, 是則名爲三無漏學]."라고 설하였다.

삼학은 불법을 익히는 총칙(總則)이며, 그것들이 공동으로 작용하고 상호 촉진하여 열반에 이르게 된다.

하는 것이다. 특히 세속적인 분별심에서 벗어난 지혜로운 사유를 가리킨다. 불교에는 '세 가지 지혜'가 있는데 듣고[聞], 생각하고[思], 수행하는[修] 설법으로 바른 사유는 이 세 가지 지혜의 두 번째 단계이다.

**바른 말[正語]:** 바른 말 '정어(正語)'는 '제어(諦語)'라고도 하며, 불법의 관점에 부합되는 말을 가리킨다. 바른 말이 되려면 망령된 말, 나쁜 말, 거짓으로 꾸미는 말, 불손한 말, 두말하는 것 등을 멀리 떨쳐 버려야 한다.

**바른 업[正業]:** 불법에 부합되는 행위로 살생, 도둑질, 간음 등 사악한 행위를 멀리 떨쳐 버려야 한다.

**바른 명[正命]:** 정당한 생활을 하고, 정당한 삶의 수단을 선택하여 악한 직업을 갖지 않는 것이다.

**바른 정진[正精進]:** 불법 수행을 게을리 하지 않고, 정확한 방법에 따라 각종 법문을 수행하는 것이다.

**바른 생각[正念]:** 바른 생각 정념(正念)은 '제의(諦意)'라고도 하며, 각종 망상과 분별을 없애고, 마음에 사성제 등의 불법 진리만 있는 것이다.

**바른 선정[正定]:** 한 마음으로 선정을 수행하는 법으로 사성제 진리를 관조하여 빈틈없이 깨끗한 경지에 드는 것이다.


## 가장 지혜로운 생활의 지침, 팔정도

생활하는 가운데 '바른 견해'는 우리 인생의 단계마다 고유한 잘못된 관점이나 견해를 바로잡아 사람들이 막연함과 곤혹, 고통과 수렁에서 나오도록 인도한다. 그리하여 편안하고, 개방적이며, 풍요로운 마음의 세계에 안주할 수 있도록 한다. '바른 생각'은 우리가 집착을 내려놓고 마음의 고질적인 분쟁을 풀어서 바로 이 순간 삶의 아름다움을 체험하게 한다. 우리가 일과 생활의 세부적인 측면에 집중하기 시작하면 성공도 멀지 않을 것이다. 정력(定力)이 있는 사람은 실패하지 않는다. 사람들은 자신의 굳은 정력을 배양함으로써 인생의 성패와 득실에 대해 끝내 미소지을 수 있는 평화로운 마음 상태를 가질 수 있다. 따라서 만약 우리가 언제나 이것을 표준으로 삼아 자신을 깨우칠 수 있다면 우리의 인생은 더욱더 찬란해 질 수 있을 것이다!

# 선(禪)을 닦는 즐거움

선(禪)의 수행은 마음의 해독을 위해 현대인의 생활 속에서 빼놓을 수 없는 것으로 우리 같은 보통 사람에게 가장 적합한 방법이다.

## 선은 무엇인가

'선(禪)'이라는 것은 그 시절 석가모니 부처님께서 '꽃을 들고 말을 하지 않았으나, 가섭이 미소를 지은 것'으로부터 '마음에서 마음으로 전하여 문자를 세우지 않은' 경전의 고사에서 기원하였다. 그 후 대승불교에 전념하고, 정학(定學)을 고도로 수양한 남천축(南天竺)의 달마(達摩) 대사가 중국에 들어와 숭산(嵩山)의 소림사(少林寺)에서 9년 동안 면벽좌선하고, 중국 선종을 창립하였기 때문에 후세에 그를 높여서 중국 선종의 초조(初祖)라고 일컬었다. '선'은 '선나(禪那)'의 약칭으로 불교의 수지 방법의 일종이다. **선은 외부 사람이 이해하는, 향을 태우고 부처님께 예배하는 것이 아니다. 또 불경을 염송하거나 가부좌를 틀고 수련하는 것도 아니다. 그것은 중국 특유의 지혜이며, 일종의 철학 관념이고, 깨달음의 경계를 나타내는 일종의 독특한 방식이며, 거리낌 없이 활달한 인생의 태도이다.**

선은 우리의 마음을 개척하고, 우리의 지혜를 계발하여 더욱 초탈한 자유의 세계로 우리를 인도할 수 있다. 지혜의 눈[慧眼]으로 보면 천지 만물이 모두 선기(禪機)이다. 도를 깨닫기 전에는 산을 보면 산이요, 물을 보면 물이다. 도를 깨닫고 나서 산을 보면 여전히 산이요, 물을 보면 여전히 물이다. 그러나 깨닫기 전과 후의 산과 물의 내용은 다르다. 도를 깨닫고 나서의 산과 물은 경물(景物)과 내가 같이 있어서 나와 일체가 되며, 나를 맡겨 쓰임을 취하고, 사물과 내가 하나로 합해져 서로 걸림 없이 들어간다. 이러한 선심(禪心)은 어떤 초연함이다. 선이 얼마나 기묘한 것인가 보라! 일단 그것이 우리의 생활 속에서 효용을 발휘하면 우리는 욕망에 구속을 받지 않게 되어 생명은 곳곳에 힘이 가득 찰 것이며, 더 이상 현실에 의기소침한 상태로 빠져들지 않을 것이다.

## 선수

'선수(禪修)'는 선의 수행 방법이다. 이것은 '마음의 배양'이란 의미로 마음속의 양호한 상태를 길러 내는 것이다. 일반적으로 말해 선수는 마음에 대한 훈련으로 우리의 집착을 감소시키고, 도량을 넓혀서 마음을 깨끗하고, 인내심이 강하며, 평온하게 한다. 또 우리의 몸을 유연하고, 끈기 있고, 병이 나지 않게 할 수 있다.

기본적으로 선수는 마음의 지혜를 훈련하는 기교를 세워서 마음의 역량 있는 잠재력을 찾는 데 그 목적이 있는 수행이다. 마음에는 그 안의 더 깊은 층면을 탐색하여 의식의 가장 근본적인 단계 깊이에 이르러 그것이 어떻게 만사, 만물을 생기게 하는지 관조할 수 있는 힘이 있다. 마음의 지혜를 훈련하는 기교는 마음의 지혜를 조복하여 마음속의 습성을 고치고, 안에서부터 철저하게 바뀌게 한다.

선수의 실천 방법은 팔정도를 닦고 배우는 것을 위주로 하며, 사무량심(四無量心)의 자(慈)·비(悲)·희(喜)·사(捨)와 칠각지(七覺支)의 염(念)·택법(擇法)·정진(精進)·정(定) 등을 보조로 한다. 누구든지 자기의 생활 방식을 근거로 팔정도를 분수와 능력에 따라 실천하여 자기의 인생 경지를 향상시키면 점차 번뇌로부터의 시달림과 탐욕, 집착, 어리석음의 속박이 줄어들고, 점진적으로 마음의 정화와 해탈을 실현할 수 있다.

# 선수는 하나의 열쇠이다

현대인은 항상 스트레스가 심하고, 삶이 매우 피곤하다고 불평한다. 선의 수행[禪修]의 심리에 대한 조절 작용은 이미 과학적으로 확인되었다. 이러한 작용은 사람들의 각종 부정적인 정서에 대한 변화를 통해 점차 실현되어 최종적으로 마음에 깨달음을 얻고 삶의 지혜를 얻게 한다.

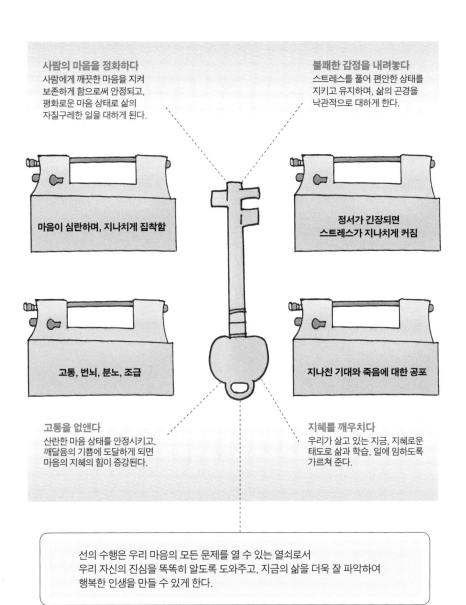

**사람의 마음을 정화하다**
사람에게 깨끗한 마음을 지켜 보존하게 함으로써 안정되고, 평화로운 마음 상태로 삶의 자질구레한 일을 대하게 된다.

**불쾌한 감정을 내려놓다**
스트레스를 풀어 편안한 상태를 지키고 유지하며, 삶의 곤경을 낙관적으로 대하게 한다.

마음이 심란하며, 지나치게 집착함

정서가 긴장되면 스트레스가 지나치게 커짐

고통, 번뇌, 분노, 조급

지나친 기대와 죽음에 대한 공포

**고통을 없앤다**
산란한 마음 상태를 안정시키고, 깨달음의 기쁨에 도달하게 되면 마음의 지혜의 힘이 증강된다.

**지혜를 깨우치다**
우리가 살고 있는 지금, 지혜로운 태도로 삶과 학습, 일에 임하도록 가르쳐 준다.

선의 수행은 우리 마음의 모든 문제를 열 수 있는 열쇠로서 우리 자신의 진심을 똑똑히 알도록 도와주고, 지금의 삶을 더욱 잘 파악하여 행복한 인생을 만들 수 있게 한다.

# 두 가지 선의 수행 방법

선의 수행은 여러 가지 많은 방법이 있지만 모든 방법이 다 두 종류, 즉 지(止)와 관(觀), '집중식(集中式)'과 '사유식(思惟式)'으로 귀결된다.

## 지선

'지선(止禪)'은 일종의 특별한 집중 상태로, 사람은 지속적으로 호흡, 자심(自心)의 본성, 어떤 개념, 관상(觀想)하는 어떤 형상과 같은 대상에 끊임없이 집중함으로써 더할 수 없는 즐거움, 깨끗함, 조용함을 체험하고, 이어서 진실로 오랫동안 통찰과 마음의 전환을 얻을 수 있다. 예를 들어 우리는 모두 어떤 하나의 일을 생각하고 있을 때 항상 또 다른 하나의 일이 생각나서, 마음을 어떤 일에 놓고 싶어 할수록 심란하고 복잡해 전념할 수 없었던 경험이 있다. 마음이 산란한 상태에 놓이면 주의력을 모아 집중할 수 없는데 이것이 바로 '지선'에 들어가기 위해 극복해야 하는 것이다.

## 선정력(禪定力)을 기르는 수행법

'지선'을 익힐 때 우리는 마음을 가라앉히고 하나에 전념하여 움직이지 않고 번뇌가 없는 평온한 상태에 처해 마음을 하나의 목표에 집중해야 한다. 다시 말해서 불교에서 말하는 '소연경(所緣境)'•은 이렇게 해야 마음이 산란함에 이르지 않을 수 있다.

'관선(觀禪)'은 지능을 기르는 수행법으로 지선은 관선의 중요한 기초이다. 초

---

• [편집자주] 인식의 대상, 인식의 범위.

우리는 마음을 고요하게 해야 하나에 전념하고, 움직임 없고 번뇌가 없는 평온한 상태에 이르게 된다.

자기 몸과 마음의 오온 실상을 안에서 여실히 관찰하여 우리 마음속 생각이나 개념을 분석하고 판별해 번뇌를 제거한다.

오래된 나무는 바람, 서리, 비, 눈 등에 미동도 하지 않는데, 이는 끊임없이 향상되는 생장 에너지가 토양 속에 깊고 든든하게 뻗어 내려 있는 뿌리에서 왔기 때문이다. 그러므로 밖을 향해 추구하는 것보다 자신의 마음을 뿌리에 전념하도록 해야 할 것이다.

불교 수행자에 대하여 말하면, 선 수행의 최고의 목표는 깨달음을 증득하고, 남을 도와 깨달음을 얻도록 하는 데 있다. 이것도 불교에서 말하는 보리심이다. 이러한 목표는 우리 같은 보통 사람에게는 매우 허황된 것처럼 보인다. 따라서 우리는 선 수행의 목표를 마음의 평온을 얻거나 불쾌하고 불만족스러운 것 등을 없애는 것으로 정할 수 있으며, 이러한 목표는 비록 작지만 매우 쉽게 도달할 수 있다.

학자는 보통 먼저 지선을 수행하여 선정력을 두텁게 기르고 나서 관선을 수행한다.

## 관선

'관선'을 수행하는 사람은 점차적으로 각종 사물을 분석하고, 선 수행의 각종 대상물을 이해하며, 분석을 통해서 나타나는 지혜를 펼치기 때문에 관선을 또 사유식(思惟式) 선의 수행이라고 일컫는다. 이러한 선 수행의 목적은 통찰력을 계발하거나 사물의 이치를 정확하게 이해하는 능력을 계발하여 최종적으로 특별한 어떤 통찰력을 얻는 것이다. 이것은 관상하는 목표의 어떤 진정한 성질을 여실하게 경험하는 일종의 훈련이다.

### 통찰력을 계발하는 수행법

'관선' 수행으로 얻은 통찰력은 우리에게 만물의 본성을 보게 하여 모든 현상이 생기고 소멸될 때 그것들의 무상성(無常性)과 무아성(無我性)을 분명하게 볼 수 있다. 이러한 '사유식'의 선 수행은 창조적인 지능을 가져다주어서 선 수행 능력을 계발하는 데 있어 우리에게 빼놓을 수 없는 것이다. 우리는 사물의 본질을 인식하기 전에 우선 뚜렷하고 깊은 사고와 분석을 통해 우리의 생각 속에 존재하는 잘못된 점을 판단하며, 분명하게 이해하고 나서야 사람에게 불쾌감을 주는 생각과 느낌을 점차적으로 깨끗이 털어 내고, 이어서 즐거운 생각과 느낌을 기를 수 있다.

### '지'와 '관'의 상호 보완

'사유식'의 선 수행은 '집중식'의 선 수행과 상대적으로 분석과 사유를 통하여 사물에 대한 명확한 이해를 전개하고 나서 마음을 그 속에 편안히 머물게 해 긴장을 완전히 푼 상태로 마음을 수행하는 대상에 집중하게 하는 것이다. 사유식의 선 수행에서 얻은 개념은 더욱 뚜렷하며, 평소의 생각보다 훨씬 영향력을 갖고 있기 때문에 집중과 경각(驚覺)이 더욱 잘된다. '지(止)'와 '관(觀)' 두 가지 선 수행법을 결합하여 우리의 마음과 선 수행의 대상을 근본적으로 하나로 합칠 수 있으면 가장 훌륭한 효과를 얻을 수 있다.

# 불법 가운데의 심리 치료법

만약 불교의 많은 수행 방법을 현실 생활 속에서 운용하면 매우 훌륭한 하나의 심리 치료 방법이 될 수 있다.

## 몸과 마음의 조화를 추구하는 방법, 요가

요가는 매우 일찍 유행했던 양생술의 일종이다. 수련자는 몸과 사상에 대한 훈련을 통해 고요하고, 순수하며, 텅 빈[空] 상태에 이르러 깊이 잠든 의식을 환기시킨다. 또 자아의 잠재력을 일으키는 동시에 마음을 정화하여 지극히 선하고, 연민하며, 원만한 인격적인 특질을 얻게 된다. 요가는 자세와 호흡을 통해 몸을 고르고, 호흡을 가다듬는 법을 마음을 조절하는 실천과 배합하여 침착하게 정좌해 명상하는 가운데 번뇌와 억압, 공허 등의 부정적인 정신적 시달림을 떨쳐 버리게 하여 마음을 평온하고 달관하게 한다.

## 명상으로 내재된 정신 에너지를 발견하다

명상은 단순한 사유 형식이 아니다. 일종의 심각하고 심오한 사색과 상상이다. 심리학자들은 동양인들이 행하는 침잠(沈潛)의 문화를 항상 사람들이 명상을 통해서 내면을 찾아가는 것이라고 생각하며, 또한 모든 사물이나 인간의 내재적 측면에 최고의 신성함이 숨겨져 있다고 여긴다. 명상은 특히 이러한 동양식 정신을 구현하는 방향으로 나가는 특징이 있다. 이것은 조용히 생각하며 숨을 들이마시고 내쉬고, 가부좌를 틀어 기를 모으는 방식을 통해 의식을 고쳐 사람의 비교적 저급한 지혜의 상태를 보다 고급적인 지혜의 상태로 향상시킬 수 있다. 또 사람의 정신에 영향을 주는 외부 자극을 줄여서 몸과 마음이 평형을 이루고, 조화로운 경지와 깊은 안정, 평온한 상태에 처하도록 한다.

## 호흡을 관하여 수행과 생활에 융합하다

호흡을 관(觀)하는 것은 누구나 시도할 수 있는 내적 관찰인 선의 수행 방법이다. 호흡을 관하는 것은 글자 그대로 주의를 모두 호흡에 놓는 것으로, 마음의 어떤 동정을 깨닫는 것도 모두 호흡과 관련이 있다. 호흡의 출입을 가다듬는 것을 통하여 마음을 하나의 대상인 호흡에 집중시키는 것이다. 이 과정 속에서 내쉬는 숨과 들이마시는 숨을 반복적으로 관찰해야 호흡의 장단을 잘 조절할 수 있다. 또 혼미함, 심신의 불안정 등과 같은 각종 정신적인 방애(妨礙)를 제거하여 체내 호흡이 균형을 이루고, 막힘없이 통하며, 자신과 대자연의 내외적인 교류에 도달하게 되어 몸과 마음이 평온하고 자유로워질 수 있다. 우리는 일상생활 가운데 호흡을 관하여 자신의 집중력을 키움으로써 학습과 일의 효율을 높일 수 있다. 또한 평온한 마음은 각종 심리적 질병의 시달림에서 벗어날 수 있게 한다.

## 자비심은 사랑과 즐거움을 포용한다

우리는 어째서 관세음보살을 좋아할까? 그것은 그가 바로 자비의 화신으로 그를 생각하면 사람들은 온화함과 즐거움을 느낄 수 있기 때문이다. 무릇 자비심이 충만한 곳은 영원히 즐거운 분위기가 존재하며, 작은 물고기와 어린 새조차도 자비로운 사람과 즐겨 가까이 지낸다. 자비심의 수행은 우리의 마음에 가장 크고 넓은 사랑을 일깨워 건강한 마음 상태를 길러 낼 수 있다. 우리는 너그럽고 관대해져서 최대한의 책임감과 가장 깊고 섬세한 관심을 갖게 된다. 이 모든 변화는 우리의 삶을 편하고 즐겁게 만들어 준다.

# 자기의 마음에 적합한 수행법 선택

**❶ 요 가**

하나의 작은 물방울이 커다란
바다에 들어가는 것처럼 자기의 몸과 의식을
끝없이 펼쳐지는 자연 속으로 녹여 들어간다.

**❷ 명 상**

자기의 마음과 대화하며
진실한 자아와 세상을 살펴본다.

**❸ 호흡을 관하다**

호흡하는 사이가 바로 삶의 현재이다.

**❹ 자비심**

가장 작은 생명조차도 운행한
흔적이 있으니 우리의 마음은 마땅히
모든 것을 사랑해야 한다.

생명은 매우 얻기 어려운 한 번의 인연 화합으로
우리의 일생은 잠시 머무는 것에 불과하다. 우리
는 그 사이에 생명의 의미를 깨닫고 진실한 자신
으로 살아갈 기회를 얻었으니 그 소중함을 마땅히
알아야 한다. 수행하는 사람은 모두 매일의 수행
기회를 귀중히 여겨 불법을 많이 듣고, 마음을 많
이 수행할 수 있다. 우리는 바쁜 일상생활 속에서
매일의 시간을 더욱 소중히 여겨야 하고, 가족, 친
구와의 모임을 더욱 귀중히 여겨야 한다.

# 제3장

# 위대한 생명

—

# 인체의
# 귀중함

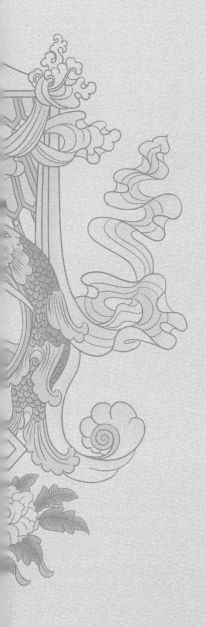

**본 장의 중요 내용**

—

인체의 인연을 얻는 것은 대단히 어렵다.

—

인도(人道)의 중생은 여덟 가지 역연(逆緣)에서 벗어난 자유를 가지고 있다.

—

귀중한 인체는 열 가지 원만한 선연(善緣)을 갖추고 있다.

—

마음을 바꿔 운을 고치는 것을 실현하면 역경(逆境)이 복연(福緣)으로 바뀐다.

—

마음의 장애는 사람의 사고방식에서 만들어진다.

—

자애심은 타인이 즐거울 수 있기를 바라는 마음이다.

# 내가 열렬히 사랑하는 것과 가장 소중히 여기는 것

생명을 뜨겁게 사랑하는 것은 인류의 영원한 주제이며, 생명을 가장 소중히 여기는 것은 인생의 평생 과목이다.

불교에서는 인간은 인연이 화합해서 이루어진 산물이며, 금생에 인간의 몸을 얻어서 세상에 나온 것을 매우 어려운 일이라고 여긴다. 또한 얻기는 쉽지 않지만 그것을 잃는 것은 대단히 쉬워 "생명은 숨 쉬는 사이에 있다."라고 한다. 따라서 우리는 이러한 쉽지 않은 기연(機緣)의 소중함을 알아야 한다. 『상서(尙書)』「태서상(泰誓上)」에서는 "오직 천지가 만물의 부모요, 오직 인간만이 만물의 영장이다."*라고 하였다. 이 세상에서 우리 인류와 같이 이렇게 초월적인 영성(靈性)으로 가득한 종은 분명 어느 것도 없다.

### 가장 아끼고 소중히 여겨야 할 생명

금생의 생명은 우리에게 단 한 번의 기회만을 주었다. 그것을 아끼거나 태만하게 대하는 것은 우리가 어떻게 살아가는가에 달려 있다. 우리는 매일 무지몽매하고 구차하게 살아갈 수도 있고, 매일 의기가 왕성하게 탁월함을 추구하며 살아갈 수도 있다. 모든 법은 연(緣)을 따른다. 수많은 집의 등불과 홀로 앉아 보는 황혼도 모두 자연의 흐르는 물과 같다. 고독과 떠들썩함, 변화함과 황폐함은 고정된 원칙과 기준이 없다. 꽃을 들면 미소 지을 수 있고, 선(禪)을 깨달은 이생은 그 경지가 푸른 하늘과 같고, 마음은 바다와 같다.

---

　　* "惟天地萬物父母, 惟人萬物之靈."

## 모든 생명은 소중하다

불교에서 중생은 모두 평등한 것이고, 특정한 조건에서 생성된 산물이라고 보기 때문에 서로 공생하고
사이좋게 지낼 것을 제의한다. '불살생(不殺生)'의 계율은 바로 이러한 이념을 구현한 것이다.

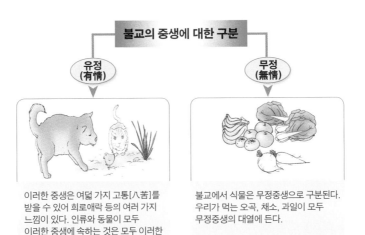

**불교의 중생에 대한 구분**

유정
(有情)

무정
(無情)

이러한 중생은 여덟 가지 고통[八苦]를
받을 수 있어 희로애락 등의 여러 가지
느낌이 있다. 인류와 동물이 모두
이러한 중생에 속하는 것은 모두 이러한
각성(覺性)이 있기 때문이다.

불교에서 식물은 무정중생으로 구분된다.
우리가 먹는 오곡, 채소, 과일이 모두
무정중생의 대열에 든다.

즐거운 인생이란
세상을, 삶을,
식물을, 생명을,
자기를 사랑하는
것이다.

대자연은 조화로움의 총체이다. 인류는 모든 생명을 소중히 여겨야 하며,
이러한 동반자를 잘 보살피는 것이 바로 우리 자신을 잘 보살피는 것이다.

소중한 생명에는 풍부하고 심오한 사상의 내포와 외연, 그리고 인생철학이 담겨 있다. 현실 생활에서 귀중히 여길 만한 가치 있는 것들은 엄청나게 많다. **우리는 예컨대 시간, 건강, 인연, 지금 현재와 같이 소중한 것들을 가지고 있다.** 생명은 세상에서 가장 고귀한 재산이지만 많은 사람들은 오히려 이것을 환영과 같은 재물로 바꾸고 싶어 하며, 모든 인생을 명성, 권리, 혹은 금전을 축적하는 데 소모한다. 그들은 죽음에 임해서야 "나는 생명을 써 버렸을 뿐 소중히 여기지 않았고, 삶을 누리지도 못했어."라고 후회한다.

## 생명에 의미를 부여하다

불교에서는 인체를 귀중하게 여긴다. 성불의 기초가 이 인체에 있어서 이것을 소중히 여기며 정진을 잘해야 윤회에서 해탈할 수 있다. 만약 명예와 이익, 물욕을 추구하는 데 쓴다면 소중할 것이 없다! 비록 우리 삶의 목표가 신선이 되고 성불하는 것은 아니지만, 반드시 자신의 인생을 의미 있게 만들어야 한다. 한 개인의 존재는 주위 사람들을 행복하게 해야 한다. 다른 사람에게 그저 살아가는 것뿐이라고 여겨지게 해서는 안 된다. 양귀비 같은 명예와 이익은 깜찍하고 아름답지만 맹독을 품고 있다. 그것을 당신과 평생을 함께할 동반자로 삼고 싶은가? 생명의 고귀함은 권세에서 구현하지 못하며, 돈과 재물로 한 개인의 생명 가치를 바꿀 수 없다. 횡령하고 뇌물 받은 자도 이와 같고, 암투를 벌이는 자도 이와 같다. 설사 백억의 자산과 대단한 신분을 가졌더라도 완전하고 근사한 생명을 바꿀 수는 없다. 명예와 이익을 따지지 않고, 수양하고 헌신해야 완전하고 멋진 일생을 얻을 수 있다.

인간의 몸은 얻기 어렵다
# 인생에 대한 질문의 시작

인간의 몸은 두 가지 이유 때문에 '귀중'하게 여겨진다. 첫째는 우리가 '팔유가(八有暇)'를 가지고 있기 때문이며, 둘째는 '십원만(十圓滿)'을 가지고 있기 때문이다. 팔유가는 여덟 가지 자유이고, 십원만은 팔유가가 최대한 작용을 발휘하는 데 필요한 모든 순연(順緣)이다.

'사공가행'의 첫 번째 가행은 바로 인간의 몸을 얻기 어렵다는 것을 이해하는 것이다. 현실 속에서 우리는 언제나 외부에 존재하는 물질을 추구하기 때문에 자신에 대한 관심은 소홀히 해 버린다. 이는 의식주와 희로애락에 신경 쓰지 않는다는 말이 아니라, '인간 몸의 독특한 점' 및 이러한 독특한 점이 우리의 인생에 좋은 기회를 가져다준다는 것을 진정으로 생각해 보지 않음을 말한다. 불교는 육도윤회 가운데 '인도(人道)'의 독특한 측면에 착안하여 인간 몸을 얻기 어려움을 설명하였다.

## 인간 몸은 얻기 어렵다

우리는 인간의 몸을 얻기 어렵다는 문제를 전혀 생각해 본 적 없기 때문에 "인간의 몸이 얻기가 뭐가 어려워? 도처에 사람인데 뭐가 그리 대단하다고!"라고 자연스레 말할 것이다. 만약 표면적으로만 보면 분명히 그렇다. 그러나 불교의 삼계연기(三界緣起)로 보면 인간의 몸을 얻은 인연은 지극히 드물다. 『중반야경(中般若經)』에서 말하기를 "인간의 몸으로 바뀌기는 매우 어려운데, 하물며 가만(暇滿)●을 모두 갖추었겠는가?"●●라고 하였다. 여유와 원만한 수행 조건을 갖춘 인간의 몸을 얻고 싶으면 반드시 완벽하게 계율을 지키며

---

● [편집자주] 팔유가와 십원만.
●● "轉成人身尙難得, 何況暇滿皆具足."

수행하고, 널리 보시하는 공덕을 쌓아 회향하고자 하는 소원을 내야 한다. 그렇지 않으면 절대로 얻을 수 없다(최소한 오계십선(五戒十善)). 대략 확률을 아는 사람은 우리가 시작도 없는 무량한 겁의 윤회 속에서 열여덟 가지 가만의 공덕을 전부 갖출 기회는 극히 적어 계산할 수 없음을 안다.

## 인간 몸은 잃어버리기 쉽다

인간의 몸은 화재·수재·독약·무기·천체의 나쁜 영향, 지진 등의 위협과 같은 수많은 치명적인 천재나 인재를 시도 때도 없이 받고 있다. 더구나 우리는 그것들이 언제 발생하는지도 모른다! 단지 매우 적은 환경만이 인간의 생존에 유리할 뿐이다. 생(生)과 사(死)의 유일한 차별은 단지 호흡이 있고 없느냐에 달려 있다. 그래서 인간의 몸은 물거품보다 더 연약하고, 더 쉽게 부서진다. 게다가 만약 인간의 몸을 얻고 나서 잘 유지하고 보호하여 좋은 인연(因緣)을 충분히 쌓지 않고 악업(惡業)을 짓게 되면 내세에 반드시 삼악도에 떨어지게 된다. 그러면 윤회의 고통에서 벗어나 해탈하는 길에서 더욱 멀어지게 될 것이다. 이처럼 귀중한 인간의 몸은 다시 얻기 어려운 것이니 그것을 망쳐서는 안 된다!

## 인간의 몸에 간직된 귀중한 가치

사대가 가합한 이 혈육의 몸에 간직된 가치의 크기는 우리가 상상할 수 없을 정도다. 마치 지극히 미세한 원자핵이 터지면서 방출하는 에너지의 거대함이 섬 하나를 완전히 파괴할 수 있는 것과 같다. 마찬가지로 우리의 인생도 비교할 수 없이 귀중한 것이다. 우리는 인간의 몸을 얻고서 모든 것을 성취할 수 있기 때문에 이 몸은 가장 뛰어나고 귀중한 것이며, 연이 갖추어진 인간의 몸을 얻으면 운명은 자신의 손안에 쥐어져 있는 것이다. 우리가 원하는 모든 것을 자신의 노력으로 실현할 수 있음에도 아무것도 하지 않고 평생을 산다면 그것은 너무나 애석한 일이다.

## 생명은 차별이 있다

불교의 잡아함경에서 설하기를 "인간의 몸을 얻기 어려운 것은 마치 눈먼 거북이가 바다에 떠다니는
나무 판자의 구멍에 목을 끼는 것과 같다[人身難得, 猶如盲龜遇浮木孔]."라고 하였다. 그러나 인간의
몸은 얻었으나 목숨은 호흡하는 사이에 달려 있으니 숨을 한번 쉬지 못하면 생명은 끝나게 된다.
한 번 인간의 몸을 잃으면 만겁 동안 회복하기 어렵다.

인간의 몸을 얻게 되었는데 어째서 또한
'부귀빈천의 차별과 은혜와 원한, 애증의
고통'이 있는 것일까?
이 모든 것은 다 개인이 숙세에 지은 선업과
악업의 많고 적음에서 오는 것이다.

고덕(古德)이 말하기를 "전세의 인(因)을 알고
싶으면, 금생에 받은 것이 그것이며, 내세의
과(果)를 알고 싶으면, 금생에 지은 것이
그것이다[欲知前世因, 今生受者是; 欲知來世果,
今生作者是]."라고 하였다. 인연과 과보는
상제(上帝)나 염라대왕이 짜 놓은 것이 아니라
자업자득임을 마땅히 알아야 한다.

부처님께서는 영산(靈山)에서 개미 한 마리를
가리키며 제자에게 말씀하시기를 "이미
칠존불을 거쳤는데, 이 개미는 아직도 개미의
몸을 벗지 못했구나[已經過七尊佛出世,
此蟻尚未脫離蟻身]."라고 하셨다. 이로부터 인간의
몸을 한번 얻기가 얼마나 어려운가를 알 수 있다.

# 인간의 몸을 얻기 어려움에 관한 세 가지 비유에 대하여

몸이 비록 '괴로움의 쌓임[苦聚]'이더라도 이 인간의 몸을 얻어야 하며, 특히 열 가지 원만한 인간의 몸을 얻는 것은 더욱 쉽게 이루어지는 것이 아니다!

## 인간의 몸을 얻기 어려움에 대한 세 가지 비유

불교의 경전과 전적에는 인간의 몸을 얻기 어려움이 어느 정도인가에 대하여 다음의 세 가지 비유가 있다.

첫째는 『열반경』에서 '눈먼 거북이가 나무를 만나는 것'에 비유한다. 깊은 바다에 바다거북이 한 마리가 살고 있는데 그 거북이는 비록 헤아릴 수 없이 오래 살았지만 두 눈이 멀었다. 백 년이 지날 때마다 이 눈먼 거북이는 겨우 단 한 번 수면 위로 올라와 해면의 부드러운 바람을 만날 수 있는 기회가 있다. 파도가 용솟음치는 바다 가운데 긴 통나무 하나가 떠 있었는데, 통나무 중간에 바다거북이의 머리 크기와 거의 비슷한 구멍 하나가 있었다. 그동안 그 통나무도 거칠고 사나운 파도를 따라 이리저리 떠다녔다. 그런데 눈먼 거북이가 그의 감각에 의지해 망망대해 가운데에서 통나무가 이리저리 떠다니는 방향을 쫓다가, 그 삐죽한 머리가 운 좋게도 통나무의 작은 구멍에 들어갔을 때 겨우 다시 광명을 찾아 인간의 몸으로 변할 수 있었다. 이것이 얼마나 어려운 것인가를 생각해 보라.

둘째는 '수미산(須彌山)에서 바늘에 실을 꿰는 것'에 비유한 것이다. 수미산 위에서 실 한 가닥을 내려놓고 산 아래에 자수바늘 하나를 내려놓는다. 이 실 한 가닥이 산 위에서 내려와 마침맞게 자수바늘의 바늘귀에 들어갔다. 우선 수미산이 얼마나 높은지 상관하지 말고, 우리가 평소 바늘에 실을 꿸 때

# 눈먼 거북이가 통나무를 만난 비유

잡아함경에서 설하기를 "인간의 몸을 얻기 어려움이 눈먼 거북이가 물에 떠 있는 나무토막의 구멍에 머리를 넣는 것과 같다[人身難得, 猶如盲龜遇浮木孔]."라고 하였다. 인간의 몸을 얻는 것은 아마도 바닷속의 눈먼 거북이가 머리를 빼서 파도가 용솟음치는 해면 위에 떠 있는 나무의 구멍에 넣는 것만큼 어려운 것이다.

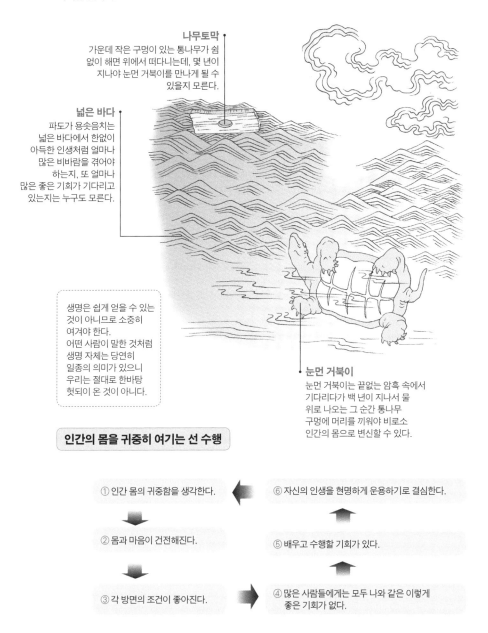

**나무토막**
가운데 작은 구멍이 있는 통나무가 쉼 없이 해면 위에서 떠다니는데, 몇 년이 지나야 눈먼 거북이를 만나게 될 수 있을지 모른다.

**넓은 바다**
파도가 용솟음치는 넓은 바다에서 한없이 아득한 인생처럼 얼마나 많은 비바람을 겪어야 하는지, 또 얼마나 많은 좋은 기회가 기다리고 있는지는 누구도 모른다.

생명은 쉽게 얻을 수 있는 것이 아니므로 소중히 여겨야 한다.
어떤 사람이 말한 것처럼 생명 자체는 당연히 일종의 의미가 있으니 우리는 절대로 한바탕 헛되이 온 것이 아니다.

**눈먼 거북이**
눈먼 거북이는 끝없는 암흑 속에서 기다리다가 백 년이 지나서 물 위로 나오는 그 순간 통나무 구멍에 머리를 끼워야 비로소 인간의 몸으로 변신할 수 있다.

## 인간의 몸을 귀중히 여기는 선 수행

① 인간 몸의 귀중함을 생각한다.

② 몸과 마음이 건전해진다.

③ 각 방면의 조건이 좋아진다.

④ 많은 사람들에게는 모두 나와 같은 이렇게 좋은 기회가 없다.

⑤ 배우고 수행할 기회가 있다.

⑥ 자신의 인생을 현명하게 운용하기로 결심한다.

누구나 바늘을 눈앞에 가까이 가지고 와서 온 신경을 한 데 모아야 겨우 바늘에 실을 꿸 수 있음을 생각해 보자. 수미산에서 바늘에 실을 꿰는 것이 성공할 확률은 얼마나 될지 상상할 수 있겠는가?

그리고 세 번째는 '벽 위에 콩을 뿌리고, 바늘 끝에 겨자씨를 붙이는 것이 인간의 몸을 얻는 것에 비해 오히려 쉽다.'라는 것이다. 콩을 벽 위에 뿌려두고, 겨자씨를 바늘 끝에 세워서 떨어지지 않게 하는 것이 인간의 몸을 얻는 것보다 훨씬 쉽다는 뜻이다.

이 세 가지 비유는 모두 인간의 몸으로 태어날 기연(機緣)과 기회가 대단히 적다는 것을 말한다. 옛사람들이 항상 말하기를 "만겁 동안 만나기 어렵다.", "백천만겁 동안 조우하기 어렵다."라고 했는데 이 말은 참다운 말이며 조금의 거짓도 없다. 인간의 몸은 이토록 상당히 얻기 어려운 것이다! 경전은 이러한 사실을 우리에게 드러내고, 인도(人道)가 고통은 많고 즐거움은 적음을 우리에게 말해 주고 있다. 고통이 많으면 쉽게 깨닫고, 즐거움이 적으면 능히 힘을 다해 수도(修道)할 것이니, 이것이 인도의 귀중한 점이다.

## 인간 몸의 좋은 기회를 소중히 여기다

현대 사회는 복잡하고 어지러워 각종 유혹을 사람이 막으려야 막을 수 없다. 각종 현상이 사람의 눈을 어지럽게 하며, 사람의 생각도 혼란스럽게 만든다. 아마 사람마다 모두 제 삶의 이념이 있고, 생존 방식이 있겠지만 우리의 공통된 하나는 바로 인간 몸을 얻은 행운을 귀중히 여겨야 한다는 것이다. 매일 아무런 생각 없이 생활하고, 배고프면 먹고, 졸리면 자며 세월을 헛되이 보내면 우리는 동물과 다를 바 없다. 따라서 세상에 나온 한 번의 좋은 기회를 반드시 귀중히 여겨 자신의 인생을 잘 파악하고, 잘 살아야 하며, 마지막에 한 세상의 아름다움을 놓쳤다고 한탄하지 말아야 한다.

인도(人道)에 태어나는 행운

# 좋은 인연을 갖추다

얻기 어려운 많은 인연이 모두 함께 모여야 이토록 가치 있고 의미 있는 인간의 몸을 얻을 수 있으며, 이는 대단히 희유한 일이다. 이처럼 한번 생각하면 우리는 스스로에게 대단한 행운이 있었음을 느끼게 된다!

## 육도윤회를 알다

귀중한 인간의 몸을 논할 때, 우리는 반드시 육도윤회에 대하여 이해하기 쉬운 지식이 있어야 한다. 육도윤회는 중생이 육도 가운데에서 생사의 윤회를 하는 것이다. 육도는 헤아릴 수 없이 많은 고통으로 가득하기 때문에 우리는 수행을 통해서 육도를 뛰어넘어 태어남도, 소멸도 없는 열반의 묘경(妙境)으로 들어가야 한다. 육도에는 천도, 아수라도, 인도, 축생도, 아귀도 및 지옥도가 있다. 그 가운데 앞의 세 가지 도를 묶어서 삼선도(三善道)라고 하고, 나머지 도를 묶어서 삼악도(三惡道)라고 한다. 일반적으로 말하면 삼선도 중생의 복보가 삼악도의 것보다 크다. 인도는 육도의 하나로서 삼선도에 들어 있다.

## 인도의 특수한 점

'인도'는 바로 우리 인류가 사는 이 도이다. 천도와 비교하면 인도는 갖가지 고난으로 가득 차 있으나, 삼악도와 비교하면 현실적으로 여러 가지 많은 즐거움이 있기 때문에 고통과 즐거움이 반반이다. 인도 중생의 뛰어난 점이 바로 여기에 있다. 인간은 수행하는 데 가장 적합한 일종의 유정이기 때문이다. 천도는 너무 쾌적하여 천인들은 향락만 추구할 뿐 수행하려는 생각이 없고, 삼악도는 너무 괴로워서 중생들이 수행하기 어렵다. 승부욕이 강하여 지기 싫어하는 아수라는 잠시 싸움을 멈추고 불법을 배우기를 더욱 원하지 않는다. 인도 중생만이 수행할 기회가 있고, 자기의 인생을 만들고 바꿔 갈 기회가 있는 것이다.

## 인도의 좋은 인연을 귀중히 여겨라

불교의 입장에서 보면 모든 사물은 다 인과를 따른다. 육도를 윤회하는 중생의 입장에서 말하면 선악의 응보는 인과관계의 가장 직접적인 구현이다. 불교에서는 우리에게 '업'이 바로 행위이며, 우리가 행한 행동에 따라 우리의 운명이 결정된다고 말한다. 운명의 좋고 나쁨, 인생의 행과 불행은 신이 결정하는 것이 아니며, 조상이 결정하는 것도 아니다. 오직 자기의 모든 행위에 의해서 결정되는 것이다. 그러므로 행위가 선한지 나쁜지가 우리 인생에 쌓는 업이 선업인가 아니면 악업인가를 결정한다. 간단하게 말해서 업을 지으면 그에 상응하는 응보를 반드시 받는다는 것이다. 선업을 지으면 선보(善報)를 받고, 악업을 지으면 악보(惡報)를 받는다. 업력은 어떤 사람도 벗어날 수 없는 일종의 힘이며, 업은 그림자처럼 따라다녀 작용하고 끊임없이 누적된다. 사람마다 제각기 이 일생에 지은 좋은 일과 나쁜 일이 다름에 따라 다음 생에 태어나는 곳도 결정된다. 만약 사람이 이 일생에 선(善)을 잘 닦았으면, 내세는 좋은 과보를 얻을 수 있다. 예컨대 천상에 태어나 복을 누리거나 다시 인간의 몸으로 태어나게 되는 것이다. 이와 반대인 경우 악보를 받게 되어 삼악도에 떨어져 살게 될 것이다. 우리가 금생에 사람이 되었다는 것은 전세에 쌓아놓은 선업이 있었다는 것을 말한다. 그러므로 사람 몸으로 태어난 것을 귀중히 여겨야 하며 새로운 선업을 계속 쌓아 금생과 내세의 평탄과 행복을 추구해야 한다.

# 탱화[Thangka] 속의 인도도(人道圖)

탱화 속에는 육도윤회에 관한 많은 예술이 펼쳐져 있다. 불교에서는 화려하고 풍부한 색채를 사용하여 인도의 번영과 귀중함을 연출해 냈다.

**인도의 부처님**
몸은 황색 피부이고, 손에는 걸식하는 발우를 들고 있는데, 이것은 '인도'에서 생활하는 불타의 형상을 나타낸 것이다.

**불법을 배우다**
인도에서 불법이 매우 번성하여 많은 사람들이 모두 와 불법의 지혜를 배우고 싶어 했다.

**불타**
경전을 강의하고 있는 불타는 중생을 널리 구제하여 고통에서 벗어나 즐거움을 얻는 사상을 구현한다.

**인도의 생활**
그림 속에서 일하고 있는 사람을 볼 수 있는데, 이것은 인간의 근면하고 성실함을 나타낸 것이다. 그림 속에는 또한 동물을 사육하는 사람이 있는데, 이것은 불교의 중생평등사상을 나타낸 것이다. 이러한 모든 것이 다 세속 생활의 쾌적하고 만족스러움을 생동감 있게 형상화한 것이다.

〈육도윤회도〉 부분
천에 그린 탱화. 청대(淸代) 티베트[西藏].

> 불교에서는 육도를 윤회하는 가운데 인도가 가장 뛰어난 도이고, 인간의 몸이 가장 귀중한 자본이며, 사람은 윤회의 고통을 벗어나 깨우치려는 마음을 가지고 있다고 본다.

131

# 팔유가와 팔무가

인도의 중생은 여덟 가지 역연(逆緣)을 면하는 자유를 가지고 있다. 다시 말해서 이들은 '팔유가', 즉 여덟 가지 불법을 수행하는 순연(順緣)을 가지고 있다. '팔유가'는 '이팔난(離八難)'이라고도 한다. 반대로 수행에 불리한 여덟 가지 역연을 '팔무가(八無暇)' 혹은 '팔난(八難)'이라고 한다.

---

불교에서는 육도윤회 속의 중생이 각자 업력에 응보한 고통을 받고 있으며, 여전히 새로운 선업과 악업을 끊임없이 만들고 있다고 본다. 불교에서는 그들이 제각기 생존하는 상태에 대한 대비를 통해서 사람이 수행하기에 유리하고 우세함을 설명한다. 우리 같은 보통 사람의 입장에서 보면 이러한 서술에서 인간 몸의 장점과 결점을 발견할 수 있다. 나아가 자기 자신을 어떻게 보존하여 지키고 이러한 장점을 잘 이용할 것인가를 이해하며, 자신의 부족한점을 어떻게 보충해 갈 것인가를 이해함으로써 자신의 완벽함과 아름다운 인생에 이르고자 하는 바람을 깨닫게 된다. 팔유가의 구체적인 내용은 다음과 같다.

### '지옥도'에 태어나지 않았다

불교에서는 지옥도의 중생은 전세에 살생을 많이 하고, 성냄이 지나치게 심해서 왕생 후에 지옥에 떨어지게 된 것이라고 여긴다. 지옥에서는 끊이지 않고 타오르는 불과 얼어붙을 듯한 추위의 고통을 받게 된다. 이에 비한다면 인도 중생은 극도로 행운이 있다. 지옥과 같은 강렬하고도 지속적인 고통이 없으며, 누구나 자신의 염원을 좇아 행복한 생활을 만들 기회를 갖고 있기 때문이다.

## '아귀도'에 태어나지 않았다

불교에서는 아귀도의 중생은 오랫동안 굶주림과 갈증의 상태에 놓여 있어 어떠한 만족도 얻지 못한다고 여기기 때문에 '아귀'라고 부른다. 현재 우리 입장을 보면 비록 생활의 스트레스는 여전히 크지만 적어도 매일 굶주려 죽을 걱정은 할 필요가 없기 때문에 우리는 우리가 하고 싶은 일을 해 나갈 수 있는 조건과 기회가 있는 것이다.

## '축생도'에 태어나지 않았다

불교에서는 자연 속의 동물은 서로 잔인하게 죽이고, 약육강식하는 존재이다. 또한 인간에 의해 집에서 길러지거나, 사람에게 애완용으로 바쳐지거나, 노예처럼 부림을 당하는 등 고통이 매우 많다. 비교해보면 우리가 이와 같이 행운이 있는 것은 우리가 사고하고 이해할 수 있으며, 선을 행하고 악을 버린 것을 통해서 미래의 즐거운 인(因)을 만들 수 있었기 때문이다.

## 불법을 수행하기 불리한 세 가지 땅에 태어나지 않았다

불교에서는 '인도'에 태어났다 하더라도 사람이 저절로 불법을 수행할 수 있다고 보지 않는다. 불법은 반드시 어떤 국가에 나타나며, 또한 반드시 널리 전해진다. 다행인 것은 불법이 우리에게 전해진 시간이 비교적 길어서, 이렇게 넓고 심오한 학문을 접할 기회가 있고, 아울러 그로부터 인생의 지혜와 진리의 말을 탐구할 기회가 있다는 점이다.

## '천도'에 태어나지 않았다

불교에서는 천도에 있는 사람은 어떠한 생각도 없는 것이 습관이 돼 마치 동면에 든 동물과 마찬가지여서 죽을 때까지 어떠한 감각도 없다고 말한다. 그들은 수명이 다 되어 칠 일만 남았을 때 꿈에서 깨어나듯 선정에서 나오게 된다. 이때 자신이 아직 해탈하지 못했다는 것을 발견하며 상사(上師)와 교법(教法)에 대하여 삿된 견해를 갖게 되고, 악업이 앞에 나타난 연고(緣故)로 인하여 삼악도에 다시 태어나게 된다. 따라서 매일 향락에 빠져 사는 것은 진정한 생활이 아니니 그저 아무 의미 없이 살고 있는 것일 뿐이다.

## 정법(正法)이 없는 곳에 태어나지 않았다

불교에서는 세상에 종교 신앙이 매우 많은데 그중에는 좋은 것도, 나쁜 것도 있다고 본다. 예를 들어 어떤 종교 신앙은 축생을 살해하는 것을 좋은 것이라 여기고, 그것들을 신을 즐겁게 하기 위한 제물로 본다. 그러나 불교는 중생은 평등하며, 자비를 마음에 품고 남에게 향상하도록 권하는 것을 추구하며, 인간이 자기 자신과 인생을 개선하도록 노력하길 바라는 지혜의 학문이다. 따라서 신앙이 있는 사람은 행복한 사람이다. 왜냐하면 마음속에 있는 큰 목표는 자신의 인생길을 지도할 수 있어 마음이 공허해 매일 아무 일도 하지 않는 사람보다 낫기 때문이다.

## 불시현(佛示現)이 없는 세계에 태어나지 않았다

불교에서는 불타가 이미 인간세에 출현하여 불법을 끊임없이 전파하였으니, 이것은 중생에게 커다란 행운이라고 여긴다. 불타는 깨달음을 선행한 자로 범인인 우리는 불타의 언행과 사유를 관찰하고 배움을 통하여 자신의 수양을 향상하고, 인생의 고통을 없애는 목적을 달성할 수 있다.

## 벙어리가 아니다

벙어리[暗啞]는 여러 가지가 있으나 일반적으로 언어상에 장애가 있는 사람을 가리킨다. 그러나 여기에서 말하는 벙어리는 심리적 측면에 장애, 즉 말의 뜻을 알아듣고 이해하는 능력이 없는 것을 포함한다. 예컨대 정신병 환자, 또는 지적(知的)으로 본래 건전하지 못하거나, 심지어 사유 능력이 없는 사람이다. 그들은 자기의 마음을 단속할 능력이 없어서 자신의 행위를 제어할 수 없으며, 당연히 자기가 하고 싶어 하는 생활을 살 수 없다.

불교에서는 이 여덟 가지 자유를 대단히 귀중하고 얻기 어려운 선물이라고 여긴다. 만약 한 사람이 이 여덟 가지 자유를 가지고 있다면 그는 불과

# 팔유가

"인간의 몸은 얻기 어렵다"는 말에서 '인간의 몸'은 사람의 형체를 얻는 것을 가리킬 뿐만 아니라 그보다 더 중요한 것으로 인간 몸의 '가만(暇滿)'을 가리킨다. 만(滿), 즉 '가득하다'는 것은 열 가지 원만함을 뜻하며, 가(暇), 즉 '여유'는 한가하다는 뜻으로 '팔유가'를 가리킨다. 팔유가는 바로 인간의 몸이 여덟 가지 역경(逆境)을 면하는 자유가 있으며, 또 여덟 가지 불법을 수행하는 순연(順緣)을 갖는 것을 말한다. 여기에서 '여덟 가지 역경'은 수행에 불리한 여덟 가지 역연(逆緣)을 뜻하며, '팔무가', '팔난' 혹은 '팔역경(八逆境)'이라고도 한다.

### 지옥
지옥의 중생은 끊임없이 연속하여 타오르는 불과 얼어붙는 추위의 고통을 받으며, 불법을 듣거나 수행을 성취하지 못한다.

### 아귀
아귀도의 중생은 오랫동안 굶주림과 갈증의 상태에 처해 있어서 불법을 수행할 기회가 전혀 없다.

### 축생
축생은 우둔하고 미련하며 현혹되어 이해력과 탐구력이 없어서 불법을 수행하지 못한다.

### 변지
불법이 존재하지 않는 지방을 '변지(邊地)'라고 한다. 그곳에서는 불법을 들을 수가 없다.

### 장수천
장수천(長壽天)의 중생은 수명이 대단히 길어 어떠한 생각도 없는 것이 습관이 돼 죽을 때까지 어떤 수행도 하지 못한다.

### 삿된 견해
삿된 견해[邪見]를 가진 사람은 경건한 마음이 없어서 불법을 수행해 나가지 못한다.

### 부처님의 출세를 만나지 못하다
만약 부처님께서 인간세에 강림하지 못했다면 모두가 부처님의 가르침을 수행하지 못했을 것이다.

### 벙어리
마음과 지혜가 불건전한 사람은 불법을 정상적으로 사유하고 이해할 수 없다.

135

(佛果)를 이룰 기회가 있기 때문이다. 우리 같은 평범한 사람들의 입장에서 말하면, 우리는 지금 자유로운 생활 공간에서 전쟁이나 재난 없이 도처에서 춤추고 노래하며 태평성세를 찬미하고, 화목하고 안정된 분위기를 가지고 있다. 우리는 아주 좋은 정세에서 열심히 자신을 수양하여 개선하고, 끊임없이 자신을 향상하고 완벽하게 하여, 성실하고 선량한 마음과 꾸준한 노력으로 자기가 속한 인생을 만들어 가야 한다.

# 인생은 선택이다

사람은 비록 비나 바람을 구하고자 하더라도 그것을 얻을 수는 없으나, 적어도 우리는 자유롭게 선택할 공간이 있다. 그래서 우리는 유한한 물질적 만족과 무한한 정신적 승화 사이에 선택할 수 있고, 그것은 번뇌와 고통일 수도, 즐거움과 행복일 수도 있다.

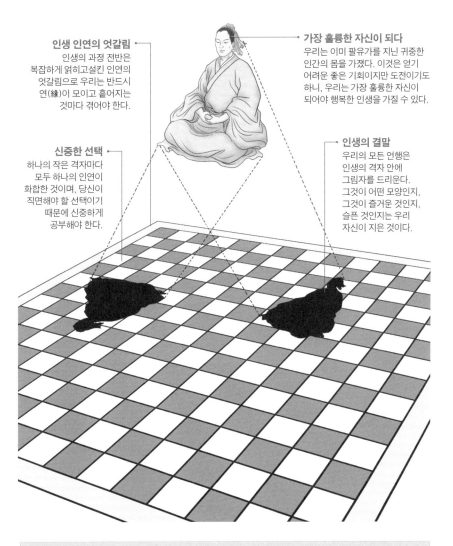

**인생 인연의 엇갈림**
인생의 과정 전반은
복잡하게 얽히고설킨 인연의
엇갈림으로 우리는 반드시
연(緣)이 모이고 흩어지는
것마다 겪어야 한다.

**가장 훌륭한 자신이 되다**
우리는 이미 팔유가를 지닌 귀중한
인간의 몸을 가졌다. 이것은 얻기
어려운 좋은 기회이지만 도전이기도
하니, 우리는 가장 훌륭한 자신이
되어야 행복한 인생을 가질 수 있다.

**신중한 선택**
하나의 작은 격자마다
모두 하나의 인연이
화합한 것이며, 당신이
직면해야 할 선택이기
때문에 신중하게
공부해야 한다.

**인생의 결말**
우리의 모든 언행은
인생의 격자 안에
그림자를 드리운다.
그것이 어떤 모양인지,
그것이 즐거운 것인지,
슬픈 것인지는 우리
자신이 지은 것이다.

인간의 몸을 얻는 것이 어렵지만 더욱 어려운 것은 당신이 얻은 이 인생의 기회를 소중히 여기며,
열심히 수행하든 잘 살든 모두 행복한 보답이 있게 하는 것이다.

인간의 몸 얻기 어렵다지만 우린 이미 얻었다

# 십원만을 갖추다

'십원만'은 다음과 같은 두 종류로 나뉜다. 하나의 원만한 복보는 우리 자신의 상황에서 나오며 이를 '오자원만(五自圓滿)'이라고 한다. 하나는 타인이 자기를 원만하게 해 주는 다섯 가지로 '오타원만(五他圓滿)'이라고 한다.

---

귀중한 인간의 몸은 열 가지 복보 또는 원만한 선연(善緣)을 갖추고 있다. 우리는 이 각각의 다른 선연을 하나하나 자세히 살펴보아야 하고, 귀중한 인간 몸의 모든 조건을 진정으로 갖추었는지 아닌지를 스스로 판단해 보아야 한다. 만약 우리가 이 모든 것을 갖추었다면 경사스러움을 깊이 감사해야 한다. 원만한 인생의 기회를 가졌기 때문이다. 그리고 이 기회를 통해 자신만의 행복한 인생을 만들어 가야 한다.

### 오자원만(五自圓滿)

'자원만(自圓滿)'은 인간 자신이 갖추고 있는 조건을 말한다. 사람은 자기 운명의 창조자로서 우리의 인생은 각 개인의 피조물이다. 때문에 자신이 원만해야 인생이 원만할 수 있다.

첫 번째 자원만은 사람으로 태어나는 선업을 갖추고 있다는 것이다. 만약 우리가 축생도나 아귀도 혹은 다른 육도의 중생으로 태어났다면 우리는 지혜를 배우고 스스로의 처지를 개선할 수 있는 방법이 없다.

두 번째 자원만은 우리가 불법이 전해진 지역에 태어났다는 것이다. 다시 말해 불교사의 초기에 불교를 신봉했던 국가인 인도나 멀리 동부 지역에서 태어났다는 것이다. 현재는 불법이 이미 전 세계의 거의 모든 국가에 전파되었다.

# 가만(暇滿)의 인생

우리는 매우 다행스럽게도 이 시대에 태어났다. 우리는 모든 것을 다 알아 깨닫는 숭고한 이상을 포함한 어떠한 목적도 달성할 수 있다. 유가(有暇)와 원만함의 가치를 알면 우리는 일종의 기대를 자연스럽게 체험해 가면서 평생의 시간을 들여 의미 있는 생활을 추구해 가게 된다.

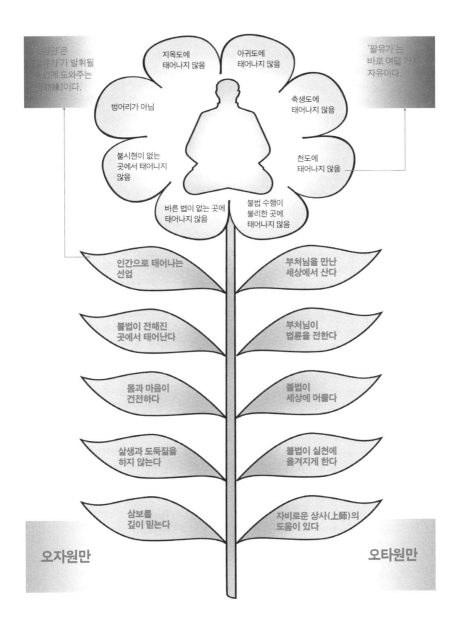

'십원만'은
'팔유가'가 발휘될
수 있게 도와주는
수단(助緣)이다.

지옥도에
태어나지 않음

아귀도에
태어나지 않음

'팔유가'는
바로 여덟 가지
자유이다.

벙어리가 아님

축생도에
태어나지 않음

불시현이 없는
곳에서 태어나지
않음

천도에
태어나지 않음

바른 법이 없는 곳에
태어나지 않음

불법 수행이
불리한 곳에
태어나지 않음

인간으로 태어나는
선업

부처님을 만난
세상에서 산다

불법이 전해진
곳에서 태어난다

부처님이
법륜을 전한다

몸과 마음이
건전하다

불법이
세상에 머물다

살생과 도둑질을
하지 않는다

불법이 실천에
옮겨지게 한다

삼보를
깊이 믿는다

자비로운 상사(上師)의
도움이 있다

오자원만

오타원만

세 번째 자원만은 몸과 마음이 건전하다는 것이다. 이것은 우리가 진리와 지혜를 얻는 데 있어 지능 부족 등의 선천적 장애로 인한 어려움이 없다는 것을 나타낸다.

네 번째 자원만은 생활을 유지하기 위해서 살생 혹은 도둑질과 같은 악업을 짓지 않는다는 것이다. 불교도들은 모든 중생들의 생명을 직접적으로 살생하는 것은 악업을 짓는 것이라고 믿기 때문에 이러한 일을 택하지 않는다.

다섯 번째 자원만은 삼보를 깊이 믿는다는 것이다. 즉 부처님, 불법, 승려, 이 삼보에 대하여 믿음과 경외심을 갖고 있다.

## 오타원만(五他圓滿)

두 번째 원만한 복보는 자신 이외에 타인이나 어떤 상황에서 나온다. 이 몇 가지 항목은 반드시 외부에 존재하거나 타인의 능력에 의지해야 원만함에 이를 수 있기 때문에 '오타원만'이라고 한다. '타원만(他圓滿)'은 외부 환경의 중요성을 말해 준다. 사람의 생활은 주로 자기 자신의 노력에 의지하지만 외부의 환경도 인간의 사유와 언어, 행위에 영향을 미칠 수 있다. 이러한 점은 인생의 측면에서 가볍게 볼 수 없는 중요한 면이다. 외부 환경의 요소를 잘 이용하면 우리 인생의 발전에 대단히 큰 도움이 될 것이다.

첫 번째 타원만은 부처님을 만난 세상에서 사는 것이다. 즉 부처님께서 우리가 살고 있는 세상에 출세하신 것이다. 불교도의 입장에서 석가모니불이 시현(示現)하고 불법의 가르침을 주는 세계에 산다는 것은 그들에게 충분한 복보가 있기에 이러한 가르침을 접하고 수행할 수 있음을 나타낸다. 우리같은 평범한 사람들이 역사가 두텁게 축적되어 문화가 전승되고 있는 이 사회에 살면서, 우리 인생의 은행에 저축된 선조들의 지혜와 재산을 수시로 가져다 쓸 수 있고, 그로부터 새롭고도 찬란한 문명을 창조해 갈 수 있는 것과 같다.

두 번째 타원만은 부처님이 법륜을 전한다는 것이다. 즉 부처님께서 법의 가르침을 주신다는 것이다. 세간에 출세하신 부처님, 보살 혹은 성문(聲聞)의 성인(聖人)들은 모든 법의 본성을 직접 깨닫고 나서 법을 전하기 시작했고 널리 중생을 구제하였다. 일반적으로 부처님께서 세 차례 법륜을 굴린 것을 나누어서 소승(小乘), 대승(大乘), 금강승(金剛乘)의 가르침을 가리킨다. 마치 교실에 교과서와 교사용 교과서가 따로 있는 것처럼, 우리가 배워야 할 그 수많은 것들 중 시대의 흐름에 따라 무엇을 해야 하고, 무엇을 하지 말아야 하는지에 대한 큰 방향이 있어야 한다. 그런 의미에서 세 법륜은 학교와 같은 전문 양성 기관의 책임을 담당하고 있다.

세 번째 타원만은 불법이 세상에 머무는 것이다. 즉 불법이 널리 전파되었다는 것이다. 사실상 불교는 한대(漢代)에 중국에 전래된 이후 수백 년 동안 전파되고 발전하여 수당(隋唐) 시기에 마침내 중국 본토화 과정이 완성되었다. 많은 종파들이 발전해 나왔을 뿐만 아니라 중국 본토 및 외국에서 온 승려들이 많은 불교 전적을 번역하였다. 이렇게 하여 불교가 중국 및 아시아 각국에 전파되어 깊은 영향을 미친 것이다.

네 번째 타원만은 불법이 수행에 옮겨지게 한다는 것이다. 불교에서 말하는 설사 가장 훌륭한 상사(上師)가 있더라도, 만약 수행하지 않으면 어떠한 결과도 만들지 못하는 것과 같다. 예를 들어 구름 한 점 없는 하늘에 태양이 얼마나 밝든 깊은 동굴 속에 사는 사람은 비추지 못한다. 설사 곳곳에 햇빛이 가득하더라도 이 사람은 반드시 동굴에서 나와야만 햇빛을 받을 수 있는 것이다. 따라서 모든 준비가 다 되었음에도 중요한 것 하나가 모자라면 모든 것을 자신의 노력에 의지해야 한다. 현재의 사회생활은 매우 풍족하고 각 방면의 조건도 좋아서 우리는 이러한 좋은 기회를 귀중히 여기고, 끊임없이 새로운 지식을 배우며, 마음 수양으로 자신을 향상하고, 행복한 인생을 만들어 가야 한다.

다섯 번째 타원만은 타인의 자비로운 도움이 있다는 것이다. 특히 선지식이나 상사의 자비로운 지도가 그렇다. 우리의 길고 긴 인생길에서 우리에게 도움을 주는 사람은 언제나 매우 많다. 특히 우리의 부모님과 선생님은 우리가 건강하고 즐겁게 성장하도록 보호해 줄 뿐만 아니라 생활의 지식과 기능을 가르쳐 주어 비바람 부는 인생 속에서 우리가 더욱 꿋꿋이 살아가도록 해 준다.

우리가 가만의 인간 몸을 가진 이상 이 얻기 어려운 기회를 아주 소중히 여기고, 전력을 다해 향상하려고 노력하며, 미래의 세간을 허비하지 않도록 생각해 보아야 할 것이다. 만약 어느 날 우리의 인생을 추억할 때 오늘을 소중히 여기지 않았고, 의미 있는 인생을 살지 못했다며 후회하지 않기를 바란다.

# 원만한 인생의 참모습[眞相]

삶은 완전히 훌륭하고 아름다울 수 없으며, 언제나 많은 결점이 있을 수 있다. 마치 도로가 거울처럼 평탄하고 매끄러울 수 없듯이 언제나 울퉁불퉁한 구간이 많이 있다. 그러나 우리가 추구하는 행복과 원만함은 최선을 다해 그 파인 구덩이들을 메꾸어 간다. 따라서 인생이 언제나 완전무결하기를 바라지 말고 전력을 기울여야 한다.

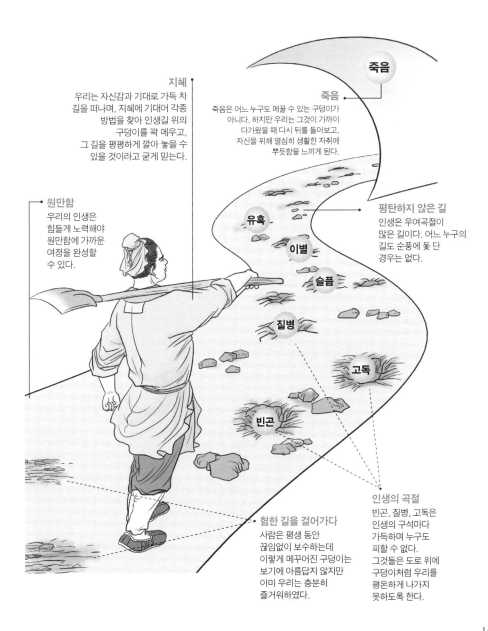

**지혜**
우리는 자신감과 기대로 가득 차 길을 떠나며, 지혜에 기대어 각종 방법을 찾아 인생길 위의 구덩이를 꽉 메우고, 그 길을 평평하게 깔아 놓을 수 있을 것이라고 굳게 믿는다.

**죽음**
죽음은 어느 누구도 메꿀 수 있는 구덩이가 아니다. 하지만 우리는 그것이 가까이 다가왔을 때 다시 뒤를 돌아보고, 자신을 위해 열심히 생활한 자취에 뿌듯함을 느끼게 된다.

**죽음**

**원만함**
우리의 인생은 힘들게 노력해야 원만함에 가까운 여정을 완성할 수 있다.

**평탄하지 않은 길**
인생은 우여곡절이 많은 길이다. 어느 누구의 길도 순풍에 돛 단 경우는 없다.

**유혹**

**이별**

**슬픔**

**질병**

**고독**

**빈곤**

**험한 길을 걸어가다**
사람은 평생 동안 끊임없이 보수하는데 이렇게 메꾸어진 구덩이는 보기에 아름답지 않지만 이미 우리는 충분히 즐거워하였다.

**인생의 곡절**
빈곤, 질병, 고독은 인생의 구석마다 가득하며 누구도 피할 수 없다. 그것들은 도로 위에 구덩이처럼 우리를 평온하게 나가지 못하도록 한다.

고난의 가시밭길에서 길을 잃는 것을 경계하다

# 팔역경을 멀리 벗어나다

우리가 순연(順緣)을 가졌다는 것이 미래에도 그것들을 반드시 다 보존하고 있음을 의미하는 건 아니다. 생명 가운데는 많은 함정이 있으므로 우리는 항상 경계하여야 한다!

수행 중인 사람은 보통 여덟 가지 역경을 만날 수 있다. 이러한 문제를 대할 때의 올바른 태도는 그것을 회피하고 은닉하거나 덮어 숨기기는 것이 아니다. 그것을 똑바로 바라보고, 철저히 검사해 보아야 하는 것이다.

첫 번째 역경은 **오독(五毒)이 왕성한 것**이다. 불교에서는 성냄[瞋恚] · 탐내어 집착함[貪執] · 어리석음[愚癡] · 질투[疑嫉] · 오만(傲慢)한 마음이 번뇌를 끊임없이 만들어 내는 근원이라고 여긴다. 불교에서는 이러한 번뇌를 다스리는 방법으로 계율[戒] · 선정[定] · 지혜[慧]에서 해결의 길을 찾는다. 또한 오독의 왕성함은 모두 일상생활 가운데의 많은 번뇌가 자초하는 것으로 우리는 마음의 수양을 더욱 많이 하여 인격의 소질을 향상시켜야 한다. 그래야 끊임없이 나타나는 번뇌를 없앨 수 있음을 일깨워 준다.

두 번째 역경은 **나쁜 친구[惡友]의 영향**이다. 불교도는 나쁜 친구가 곁에 있는 것은 매우 위험한 상황이며, 자신의 수행에 영향을 주기 때문에 항상 경계해야 한다고 생각한다. "먹을 가까이하면 검어지고, 적(赤)을 가까이하면 붉어진다[近墨者黑, 近朱者赤]."라는 것이니, 우리는 일상생활 가운데 성품이 고상하고, 수준 있으며, 교양 있는 사람을 많이 사귀어야 한다. 이러한 사람은 거의 완벽한 인격적 매력을 갖추고 있어서 오래 같이 지내면 우리가 남과 잘 어울리며 살아가는 데 은연중 자연히 감화되는 영향이 있다. 그러나 술친구나 성품이 저급한 그런 사람은 우리가 되도록 교제를 피해야 한다.

세 번째 역경은 **수행을 방해하는 것과 도와주는 것을 분명하게 구별하지 못하는 것**이다. 불교도들은 수행의 길에서 많은 장애를 종종 만나지만, 또 외부에 존재하는 많은 요소들의 도움이 있기 때문에 반드시 판별을 잘해야 한다. 우리도 현실 생활 속에서 같은 문제를 만날 수 있다. 예컨대 일상 속에서 어떤 사람은 말을 직설적으로 하여 남들에게 쉽게 원망을 사지만, 사실은 '좋은 약은 입에 쓰고 병에는 이로운 것'이다. 도리어 어떤 사람은 말을 달콤하게 하여 남에게 아주 잘 받아들여지는 것 같지만, 사실은 겉과 속이 달라 이러한 사람은 우리에게 어떠한 도움도 없다. 따라서 우리는 반드시 눈을 크게 뜨고 정신을 바짝 차려 옳고 그름을 분명히 가려야 한다.

네 번째 역경은 **나태함의 지배를 받는 것**이다. 나태함은 불교에서 비판하는 악질[惡性] 가운데 하나이다. 수행하는 사람은 엄격하게 지켜야 할 규율을 준수해야 하기 때문에 반드시 매우 근면해야 한다. 우리의 일상생활에서는 그런 엄격한 규율이 없기 때문에 쉽게 자신을 방임하고 "아, 내일 다시 해도 돼!"라고 하거나 "조금 있다가 다시 해도 돼!"라고 하는 경우가 많다. 때문에 우리의 학문은 줄곧 진보하지 않으며, 우리는 직장에서 승진하지 못하고, 생활에서도 다소 성과가 없는 것이다. 그래서 프랑스 사람들은 '게으름은 한 사람을 생매장하는 것과 같다'고 했고, 그리스 사람들은 '게으름은 세상에서 가장 사치스러운 것'이라고 했으며, 영국 사람은 '게으름을 답습하는 것은 곧 죽음'이라고 하였다. 우리는 반드시 게으름의 지배를 받지 않겠다고 결심을 하고, 끊임없이 자신을 채찍질하며 더 많은 노력을 해야 한다. 또 자신의 나쁜 습관을 고칠 수 있도록 더욱더 노력하고, 나아가 자신의 인생을 바꿔 나가야 한다.

다섯 번째 역경은 **과거생의 악업이 금생에 성숙하여 생성되는 것**이다. 불교에서는 과거생의 어떤 악행이 수행의 길에 매우 커다란 골칫거리가 된다고 생각한다. 때문에 참회하고 결백하는 방법으로 과거의 악업을 깨끗이 해야 한다. 우리는 일생 동안 늘 많은 잘못을 한다. 우리의 인생은 끊임없이 실수하고 시정해 나가는 과정이다. 우리는 모두 자신이 어제 지은 잘못을 바로잡아가며 이 길을 걸어가고 있는 것이다. 그래서 옛사람이 말하기를 매일 '자신을 세 번 반성하라'고 하였다. 자신의 과거 언행과 현재 언행에 대하여 끊임없이 반성하여 '양을 잃은 후에라도 서둘러 울타리를 수리하면 그래도 늦은 편은 아니다'라는 말의 의미를 추구해야 한다.

여섯 번째 역경은 **다른 사람의 지배를 받는 것**이다. 불교에서는 사람마다 자신의 가족과 친구에게 쉽게 지배받아서 불법을 배울 기회를 얻지 못한다고 여기기 때문에 각자 스스로가 자신을 주재할 수 있길 바란다. 마치 어린아이처럼 우리의 인생은 아주 오랜 기간 부모의 도움에 의지해야 생활할 수 있다. 그런데 이렇게 '지배받는 생활'은 사실 진정한 의미에 있어서 '지배'는 아니다. '다른 사람에게 지배를 받는' 이유는 우리 자신의 독립성이 결여되었거나 '남에게 도움을 청하기' 때문이다. 사회적으로 '캥거루족' 같은 사람이 그렇다. 그들은 자신의 나태함에 굴복하여 다른 사람의 우리 속에서 생활하기를 원한다.

일곱 번째 역경은 **깨끗하지 않은 동기**이다. 불교에서 말하는 깨끗하지 않은 수행 동기란, '만약 내가 불법을 수행하지 않으면 내생에 매우 가난해질 수 있으니 그렇게 되고 싶지 않으므로 불법을 수행하려는 것이다.' 라거나 '나는 이생에 병이 드는 고통을 받고 싶지 않아서 불법을 수행해야 한다.'와 같은 것이다. 불교에서는 이러한 제한적인 동기가 약간의 이익을 가져올 수 있지만, 진정한 이익은 중생이 궁극적인 즐거움을 얻도록 이끌고자 하는 바람에서 오는 것이라 말한다. 불교에서 말하는 최고의 수양 경지이자 최종적인 수행 경지는 모든 사람이 다 윤회의 고통에서 벗어나 깨끗한 열반의 경지에 들어가는 것이다. 자기 사익만을 추구하는 것이 아니다. 우리는 모든 사람이 다 이렇게 넓고도 사심이 없는 포부를 갖길 기대할 수는 없다. 그러나 적어도 우리는 다른 사람에 대한 많은 관심을 가질 수 있으며, 이기적이지 않을 수 있다.

여덟 번째 역경은 **당장의 목표를 수행의 동기로 삼는 것**이다. 예를 들어 몇몇의 경우 선(善)을 행하는 목적이 자신의 이름을 날리기 위한 것이거나 금전 또는 포상을 얻는 등 직접적인 이익을 위한 것이다. 좀 더 구체적으로 재산을 아낌없이 후하게 기증하는 사람의 몇몇은 명성을 얻기 위해서 또는 찬양 받기 위해서이다. 현실 가운데 이러한 일은 아주 많은데 소위 선행이라고

# 역경을 순경으로 바꾸다

## 팔역경

오독이 왕성해져 성냄·탐내어 집착함·어리석음·질투·오만한 마음이 번뇌를 끊임없이 만들어 낸다.

친구 사귀는 것이 신중하지 못하면 나쁜 사람에게 유혹을 당하여 잘못된 길로 빠지게 된다.

옳고 그름을 분명하게 판단하지 못하면 허망한 물질의 가상(假相)에 집착하여 물욕의 소용돌이에 빠져들게 된다.

나태한 사람은 사람의 몸이 된 귀중한 기회를 낭비하는 것이다.

지나간 악업의 과보를 받아 재앙이 끊이지 않는다.

남의 지배를 받아 자유를 잃어버리고 독립할 수가 없다.

깨끗한 마음을 잃고 먼지와 때로 물든다.

이기와 탐욕의 장애를 숭상하면 나와 남이 서로 나누어진다.

## 역경을 순경으로

계율·선정·지혜는 해독제이니, 생활을 자율적으로 하고, 유혹을 거절하여 지혜를 얻는 마음이다.

저속한 물질적 향락이 아닌 고상한 마음 수양을 추구한다.

바른 견해[正見]을 유지하면 허망한 가상의 유혹을 받지 않는다.

때때로 인간 몸의 귀중함을 배우나 시간은 얻기 어렵다.

인연과보의 규칙을 명백히 알고 때때로 자신을 반성하여 업장을 정화한다.

욕심이 없으면 강해서 욕망과 망념의 속박에 굴복되지 않으며, 무아와 무념을 명백히 알게 된다.

자신의 마음을 돌리면 만물이 모두 텅 빔[空]을 깨닫는다.

아집을 없애면 나와 남이 바뀐다.

때때로 존재하는 역경에 대한 올바른 태도는 그것들을 똑바로 보고 회피하거나 숨기지 않는 것이다.

마음(생각)을 나날이 깨끗하게 하면 인생이 점점 원만해진다.

하는 이러한 것은 대단히 위선적이다. 많은 사람들은 이것을 빌어 단지 자신을 선전하는 자작극을 하고 내실 없는 명예를 얻는다. 그러므로 한 사람의 마음가짐 속에 깨끗하지 못한 이러한 성분이 섞였을 때 그의 생활은 반드시 매우 혼탁해질 것이며, 즐거울 것이 하나도 없게 될 것이다.

우리 일상생활에 있어 이러한 여덟 가지 역경은 피하기 어려운 것이다. 우리는 경각심을 가지고 항상 자신을 성찰하며 이러한 곤란함이 일어나지 않는지를 살펴야 한다. 만약 어떠한 곤란함이 나타나게 되면 우리는 반드시 그것들을 깨끗이 없애야 하고, 우리가 살아가는 길에 장애가 되지 않도록 해야 한다.

# 역경의 강을 건너다

"부처님은 인연이 있는 사람을 제도한다."라는 말이 있다. 부처님은 자비로워 모든 유정중생을 위해 본래 갖추고 있는 불성을 평등하게 제시하며, 근기에 따른 설법으로 차근차근 타일러 잘 이끌어 간다. '부처님의 제도[佛度]'라는 것은 사실 중생이 불법의 가르침에 따라 스스로 구제하고, 스스로 깨닫고, 스스로 제도하는 것이다. 그러므로 인생의 역경을 벗어나고 싶다면 오직 깨우친 마음에 기대야 한다.

**역경**
역경이 한 줄기 강물처럼 우리를 고난의 황무지에 격리시켰다. 우리는 어떻게 건너가야 할까?

**무명**
무명의 불이 분노와 탐욕, 번뇌의 불꽃에 불을 붙여서 우리들의 몸과 마음이 화상을 입는다.

**업**
악업의 과보는 그림자처럼 따라다니니 우리는 숨을 곳이 없다.

**삼독**
삼독이 골수를 깊이 깨물고 있다.

**망념**
망념의 깊은 함정은 도처에 숨어 있어 조금이라도 조심하지 않으면 떨어지고 만다.

다리와 배는 모두 당신을 구제할 수 없으며, 나도 당신을 구제할 수 없고, 오직 당신 자신만이 구제할 수 있다.

곧 맞은편 기슭에 닿는다.

다리도 없고 배도 없으면 어떻게 강을 건널까?

부처님 저를 구원해 주세요!

생명의 장애를 꿰뚫다

# 여덟 가지 마음의 장애에서
# 멀리 벗어나다

불교에서는 여덟 가지 마음의 장애[八心障]를 완전히 행하는 사람의 마음이 조작한 것이며, 태어나면서부터 갖추어진 것이 아니기 때문에 우리는 반드시 이러한 마음의 장애를 뿌리 뽑아야 그것이 야기한 실패한 인생을 피할 수 있다고 본다.

불교에서는 앞에서 제시한 '팔무가'와 '팔역경' 외에 수행에 이롭지 못한 여덟 가지 상황이 있다고 본다. 이러한 상황은 완전히 행하는 사람의 마음이 조작한 것으로 잘못된 신념에서 야기되는 것이다.

**첫 번째 마음의 장애 – 재산이나 명예, 금전, 감정에 대해 지극히 커다란 탐을 내어 집착하다**

재물에 대한 집착은 우리로 하여금 시시각각 그것들을 잃어버릴까 걱정하게 하거나, 더 많은 재물을 얻길 바라게 하여 재물에 얽매인 노예로 만들어 버린다. 감정에 대한 집착은 우리를 오랜 고통 속에 빠뜨려 스스로 헤어나지 못하게 한다. 비록 이러한 물질과 감정은 우리의 생활 속에 없어서는 안 되는 것이지만 적당한 선에서 그칠 줄 알아야 한다. 이는 우리 생활의 전부가 아니다. 지나치게 미련을 두면 우리는 본심을 잃고 번뇌가 생겨 즐거움을 상실하게 된다. 따라서 탐내어 집착함[貪執]은 일종의 장애로서 우리는 이러한 마음을 반드시 버려야 한다.

**두 번째 마음의 장애 – 행동거지가 극도로 나쁘다**

격한 분노심과 악습을 가진 사람은 주위의 가족, 친구, 이웃, 동료와 서로 어울려 지내기 매우 어렵다. 이러한 사람은 마음이 옹졸하여 늘 시시콜콜 따지

# 마음의 계단

마음에는 등급이 있다. 마음의 등급은 인격과 품격을 결정하며, 사람의 일생 운명도 결정한다.

마음의 최고 경계는 경외하는 마음이다.
신앙과 종교와 같은 그러한 경건함은 바람에
부딪히는 거센 파도에도 꿈쩍하지 않는다.
장사는 신용(信用)을 중시하고, 친구는
성심(誠心)을 중시하고,
연인은 성의(誠意)를 중시한다.

마음의 두 번째 경계는 자비의
마음이다. 사람은 자비심이 있어야
하며, 힘이 미칠 수 있는 상황에서
가능한 한 다른 사람을 위해 많은
일을 해야 한다. 설령 보잘 것 없는
작은 일이라도 생명의 가치가
구현된 것이다.

마음의 세 번째 경계는 은혜에
감사하는 마음이다. 가족을 사랑하지
않고 남을 사랑하는 사람은 도리에
어긋나며, 가족을 공경하지 않고
남을 공경하는 사람은 예의에
어긋나니, 은혜에 감사하는 마음은
효도에서 나온다.

마음의 네 번째 경계는 관용하는
마음이다. 남에게 관용하고,
자기에게 관용하면 마음의 골은
깊어지지 않으며, 받아들이고
용서하면 마음은 커진다.

기 좋아하고, 사람과 사람 사이에 서로 양보하고 포용할 줄을 모른다. 이러한 사람은 폭음, 도박, 마약 등의 나쁜 버릇이 생기고, 심지어는 이로 인해서 패가망신하게 된다. 자신을 만겁 동안 회복하지 못할 처지에 빠지게 만들 뿐만 아니라 가족에게 상처와 고통을 가져다준다.

**세 번째 마음의 장애 - 윤회의 고통을 두려워하지 않고, 고통에서 벗어나려는 소원도 없다**

불교에서는 이러한 사람은 설사 삼도(三道)의 모든 고통을 보거나 들었다 할지라도 여전히 윤회에 대한 공포나 불만을 느끼지 못하며 개의치 않는다고 본다. 그들은 모든 것을 다 고통이라고 생각하기 때문이다. 그리고 그들의 행위가 어떠한 차별을 만들게 된다고 여기지 않기 때문에 해탈을 얻으려는 소원도 없어서 자연히 불법을 수행하고 싶어 하지도 않는다.

**네 번째 마음의 장애 - 신심이 부족하다**

불교에서는 어떤 사람의 경우 불법의 모든 공덕과 불법 수행이 가져다줄 수 있는 해탈을 들은 적 있지만, 여전히 신심(信心)이나 자신이 불과를 증득할 수 있다는 확고한 믿음이 없다고 여긴다.

자신감이 가득 찬 인생이어야 성공한 인생이 된다. 매일 자신감이 넘치는 사람은 자신의 시간을 헛되이 보내지 않으며, 열등감의 소용돌이 속에 빠지지 않는다. 생활하는 가운데 늘 많은 좌절과 실패를 겪는다. 그렇지만 우리 자신에게 부족한 점이 많더라도 반드시 하는 일에 자부심을 가져야 하며, 인생의 모든 도전을 낙관적으로 받아들여야 한다.

**다섯 번째 마음의 장애 - 악행을 좋아하다**

불교에서는 복보가 부족한 사람은 정도(正道)에서 벗어나 샛길로 빠진다고 여긴다. 그들이 악을 행하는 어떠한 특수한 이유는 없으나 살생, 거짓말, 도둑질 등을 좋아한다. 악행을 좋아하는 경향의 사람은 그의 몸, 입, 생각이 지은 모든 것이 다 착하지 않다. 사회적으로 법을 어겨 죄를 지은 사람처럼 남의 생명과 재산에 해를 끼치며, 안정된 사회질서도 깨뜨린다. 이러한 사람은 당연히 가장 엄격한 도덕과 법률의 징계를 받아야 한다.

**여섯 번째 마음의 장애 – 천성적으로 불법을 싫어하다**

불교에서는 불법을 배척하는 사람을 복보가 없는 사람이라고 여긴다. 불교에서 선양하는 자비와 평등의 이념에 반대하고, 선업을 행하라는 권유를 받아들이길 거부한다. 상사(上師)의 가르침을 존중하지 않으면 지식과 지혜를 천성적으로 싫어하는 사람처럼 곧 영원히 우매하여 자신을 알지 못하는 상태에 처하게 되며, 여러 가지 능력도 갖추지 못해 시간이 오래되면 사회에서 반드시 도태된다.

**일곱 번째 마음의 장애 – 계율을 받고 서원을 세운 뒤에도 위배한 것이 있으면 보완하지 않는다**

불교에서는 이러한 상황에서 터무니없이 지키는 소원은 깨질 수 있다고 본다. 물론 거의 모든 사람이 다 계율을 범할 때가 있으나 보완하려는 소망을 더하는 것이 매우 중요하다. 이것은 우리에게 자신의 신념을 반드시 끝까지 견지해야 하고, 설사 어느 날 흔들림이 있더라도 최선을 다해 다시 보완해 나가려고 해야 하며, 어떠한 일이든 끝까지 밀고 나가면 반드시 승리한다는 것을 말해 준다.

**여덟 번째 마음의 장애 – 상사나 법우를 미워하고, 그들과의 맹세를 어기는 것에서 발생한다**

불교에서는 이러한 상황이 발생했을 때 그는 두 번 다시 계속 수지(修持)할 수 없고, 이로 인해 장애가 되어 수행하고 해탈을 얻을 기회를 잃게 된다고 여긴다. '상사'는 불교에서 말하면 불법의 전수자이며, 지도해 주는 사람이기 때문에 마땅히 존중해 주어야 한다. 상사는 우리에게 지식과 지혜를 가르쳐 주는 사람이니, 우리가 일상생활에서 스승을 존경하고 도리를 중히 여기는 것처럼 어떻게 그들을 존중하지 않겠는가.

일단 이 여덟 가지 마음의 장애가 생기면 여러 가지 잘못을 저지를 수 있는데, 어떤 것은 고칠 수 있으나 어떤 것은 한 번의 실수가 천고의 한이 되어 두 번 다시 보완할 수 없게 된다. 그러므로 우리는 일상생활 속에서 항상 반드시 자신의 마음을 반성하고, 나쁜 생각을 단호히 끊어야 한다. 여덟 가지 마음의 장애가 각종 악행으로 변하여 결국 자신과 다른 사람의 생활에 영향을 미치지 못하게 하여야 우리의 인생도 행복하고 즐거울 수 있다!

# 여덟 가지 마음의 장애를 제거하다

마음의 장애는 사람의 사고방식에서 나오기 때문에 수행자는 자신이 어떤 종류의 잘못이나 결점이 있는가를 자세히 검사하는 것이 대단히 중요하다. 만약 우리가 판별할 수 있으면 그것을 깨끗이 없앨 수 있으며, 생길 수 있는 장애를 면하게 된다.

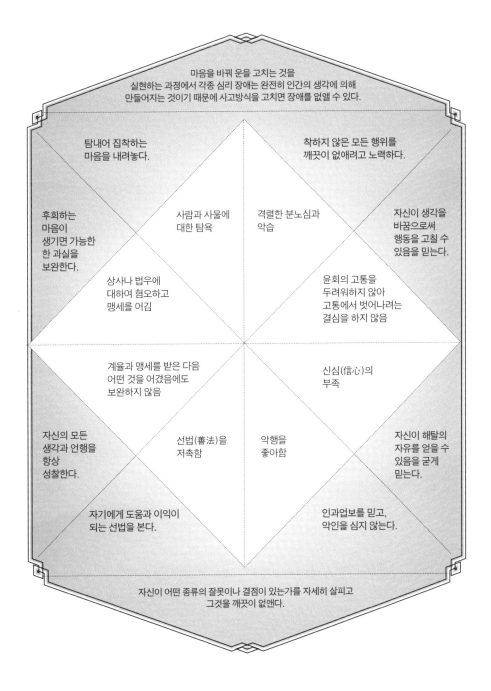

마음을 바꿔 운을 고치는 것을
실현하는 과정에서 각종 심리 장애는 완전히 인간의 생각에 의해
만들어지는 것이기 때문에 사고방식을 고치면 장애를 없앨 수 있다.

탐내어 집착하는
마음을 내려놓다.

착하지 않은 모든 행위를
깨끗이 없애려고 노력하다.

후회하는
마음이
생기면 가능한
한 과실을
보완한다.

사람과 사물에
대한 탐욕

격렬한 분노심과
악습

자신이 생각을
바꿈으로써
행동을 고칠 수
있음을 믿는다.

상사나 법우에
대하여 혐오하고
맹세를 어김

윤회의 고통을
두려워하지 않아
고통에서 벗어나려는
결심을 하지 않음

계율과 맹세를 받은 다음
어떤 것을 어겼음에도
보완하지 않음

신심(信心)의
부족

자신의 모든
생각과 언행을
항상
성찰한다.

선법(善法)을
저촉함

악행을
좋아함

자신이 해탈의
자유를 얻을 수
있음을 굳게
믿는다.

자기에게 도움과 이익이
되는 선법을 본다.

인과업보를 믿고,
악인을 심지 않는다.

자신이 어떤 종류의 잘못이나 결점이 있는가를 자세히 살피고
그것을 깨끗이 없앤다.

# 삼보의 공덕

우리는 부처님을 모범으로 삼아 지혜를 배우고, 마음을 바꿔 열심히 발전해 나갈 것을 추구하며, 정각(正覺)의 영역을 원만하게 이루어 갈 뜻을 세워야 한다.

## 삼보

지금 부처님을 믿는 많은 사람들이 삼보(三寶)에 귀의한다고 말한다. 삼보는 바로 불보(佛寶)·법보(法寶)·승보(僧寶)이다. 부처님·법·승려 이 세 가지는 모두 세상에 가장 존중받고 가장 얻기 어려운 것이기 때문에 삼보라고 한다. 불교에 귀의함은 모든 사람에 내재하고 있는 무한한 잠재 능력을 발굴해서 이용하는 것을 가리킨다. 바꾸어 말하면 대승불교는 모든 중생이 다 불성을 가지고 있는데 업장에 가려 참된 본성[眞性]을 보지 못하는 것이며, 우리가 귀의하는 목적은 바로 그 참된 본성을 찾아 나타나게 하는 데 있다고 본다.

부처님은 첫째, 증득해 깨달음을 얻은 사람을 가리킨다. 각자(覺者), 지자(智者)라고도 하며, 모든 법과 일의 이치를 진정으로 원만하게 깨달은 것을 가리킨다. 둘째, 증득해 깨달은 경계를 가리킨다. 모든 부정적인 특질을 깨끗이 없애고, 모든 긍정적인 특질의 원만한 경계에 도달하는 것이다. 부처님께 귀의함은 우리가 흉금을 툭 털어 놓고 깨달은 자가 주는 사랑과 지혜, 그리고 정신 수양의 길에서 그들의 인도를 받아들이는 것을 가리킨다.

법은 지혜를 가리킨다. 즉 부처님이 중생에게 실상(實相)을 증명하기 위하여 지적한 수행 방법으로, 깨달음의 길의 점차적인 단계 속에 내포된 깨우침이다. 법에 귀의하는 것은 이미 우리에게 가르쳐 준 수행 방법을 나타내며, 자신의 내심에 모든 깨달은 자가 이미 얻은 지혜를 일깨워 줄 수 있기를 바라

# 불·법·승에 대한 인식

경전에는 '삼보'라는 단어에 대한 해석을 다음과 같이 하였다. "불·법·승은 세간에 '나오기 어렵고', 인연이 없으면 '얻기 어려우며', '매우 귀하기' 때문에 불·법·승은 우리가 마음을 밝혀 본성을 보는 것을 도와주고, 마음을 바꿔 운을 고치는 것을 실현하여 역경을 바꿔 복연(福緣)이 되게 해 줄 수 있다고 생각한다."

**삼보**
불·법·승은 우리가 마음을 바꾸는 것을 도와주는 세 가지 보물이며, 우리는 그들 자체에서 바른 길로 수행해 가는 노력을 바탕으로 자기가 원하는 생활을 얻을 수 있다.

**불(佛)**
부처님의 일생은 살아 있는 예로서 우리가 성불할지의 여부에는 상관하지 않지만 우리가 생활 속의 고통을 어떻게 없애는가에 신경 쓰고 있다.

**행복한 피안**
승려가 수행하는 목적은 열반의 성경(聖境)에 도달하는 것이고, 우리의 목적은 고통에서 벗어나 행복한 인생의 실상(實相)을 위하는 데 있다.

고해

**승(僧)**
승려가 계율을 받들어 행하는 깨끗한 생활 방식은 세속의 저속함에 도전하는 것으로, 그들은 용감한 실천자이며, 우리가 마음을 바꿔 운을 고치는 것을 실현하는 데 있어 본보기가 된다.

**법(法)**
법은 지혜의 상징이다. 비록 모든 사람이 다 보고 이해하는 것은 아니지만, 그것이 우리의 마음과 인생에 일종의 깨우침을 준다는 것을 어느 누구도 부인하지 못한다.

**행복으로 통하다**
우리가 열심히 생활하며 행복을 추구하는 것은 승려가 열심히 수행하여 해탈을 얻는 이치와 같다. 따라서 불·법·승을 관조하는 것은 우리가 어떻게 하면 자신의 인생 목표를 훨씬 잘 실현할 수 있는가를 알 수 있게 해 준다.

157

는 것이다.

승려는 부처님의 교법을 받들어 행하는 출가 제자를 가리킨다. 즉 지혜를 갖추어 우리를 깨우치고 지지해 줄 수 있는 사람으로, 부처님과 법이 우리에게 제공한 수행의 기초에서 우리에게 필요한 도움을 주어 수행에 실효(實效)가 발생할 수 있게 해 준다.

## 공덕

착한 마음으로 선을 행하는 것을 공덕이라고 한다. 여기에서 행위는 선행(善行)이고, 마음은 선심(善心)이다. 즉 선량한 마음으로 인간 세상에서 최대한 좋은 일을 하는 것을 공덕이라고 한다. 부처님에게는 법신, 보신, 화신의 세 가지 몸의 공덕, 단지비(斷智悲)●의 공덕, 계·정·혜의 공덕 등 이렇게 위대하고 원만한 공덕이 있다. 부처님은 왕궁을 떠나 중생의 고난을 구제하기 위하여 우주와 인생의 진리를 추구해 갔는데, 이러한 일을 몇 사람이나 할 수 있겠는가? 예컨대 얼마나 많은 사람이 편안한 집을 떠나 고난의 환경에 가서 산간벽지의 아이를 위해 선생님이 되기를 원하겠는가? 만약 이러한 사람이 있다면 어찌 위대하지 않겠는가? 만약 모든 중생이 고통을 벗어나 즐거움을 얻는 것을 위한다면 어떠한가? 당연히 더욱 위대하다. 삼보공덕을 관조하여 향상하는 마음을 내고, 부처님을 관조하여 자성의 잠재력을 원만하게 계발하며, 우리는 부처님의 사적에서 인생의 참모습을 깨닫고, 불법 속에서 생활의 지혜를 배우며, 출가인의 수행 속에서 소박하고 평범한 인생 태도를 느끼게 된다. 이러한 것 모두 우리가 배울 수 있는 보배가 아니겠는가.

● 능단(能斷), 지혜(智慧), 자비(慈悲)의 세 가지.

# 부처님의 삼전법륜

세 번 법륜을 굴릴 때 부처님은 불성(佛性)과 원각(圓覺)의 지혜, 그리고 부처님의 사업 활동을 설명하셨다.

법륜(法輪)이라는 말은 불가에서 쓰는 용어이다. 마치 전륜성왕(轉輪聖王)의 윤보(輪寶)가 산악의 바위를 굴러다니며 깰 수 있는 것처럼 부처님의 설법이 중생의 모든 악업을 누르고 깨뜨릴 수 있는 것을 말하며, 때문에 '법륜'이라고 한다. 부처님의 설법은 한 사람이나 한 지방에 정체되어 있는 것이 아니라 굴러서 사람에게 전해진다. 마치 수레바퀴처럼 멈추지 않고 구르기 때문에 '법륜'으로 비유하였다고 풀이하기도 한다. 부처님이 일생동안 설법하시며 남겨 놓으신 전적은 당시 서로 다른 계층의 청중을 근거로 그 사상적 관점을 주로 세 단계로 나누었기 때문에 불교에서는 삼전법륜(三轉法輪)이라고 한다.

## 삼전법륜의 내용

**첫 번째 단계는 '사제법륜(四諦法輪)'이라고 한다.** 부처님은 주로 오비구(五比丘) 등의 소승 청중을 위하여 아함경(阿含經) 등을 위주로 한 소승경전을 설교하시고, 사제(四諦)·십이인연(十二因緣)·오온(五蘊)·십이처(十二處)·십팔계(十八界)·삼십칠도품(三十七道品) 등 불교의 기본 철학을 중점적으로 설명하여 불교의 기본 관점을 세우셨다. 불교철학의 관점에서 보면, 이 단계는 소승철학을 중점적으로 설명하고 불교철학의 기본 틀을 세운 것으로 대승 불법은 비교적 적게 언급하였다. 초전법륜(初轉法輪)의 경전은 주로 4부 아함경 등이며,

159

논전(論典)은 주로『대비바사론(大毘婆沙論)』,『구사론(俱舍論)』등이 있고, 율전(律典)은『사분율총론(四分律總論)』,『율의삼백송(律儀三百頌)』등이 있다.

두 번째 단계는 '무상법륜(無相法輪)'이라고 한다. '무자성법륜(無自性法輪)'이라고도 하며 그 대표 경전은 반야경(般若經)이다. 반야경은 불교의 가장 핵심적인 경전으로 부처님이 20여 년 동안 설교하신 것이다. 반야경의 종류도 비교적 매우 다양한데『반야십만송(般若十萬頌)』,『반야이만송(般若二萬頌)』,『반야팔천송(般若八千頌)』,『금강반야경(金剛般若經)』,『반야심경(般若心經)』등과 같은 것이다. 표면적인 문자로 보면 반야경은 모든 존재엔 어떠한 자성이 없고, 연기와 조건에 의지한 존재인 공성(空性)의 관점임을 중점적으로 밝혔으나, 글자의 행간에는 수행의 차례가 담겨 있으며, 특히 대승도의 수행 차례가 담겨 있다.

세 번째 단계는 '선변법륜(善辨法輪)'이라고 한다. 그 대표적인 경전은『해심밀경(解深密經)』이다. 부처님이 두 번째 단계에서 설교하신 반야공성(般若空性)은 가장 철저하고 궁극적인 학설이지만 너무 깊고 이해하기 어려워서 종종 사람들이 오해를 하게 되고, 따라서 현실의 존재를 부정하고 허무주의로 가게 된다. 때문에 부처님은『해심밀경』에서 만물이 결코 모두 공성이 아니며, 유공유불공(有空有不空)임을 밝히고, 삼성삼무성(三性三無性)의 관점을 확립하였다. 나중에 무착보살(無著菩薩)은 이 경전을 근거로 미륵의『대승경장엄론(大乘經莊嚴論)』,『변법법성론(辨法法性論)』등을 더하여 대승유식파를 창립하였다.

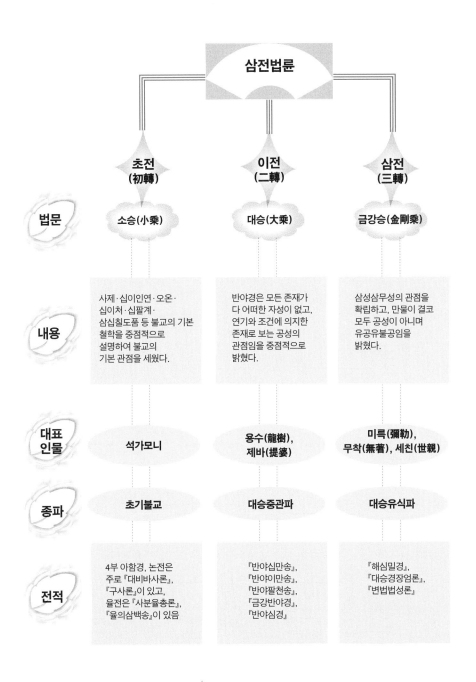

삼전법륜

초전
(初轉)

이전
(二轉)

삼전
(三轉)

법문

소승(小乘)

대승(大乘)

금강승(金剛乘)

내용

사제·십이인연·오온·
십이처·십팔계·
삼십칠도품 등 불교의 기본
철학을 중점적으로
설명하여 불교의
기본 관점을 세웠다.

반야경은 모든 존재가
다 어떠한 자성이 없고,
연기와 조건에 의지한
존재로 보는 공성의
관점임을 중점적으로
밝혔다.

삼성삼무성의 관점을
확립하고, 만물이 결코
모두 공성이 아니며
유공유불공임을
밝혔다.

대표
인물

석가모니

용수(龍樹),
제바(提婆)

미륵(彌勒),
무착(無著), 세친(世親)

종파

초기불교

대승중관파

대승유식파

전적

4부 아함경, 논전은
주로 『대비바사론』,
『구사론』이 있고,
율전은 『사분율총론』,
『율의삼백송』이 있음

『반야십만송』,
『반야이만송』,
『반야팔천송』,
『금강반야경』,
『반야심경』

『해심밀경』,
『대승경장엄론』,
『변법법성론』

인간의 몸은 얻기 어려워 반드시 귀중히 여겨야 한다

# 자신을 먼저 사랑하라

고통과 고난은 삶에 필수적인 경험이다. 이러한 난제와 장애를 뛰어넘는 데 우리는 자기 자신만을 의지할 수 있으므로 자신을 사랑하는 것을 먼저 배워야 한다.

## 자신을 사랑하는 것을 배워야 즐거움이 있다

우리는 이미 인간의 몸이 얻기 어려워 귀중하다는 점을 알고 있다. 사람이 된 이 얻기 어려운 기회를 어떻게 귀중히 여길 것인지 열심히 배워야 한다. 어떻게 생명 속에 1분 1초를 파악하여 훨씬 의미 있는 일을 할 것인가에 앞서 우리는 먼저 자신을 사랑하는 것을 배워야 한다. 어떤 철학가가 말하기를 "남이 당신을 받아들이기를 원하면, 당신은 반드시 먼저 자신을 받아들여야 한다."고 하였다. 자아를 받아들이거나 자아를 긍정하는 것은 즐거움으로 통하는 첫 걸음이다. 자기에게 만족해야 즐거움을 가질 수 있다.

자신을 사랑하는 것을 배워야 하는 건 생명 자체에 대한 숭상과 소중함에서 기원한다. 그것은 우리의 생명을 더욱 풍부하게 하고, 더욱 건강하게 하며, 우리의 영혼을 더욱 자유롭게 한다. 또한 더욱 소탈하게 하며, 우리가 자기의 정신적 고향의 주인이 되게 할 수 있다.

자신을 사랑하는 것을 배우는 건 우리가 자아에 지나치게 관용적이거나 자아를 방종하게 하는 것이 아니다. 자신을 단속하고 바로잡는 데 부지런히 하는 것을 배우는 것이다. 우리가 가지고 있는 관심과 사랑은 언제든지 잃게 될 가능성이 있으므로 우리는 반드시 혼자서 가지치기해 다듬고, 물 주고, 거름 주는 것을 배워서 자신이 바람에 따라 쓰러지는 풀이 되어 타락하지 않도록 해야 한다.

# 이기적인 꽃이 되지 않기

자애심은 타인이 즐거워질 수 있기를 바라는 마음으로 이것은 마음의 자연스러운 특징 가운데 하나이다. 불교에서는 사람들에게 집착과 분별의 한계를 타파하고, 포용의 범위를 우주 전체와 모든 중생에까지 이르게 해야 진정한 자애라고 가르친다.

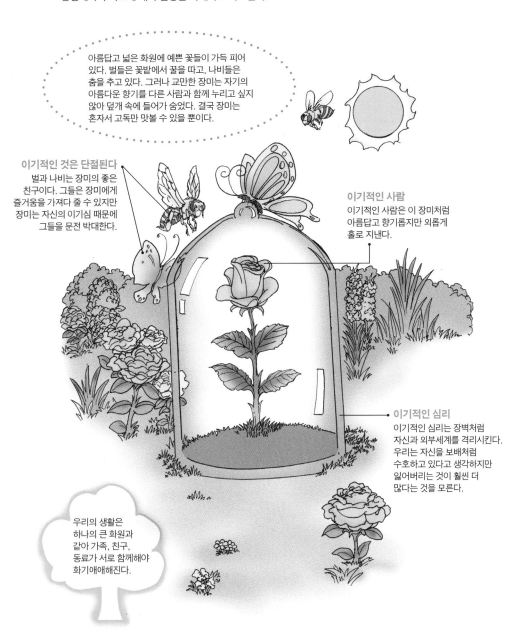

아름답고 넓은 화원에 예쁜 꽃들이 가득 피어 있다. 벌들은 꽃밭에서 꿀을 따고, 나비들은 춤을 추고 있다. 그러나 교만한 장미는 자기의 아름다운 향기를 다른 사람과 함께 누리고 싶지 않아 덮개 속에 들어가 숨었다. 결국 장미는 혼자서 고독만 맛볼 수 있을 뿐이다.

**이기적인 것은 단절된다**
벌과 나비는 장미의 좋은 친구이다. 그들은 장미에게 즐거움을 가져다 줄 수 있지만 장미는 자신의 이기심 때문에 그들을 문전 박대한다.

**이기적인 사람**
이기적인 사람은 이 장미처럼 아름답고 향기롭지만 외롭게 홀로 지낸다.

**이기적인 심리**
이기적인 심리는 장벽처럼 자신과 외부세계를 격리시킨다. 우리는 자신을 보배처럼 수호하고 있다고 생각하지만 잃어버리는 것이 훨씬 더 많다는 것을 모른다.

우리의 생활은 하나의 큰 화원과 같아 가족, 친구, 동료가 서로 함께해야 화기애애해진다.

## 자신을 사랑해야 남을 사랑할 수 있다

이러한 고사가 하나 있다. 어느 날 한 사람이 대사에게 가르침을 구하며, "제가 어떻게 해야 이웃을 사랑하는 법을 배울 수 있습니까?"라고 하였다. 대사는 "다시는 자신을 미워하지 말라."라고 하였다. 그 사람은 돌아가 대사의 말을 반복해서 사색하고 나서 다시 대사에게 가 말하기를 "그런데 저는 제 자신을 지나치게 사랑한다는 것을 발견했습니다. 저는 상당히 이기적이고 자아의식이 매우 강하기 때문인데, 제가 어떻게 해야 이러한 결점을 없앨 수 있습니까?"라고 했다. 대사는 "자신에게 좀 더 우호적이고, 자아가 후련하다고 느꼈을 때 자유자재하게 이웃을 사랑할 수 있다."라고 하였다.

자기를 사랑하는 것은 이기적인 것과 무관하다. 자기 사랑을 배우는 것은 자신을 사랑하는 것만을 대표하지 않는다. 자아를 인식하고, 자아를 소중히 아끼며, 자아가 발전하는 기초 위에서 타인에 감사하고 사회에 보답해 가는 것이다. 자신을 사랑하는 자는 남도 그를 사랑하며, 남을 사랑하는 자는 반드시 자신을 사랑한다. 우리는 우선 자신을 사랑해야 한다. 그리고 나서 같은 방법으로 남을 사랑할 수 있다. 자신을 우호적으로 대하고, 자신의 상태가 호전되기 시작함을 차츰 느끼게 됨으로써 생활이 아름다운 것이라고 여기게 된다. 게다가 우리 자신의 몸과 사상에 대하여 감격하는 마음이 생길 수 있다. 만약 시도 때도 없이 사랑으로 자신을 보양할 수 있으면, 우리는 매우 자연스럽게 다른 사람을 더욱 사랑할 수 있다. 우리에게 어떠한 도덕 기준이 있으면 그에 따라 남을 도와줄 수 있다. 우리가 다른 사람들을 위해 어떤 도움을 줄 수 있는지는 우리가 어떤 사람인지에 달려 있다. 그러므로 자신을 많이 사랑하자!

# 우리는 유한한 생명의 기연을 소중히 여겨야 한다

시간은 생명의 구성 부분으로 이것을 소중히 여기는 것은 생명을 소중히 여기는 것이나 마찬가지다. 때문에 시간을 헛되이 흘려보내지 말아야 하며, 세월이 피부에 주름살로 스며들 때 우리는 진실한 멋을 남겨 놓아야 한다.

---

생명은 대단히 얻기 어려운 한 번뿐인 인연의 화합이며, 우리의 일생은 잠시 머무는 것에 불과하다. 그 사이에 우리는 생명의 의미를 깨닫고 진실로 자기 자신으로서 살아갈 한 번의 기회를 얻은 것이니 우리는 마땅히 그 소중함을 알아야 한다. 수행하는 사람은 모두 매일의 수행 기회를 소중히 여기고, 불법을 많이 들으며, 마음을 많이 수양하도록 노력해야 한다. 그리고 우리같이 일과 생활 속에서 바쁜 사람들은 매일의 시간을 더욱 소중히 여겨야 하며, 매일 좋은 친구와 함께 모이는 것을 귀중히 여겨야 한다.

## 시간을 소중히 여겨야 인생에 성공할 수 있다

'시간은 곧 생명이다', '시간은 곧 효율이다', '시간은 곧 돈이다', '시간은 금과 같으나, 금으로 시간을 사기는 어렵다'라고 하는 이와 같은 많은 묘사를 우리는 무심코 입 밖으로 낸다. 우리가 시간을 대하는 방식은 우리의 운명을 결정할 수 있으며, 거대한 높고 낮음의 기복을 보여줄 수 있다. 만약 그 귀중함을 모른다면 시간은 바람처럼 우리 곁을 스치듯 지나가며, 세월에 한 조각 파리한 모습을 남길 것이다. 반대로 우리가 그 귀중함을 알게 되면 1초 사이의 생활에도 색채를 입힐 줄을 알게 될 것이고, 그러면 우리의 인생은 저절로 눈부시게 아름다워질 것이다. 우리의 손안에 쥐고 있는 것은 실패의 씨앗일 수도 있고, 성공의 무한한 잠재력일 수도 있다. 그 답은 우리 자신이 스스로 선택

165

해야 한다. 줏대 없이 대세를 따르면 한 가지 일도 이루지 못하니 최선을 다하다 보면 빛나는 미래를 맞을 수 있으며, 순간을 영원하게 만드니 성공은 우리가 시간을 귀중히 여기는 데서 시작된다!

## 생명의 가치는 의미를 갖는 데 있다

유한한 생명의 길이를 무한한 생명의 깊이로 확장하는 일은 우리가 어떻게 삶을 더 의미 있게 사는가에 달려 있다. 만약 우리가 처음부터 끝까지 모두 사랑과 따뜻한 마음을 안고 있으면, 매일 하는 말과 하는 일이 다른 사람에게 즐거움과 행복을 가져다줄 수 있다. 우리가 유한한 시간을 가지고 남을 이롭게 하며, 다른 사람의 생활에 우리의 인생을 바치면 어느새 우리 자신의 생존 공간이 확대되어 마침내 이로움을 받게 되는 건 결국 우리 자신이 된다. 만약 유한한 시간 가운데 유익한 일을 하지는 않고, 오로지 남에게 손해를 끼치며 자신의 이익만을 도모했다면, 남을 속여 재물을 빼앗는 나쁜 짓으로 비록 놀면서 시간을 흘려보낸 것은 아니지만 남에서 피해를 입힌 것이다. 결국 시간은 상응하는 작용을 일으키지 못하고 합당한 효과를 거두지 못한다. 마침내 시간은 단축되는데, 그렇게 시간을 낭비한 것은 자신의 생명을 낭비한 것과 다르지 않다. 당신이 다른 사람에게 손해를 끼친 것은 결국 자신에게 해를 입힌 것이다!

시간은 모든 사람의 일생을 꿰뚫고 있다. 우리 생명의 가치와 의미의 구현은 유한한 시간의 속박에서 벗어날 수 없다. 시간을 인지하고 운용하여 그것의 가치를 창조하는 능력은 대단히 중요하다.

# 생명의 시계

우리의 일생은 나이를 근거로 많은 시간의 눈금을 매길 수 있고, 또한 다른 경력과 처지를 근거로 마음의 눈금을 매길 수 있다. 지금 당신의 나이는 어느 눈금 위에 머물러 있을까? 또 당신의 인생은 어떤 모양일까? 과거는 이미 고칠 수 없고, 미래는 아직 알 수 없다. 그러니 지금 이 시각부터 당신의 인생을 새로 기록해 보자!

**생사무상(生死無常)**
죽음의 신 염라대왕이 우리 생명의 길이를 통제하고 있으며, 그는 언제라도 우리 인생의 시곗바늘을 멈출 수 있다. 이것이 고칠 수 없는 생사무상이다.

**마음의 족쇄를 풀다**
우리 마음의 시곗바늘은 인생에 대하여 독촉을 멈춘 적이 없으며, 지혜의 빛은 늘 마음 주위에 감돌고 있어 우리는 마음의 족쇄를 풀고 새 희망을 맞이하여야 한다.

**자신이 원하는 인생을 선택하다**
시간에 있어 불변하는 법칙은 1초도 멈추지 않고 앞으로 나가며, 길어지지도 짧아지지도 않는다는 것이다. 그러나 인생의 작은 상태는 바꿀 수 있는 것이며, 즐겁기를 원하든 걱정하길 원하든 그건 우리가 결정하는 것이다.

**인생을 파악하다**
인생은 우리가 책임지는 시간표와 기분 눈금표이다. 모든 것은 우리 자신이 창조한 것이며, 더 많은 행복과 즐거움을 가지려면 더욱 꿋꿋하게 비바람 속을 걸어가야 한다.

# 선(禪) 수행의 신체에 대한 작용

선 수행은 건강을 유지하고, 수명을 늘리는 좋은 방법이다. 또 이를 통해 체질을 빨리 개선시킬 수 있고, 저항력을 증강시키며, 잠재적 능력을 계발할 수 있다.

우리의 신체는 무거운 부담과 사명을 견디고 있다. 사실상 우리의 모든 생명의 운행은 전부 신체의 여러 가지 양호한 기능에 의존해야만 연속될 수 있다. 신체 건강과 가장 밀접히 관계되는 것이 바로 사람의 심리 건강이다. 선 수행은 사람의 심경을 바꾸어 신체 기능을 조화롭게 하고, 긴장을 풀어지게 하며, 혈압을 통제하거나 낮출 수 있다. 또 스트레스로 인해 야기되는 정력 낭비를 막아 활력이 가득 차도록 함으로써 생리적 건강을 유지하는 목적을 이룬다.

## 건강의 적신호를 경계하라

경쟁이 치열한 지금 이 시대에 우리의 스트레스는 주로 일과 생활에서 온다. 취업 기회가 적고, 일이 너무 힘들고, 주택 대출 이율이 높고, 의료 보장도 안 되고, 교육 비용이 치솟는 등의 문제가 매일 눈앞에 놓여 있으나, 시도 때도 없이 우리를 괴롭히고 있지는 않다. 우리의 몸과 마음은 항상 지나치게 긴장하고 있어 정신이 산만해지고, 원기를 잃게 되며, 질병에 시달리게 된다. 현대 의학은 인간의 신체상 많은 질병이 다 몸과 마음의 과도한 긴장과 스트레스를 해결할 수 없어서 발생되는 것이라고 밝혔다. 우리가 정서를 조절하고 번뇌를 없애는 정확한 방법을 찾지 않고 그것들로 인해 발병된 여러 가지 질병과 통증에 내맡긴 채 오랜 시간이 지나면 우리의 신체에는 여러 가지 많은

# 선 수행과 신체의 관계

## 약사불(藥師佛)

약사불의 온전한 명칭은 약사유리광여래(藥師琉璃光如來)이다. 약사불은 중생이 질병의 고통에서 벗어나게 하는 열두 가지 큰 소원을 세우고, 모든 근(根)을 갖추어 해탈에 들도록 이끌었으며, 생사의 병을 뽑아 없애기 때문에 '약사'라고 칭하였다. 선 수행 방법 가운데 약사불법을 관상(觀想)하는 것은 신체 질병의 고통을 해소하고, 질병의 통증을 경감시키는 데 도움이 된다.

**복장**
몸에 가사를 입은 것은 이미 범인의 마음을 초월했음을 나타낸다.

**지니고 있는 물건**
왼손은 발우(鉢盂)를 받치고 있는데, 발우 안에 가득 찬 감로(甘露)는 온갖 질병을 치료하여 중생을 구제해 고통의 바다에서 벗어나게 할 수 있다.

**수인(手印)**
오른손을 무릎 앞에 원인(願印)을 맺고, 약왕가자지(藥王訶子枝)를 집고 있다.

**앉은 자세**
가부좌를 틀고 연화대(蓮花臺) 위에 앉아 있다.

## 신체 건강을 위해 필요한 선

선 수행

**마음 조절** 마음을 정화하고, 번뇌를 없앤다

**몸 조리** 쓰레기를 없애고, 스트레스를 완화한다

신체 건강

상황이 나타나며, 그중 어떤 것은 죽음의 자객이 되기도 한다. 생활하는 가운데 금전, 지위, 명예는 우리가 모두 포기할 수 있는 것이지만 가장 큰 재산인 건강은 어찌되었든 포기할 수 없는 것이다.

**신체 건강을 유지하는 데 선 수행이 필요하다**

사실 우리 신체상에 나타나는 문제 대부분은 모두 평소 몸과 마음의 조절을 중시하지 않아서 초래된 것이다. 건강한 신체를 위해서는 우선 체내의 쓰레기를 깨끗이 없애고, 심신을 안정시킨 다음 긍정적인 에너지를 보충하여 혈맥이 원활하게 통하게 하고, 기력을 충만하게 채워 독소를 다 빼내며, 다시 긍정적인 에너지를 받아들여야 한다. 선 수행은 신체의 보건과 질병의 조리에 있어서 상당히 큰 효과가 있다. 그것은 단시간 내에 몸과 마음을 깨끗이 하여 붕 떠 있는 우리 마음의 안정을 회복시킬 수 있다. 마음이 안정되면 기운이 부드러워지고, 기운이 부드러워지면 혈액 순환이 잘된다. 이와 같이 피로가 해소되고, 병을 없애 몸이 건강해질 뿐만 아니라 인체의 잠재적 능력을 불러일으켜 마침내 몸과 마음, 정신의 전체적인 건강이 향상된다. 마음의 변화로 인한 신체의 변화는 아무도 모르는 사이에 일어난다. 우리는 어느 날 갑자기 두통, 불면, 우울 등의 증상이 모두 사라지게 되고, 몸의 통증도 다소 개선되어 매일 한 알 한 알씩 먹던 약도 필요 없게 되는 놀라운 사실을 발견하게 될 것이다. 오랜 시간 수련을 쌓아 가면서 우리의 신체와 마음은 가장 조화로운 상태에 이르게 될 것이다.

이처럼 선 수행은 건강을 유지하고 수명을 연장하는 데 좋은 방법이다. 체질의 빠른 개선, 저항력의 증강, 잠재적 능력의 계발 효과가 여러 가지 많은 실례로 증명되었다. 신체 구조는 매우 정밀하고 신비로운 것이어서 설사 가장 선진적인 의학이라 하더라도 모든 병을 치료할 수는 없다. 질병에 직면하여 우리는 더욱 다차원적인 선택을 해야 하고, 또 할 수 있다.

## 가장 훌륭한 자신이 되자

# 인간의 몸을 귀중히 여기는 선 수행

우리는 무량겁 동안 대단히 운이 좋아서 이 일생에 인간의 몸을 얻을 수 있었고, 신체도 건강하고, 두뇌도 명석할 수 있으니 열심히 선을 닦도록 노력해야 한다.

불법에서 항상 말하기를 "전세의 인(因)을 알고 싶으면 금생에 받은 것이 그것이고, 내세의 과(果)를 알고 싶으면 금생에 지은 것이 그것이다."라고 한다. 이 게송은 우리에게 삼세의 인과에 있어서 그 인연과보가 추호도 어긋남이 없음을 설명해 주는 것이다. 우리가 이 일생을 받은 인은 전생에 지은 것이며, 이 일생에 지은 것은 곧 내생의 과보인 것이다. 이른바 선인(善因)을 심으면 반드시 선과(善果)를 받고, 악인을 지으면 악보(惡報)를 받도록 결정된다는 것이다.

우리가 일생 가운데 받은 것, 조우한 것이 고통이든 즐거움이든 우리는 반드시 이러한 도리를 깨닫고 이해해야 한다. 사실의 현상을 세심하게 관찰하고, 현재와 전생의 생활이 고통이 되었든 즐거움이 되었든 마음이 모두 평화로워 하늘을 원망하지 않으며, 남을 탓하지 않고, 다시는 죄업을 짓지 않을 수 있으면 인생의 짧고 짧은 수십 년 사이는 복을 닦는 데 대단히 좋은 인연이 된다. 이 한 세상에 닦은 복은 언제나 몇 겁의 과보가 되며, 선인을 심으면 몇 겁의 복보(福報)를 얻고, 악인을 지으면 몇 겁 동안 지옥에서 고통을 받는다. 때문에 부처님은 "사람의 몸은 얻기 어렵다."고 말씀하셨다. 육도 안에서 인간의 몸은 분명 얻기 쉬운 것이 아니다. 육도 가운데 인도(人道)의 수명이 가장 짧지만 여기에서 우리의 업인을 주재해야 한다. 부처님은 인간의 몸이 대단히 소중하다고 말씀하셨는데, 나머지 오도에서 수행해 증과(證果)하는 것은 대단히 어렵다. 그래서 여러 모든 부처님들이 성불하여 모습을 나타내시는 것도 인도에서이며, 그 나머지 오도에서는 모두 보살의 몸으로 나타나는 것이다.

우리는 무량겁 동안 대단한 행운이 있어서 이 일생에 인간의 몸을 얻을 수 있었고, 신체도 건강하며, 두뇌도 명석할 수 있으니 열심히 선(善)을 닦도록 노력해야 한다. 이 일생의 기회를 놓치면 언제 다시 이러한 기회를 만나겠는가? 답하기 너무 어려운 말이다. 부처님께서는 항상 "백천만겁 동안 만나기 어렵다."라고 말씀하셨는데 이 말은 거짓이 아니다. 때문에 열심히 노력해서 배우고, 불법을 널리 알리는 것이야말로 진정으로 자신도 이롭고 남도 이롭게 하는 것이다.

인생의 무대 위에서 모든 사람이 다 자신의 역을 맡아 올라가는데, 처음에는 부모의 아이였다가, 나중에는 아이의 부모가 된다. 그러는 동안 가지각색의 직업적 신분, 사회적 신분을 맡게 된다. 사실상 휴식이 없는 이 연속극 가운데 우리는 불완전한 역할을 맡고 있다. 설사 지금 이 역할이 끝나도 다음 극에서 또 다른 모습으로 바뀌어 무대에 오를 수 있다. 모든 사람의 생명 자질은 다 자신의 행위로 결정된다. 때문에 운명의 열쇠는 우리의 손안에 쥐어져 있으며, 지금 이 일생, 이 시각에 결정된다. 과거는 이미 과거이고, 미래는 아직 오지 않은 미래이기 때문이다. 우리는 과거를 바꿀 수 없다. 미래를 직접 파악하기도 어렵다. 진정으로 붙잡을 수 있는 것은 오직 현재뿐이다. 인간의 몸은 얻기 어려우나 잃어버리기는 쉬우며, 이것은 금생 최대의 재산이다.

# 마음은 신체의 근본이다

인간의 마음은 인간의 신체 건강에 매우 큰 영향을 미친다. 한 사람의 마음이 편안하고, 정신이
즐거우면 그의 온 신체 기능은 조화로워지고, 활력이 충만해지며, 당연히 건강해진다.

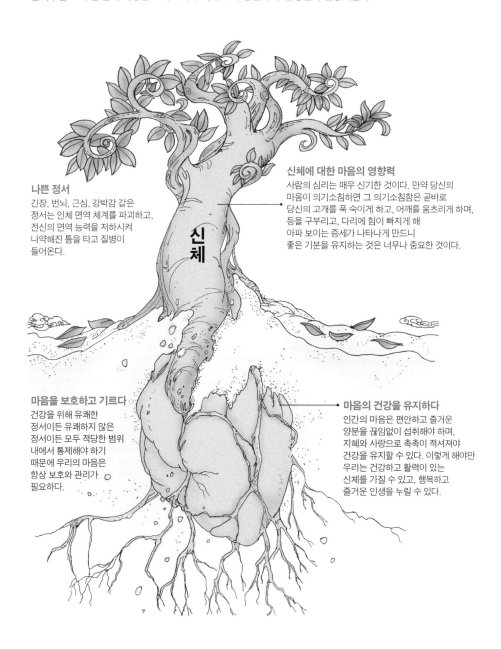

**나쁜 정서**
긴장, 번뇌, 근심, 강박감 같은
정서는 인체 면역 체계를 파괴하고,
전신의 면역 능력을 저하시켜
나약해진 틈을 타고 질병이
들어온다.

신체

**신체에 대한 마음의 영향력**
사람의 심리는 매우 신기한 것이다. 만약 당신의
마음이 의기소침하면 그 의기소침함은 곧바로
당신의 고개를 푹 숙이게 하고, 어깨를 움츠리게 하며,
등을 구부리고, 다리에 힘이 빠지게 해
아파 보이는 증세가 나타나게 만드니
좋은 기분을 유지하는 것은 너무나 중요한 것이다.

**마음을 보호하고 기르다**
건강을 위해 유쾌한
정서이든 유쾌하지 않은
정서이든 모두 적당한 범위
내에서 통제해야 하기
때문에 우리의 마음은
항상 보호와 관리가
필요하다.

**마음의 건강을 유지하다**
인간의 마음은 편안하고 즐거운
양분을 끊임없이 섭취해야 하며,
지혜와 사랑으로 촉촉이 적셔져야
건강을 유지할 수 있다. 이렇게 해야만
우리는 건강하고 활력이 있는
신체를 가질 수 있고, 행복하고
즐거운 인생을 누릴 수 있다.

무상은 우주 인생의 모든 현상의 진리이다. 물리학의 입장에 따라 말하면 우주와 세상의 모든 사물은 한결같이 정지되어 있는 것이 없다. 움직이고 있는 이상 곧 '무상'한 것이다. 그에 따라 『만선동귀집(萬善同歸集)』에서는 "무상이 신속하여, 생각마다 변천하니, 돌이 부딪쳐 이는 불과 바람 앞의 등잔불, 흘러가는 물결과 지는 낙조, 이슬 젖은 꽃과 번갯불 그림자로도 비유하기에 부족하다[無常迅速, 念念遷移, 石火風燈, 逝波殘照, 露華電影, 不足爲喩]."라고 묘사하였다. 이것은 모두 인생의 무상한 이치를 설명한 것으로 삼세는 머무르지 않고 변하기 때문에 무상하며, 모든 법은 인연으로 생겨나기 때문에 무상하다는 것을 말한다.

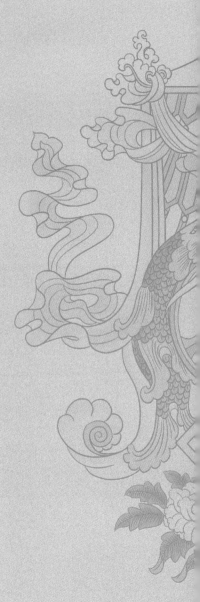

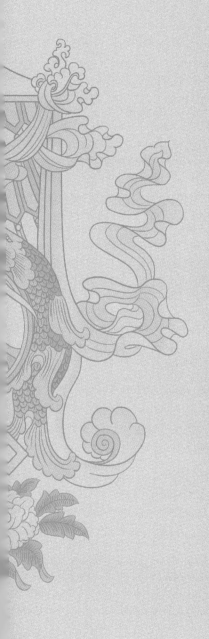

# 제4장

# 법안으로
# 세상을 보다
—

## 생명은 무상하다

**본 장의 중요 내용**

—

꽃이 피고 지는 가운데 무상함의 귀중
함을 체득한다.

—

사법인(四法印)의 해탈하는 지혜.

—

아견(我見)과 아집(我執)을 끊고 마음을
바꿔 본성을 고치다.

—

번뇌하는 사람은 곧 아집이 매우 심하다.

—

정념(正念)이 위에 있으면 망념은 아래
에 있고, 빛이 앞에 있으면 어둠은 뒤에
있다.

—

지금 당장의 즐거움에 머무르다.

—

죽음의 신비한 배일을 벗기다.

1초 전의 쾌락과 1초 후의 우울

# 인생무상

한 송이 꽃이 시들어 떨어지는 것을 보면 무상한 느낌이 일어나고, 한 알의 씨앗이 성장해 나가는 생명력을 보면 무상함의 귀중함을 느끼게 된다.

## 세상일은 무상하다

일반 사람들은 대부분 관념적으로 무상함을 싫어한다. 인생이 무상하다는 것은 사람을 두렵게 하고, 인정(人情)이 무상하다는 것은 사람을 슬프게 하기 때문이다. 세계는 무상하여 이루어지고, 머물며, 무너져, 텅 비게 되는 성주괴공(成住壞空)의 과정을 거친다. 모든 것은 무상하여 환상처럼 텅 비어 있는 것이다. 그러므로 '무상'을 언급하기만 하면 많은 사람들이 다 소극적이고, 비관적이며, 의미 없는 것으로 여긴다. 고덕(古德)이 이르기를 "사람은 백년을 살기 어렵고, 꽃은 열흘 붉은 것이 없다."라고 하였다. 인생의 길은 본래 기복이 일정하지 않으며, 세간의 참모습[眞相]은 본질적으로 결함이 있어 원만하지 않다. '오늘'이 지나가 '어제'가 되어 버리고, '내일'이 '오늘'의 문턱을 넘어오면, 일찍이 맞닥뜨렸던 많은 것들 중 시간이 흐르고 상황이 변했을 때 하나라도 얻을 수 있는 것이 있을까?

## 무상의 귀중함

불교에서는 우주 만물이 모두 인연 화합하여 생겨난 것이라고 본다. 따라서 유정의 생로병사, 만물의 생주이멸(生住異滅), 세간의 시서유전(時序流轉), 우주의 성주괴공, 이 모든 것이 다 무상의 범위에서 벗어날 수 없다. 무상은 생멸(生滅)을 서로 잇고, 인생에 무한한 빛과 무한한 생명의 기틀을 가져다준

176

# 무상의 귀중함

인생 사계에 우리는 해가 뜨고 지며, 흐리고 맑고, 둥글었다 이지러지고, 꽃이 피고 짐을 느낀다. 이 길을 봄부터 겨울까지, 성장하면서 늙을 때까지, 무지에서 통달할 때까지 뒤돌아볼 수 있을 때에 이르러 세상일은 무상하고, 무상함은 귀중하다는 것에 감탄하게 된다!

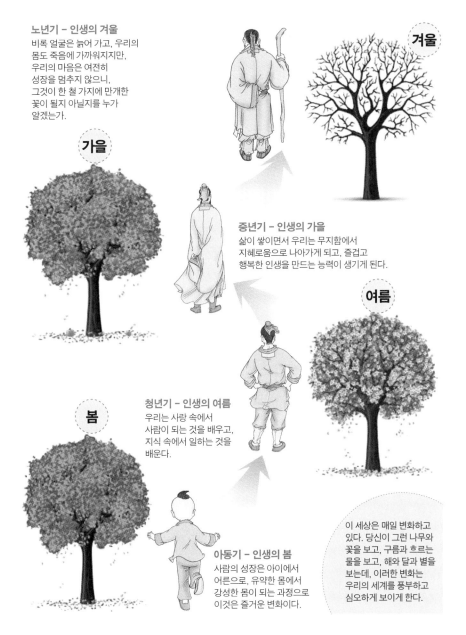

**노년기 – 인생의 겨울**
비록 얼굴은 늙어 가고, 우리의
몸도 죽음에 가까워지지만,
우리의 마음은 여전히
성장을 멈추지 않으니,
그것이 한 철 가지에 만개한
꽃이 될지 아닐지를 누가
알겠는가.

**겨울**

**가을**

**중년기 – 인생의 가을**
삶이 쌓이면서 우리는 무지함에서
지혜로움으로 나아가게 되고, 즐겁고
행복한 인생을 만드는 능력이 생기게 된다.

**여름**

**봄**

**청년기 – 인생의 여름**
우리는 사랑 속에서
사람이 되는 것을 배우고,
지식 속에서 일하는 것을
배운다.

**아동기 – 인생의 봄**
사람의 성장은 아이에서
어른으로, 유약한 몸에서
강성한 몸이 되는 과정으로
이것은 즐거운 변화이다.

이 세상은 매일 변화하고
있다. 당신이 그린 나무와
꽃을 보고, 구름과 흐르는
물을 보고, 해와 달과 별을
보는데, 이러한 변화는
우리의 세계를 풍부하고
심오하게 보이게 한다.

다. 만약 세상의 모든 것이 영원히 상주(常住)한다면 세계는 필연적으로 쥐 죽은 듯 조용할 것이다. 모든 법은 오직 인연이 화합해서 일어난다. 연(緣)이 모이면 생겨나고, 연이 흩어지면 소멸되어야 봄·여름·가을·겨울의 사계절이 바뀌며, 꽃이 피고 지고, 달이 차고 이지러지는 사물의 변화와 시간의 흐름이 있다. 집합과 분산이 다했다 통하고, 슬픔과 기쁨이 떨어졌다 합쳐짐이 있으며, 또한 생명의 기틀이 무한하고 다채로우며 다양한 유정세간(有情世間)을 구성할 수 있다. 무상은 우리들의 인생을 위하여 더 넓은 공간을 개척하게 하고, 많은 고난도 무상으로 무한한 희망이 타오르게 한다. 그러므로 무상해야 진보할 수 있고 새로워질 수 있으며, 쉬지 않고 생장하여 번성할 수 있다. 무상은 무한한 희망과 생명의 기틀을 담고 있어 가장 실재(實在)하고 가장 친절한 진리이다.

무상은 세계 현상의 존재를 결코 부정하지 않으며, 모든 것이 다 무상한 변화 속에 있음을 가리키기 때문에 가지고 있는 모든 것을 귀중히 여겨야 한다. 부모가 생존해 계시면 부모에게 효도해야 한다. 자식이 봉양하려고 하나 부모가 기다려 주지 않는 때가 되어 마음속으로 괴로워하며 후회할 수 없다. 또 부유할 때 보시하여 복을 닦고, 그 복을 아낄 줄 알아야 한다. 돈을 헤프게 쓰고, 재물을 위해 모질게 굴고, 남에게 손해를 끼치며 자신의 이익을 꾀하면 결국 복은 사라지게 되고, 천만금의 돈도 흐르는 세월 따라 새어 나가 버린다. 무상은 소극적인 것도, 두려운 것도 결코 아니다. 무상은 우리에게 좋은 것은 나빠질 수 있고, 나쁜 것도 좋아질 수 있음을 알려준다. 좋은 인연을 베풀면 좋은 변화가 있고, 나쁜 인연을 베풀면 나쁜 변화가 있다. 따라서 모든 일이 다 운명적으로 정해진 것이 아니며, 모든 사람이 다 자기의 운명을 자유롭게 바꿀 수 있다. 무상의 이치를 이해하면 자신의 미래는 어떤 신적 존재의 통제로 이루어지는 것이라는 생각에서 벗어나 자기 인연의 주인이 될 수 있을 것이다. 오직 무상만이 우리에게 빛과 희망을 보게 한다.

# 삼법인의 인식

초기불교의 교리 가운데 삼법인(三法印)은 연기설의 사상적 기초이다. 연기설은 부처님 교법을 대표하는 것으로 두 개의 의미는 서로 통하며 최초의 근본적인 불법과 같다.

삼법인은 석가모니 세존께서 인생의 현실적인 생로병사 문제로부터 그 과(果)를 연구하여 인(因)을 미루어 살펴 관찰해 낸 것이다. 현 세상의 진리가 불법에 있어 궁극적인 것인가를 판단하는 것이니, 곧 이 삼법인으로 따져 가는 것이다. '법인(法印)'의 '인(印)'은 곧 옥쇄이니, 국왕의 옥쇄는 문서의 진실을 증명하여 막힘없이 통행할 수 있게 하는 작용을 한다. 이것을 차용하여 불교의 주요 교의에 비유한 것이며, '법인'에 부합한 것으로 그것이 진정한 불법이고, 또한 모든 법에 대하여 막힘없이 통달할 수 있음을 증명하기 때문에 '법인'이라고 칭하였다. 삼법인은 불법의 근본 강령으로 우주, 인생의 생멸 변화 현상을 설명할 뿐만 아니라, 모든 부처님의 적멸무위(寂滅無爲)한 해탈의 경계를 설명하며, 세간법과 출세간법의 세 가지 법칙을 포함한 것이다.

## 삼법인을 알다

모든 행위는 무상하다. 어느 것도 연속해서 두 찰나의 순간을 변함없이 유지할 수 없다. 헤라클레이토스는 "사람은 같은 강물에 두 번 발을 담글 수 없다."라고 하였다. 공자는 강을 주시하다가 감탄하며 말하기를 "흘러가는 것은 이와 같아서 밤낮을 가리지 않는구나!"•라고 하였다. 부처님께서는 우리

---

• 『論語』「子罕」, "逝者如斯夫! 不舍晝夜."                                                  179

가 그저 무상만을 논하지 말고, 그것을 도구로 삼아 실상(實相)을 깊이 파고 들어 해탈의 지혜를 얻는 데 도움이 되기를 바라셨다.

　　모든 법은 무아이다. 모든 유위법과 무위법은 독립적이고 변치 않는 '아(我)'의 실체가 없다. 모든 법은 다 인연에 의해 생겨 피차 서로 의존하며, 항상 변치 않는 '아'의 실체와 자아(自我)의 주재 기능은 없기 때문에 '무아'라고 하는 것이다. 무아에는 '인무아(人無我)'와 '법무아(法無我)' 두 가지가 있다. 모든 법은 '무아'이기 때문에 '자성이 없는 것[無自性]'이며, 자성이 없는 것은 곧 '연기성공(緣起性空)'이다. 무아는 불교의 근본 교의 가운데 하나이기 때문에 불법을 정확하게 이해하려면 반드시 모든 법이 무아임을 철저히 알아야 한다.

　　열반은 고요하다. 탐욕[貪]·성냄[瞋]·어리석음[癡]·교만[慢]·의심[疑] 등 모든 번뇌를 없애면 몸과 마음이 고요함을 갖춘 일종의 해탈 경계에 도달한다. '열반'은 사성제 가운데 '멸제(滅諦)'이다. '적정(寂靜)'은 번뇌를 멀리 벗어나 고통과 환난을 끊는 것으로 열반의 다른 명칭이기도 하다.

　　과거 불교는 사람들에게 비관적이고 소극적이며, 속세를 피해 은둔하는 인상을 주었다. 이것은 일반 사람들이 불교에서 말하는 '고(苦)'·'공(空)'·'무상' 등의 교리에 대하여 잘못 이해했기 때문이다. 불교가 소극적으로 고통과 무상만 말한다고 생각하는 것은 그 속에 담긴 목적이 중생들에게 고통스럽고[苦], 텅 비고[空], 무상한 인생의 참모습[眞相]을 알게 함으로써 즐거움을 좋아하고 고통을 싫어하는 마음을 일게 해 궁극적인 열반의 즐거움을 적극적으로 추구하도록 한 것임을 모르는 것이다. 삼법인이 전달하고자 하는 것은 바로 '무상'해야 희망이 있으며, '무아'해야 대중과 조화하며, '열반'해야 궁극인 것이라는 점이다. 이것이 우리가 삼법인에 대하여 마땅히 갖고 있어야 하는 인식이다.

# 불법의 사유(四維)

삼법인의 개념은 일찍이 당조(唐朝) 이전에 확립되어 있었다. 후세의 학자들이
'일실상인(一實相印)'이라는 다른 이념을 삼법인 속에 추가하여 '사법인(四法印)'이 되었다.
이와 같이 소승의 '삼법인'에서 대승의 '사법인(四法印)'이 되었으며, 그것은 모든 행위는
무상하고[諸行無常], 모든 법은 무아이며[諸法無我], 번뇌가 있는 것은 모두 고통이고[有漏皆苦],
열반은 적정하다[涅槃寂靜]는 것이다.

## '사법인'은 하나라도 빠져선 안 된다

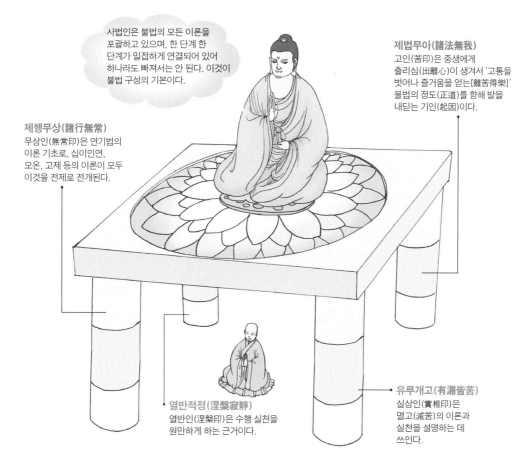

사법인은 불법의 모든 이론을 포괄하고 있으며, 한 단계 한 단계가 밀접하게 연결되어 있어 하나라도 빠져서는 안 된다. 이것이 불법 구성의 기본이다.

**제법무아(諸法無我)**
고인(苦印)은 중생에게 출리심(出離心)이 생겨서 '고통을 벗어나 즐거움을 얻는[離苦得樂]' 불법의 정도(正道)를 향해 발을 내딛는 기인(起因)이다.

**제행무상(諸行無常)**
무상인(無常印)은 연기법의 이론 기초로, 십이인연, 오온, 고제 등의 이론이 모두 이것을 전제로 전개된다.

**열반적정(涅槃寂靜)**
열반인(涅槃印)은 수행 실천을 원만하게 하는 근거이다.

**유루개고(有漏皆苦)**
실상인(實相印)은 멸고(滅苦)의 이론과 실천을 설명하는 데 쓰인다.

사법인의 한 단계마다 모두 밀접하게 서로 연관되어 단계에 따라 연결되어 있는 것이다.
불법의 수행은 곧 사법인의 사유에 따라 진행하는 것이다.

영원은 얼마나 멀리 있나
# 모든 것은 다 무상하다

무엇이 무상인지 이해하고 나서 그것을 똑바로 보고, 받아들이며, 그러한 현상에 대한 집착을 없애고, 마음을 차츰 외재하는 것에 대한 집착에서 심적인 것에 대한 조복(調伏)으로 회귀한다.

## 불교의 무상에 관한 설법

'무상'은 범어로 'anitya'이며, 이것은 세계의 만유(萬有; 모든 사물과 사유 개념)가 모두 생멸 변화하는 무상한 것이라는 뜻이다. 불교에서는 흘러가는 모든 물질과 심리 현상을 '행(行)'이라고 하며, 제행무상의 기본 명제는 모든 존재의 본성을 밝히는 것이다. 불교에서는 다음과 같이 본다. 어떠한 현상과 사물이 한편으로는 단지 지극히 짧은 찰나의 순간만 존재할 수 있어서 이것을 '찰나무상'이라고 일컫고, 다른 한편으로는 이 찰나 가운데 태어나고[生], 머물며[住], 변화하고[異], 소멸하는[滅] 네 가지 단계를 겪어서 '유위사상(有爲四相)'이라고 칭하는데, 즉 모든 유위법은 반드시 이 네 가지 특징이 있다는 것을 가리킨다. 경험세계의 모든 것은 다 유위법에 속하며, 모두 무상한 것이다. 초월적인 절대 존재, 즉 불교는 종교의 해탈 이상으로서 무위법을 존재세계에 드러내 주어야 사람들은 인연 화합하여 조성되는 생멸의 무상을 극복할 수 있다.

## 무엇을 무상이라고 하는가

"풍경은 여전한데, 사람과 세상사는 이미 변했다.", "사랑의 바다는 무상하여 나뉘게 되고, 정의 하늘은 무상하게 그늘진다. 바다와 하늘은 규율이 없고, 모이고 흩어짐 설명하기 어렵네." 이것은 일반 사람의 무상에 대한 감탄이다. 사실 세상의 모든 유위법은 인연이 화합해서 생기는 것이다. 인연으로 생긴 모든 법[諸法]은 텅 비어 자성이 없으며, 연이 모여서 생기고 연이 흩어져서 소멸됨에 따라 삼세를 흐르며 머무르지 않는다. 때문에 유정세간의 중생은 생·노·병·사의 현상이 있을 뿐만 아니라, 기세간(器世間)의 산, 강, 대지는 성(成)·주(住)·괴(壞)·공(空)의 변천이 있으며, 사람의 마음은 태어나고[生], 머물며[住], 달라지고[異], 소멸하는[滅] 변화가 있다. 자연계의 계절은 봄·여름·가을·겨울 혹은 춥고 따뜻하고 차고 더운 변화가 그치지 않는다. 다시 말해서 모든 법은 시간에 있어서 찰나도 머무르지 않고, 생각마다 생겼다 소멸된다. 또 과거는 이미 소멸되고 미래는 아직 생기지 않았으며, 현재는 순식간에 생하고 순식간에 소멸된다. 바로 『금강경』에서 "과거의 마음은 얻을 수 없고, 현재의 마음도 얻을 수 없으며, 미래의 마음도 얻을 수 없다."라고 설한 것과 같다. 세간의 모든 법은 항상 머무르며 변하지 않는 것이 하나도 없기 때문이다. 그러므로 '무상'이라고 하는 것이다.

무상은 우주와 인생의 모든 현상을 설명하는 진리이다. 물리학에 근거하여 말하면 우주 세간의 모든 사물 중 똑같은 상태로 정지되어 있는 것은 없다. 움직이는 이상 바로 '무상'한 것이다. 그래서 『팔대인각경(八大人覺經)』에서는 "세간은 무상하고, 국토는 위태롭고 부서지는 것임을 깨닫는다."라고 하였고, 아함경에서도 "쌓여 모이면 결국 녹아 흩어지고, 숭고하면 반드시 타락하고, 합해 모이면 마땅히 헤어져야 하고, 태어남이 있음에 죽지 않는 것은 없다."라고 하였다. 『만선동귀집(萬善同歸集)』에서는 "무상이 신속하여, 생각마다 변천하니, 돌이 부딪쳐 이는 불과 바람 앞의 등잔불, 흘러가는 물결과 지는 낙조, 이슬 젖은 꽃과 번갯불 그림자로도 비유하기에 부족하다."라고 하였다. 이러한 것은 모두 인생무상의 이치를 설명한 것이다. 즉 삼세가 머무르지 않고 흐르기 때문에 무상한 것이요, 모든 법은 인연으로 생기기 때문에 무상한 것이다.

## 무상의 종류
무상은 그 변화의 속도에 따라 '염념무상(念念無常; 생각마다 무상함)'과 '일기무상(一期無常)’의 두 종류로 나뉜다. 세간의 모든 사물 가운데 변화의 속도가 가장 빠른 것은 사람의 생각이다. 『보우경(寶雨經)』에서는 생각은 흐르는 물과 같고, 생멸은 잠시도 정체되지 않으며, 전기와 같이 찰나도 멈추지 않는다고 묘사하였다. 생각이 염념무상한 것 외에 인간의 생로병사, 물질의 생주이멸, 세계의 성주괴공 등은 찰나에 점진적으로 변화해 쌓여서 한꺼번에 갑자기 변하게 되지 않는 것이 없다. 그러므로 세간의 모든 현상 내지 모든 사물은 모두 시간적인 존재일 뿐이라고 말할 수 있다. 정신과 물질을 막론하고 무릇 모든 현상은 찰나에 생멸 변화한다. 변화하지 않는 것은 하나도 없으므로 무상은 세간의 실상(實相)이며, 영원히 변치 않는 진리이다.

## 무상의 현상

세간은 무상하기 때문에 고통스럽다. 순조로운 것이 곤혹스러운 것으로 변하는 것은 물론 무상이고, 재앙이 행복으로 바뀌는 것도 무상이다. 따라서 무상은 좋은 것은 나쁘게 변할 수 있고, 나쁜 것은 좋게 변할 수 있다는 것을 설명한다. 예를 들면 가난한 사람이 열심히 일하고 경영하면 부자가 될 가능성이 있으며, 인사(人事)에 불협화음이 일어도 기꺼이 남에게 선을 행하고, 널리 좋은 인연[善緣]을 맺으면 저절로 우정을 얻게 될 것이다. 그리고 일을 하다가 좌절을 겪게 될수록 용기를 낼 수 있으면 결국 역경을 헤쳐 나갈 수 있게 될 것이다. 무상은 인생에 대한 적극적인 격려의 의미를 가지고 있다. 세상사가 무상해야 우리를 불만스런 현상에서 벗어나도록 할 수 있기 때문이다. 세상사가 무상하기 때문에 법성이 진실로 평등함을 깨달을 수 있으며, 세상사가 무상하기 때문에 신의 권위와 삿된 말에 유혹되지 않을 수 있다. 특히 불법을 배우는 사람은 "태어나고 죽는 일이 크고, 무상은 신속하다."라는 무상관(無常觀)이 있기 때문에 출리심(出離心)을 내기 쉽고, 정진하며 나태하지 않게 된다.

## 부처님이 말씀하시는 무상의 목적

무상을 올바르게 관조하라. 탐욕의 집착을 없애면 마음에 해탈을 얻게 된다.

# 제행무상

불교의 우주관 가운데 하나의 세계는 그 과정이 이루어지고[成], 머무르고[住], 무너지고[壞], 비는[空] 네 시기로 나뉘어져서 사겁(四劫)이라고 일컫는다. 세간의 어느 것이든 형성된 시기가 있으며, 형성된 다음에 특정한 모습을 유지하고, 한 시기가 지나면 그것은 서서히 무너지게 되며, 결국 흔적도 없이 사라지게 되어 텅 빈다[空]고 하는 것이다.

성(成) ▶▶ 우주의 형성
생(生) ▶▶ 어떤 물질의 형성

주(住) ▶▶ 우주가 존속하는 기간
주(住) ▶▶ 물질이 그 모습을 유지하는 시기

괴(壞) ▶▶ 우주가 서서히 무너짐
이(異) ▶▶ 물질이 계속 변화함

공(空) ▶▶ 우주가 사라짐
멸(滅) ▶▶ 물질이 소멸됨

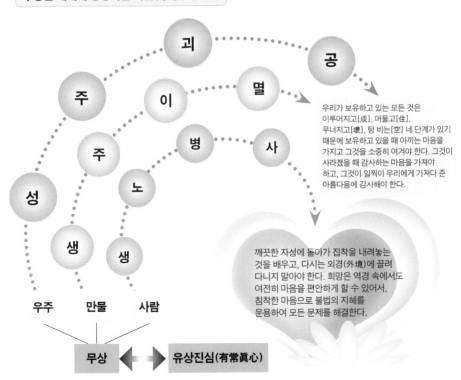

무상한 세계에 항상하는 마음[常心]이 있다

우리가 보유하고 있는 모든 것은 이루어지고[成], 머물고[住], 무너지고[壞], 텅 비는[空] 네 단계가 있기 때문에 보유하고 있을 때 아끼는 마음을 가지고 그것을 소중히 여겨야 한다. 그것이 사라졌을 때 감사하는 마음을 가져야 하고, 그것이 일찍이 우리에게 가져다 준 아름다움에 감사해야 한다.

깨끗한 자성에 돌아가 집착을 내려놓는 것을 배우고, 다시는 외경(外境)에 끌려 다니지 말아야 한다. 희망은 역경 속에서도 여전히 마음을 편안하게 할 수 있어서, 침착한 마음으로 불법의 지혜를 운용하여 모든 문제를 해결한다.

괴 · 공 · 주 · 이 · 멸 · 주 · 병 · 사 · 성 · 노 · 생 · 생

우주 · 만물 · 사람

무상 ◀▶ 유상진심(有常眞心)

부처님은 인생의 고통이 무상한 것을 '항상한다'라고 고집스럽게 생각하고, 변할 수 있는 것을 변하지 않는 것으로 생각하는 데 있다고 보셨다. 현상을 똑바로 보면, 즉 색·수·상·행·식의 오온에 대하여 '정확한 지혜로 보아 가면' 고통이 생기지 않는다.

무상의 지혜로 생활을 인도해 간다. 무상의 관념으로 우선 희망적인 인생을 가져다주어 아름다운 것을 소중하게 여기고, 나쁜 것을 개선해야 한다. 다음으로 자신의 생명을 소중히 여겨야 하며, 그 다음엔 생활 속의 모든 인연을 귀중히 여기고 소중히 하는 인생관을 장려해야 한다. 마지막으로 평상심으로 생활 속의 득실을 대하여야 한다.

이해하고 파악되는 즉시 지금 당장에 만족한다. 멋진 기억 속에서, 그리고 아름다운 환상 속에서 벗어나기를 잘해야 현실을 직시하고 지금 당장을 훨씬 더 잘 파악할 수 있다. 미국의 여성 작가 헬렌 켈러는 "살아 있는 매일을 생명의 마지막 하루라고 여긴다."고 하였다.

무상·고·공이 비록 인생의 실상(實相)이지만, 무상한 가운데 사람마다 변하지 않는 진심을 가지고 있어서 만약 진리를 증득해 깨달아 무상을 초월할 수 있다면 무상의 가운데에서 자신의 탈출구를 찾아낼 수 있을 것이다. 이때 마음대로 소요하며, 도리에 어긋나지 않아 마음이 편안해지니, 어찌 인생 최대의 행복이 아니겠는가!

# 무상·고·공

인생에서 당하고 받는 고통은 마치 비누 거품처럼 막 나타났을 때는 실질(實質)이 없고, 금방 터져서 사라지니 전체가 모두 텅 비게[空] 된다. 세간에 대한 이런 모든 것은 우리가 추구해야 하는 대상이 아니다. 단지 연(緣)을 따라야 할 뿐이다.

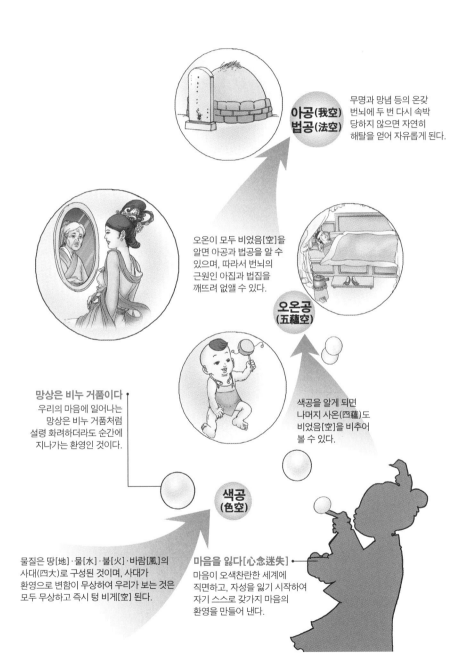

**아공(我空) 법공(法空)**
무명과 망념 등의 온갖 번뇌에 두 번 다시 속박 당하지 않으면 자연히 해탈을 얻어 자유롭게 된다.

오온이 모두 비었음[空]을 알면 아공과 법공을 알 수 있으며, 따라서 번뇌의 근원인 아집과 법집을 깨뜨려 없앨 수 있다.

**오온공 (五蘊空)**

**망상은 비누 거품이다**
우리의 마음에 일어나는 망상은 비누 거품처럼 설령 화려하더라도 순간에 지나가는 환영인 것이다.

색공을 알게 되면 나머지 사온(四蘊)도 비었음[空]을 비추어 볼 수 있다.

**색공 (色空)**

물질은 땅[地]·물[水]·불[火]·바람[風]의 사대(四大)로 구성된 것이며, 사대가 환영으로 변함이 무상하여 우리가 보는 것은 모두 무상하고 즉시 텅 비게[空] 된다.

**마음을 잃다[心念迷失]**
마음이 오색찬란한 세계에 직면하고, 자성을 잃기 시작하여 자기 스스로 갖가지 마음의 환영을 만들어 낸다.

# 오온이 화합한 산물

'아(我)'라고 하는 것은 일종의 인연이 화합한 법에 불과한 것으로 생주이멸의 변화가 있다. 그래서 인연으로 생긴 법이 연(緣)에 합하면 생기므로 오는 곳이 없으며, 연이 흩어지면 소멸되므로 가는 곳도 없다.

## 오온은 있는 것이 아니다

앞에서 우리가 오온의 내용을 말했는데, 오온이란 이 개념이 제기하는 것은 오온의 밖에 독립적인 '나[我]' 혹은 영원히 변치 않는 주체는 존재하지 않으며, **세간에서 '나'라고 하는 것은 오온이 잠시 화합한 것일 뿐 실제로 존재하지 않는다는 것이다.** 생명의 개체는 오온에서 벗어나지 못하며, 모든 법의 내용도 모두 오온으로 정해진다. 중생, 개인, 혹은 '나'라고 하는 것은 바로 항상 변화하고 있는 물질과 정신 에너지 혹은 에너지의 조합체이며, 통칭하여 오온이라고 한다. 오온을 분석하여 자세히 살펴보면 하나의 온(蘊)마다 내가 아니고, 오온의 화합체 또한 무아이며, 오온의 안이나, 오온의 밖이나 더욱 나의 존재는 없다. 안(眼)·색(色)이 둘이 되고, 귀는 소리를 듣고, 코는 냄새를 맡고, 혀는 맛을 보고, 몸은 감촉을 느끼고, 의(意)·법(法)은 둘이 된다. 예를 들어 두 손을 합해 서로 마주치면 소리가 난다. 이와 같이 안·색을 연(緣)하여 안식(眼識)이 생기고, 세 가지가 합하여 촉(觸)이 되며, 촉에서 수(受)·상(想)·사(思)가 생긴다. 십이처(十二處)를 내근(內根)과 외경(外境)으로 나눈다. 안과 밖이 서로 마주하며 접촉하는 관계에서 식(識)이 생긴다. 근경식(根境識)의 관계가 있으면 촉이 생기며, 이와 같이 육수(六受)·육상(六想)·육사(六思)가 모두 따라서 생겨난다. 이것이 바로 '나'라고 하는 것이며, 곧 육근(六根)이 경(境)을 연(緣)하여 식(識)·수(受)·상(想)·사(思) 등의 활동으로 생긴 종합적인

## 사대는 모두 텅 비었고[四大皆空], 오온은 존재하지 않음[五蘊非有]

선종(禪宗)에서 인체(人體)라고 일컫는 이른바 지·수·화·풍의 이 '사대'는 모두 텅 빈 것이며, 단지 가상(假相)일 뿐이다. 사대가 모두 텅 빈 것이라면 오온과 육처(六處)도 모두 텅 빈 것이다. 바로 나의 신체와 나라는 세계에 대한 인식도 모두 텅 빈 것이다.

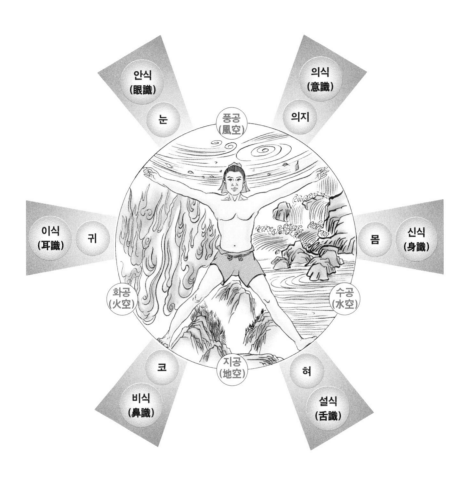

189

것으로 비록 있으나 실재하지 않기 때문에 '실재'가 아니다.

## '나'는 결코 존재하지 않는다

인간은 오온이 화합한 산물임을 이해하면 우리는 더 나아가 불교에서 말하는 무아의 개념을 이해할 수 있다. 불교에서는 무릇 '나'도 존재하지 않는다고 본다. 연기성공하여 모든 것이 다 연에 의해 세워지므로 실로 '나'는 없기 때문이다. 모든 사물은 서로 의존하며, 그러한 조건을 떠나면 어떤 사물도 성립하지 못한다. 그런데 이 정의는 영혼에 대한 견해를 포괄하고 있어 무아는 주재하는 것이 없고, 한 몸을 주재하는 것, 우주 만물을 주재하는 것도 없으므로 '조물주가 없다'라는 의미도 그 속에 포함하고 있다. 서양에서 '자유의지'를 매우 중시한다는 것을 우리는 잘 알고 있다. 그러나 연기론을 근거로 모든 사물이 다 서로 관련되고, 의존하며, 인과가 있다고 할 때 어디에 무슨 의지가 있어 독립적으로 자유를 말하겠는가. 의지는 오온 가운데 포함되어 있으며, 나머지 네 가지 정신 요소와 마찬가지로 상대적인 관계와 조건의 작용을 받는다. 불교의 연기론에 근거하면 오온의 종합적 분석을 통하여 우리는 인체의 안과 밖에 영원히 변치 않는 절대적인 실체가 존재하지 않는다는 걸 발견하게 된다. 그것을 '아트만'이라고 하든, '아(我)'라고 하든, '영혼'이라고 하든 허망한 삿된 생각과 정신적 환각에 불과할 뿐이다. 이것이 바로 불교의 '무아' 이론이다.

# 어딘가에 '나'는 있을까?

불교에서 무아를 말하는 목적은 중생이 삼계에서 벗어나 생사를 마치기를 바라기 때문이다. '나'는 성불하여 조사가 되고 법신(法身)의 혜명(慧命)을 성취하는 데 걸림돌이다. '아(我)'와 '무아'는 '생사(生死)'와 '열반(涅槃)'이다.

---

아(我)는 범어 Ātman의 음역으로 원뜻은 '호흡하다'이다. 이것이 자아, 자기(自己), 본질, 제일(第一), 주재(主宰) 등의 뜻으로 확장되었다. '무아'를 간단명료하게 설명하면 우리의 몸이든 마음이든 외재하는 세계이든 모두 끊임없이 운동하고, 신진대사하며 그 본질은 항상 변치 않는 자아는 없으며, 동시에 무법(無法)과 무능력(無能力)이 주재한다는 것이다.

## 몸에는 '나'가 없다[身無我]

대다수의 사람들은 자신의 신체를 '나'라고 생각한다. 신체는 땅·물·불·바람의 사대가 합해져 이루어진 것이다. 그리고 시간상에서 보면 우리의 이 신체는 태어나서 죽을 때까지의 사이에 유아·청년·장년·만년·노년의 단계를 거쳐야 한다. 또한 인간의 신체는 1분 1초마다 신진대사하며, 매끄럽고 아름다운 얼굴에서 쪼글쪼글하고 백발이 성성한 모습으로 변한다. 여기에서 다음과 같은 것을 알 수 있다. 어제의 나는 오늘의 내가 아니고, 오늘의 나는 내일의 내가 아니며, 소년의 나는 청년의 내가 아니고, 장년의 나는 만년의 내가 아니다. 신체는 시시각각으로 태어나고 소멸하며 변하는데 도대체 어느 것이 진실한 나인가?

## 마음에도 '나'는 없다[心無我]

인간은 정신과 물질 두 방면으로 이루어졌다. 사대가 화합해서 이루어진 물질로서 신체는 '마음'의 정신이 떠나면 식물인간이 되며, 반대로 정신적인 '마음'이 신체를 떠난다면, 바탕이 없는 사물은 존재할 수 없다. 만약 고기 덩어리를 '나'라고 한다면 고기 덩어리는 연꽃 술에 걸어 놓은 것처럼 사리분별이 없으며, 신체에 속한 일부분인 '신아(身我)'가 깨지면 고기 덩어리는 '무아'임이 분명해진다. 한편 만약 청색과 황색을 알고, 좋고 나쁜 것을 판별하고, 고통과 즐거움을 아는 마음을 나라고 한다면, 이 마음은 안에 있지도 않고, 밖에 있지도 않으며, 중간에 있지도 않은데, 나는 어디에서 찾겠는가? 만약 끊임없이 이어지는 생각을 나라고 한다면, 생각은 찰나에 생겼다 소멸되며, 앞생각[前念]이 소멸되고 다음 생각[後念]이 생기는데 그럼 도대체 어떤 생각이 나인가? 바로 『금강경』에서 "과거의 마음은 얻을 수 없으며, 현재의 마음도 얻을 수 없으며, 미래의 마음도 얻을 수 없다."라고 설한 것과 같다.

## 이름에도 '나'는 없다[名字無我]

이름은 단지 하나의 부호이며, 그것은 인류가 군집 생활을 하는 데 있어서 편리를 위해 만든 대체 부호이다. 그런데 한번 어떤 사람의 머리 위에 씌워지고 나면 사람들은 반드시 이 대체 부호가 바로 '나'라고 생각한다. 우리가 이 대체 부호에 찬양을 한다면 득의양양하며 신선처럼 우쭐댈 것이고, 만약 비방한다면 법원에 소송을 당해 명예 훼손으로 손해액을 배상하게 될 것이다.

불교에서 무아는 사람을 허무주의에 빠뜨리려는 것이 아니다. 그것은 인간이 오온의 본질에서 생명의 무상함을 보고, 자아의 신상(身相)과 이 신상에 덧붙여진 모든 유형 물질에 집착하지 않기를 바라는 것이다. 우리는 일상생활 가운데 무아라는 이 사상을 염두에 두지 않아 언제나 곳곳에 '나'와 '내 것'이라는 주(注)를 다는 게 습관이 되어 있다. 그래서 자신을 이기적으로 만들 뿐 아니라 명예와 이익을 지나치게 중시하게 만듦으로써 많은 번뇌가 생기는 것이다. 만약 우리가 무아의 내용을 이해한다면 반드시 버릴 것을 취사선택할 수 있으며, 많은 고민거리도 없게 될 것이다.

# 무아와 자아

인간의 정신상에 있어서 가장 큰 고통과 불행은 하나로 귀결된다. 즉 자아의 상실이다. 모든 사람은 본래 외재하며 자신에게 유리한 여러 가지 조건을 이용해 사회와 인류를 위하여 더 많은 공헌을 하여 자아의 인격을 완성하고, 자아의 가치를 실현해야 한다. 그러나 인간은 안팎의 많은 조건 속에서 헤매며 아집(我執)에 깊이 빠지게 된다.

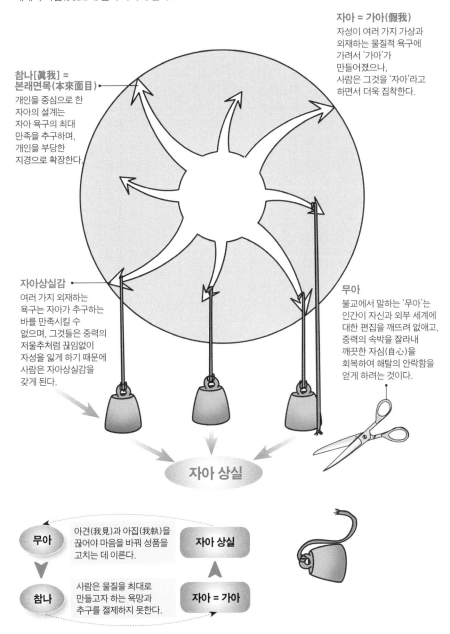

**자아 = 가아(假我)**
자성이 여러 가지 가상과 외재하는 물질적 욕구에 가려서 '가아'가 만들어졌으나, 사람은 그것을 '자아'라고 하면서 더욱 집착한다.

**참나[眞我] = 본래면목(本來面目)**
개인을 중심으로 한 자아의 설계는 자아 욕구의 최대 만족을 추구하며, 개인을 부당한 지경으로 확장한다.

**자아상실감**
여러 가지 외재하는 욕구는 자아가 추구하는 바를 만족시킬 수 없으며, 그것들은 중력의 저울추처럼 끊임없이 자성을 잃게 하기 때문에 사람은 자아상실감을 갖게 된다.

**무아**
불교에서 말하는 '무아'는 인간이 자신과 외부 세계에 대한 편집을 깨뜨려 없애고, 중력의 속박을 잘라내 깨끗한 자심(自心)을 회복하여 해탈의 안락함을 얻게 하려는 것이다.

**자아 상실**

| | |
|---|---|
| **무아** | 아견(我見)과 아집(我執)을 끊어야 마음을 바꿔 성품을 고치는 데 이른다. |
| **참나** | 사람은 물질을 최대로 만들고자 하는 욕망과 추구를 절제하지 못한다. |

**자아 상실**

**자아 = 가아**

193

행복은 잠깐의 어느 순간에 있다

# 변화무쌍한 인생

매 순간의 변화가 모두 새로운 시도이고, 시작이다. 외부의 변화는 관성을 타파하고 자기를 변하게 함으로써 우리 자신을 단련하게 하는 목적에 도달한다.

불경에서는 "무상하기 때문에 고통스럽다[無常故苦]"라고 하였다. 모든 것은 다 무상하며, 모두 변화하여 부처님께서는 그것이 끊임없다는 의미로 인생은 모두 고통스럽다고 말씀하신 것이다. 예를 들어 몸의 건강은 영원히 지속될 수 없고, 서서히 약해지고 늙고 병들어 죽게 되며, 재물도 영원히 유지할 수 없어 때로는 가난하게 되기도 하고, 권력과 지위도 오래도록 유지할 수 없어 결국 잃게 된다. 변화무쌍한 정형(情形)에서 보면 비록 기쁘고 즐겁지만, 영원하지도 철저하지도 않아서 변화했을 때 바로 고통이 온다. 그러나 부처님은 단순하게 인생이 고통스럽다고만 말씀하신 것이 아니라 무상하다고도 말씀하셨다. 고통에는 그것의 씨앗[苦因]이 있으며, 그것을 없애면 결국 안락을 얻을 수 있다. 변화가 있기 때문에 우리의 인생은 다른 모습이 될 가능성이 있으며, 우리가 노력하여 행복해질 수 있는 것이다.

레프 톨스토이는 인생이란 잠시도 멈추지 않고 변화하는 것이라고 하였다. 고정되어 불변하는 생활은 편안한 가상(假相)일뿐 사실상 인간의 일생은 멈추지 않고 변화한다. 세계도 우리의 걸음을 멈추게 할 수 없으며, 시간도 우리의 발걸음을 느리게 할 수 없다. 우리가 스스로를 변하지 않게 유지하고 싶어 하면 이미 변화하는 세계에서 버림받게 됨을 점점 발견하게 될 것이다. 우리를 둘러싸고 있는 것들은 언제부터 한없는 허위와 공명, 이익 그리고 자신을 퇴폐하게 만드는 것이 되었을까? 현대 정보의 사막화 진행 과정은 인간의

# 흐르는 세월

세월은 쉬지 않고 세차게 흐르는 한 줄기 강물과 같다. 우리는 삶이란 긴 강 속에서 순조롭게 흘러 내려가며 가로 막고 있는 암석을 깨뜨리고 자기 방향과 모양으로 흘러간다.

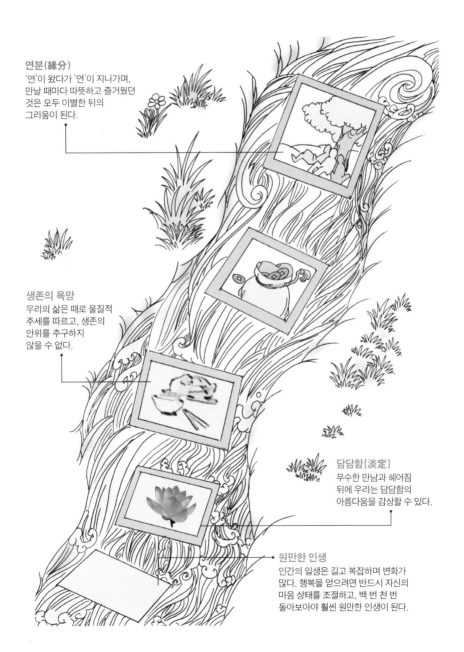

**연분(緣分)**
'연'이 왔다가 '연'이 지나가며, 만날 때마다 따뜻하고 즐거웠던 것은 모두 이별한 뒤의 그리움이 된다.

**생존의 욕망**
우리의 삶은 때로 물질적 추세를 따르고, 생존의 안위를 추구하지 않을 수 없다.

**담담함[淡定]**
무수한 만남과 헤어짐 뒤에 우리는 담담함의 아름다움을 감상할 수 있다.

**원만한 인생**
인간의 일생은 길고 복잡하며 변화가 많다. 행복을 얻으려면 반드시 자신의 마음 상태를 조절하고, 백 번 천 번 돌아보아야 훨씬 원만한 인생이 된다.

195

마음속에서 더욱 확장되었다. 우리는 즐거움, 진정함, 미덕, 많은 아름다운 것들에 대해 무뎌져 버려 우리의 마음은 돌처럼 단단히 굳어 전혀 감지하지 못하고, 그 근원에 아직 온정이 남아 있거나 흐르고 있다 해도 다시 분명해지진 않을 것이다. 인생은 폭풍우 속에서 성장한다. 설령 날개가 없어도 차츰차츰 날아오를 이상을 단련한다. 인생은 끊임없이 등반해야 하는 산봉우리처럼 이 봉우리에서 저 봉우리로 기어 올라가야 하고, 그것은 몇 미터에서 몇천 미터까지의 기복이 있다. 우리는 가장 아름다운 경치뿐만 아니라 최악의 풍경도 만나지만, 결국 모든 것은 전부 기억에서 사라져 버린다.

변화는 확실히 위험하지만 변화가 있어야 기회와 도전을 가져올 수 있다. 위험을 감당할 용기를 갖고 자신의 인생을 바꾸는 사람은 존경할 만하다. 우리가 아직 젊었을 때 시행착오를 겪을 수도 있지만 매일 성장하며 변화하는 우리가 감히 내려놓지 못할 것이 뭐가 있겠는가? 시도해 보고 지더라도 또 어떤가? 변화가 가득한 인생은 풍부하고 다채롭다. 변화하는 인생 속에서 기회를 잡아 자기 가치를 실현하는 사람은 행복하고 즐겁다. 영화 〈포레스트 검프〉에서 가장 유명한 대사는 검프의 엄마가 그에게 한 "행복은 초콜릿 상자와 같다. 네가 무슨 맛을 고를지 아무도 모른다."이다.

번뇌의 체상(體相)을 뚜렷이 보다

# 아집

'아집'은 아치(我癡: '나'의 어리석음), 아견(我見), 아만(我慢), 아애(我愛: 자기애)의 네 가지 방식으로 나타난다. 중생은 '나'에 집착하고, 모든 것이 '나'에서 출발하여 세세생생 해탈을 얻지 못한다.

## 불교에서의 '아집'

'아집'은 불교 용어로서 '아견(我見)'이라고도 한다. 아집은 사람들이 '실재하지 않는 허환된 오온가합의 몸과 마음'에 대하여 '자재하고 주재할 수 있는 실제의 나[實我]'가 존재한다고 완고하게 생각하고, 본래 '무아'인데 망령되이 집착이 생기므로 곳곳에 나를 중심으로 여겨 여러 가지 번뇌를 일으키는 것을 가리킨다. 간단하게 말하면 '아집'은 곧 '나'를 진짜로 여겨 하나의 진실한 '나'가 있다고 생각해 마음에 하나의 독립적인 '나'와 단일한 '나', 항상 불변하고 자재하는 '나'를 안립(安立)시키고 이로 인하여 번뇌장(煩惱障)을 일으킨다는 것이다.

## 아집의 분류

아집은 '무명'의 동의어라고도 할 수 있다. 만약 연기로 분류하면 '분별아집(分別我執)'과 '구생아집(俱生我執)'의 두 종류로 나눌 수 있다. 분별아집은 후천적 아집으로 자기 분별력이나 삿된 스승의 가르침에 의해 생긴 것을 가리킨다. 예를 들어 우리가 어려서부터 학교 선생님의 교육에 따라 학습하고, 시험 본 성적에 따라 좋은 학생과 나쁜 학생으로 구분되어 우리 머릿속에 어떠한 인식이 형성되었을 때 후천적 아집이 형성된다. 구생아집은 선천적으로 태어나면서 가지고 있는 아집으로 우리 과거세의 업습(業習)으로 이루어진 것을 가리킨다.

## 현실 생활에서 아집의 표현

현실 생활에서의 아집은 인류가 자아의 결점에 집착하는 것을 가리킨다. 여기에는 자부심, 자만심, 열등감 혹은 자아의식이 너무 강해 단체의식 또는 희생정신이 결핍되거나 자신에게 지나치게 신경 쓰고 다른 사람은 소홀히 하는 것 등이 포함된다. 소크라테스는 "인생에서 가장 중요한 것은 자신을 아는 것이다."라고 말했다. 안타깝게도 인류는 무시이래 줄곧 자신을 기만하여 자신을 알 수가 없어서 도리어 가아(假我)에 집착해 진짜 실재하는 것으로 생각한다. 가아의 허망한 의식 속에서 영상을 분별하며 때로는 환영이 생겨 착각을 하고, 때로는 감정이 흥분하기도 한다. 추상적인 인식에 치우쳐 마음을 모순되고 불안하게 하는 것이 아니라, 물질적 향락에 대한 미련이 인성을 끊임없이 타락하게 만드는 것이다. 사람 됨됨이가 원칙을 잃고, 일 처리에 지혜가 부족하여 흔히 세상에 따라 일어났다 넘어지고, 세속에 따라 부침하며 자신을 파악할 수 없게 된다.

## 번뇌의 근원

번뇌하는 사람은 아집이 매우 심하기 때문에 우리는 항상 입버릇처럼 내 돈, 내 체면, 내 집, 내 재산, 내 명예, 내 건강을 말한다. '아(我)'의 관념은 희미해지지 않고 어디서든 늘 마음에 자리하고 있으며, 그것에 집착이 심해질수록 번뇌와 고통이 날이 갈수록 늘어나 꼬리에 꼬리를 물며 이어 나오는 것을 피할 수 없다. 게다가 이성적인 소통이 없으면 고통은 언제나 갈수록 많아진다. 불교에서 말하기를 "중생은 아집이 매우 심해 견고하여 풀어지지 않으며, 오염된 경계에서 마음을 일으키고, 미혹되어 전도(顚倒)된다."•라고 하였다. 만약 아집이 없으면 모든 번뇌와 고통이 즉시 사라지고, 선정의 경계가 당장 앞에 나타날 것이다.

• "衆生我執深重, 堅固不化, 染境生心, 迷惑顛倒."

# 번뇌의 거미줄

번뇌는 지극히 파괴력을 지닌 일종의 정서이다. 경전에서는 "유루개고(有漏皆苦; 샘이 있으면 모두 괴로움)"라고 말한다. '새다[漏]'는 바로 번뇌이다. 번뇌의 근원은 '아집'에 있으며, '아집'의 근원은 사람의 마음에 있기 때문에 경전에서 "마음을 밝혀 본성을 보면, 번뇌가 바로 보리이다[明心見性, 煩惱卽菩提]."라고 하였다.

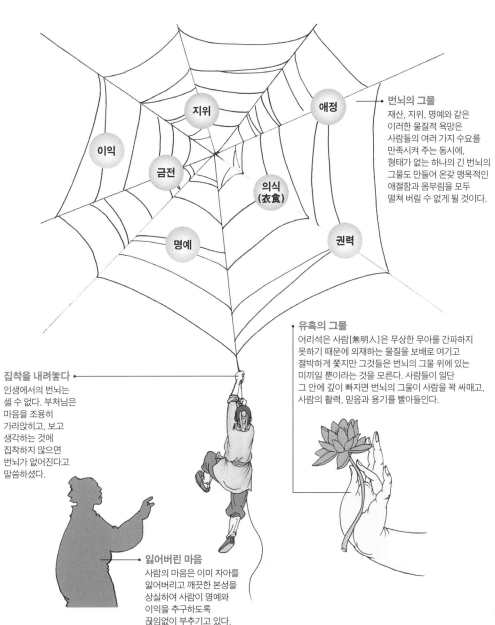

**지위** **애정** **이익** **금전** **의식(衣食)** **명예** **권력**

**번뇌의 그물**
재산, 지위, 명예와 같은 이러한 물질적 욕망은 사람들의 여러 가지 수요를 만족시켜 주는 동시에, 형태가 없는 하나의 긴 번뇌의 그물도 만들어 온갖 맹목적인 애절함과 몸부림을 모두 떨쳐 버릴 수 없게 될 것이다.

**유혹의 그물**
어리석은 사람[無明人]은 무상한 무아를 간파하지 못하기 때문에 외재하는 물질을 보배로 여기고 절박하게 쫓지만 그것들은 번뇌의 그물 위에 있는 미끼일 뿐이라는 것을 모른다. 사람들이 일단 그 안에 깊이 빠지면 번뇌의 그물이 사람을 꽉 싸매고, 사람의 활력, 믿음과 용기를 빨아들인다.

**집착을 내려놓다**
인생에서의 번뇌는 셀 수 없다. 부처님은 마음을 조용히 가라앉히고, 보고 생각하는 것에 집착하지 않으면 번뇌가 없어진다고 말씀하셨다.

**잃어버린 마음**
사람의 마음은 이미 자아를 잃어버리고 깨끗한 본성을 상실하여 사람이 명예와 이익을 추구하도록 끊임없이 부추기고 있다.

# 아집의 타파와 제거

사람은 어리석음을 고집하며 깨닫지 못하기 때문에 번뇌와 곤혹 등의 온갖 나쁜 정서가 나타나게 된다. 사실 이러한 것은 모두 자기 마음의 느낌에서 벗어나지 못해 자기도 모르는 가운데 번뇌가 나타난다.

"번뇌와 보리(菩提)는 모두 한 마음이다. 본래 스스로 생함이 없는 것으로 능히 번뇌를 보리로 전(轉)할 수 있으니 바로 전식성지(轉識成智)의 의미이다." '보리'는 각성, 깨달음, 지혜라는 뜻이며, '번뇌'는 미혹, 우매, 혼란이라는 의미이다. 깨달으면 보리이고, 헤매고 있으면 번뇌이다. 번뇌와 보리는 그리 다르지 않으며 모두 마음의 작용이다. 만약 마음에 분별하고, 집착하며, 계탁(計度)하는 생각이 있으면 바로 번뇌이다. 반대로 비록 마음이 원래대로 평소와 같이 활동하며 작용하지만, 이기적인 분별과 집착, 계탁하는 생각이 없으면 바로 지혜이다.

## 아집을 타파하여 제거하는 방법
사람과 사람이 함께 생활하면서 아집이 하나도 없으면 서로 아끼고 사랑하며, 화목하고 의좋게 지낼 수 있다. 아집이 생기면 원한과 적대감이 일고, 쌍방 내지는 더 많은 사람들의 번뇌를 조성할 수 있다. 불교의 설법에 따라 아견과 아집을 끊어야 하는데 그 방법에는 다음과 같은 두 가지가 있다.

첫째, 소승의 십팔계 무아의 관행(觀行)을 따르거나 연기성공의 관행을 따라 무아의 지혜를 생성하면 아견과 아집을 끊어 없앨 수 있다. 둘째, 진여불성(眞如佛性), 즉 진실한 '나[我]'를 증득하여 오온, 십팔계의 '의식심아(意識心我)'와 '말나식아(末那識我)'의 허구성을 확실히 알아 아견과 아집을 끊는다.

# 아집을 녹이다

## 고통의 인과 사슬

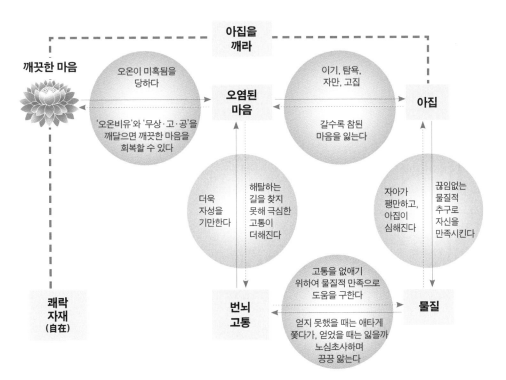

아집을 깨라

깨끗한 마음

오온이 미혹됨을 당하다

'오온비유'와 '무상·고·공'을 깨달으면 깨끗한 마음을 회복할 수 있다

오염된 마음

이기, 탐욕, 자만, 고집

갈수록 참된 마음을 잃는다

아집

더욱 자성을 기만한다

해탈하는 길을 찾지 못해 극심한 고통이 더해진다

자아가 팽만하고, 아집이 심해진다

끊임없는 물질적 추구로 자신을 만족시킨다

쾌락 자재(自在)

고통을 없애기 위하여 물질적 만족으로 도움을 구한다

번뇌 고통

물질

얻지 못했을 때는 애타게 쫓다가, 얻었을 때는 잃을까 노심초사하며 끙끙 앓는다

## 얼음을 녹이듯 아집을 없앤다

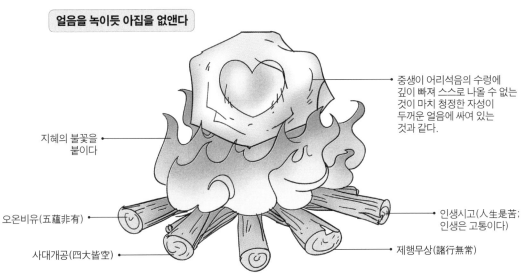

지혜의 불꽃을 붙이다

중생이 어리석음의 수렁에 깊이 빠져 스스로 나올 수 없는 것이 마치 청정한 자성이 두꺼운 얼음에 싸여 있는 것과 같다.

오온비유(五蘊非有)

인생시고(人生是苦; 인생은 고통이다)

사대개공(四大皆空)

제행무상(諸行無常)

아집을 끊지 못하면 번뇌가 무성히 일어나기 때문에 우리는 현실 생활 속에서 남을 너그러이 용서하고 자신을 받아들이는 법을 배워야 한다.

**자신을 위해 다른 사람을 너그럽게 용서하다**

만약 생활하면서 타인과의 관계가 일찍이 우리들에게 혐오감을 가져다준다면 우리들은 그 사람을 용서하지 않는 선택을 할 것이다. 이것은 우리 과거의 온갖 속박이 자신에게 머물러 있도록 허용하는 것을 말한다. 우리들은 남을 탓할 때 마음에 안정을 얻지 못하고, 이러한 상황이 오래 계속될수록 고통스럽게 되기 때문이다.

우리가 '너그럽게 용서함'을 택할 수 있으면 이를 통해서 우리의 몸과 영혼도 해탈을 얻을 수 있다. '너그럽게 용서함'이라는 것은 우리가 상대방의 행위를 승낙하거나 감내한다는 의미가 결코 아니다. 상대방을 한편으로 혐오하면서 한편으로 인내하는 것도 아니다. 과거의 온갖 집착에 대하여 느슨하게 풀고 상대방에 대한 책망을 멈추어 한순간 마음의 평온을 선택해야 한다.

**자아를 받아들이고 집착을 내려놓아라**

다른 사람을 용서하려면 우선 자신을 용서해야 한다. 이것은 심리학에서 '자아를 받아들이기'라고 일컬어진다. 자신을 받아들여야 서서히 타인을 용서하는 법을 배울 수 있다. 남을 탓하지 말아야 하며, "남을 용서하지 못하면 나는 진짜 실패한 거야."라거나 "나 같은 사람은 행복을 얻을 수 없어."라는 등의 생각을 하지 말아야 한다. 우리는 자신의 아픔을 이해하고, 현실의 자신을 받아들여야 한다. 결론적으로 말해서 우리가 번뇌를 없애고 즐거움을 얻고 싶으면 반드시 아집을 타파해야 한다. '아(我)'에서 '무아'에 이르는 과정을 생각하면서 거칠고 조급한 마음, 원망하는 마음, 교만한 마음, 탐욕이 무아가 될 때까지 기다리고 있다 보면 저절로 멈추고 흔적도 없이 자취를 감출 것이다.

## 눈이 당신을 속이게 하지 말라
# 보이는 모습[相]

모든 사물은 내인(內因)과 외연(外緣)이 합하여 이루어진 것이기 때문에 자성이 없는 것이다. 그러나 중생의 눈에는 그것들이 모두 실질적인 것으로 보이며, 불법은 사람들로 하여금 그것의 본성이 텅 빈[空] 것임을 보게 함으로써 모든 상(相)을 타파할 수 있도록 작용한다.

---

'상(相)'은 성질과 본체(本體)에 상대적인 말로, 그것은 안(眼)·이(耳)·비(鼻)·설(舌)·신(身)·의(意)의 육식의 대상이다. 만물의 본성은 비록 텅 빈 것이지만 육식이 관조함에 있어서는 온갖 다른 상으로 나타난다. 하지만 모든 외상(外相)은 가짜이며, 고정 불변하는 형식은 없다. 같은 사물이 중생의 눈에는 외재하는 다른 모습으로 나타날 수 있다. 예를 들어 갠지스강의 물이 사람의 눈에는 물이지만, 천인(天人)의 눈에는 유리세계이며, 물고기의 눈에는 거주하는 방일 수 있고, 지옥 중생의 눈에 그것은 불바다이다.

### 총상과 별상

예컨대 무상의 '상', 무아의 '상' 등과 같은 어떤 '상'은 모든 상황에 적용된다. 그래서 그것들을 '총상(總相)'이라고 부른다. 그런데 모든 사물은 또 그 특수한 '상'을 갖는다. 예를 들어 지(地)의 견고한 상, 화(火)의 뜨거운 상, 수(水)의 축축한 상과 같이 온갖 사물의 색상과 모양의 구별 등을 '별상(別相)'이라고 한다.

### 동상과 이상

여러 인연이 모여 연기된 법 하나를 얻게 되는데, 인연이 비록 많지만 서로 어긋나지 않는 것을 '동상(同相: 같은 상)'이라고 한다. 예를 들어 눈·귀·코·

혀·몸·의지가 합해져 사람이 되는데, 비록 육식이 각각 다르지만 그것들은 한 사람을 다함께 얻을 수 있다. '이상(異相; 다른 상)'과 동상은 상대적인 것이며, 모든 법이 서로 차이나는 상태를 가리킨다. 눈·귀·코·혀·몸·의지가 한 사람을 공동으로 이루지만 그것들의 성질은 서로 영향을 주지 않는다.

### 성상과 괴상

모든 인연이 어우러져 구체적인 하나의 사물을 이룸으로 '성상(成相)'이라고 한다. 그런데 만물은 모두 영원히 불변하는 것이 아니고, 모든 인연이 각자 흩어지게 되면 사물은 다시 존재하지 않게 되므로 '괴상(壞相)'이라고 한다.

위의 육상(六相)은 모든 법 가운데 존재한다. 모든 사물이 걸림 없이 원만하며, 서로 지나가고 들어가는데 이것은 만물의 모든 법 사이에 모순이 있고, 모든 만물이 가지고 있는 대립적인 일면이 있으며, 동시에 피차 관련이 있고, 상호 제약을 한다는 것을 보여준다. 이 육상은 모든 사물 가운데 동시에 존재하고, 또 동시에 구체적인 사물마다 나타나며, 불교의 변증법으로 구현된다. 사람들은 생활하는 가운데 늘 지혜로운 눈을 찾으려고 시도하며, 인생의 각종 가상(假相)을 간파해 가지만 사람들이 찾는, 지혜라고 하는 이 눈도 일종의 '가상'임을 전혀 모른다. 진정한 세계는 고·공·무상하지만 얼마나 많은 사람들이 이 현실을 받아들이려고 할까? 중생은 각종 상에 집착하여 자기의 본성이 가려지게 하고, 온갖 번뇌를 형성하게 한다. 그런데 일단 모든 상은 본래 텅 빈[諸相本空] 본질임을 분명히 파악하면 금강반야(金剛般若)의 지혜로 모든 상을 쓸어 버리고, 곧바로 본심에 이르러 성불의 경지에 서게 될 것이다.

# 사람 때문에 달라지는 상(相)

"세월을 느끼니 꽃에도 눈물을 짓고, 이별이 한스러우니 새조차 마음 놀라게 하네[感時花濺淚, 恨別鳥驚心]."라는 천고의 절구(絶句)는 사람의 경력과 신분이 다름에 따라 세상 만물에 대한 각자의 견해가 다름을 속속들이 말해준다. 이렇게 같은 사물이라도 다른 사람의 눈에 보이는 것과 느껴지는 것이 모두 다르다. 이러한 것들이 바로 불교에서 말하는 '가상(假相)', '이상(離相)'의 내용과 상당히 부합된다.

**주돈이(周敦頤)**

주돈이가 지은 『애련설(愛蓮說)』에 "연꽃은 진흙에서 나오지만 더러움에 물들지 않고, 맑은 물결에 씻기어도 요염하지 않이[出於泥而不染, 濯清漣而不妖]."라고 했는데, 연꽃은 곧 한 사람의 고상한 인격을 말한다.

**이시진(李時珍)**

이시진의 눈에는 연꽃이 뿌리에서 꽃잎까지 모두 병을 치료하고 사람을 구제하는 약재일 수 있다.

부처님의 눈에는 연꽃도 없고, 고상함도 없으며, 아름다움도 없고, 지혜도 없이 모든 게 다 텅 빈[空] 것이다.

부처님은 남보다 먼저 깨달아 아신 분으로, 만약 중생이 모두 제법무아를 깨달아 마음이 상에 머무르지 않을 수 있으면 자유자재한 해탈을 얻을 수 있다.

**범인**

보통 사람에게 연꽃은 그저 아름다운 꽃이다.

수행인의 눈에 연꽃은 마치 부처님 지혜의 화신인 것처럼 곧 열반의 묘경이다.

**수행자**

# 여래의 참모습

석가모니 부처님은 수승한 화신(化身)으로 '삼십이상(三十二相)'을 갖추었으나 색신(色身)의
상을 갖추었다는 것은 결코 진정한 불법의 본질이 아니다. 삼십이상은 부처님께서 세속에
들어가 인연을 맺어 다른 모습으로 나타나는 것이니 당연히 가상이며, 결코 진정한 법신여
래(法身如來)가 아니다.

## 모든 것이 가유이다

『금강경』에서 수보리는 "여래께서는 설하신 바가 없다[如來無所說]"라는 구
절에서 여래의 '상'에 관한 질문을 이끌어 냈다. 부처님께서 물으셨다. "수보
리여, 그대는 이 삼천대천세계(三千大天世界)를 어떻게 보는가? 이 물질의 우
주 안에 모든 미진(微塵)을 헤아리기에 많은가?" 수보리가 대답했다. "많습니
다." 이에 부처님께서 말씀하셨다. "이 모든 미진은 내가 결코 존재하지 않는
다 했으니 곧 미진이 아니고, 다만 이름 위에 임시로 세워진 미진일 뿐이다.
세계도 결코 실제로 있는[實有] 세계가 아니고 환영의 세계일뿐이다. 그러므
로 세계라고 이름을 세운 것이다." 대승 불법은 세계에 모든 생멸하는 현상
과 생멸하는 주체는 '인연'으로 조성된다고 본다. 무릇 인연으로 생긴 법은
비록 '유(有)'라고 하지만, 이것은 자아를 주재함이 없는 존재로서 진실하지
않은 '유'이다. 삼천대천세계의 먼지 한 알을 포함하여 모든 것이 다 진실한
존재가 아니다. 이 '가유(假有)'를 없애야 '유'에 상대적이며 곧 '텅 빔[空]'이라
는 진정한 본질을 얻을 수 있다.

## 색신은 가유이다

부처님께서는 자성을 구족하여 법신(法身)·보신(報身)·화신(化身)의 삼신을
겸한다. 그 가운데 화신과 보신은 색신이다. 보신은 참모습[眞相]이 아니고

# 여래의 삼십이상

'삼십이상'은 여래의 신상으로 이를 갖추는 것은 법신의 모든 덕이 원만함을 나타낸다. 그러나 여래의 화신상(化身相)은 인연의 지혜이고, 성불을 돕는 매개체일 뿐이다. 수행하는 사람은 상을 떠나야 여래를 볼 수 있으며, 진심(眞心)을 볼 수 있다.

● 정수리가 상투처럼 솟아올라 있다

● 피부는 매끄럽고 부드럽다
● 볼은 후덕하다
● 눈은 맑은 하늘처럼 맑고 아름답다
● 눈썹은 길면서 치켜 올라가 있다
● 눈썹 가운데 백호(白毫)가 나 있는데 오른쪽으로 돌며 밝은 빛을 발한다

● 40개의 치아
● 치아는 하얗고 가지런하며, 촘촘하여 틈이 없다
● 위아래 앞니는 특히 희고 깨끗하다
● 입안에 특별한 타액이 있어 미각이 뛰어나다
● 혀는 얇고 유연해서 혀를 펴면 얼굴 전체를 덮을 수 있다

● 목소리는 우렁차고 아름답다

● 두 손, 두 발, 두 어깨와 목 일곱 곳은 살이 통통하다
● 두 어깨는 풍만하다
● 두 손을 평평하게 들면 폭이 키의 높이와 같다
● 서 있으면 손 길이가 무릎을 넘는다
● 겨드랑이 아래가 두둑하다
● 손가락은 길고 가늘며 우아하다
● 손과 발의 피부는 섬세하고 부드럽다
● 손가락, 발가락 사이는 물짐승의 발에 있는 물갈퀴 같은 막이 있다

● 몸에는 한 길 높이의 빛이 발한다

● 온몸에 황금 같은 빛이 난다
● 몸은 사자왕 같이 반듯하며 위엄 있다
● 몸은 곧고 단정하다
● 온몸의 피부는 모공 하나에 털이 하나씩 있고, 푸른색으로 오염되지 않았다
● 몸의 털은 전부 오른쪽으로 돌면서 위로 향하여 눕는다
● 대퇴부 살은 사슴왕처럼 유연하고 굵다
● 남근은 몸 안으로 들어가 있다

● 발바닥은 두툼하고 편평하다
● 발바닥은 손금처럼 천복륜(千輻輪)이 나타나 있다
● 발뒤꿈치는 넓고 풍만하다
● 발등은 솟아 있다

가유이지만 그렇다고 없는 것이 아니다. 예를 들어 말하면 인생은 본래 공(空)이고, 몸은 단지 하나의 가죽 부대이지만, 만약 먹지도 않고 마시지도 않는다면 배가 고파지고 목도 마르게 된다. 신상(身相)은 가유이나 결코 없는 것이 아니며, 이것은 법신과 연계되고 세속과 인연이 되게 하는 세계의 매개이다. 법신여래는 영원하고 진실한 것이지만, 또 존재를 지각하는 일종의 '공성(空性)'에 대비한 표현이다. 이 '공성'은 깨달음이 없는 중생에게 보이지 않고, 만져지지도 않기 때문에 법신여래는 중생에게 진리를 이해시키기 위하여 반드시 중생의 습관적인 소통 방식을 택해야 한다. 즉 인연이 모여 합해진 신상과 설법으로 중생을 끌어들여야 한다. 때문에 신상은 설법과 같은 기능을 하는 수단이다. 이러한 수단이 없는 것은 법신의 참모습[眞相]과 중생의 연계가 끊기는 것과 같다.

## 망상을 없애다

우리가 일상에 보는 모든 것에 표상(表象)과 본질(本質)이 있듯 생활 속의 많은 것들은 겉모습만으로 단순하게 볼 수 없다. 더욱이 눈에 보이는 것을 진짜라고 여겨서 믿으면 집착을 내려놓을 수 없다. 우리가 평소에 "돈은 몸 밖의 것"이라고 말하듯이 재물, 권리, 명예와 같은 것들은 우리에게 속한 것 같지만 모두 물욕이 넘쳐흐르는 세속에서 만들어진 물건이다. 우리가 늘 헤어질 수 없는 것은 바로 이러한 가유의 형상(形狀)이다. 이러한 까닭에 마음의 참모습과 인생의 참모습을 망각하는 데 이르게 됨으로써 근본을 버리고 말단을 좇아 혼란한 인생 속에서 고통으로 전도(顚倒)된다. 만약 여래신상(如來身相)의 가르침을 분명히 깨닫는다면 우리의 인생에서 두 번 다시 미련 남을 게 아무것도 없을 것이다.

# 마음이 깨끗해야 도를 이룰 수 있다

마음에 머무는 것이 없어야 모든 번뇌에 가려지지 않고 때 없이 깨끗해질 수 있다. 마음을 도(道)에 전향하는 것은 한 번의 고생으로 영원히 편안해지는 일이 아니다. 우리는 우리의 마음을 항상 깨끗하게 유지하며, 무념(無念)으로 걸림이 없어야 한다.

여래의 완벽한 '삼십이상'도 가유에 불과한데, 우리 같은 범인들은 어떻겠는가. 그런데 우리는 어찌하여 생활 가운데 항상 그 많은 물건들을 버리려 하지 않고 집착하는 것일까? 그 원인은 바로 우리들이 세계의 가상(假相)에 도취되어 자심(自心)을 잃어버리게 된 데 있다. 마음자리[心地]가 깨끗해야 도를 이룰 수 있으며, 불교에서 말하는 수행의 관건은 온전히 '깨끗한 마음[淸淨心]'에 있다. 이처럼 깨끗한 마음을 유지하는 것이 얼마나 중요한가를 알 수 있다. 우리들의 번잡한 생활 속에서 깨끗한 마음을 유지하려는 것은 매우 어렵다. 그러나 이러한 소망을 가지고 불교에서 말하는 마음 닦는 방법을 배우길 원한다면 모두 이러한 목표에 도달할 수 있다는 것을 믿게 될 것이다.

## 깨끗한 마음의 모습

불교에서 말하는 깨끗한 마음은 바로 집착 없는 마음이며, 집착 있는 마음은 곧 오염된 것이다. 그러므로 마음은 집착이 없어야 깨끗해질 수 있다. 본래 깨끗한 마음은 사람마다 모두 가지고 있는데, 태어날 때부터 때 없이 깨끗하여 모든 망념으로 오염된 것에서 벗어나 있으므로 '자성(自性)은 깨끗한 마음'이라고 한다. 깨끗한 마음은 하나의 후광도, 한 떨기 연꽃도 아니다. 그것은 자아를 관조할 수 있는 일종의 공령(空靈)이다. 만약 억지로 비유하여 말하면, 한 면이 빈 거울로 말할 수 있다. 첫 번째 층의 깨끗함은 그것이 주위를 비추는 것은 전부 허상으로 어떠한 주체성을 지닌 상은 존재할 수 없는 것이다. 그러나 더 나아가 그것 자신도 참답지 않은 존재로서, 주위가 텅 빈 후에 텅 빈 원형(原形)으로 나타날 수 있는데, 이는 한 면이 자신을 비추어 보는 거울이기 때문이다.

## 어떻게 해야 깨끗한 마음이 생길 수 있을까

부처님께서는 "마땅히 머무름 없이 그 마음을 내라!"라고 말씀하셨다. 여기에서 '머무름 없음'은 집착하지 않음을 말한다. 상을 떠남[離相]은 우주의 만상과 만법에 미혹되는 것이 아니다. 깨끗한 본성을 지키고, 초탈하여 집착하지 않기 때문에 상을 떠남은 곧 '머무름 없음[無住]'이다. 부처님께서는 색깔·소리·향기·맛·촉각·법의 육진(六塵)에 머무는 바 없음을 강조하셨다. 그런데 사실상 육진은 우주 시방 삼계의 삼라만상을 결코 포괄하지 못한다. 반야지혜는 성공(性空)이기 때문에 모든 것을 통달할 수 있다. "찰나의 순간에 처음부터 끝을 보고, 작은 먼지에 대천세계가 감추어져 있네."•라는 말은 중국에서 예로부터 전하는 "한 나뭇잎이 떨어짐을 보고 천하에 가을이 옴을 안다." ••라고 하는 이치와 유사하다.

　'무아'는 곧 '나'의 정화(淨化)이다. '나'에서 '무아'에 이르는 과정은 곧 생사에서 열반에 이르는 과정이며, 암흑에서 광명에 이르는 피안이고, 더러움에서 깨끗함에 이르는 노정, 번뇌에서 보리에 이르는 통과의례, 윤회에서 해탈에 이르는 단계이다. 반야공성은 바로 가장 근본적인 교량이고, 모든 법의 실상(實相)을 깨닫는 날카로운 검으로서 모든 법의 실상을 비춰볼 수 있다. 그럼 자성은 외경(外境)에 미혹되거나 동요되지 않아 저절로 평온함을 얻어 여여하게 움직이지 않는 선정의 경계가 앞에 나타난다. 생활 가운데 깨끗한 마음을 지킬 수 있으면 복이 활짝 트이는 인생을 얻을 수 있다. 마음에 외물(外物)이 없어 어떠한 장애도 걸려 있지 않아 어떠한 번뇌도 없기 때문이다.

---

•　"刹那見終古, 微塵藏大千."
••　"一葉落知天下秋."

## 깨끗한 마음은 안락한 것이다

이 세계는 번잡하며, 우리가 상황에 따라 휩쓸리는, 어쩔 도리가 없는 지경에 훨씬 더 많이 빠진다. 이러한 생활 상태는 사람을 지쳐 버리게 한다. 만약 자신의 마음을 잘 정리할 수 있으면 우리의 세계는 곧 비할 수 없이 깨끗해질 것이다.

한 생각에 마음 청량해지니,  一念心淸凉
연꽃이 곳곳에 피는구나.  蓮花處處開
한 송이 꽃에 한 정토요,  一花一淨土
한 정토에 한 분의 여래이다.  一土一如來

부처님께서는 인생에 대하여 아무리 생각해도 이해할 수 없는 것을 고민하던 가운데 깨끗한 자심의 아름다운 점을 깨달음으로써 절묘하게 아름다운 열반의 경지에 들게 되었다.

만약 마음이 깨끗하면 시방세계의 모든 국토가 깨끗하여, 모두 연꽃처럼 일념의 마음속에 나타난다. 모든 범부는 잠깐 동안 청정함을 갖고 있으나, 항상 마음을 닦아야 깨끗한 마음을 유지할 수 있다.

몹시 어수선한 생활

# 망념은 잡초이다

망념은 자기도 모르게 생긴다. 그리고 항상 우리들의 꿈을 빼앗고 대신 들어가 우리의 시간을 낭비하고, 우리의 정력을 소모한다. 망념을 없애는 것은 논에 난 잡초를 호미로 뽑아 주는 것과 같다.

## 염과 무념

'염(念)', 즉 '생각'은 곧 사고하는 것으로 현상에서 생각이 일어난다. 보이는 것은 모두 가상(假相)으로 번뇌에 시달리는 마음이 생겨서 기쁨과 분노, 슬픔과 즐거움 등의 여러 가지 망념이 일어난다. 우리는 생각을 기억이나 그리움으로 이해할 수 있다. 그러나 이러한 기억이나 경험은 비록 축적되고 광범위해지지만 여전히 신뢰할 수 없는 것임을 우리는 분명히 알아야 한다. 기억이나 경험은 종종 감정이나 지력(智力)에 영향을 받아 어떤 편견을 형성하고, 심지어 사실과 위배되는 체험을 하게 하기 때문이다. 우리의 의식은 기계처럼 영원할 수 없으며, 감정과 이성이 분명히 나누어져 있다. 이 때문에 설사 지극히 작은 잘못된 요소가 섞이더라도 기억의 왜곡을 야기할 수 있다. '무념(無念)'은 생각을 하지 않는 것이지 현실세계 속에서 사람의 모든 인식 활동을 멈추어야 하는 게 아니며, 세속의 세계를 마주보며 그 세계에 제약을 받지 않는 것이다. 만약 외경(外境)을 인식할 수 있으나 또한 그것에 대해 집착을 만들지 않으면, 외경에 끌려 다니지 않으며, 따라서 모든 주관적인 소망과 집착을 근절할 수 있다.

## 정념과 망념

212 　『대념처경(大念處經)』에서 "생각[念]은 반드시 연(緣)하는 것에 끊임없이 집

# 망념의 깊은 우물

사람들은 무명에 혹사당하며 감각상의 기쁨에 끊임없이 집착해 먹기만을 좋아하고, 일에는 게으르며, 정진하지 않는다. 또 외적인 물질에 집착하고 온갖 굴레에 얽매임을 받아 성취하는 것이 하나라도 있으면 교만해지고, 자만하며, 마음에 족쇄를 채우게 된다. 이러한 모든 망념은 사람들이 '보물'이라고 하는 것을 끊임없이 찾아가도록 만들고, 이러한 물건들을 찾게 하는 동시에 하나의 깊은 우물을 파게 해 그곳에 끊임없이 밀어 넣는다.

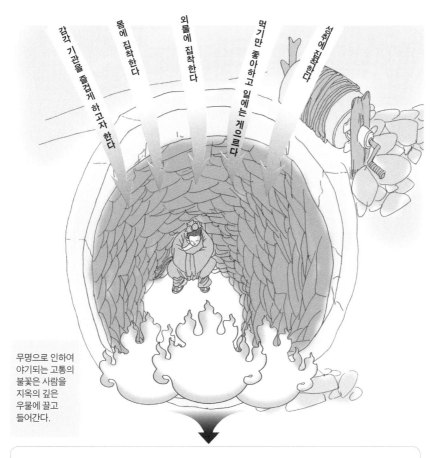

감각 기관을 즐겁게 하고자 한다

몸에 집착한다

외물에 집착한다

먹기만 좋아하고 일에는 게으르다

보물을 집착한다

무명으로 인하여 야기되는 고통의 불꽃은 사람을 지옥의 깊은 우물에 끌고 들어간다.

- 과거와 미래 및 이 둘 사이의 관계를 모른다.
- 안과 밖 및 이 둘의 관련을 모른다.
- 행위와 결과 및 이 둘의 관련을 모른다.
- 불·법·승과 고통을 멈추는 방법을 모른다.
- 고·집·멸·도와 고통을 멈추게 하는 실천을 모른다.
- 인(因)과 인이 야기하여 후속되는 모든 것을 모른다.
- 선, 악, 유죄, 무죄, 습관적인 것이나 평범하지 않은 것을 모른다.

- 좋고 나쁨, 더럽고 깨끗함의 연기(緣起)를 분별하지 못한다.
- 여섯 가지 감각 기관이 일으키는 결과에 대하여 여실하게 아는 것이 없다.
- 연기가 발생할 때마다 야기되는 자아, 고통, 갈망, 애욕에 대한 원인.
- 모르거나 보지 못하거나 혹은 그 하나만 알고 전부를 흔히 이해할 수 없고,
- 이러한 치암(痴暗), 무명(無明), 대명(大冥) 등을 모두 '무명'이라고 한다.

중하고, 흐름에 따라 생각이 흘러가며, 과거에 미련을 두지 않고, 미래를 거머잡지 않으며, 지금 이 자리에 묶여 생각한다."●라고 하였다. '정념(正念)'은 곧 깨달아 비춤을 유지하고, 지금의 존재 상태를 아주 똑바로 깨달아 살피며, 지금 이 자리에 집중하는 것이고, 흐름에 따라 생각이 흘러간다는 의미이다. '망념(妄念)'은 정처 없이 떠다니는 흰 구름처럼 까닭 없이 생겨 전혀 두서가 없고, 본래 깨끗한 우리의 마음자리에 잡초가 수북이 자라게 하며, 우리를 몽롱하고 피곤한 상태에 들어가게 한다.

우리는 현실 생활 속에서 불교의 수행에서 말하는 '사대개공(四大皆空)'을 진정으로 깨닫고, 고요한 열반을 진정으로 이룰 수 없기 때문이다. 그래서 우리 같은 보통 사람들이 말하기를 정념과 망념은 모두 근본적으로 없앨 수 없다고 한다. 정념과 망념 중 어느 것이 위에 있고, 어느 것이 아래에 있으며, 어느 것이 나타나고, 어느 것이 숨었는지, 그리고 나타나고 잠복하는 시간의 길이 등을 구별함에 따라 한 사람의 정서와 심경의 좋고 나쁨을 기본적으로 결정한다고 한다. 따라서 우리는 정념을 떠올려야 하며, 생각마다 이어지게 해야 한다. 다시 말해서, 우리는 망념을 억제하는 어떠한 것에도 결코 힘쓸 수 없지만, 그것에 얽매여서는 안 된다. 우리의 주의력은 마땅히 적극적인 것에 관심을 갖고, 새로운 생각이 낡은 생각을 압도하도록 해야 한다.

마음속에 무심한 운무가 나타날 때 그것을 몰아내려는 대신 마음의 문을 활짝 열어 놓으면 햇빛과 달빛이 비추고 들어가 안개가 차츰차츰 저절로 사라지게 될 것이다. 그럼 자아의 어두운 면을 힘을 다해 없애는 헛수고를 하지 않아 우리의 심리 에너지를 절약할 수 있고, 적극적인 것을 추구하는 데 쓸 수 있다. 정념이 위에 있고, 망념이 아래에 있으며, 광명이 앞에 있고, 어둠이 뒤에 있다.

● "念必須不間斷地專注所緣, 而且念滋在滋, 不眷戀過去, 也不攀援未來, 繫念於當下."

# 모두 집착이 야기한 재앙

집착은 앞으로 나아가는 가속기이며, 우리로 하여금 겹겹이 부딪치는 난관을 돌파하게 하여 승리를 획득하게 한다. 동시에 그것은 심연으로 통하는 도로의 표지이고, 사람들로 하여금 늪에 빠져들게 하여 스스로 헤쳐 나올 수 없게 한다.

불교에서는 '아집'에 대해 이야기하는데, 중생이 '무명'으로 인하여 자아 혹은 외재하는 물질적인 욕망에 집착하지만, 이러한 것들은 진실로 존재하는 것이 아니기 때문에 이로 인하여 온갖 번뇌가 생성될 수 있다. 현실 속에 집착하는 사람은 적지 않다. 어떤 사람은 집착의 무한한 동력을 빌려 광명으로 통행하는 큰 길을 열어 놓지만, 어떤 사람은 과분한 집착으로 인하여 자기의 일생을 망치기도 한다.

### 무엇이 집착인가

현실 속에서 우리가 집착하는 것은 종종 대단히 아름다운 것이지만 또 잠시도 얻지 못하는 것이기도 하다. 예를 들어 재산, 사업, 애정과 같은 이러한 것들은 본래 모두 매우 보편적인 것들이지만 사람들이 과장하여 허황된 부호로 만들어 버렸으며, 우리가 집착하는 것은 이미 실재하는 행복이 아니라 매우 어두운 욕망의 블랙홀인 것이다. 집착의 또 다른 의미는 버리지 못하고 지나치게 염두에 두어 내려놓지 못하는 생각과 견해 혹은 자기의 입장과 태도 및 신분이다. 자신과 상관된 것은 그게 언제든, 어떤 일, 어떤 물건, 어떤 사람, 어떤 관념이든지 모두 전혀 이유 없이 신경 쓰는 것. 이것이 바로 집착이며, 번뇌의 근원이다.

## 집착은 어디서부터 잘못되었을까

일찍이 자신의 집념에 집착하고, 베푼 것에 언제나 보답이 있을 것이라고 생각하며, 그러다보면 늘 즐거움을 얻을 것이라 여긴다. 하지만 집착의 결과가 종종 실망스럽다. 그것은 그 동기나 즐거움을 얻길 희망하는 것 때문이 아니다. 자신이 귀중하게 여기는 그 집착이 원래 집착할 수 없는 것이기 때문이다. 만약 버리지 못하면 얻는 것은 고통뿐이다.

손에 동전을 쥐고 손바닥을 아래로 하고 있다고 가정해 보자. 우리는 손이 풀리면 그것을 잃어버릴까 두려워한다. 그래서 쥐고 있을수록 힘을 주게 되고, 설사 손이 아파도 놓지 못한다. 왜냐하면 자신이 집착해야 하는 물건을 놓으면 이전에 받았던 고통도 모두 헛수고로 돌아간다고 생각하기 때문이다. 그리하여 고통에 시달리는 가운데 집착은 점점 일종의 병적인 상태가 된다. 결국 자신도 자신이 얻으려고 하는 것이 동전인지 집착인지 모른다. 일단 손을 놓으면 동전은 떼구르르 바닥 위에 떨어지고, 손바닥에는 피멍의 흔적만 남게 된다. 그럼 방식을 바꿔 손바닥을 위로 향하게 해 더 이상 긴장하지 않고 느긋하고 부드럽게 그것을 포용하면 설사 손을 펴더라도 동전은 여전히 거기에 있다.

우리는 언제나 즐겁기를 바라지만 즐거움을 추구하는 방식이 서툴러서 훨씬 더 많은 우울함을 가져오는 데 이르게 된다. 우리는 반드시 움켜잡고 있어야 즐거움을 보장받을 수 있다고 생각한다. 그것이 바로 집착이며, 자기에게 즐거움을 가져다준 사물에 놀라 멀리 물러나게 된다. 그러므로 마음과 생각에서 집착을 끊어 버릴 방법을 모색하면 번뇌로부터 해탈할 수 있다. 마음속에 번뇌와 집착이 없으면 그 누구도 우리의 마음속에 자재함과 해탈을 빼앗아 갈 수 없으니 이것이야말로 진정한 즐거움인 것이다!

# 마음의 집착을 내려놓는 법을 배우다

어떤 사람이 말하기를 행복은 마치 손안에 있는 모래와 같아서 꼭 쥘수록 더 빨리 흘러내린다고 했다.
집착은 항상 우리들이 행복에 다가갈수록 더욱 멀어지게 한다. 따라서 덮어놓고 집착할 게 아니라,
취사선택할 줄 알아야 한다.

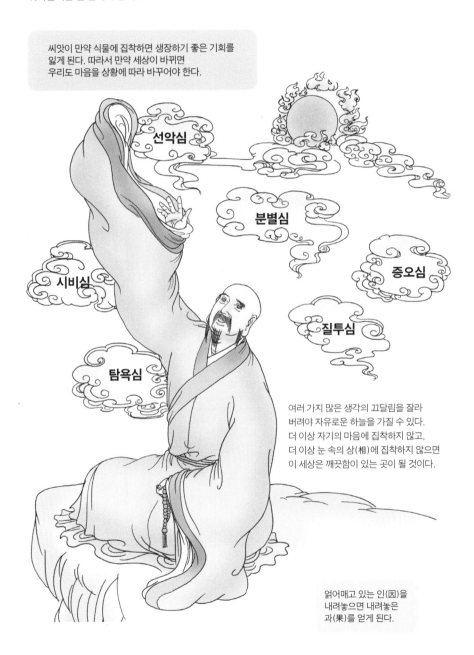

씨앗이 만약 식물에 집착하면 생장하기 좋은 기회를
잃게 된다. 따라서 만약 세상이 바뀌면
우리도 마음을 상황에 따라 바꾸어야 한다.

선악심

분별심

증오심

시비심

질투심

탐욕심

여러 가지 많은 생각의 끄달림을 잘라
버려야 자유로운 하늘을 가질 수 있다.
더 이상 자기의 마음에 집착하지 않고,
더 이상 눈 속의 상(相)에 집착하지 않으면
이 세상은 깨끗함이 있는 곳이 될 것이다.

얽어매고 있는 인(因)을
내려놓으면 내려놓은
과(果)를 얻게 된다.

過去와 미래는 얻을 수 없다

# 지금 이 자리에 안주하라

미래가 행복하기를 기다릴 필요가 없다. 지금 이 자리를 행복하게 하면 충분하다.

## 우리는 현재에만 있다

불교에서는 어떠한 현상과 사물의 한쪽 면은 지극히 짧은 찰나에 존재할 수 있다고 여기며, 이것을 찰나무상(刹那無常)이라고 일컫는다. 불가에서는 항상 "지금 이 자리에서 살아라."고 말한다. 밥 먹을 때는 밥 먹고, 잠잘 때는 잠자고, 과거의 번뇌를 내려놓으며, 미래에 대한 우려를 버리는, 온몸과 온 마음을 현재의 이 순간에 전념하는 것이 생활의 지혜인 것이다. 매 순간 현재는 유일무이하다. 이것은 과거의 연속이 아니며, 하나하나 이어진 선과 같은 미래도 아니다. 시간은 무수한 '지금 이 자리[當下]'가 함께 꿰여 연결돼 매 순간 순간 지금 현재가 영원할 것이다. 매일, 매 시간, 매 분 모두 특별한 시간이며, 매 찰나마다 유일하다. 가는 것을 쫓을 수는 없으며, 오는 것은 여전히 기다려야 한다. 가장 귀중하고 소중히 여겨야 할 것은 바로 '지금 이 자리'이다. 삶의 의미는 바로 이 하나하나마다 유일한 찰나로 이루어진다. 〈바람과 함께 사라지다〉의 여주인공 스칼렛처럼 고민하는 자신에게 항상 "지금 이런 생각을 하지 말자. 내일 다시 얘기하자. 결국 내일 또다시 새로운 태양이 떠오르니까." 라고 말한 것과 같다. 어제는 이미 지나갔고, 내일은 아직 오지 않았으니 그렇게 많이 생각해서 무엇하겠는가. 이 순간을 잘 지내야 가장 진실한 것이다. 그렇지 않으면 이 순간은 사라져 버린 시간이 될 텐데 어디에서 찾겠는가.

# 정념의 힘

자신이 현재 하고 있는 일을 똑바로 알고, 우리의 마음 상태를 분명히 이해하며, 주위에서 일어나는 사물과 환경에 대하여 뚜렷한 인식이 있어야 한다. 이것이 바로 우리가 항상 말하는 지금 현재를 사는 것이다. 지금 현재에 편안히 머무름은 마음을 과거와 미래에 대한 염려에서 벗어나게 하여 깨끗한 본성으로 돌아가려는 것으로 우리는 정념(正念)의 힘을 빌려야 한다.

## 자나 깨나 생각한다

깨달아 비춤[覺照]을 유지하고, 지금 이 자리의 존재 상태를 또렷하게 깨달아 살핀다[覺察]. 이 순간 눈앞의 광경, 머릿속의 사건, 주변의 사람에게 집중하는 것도 바로 자나 깨나 생각하는 것이다. 마치 꽃등 하나를 보는 것처럼 이 등불을 보면서 다른 등불을 생각할 수는 없다.

## 생각마다 분명하게 한다

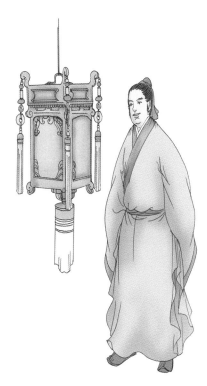

의도적인 각찰(覺察)을 진행하며 우리가 행하는 이 순간 행동의 과정과 단계를 느껴야 한다. 모든 세부 사항마다 열심히 말이다. 만약 우리가 등잔불 하나를 바라보고 있을 때 온 정신을 다 이 등잔불에 집중해야 하는 것처럼 그것의 형태, 색깔, 도안, 미적 감각 등을 깨달아 알아 가야 한다.

## 과거를 기억하되 거기에 살지는 마라

이상하게도 우리가 마음에서 내려놓지 못하고 집착하는 것을 살펴보면 언제나 모두 고통스런 기억이다. 우리는 과거의 잘못에 끊임없이 얽혀 고통 받는다. 하지만 우리는 자신이 얼마나 오래 고통을 받아야 하는지를 결정할 수 있는 유일한 존재이다. 그런데 어째서 우리는 보름가량의 시간 동안이나 스스로를 고통스럽게 하고, 심지어는 몇 년 동안이나 여전히 '내려놓으려' 하지 않는 걸까? 우리는 이미 발생한 사건에 대하여 늘 마음에 두고 있을 때가 많다. 사실 무익한 번뇌를 내려놓지 못하고 끌어안고 있는 것이다. 너무 마음에 두지 않아야 홀가분한 삶의 태도로 살 수 있다.

인연은 왔다 가고, 모든 일은 무상하며, 영원한 것은 없으므로 우리가 현재 가지고 있는 것은 과거가 될 것이다. 세상은 과거가 되고, 사람은 떠나가지만 우리의 마음은 과거를 따라갈 필요가 없으며, 따라서 떠날 필요도 없다. 인생은 지금 현재가 모두 진짜이며, 인연이 가면 환영이 되고, 지나가 버린 것은 다시 돌아올 수 없다. 때문에 눈앞의 매 순간마다 모두 열심히 살아야 하고, 모든 일마다 성실해야 하며, 모든 사람마다 진지하게 대해야 한다. 인연이 가면 환영이 되므로 자신에게 '이미 너무 늦었다'는 여한을 다시 되풀이하지 마라.

## 내일 무슨 일이 일어날지 아무도 모른다

"한가한 시간이 나면 즐기자!"라고 희망을 걸지만 우리는 아마도 있었을 얼마나 많은 행복을 잃어버렸는지 알지 못한다. 언젠가는 한숨 돌릴 수 있다 거나 혹은 고민거리가 다 지나가는 날이 있기를 더 이상 기다리지 말아야 목표나 이상을 실현해 갈 수 있다. 인생 가운데 대부분의 아름다운 사물은 모두 잠깐 사이에 지나가기 쉬운 것이니 이 순간 그것들을 즐기고, 만끽하며, 우리 주위의 모든 사람을 잘 대해야 한다. 모든 난제가 '완벽한 결말'을 맞길 기다리는 데 시간을 낭비하지 마라.

만약 우리가 1월에 있다면, 2월에 대한 환상으로 이 달에 얻을 수 있는 좋은 기회를 상실해선 안 된다. 다시 말해 미래에 대한 계획의 동경 때문에

# 생명의 아름다움을 느끼다

지금 현재에 편안히 머무르고, 지금 자신이 하고 있는 일을 깨달아 아는 것은 우리가 스스로를
기계적이고 완고하게 경직시키는 것이 결코 아니다. 그것은 우리에게 생명의 모든 순간마다 리듬과
미묘함을 체험해 가도록 하고, 그 속에서 생명의 아름다움을 발견하도록 해 줄 것이다.

**아름다움은 결코 아득히
먼 것이 아니다**

우리는 늘 아름다운 것은 꿈이나
환상처럼 아득히 먼 것이라고
생각한다. 무심코 고개를 돌려 보면
비로소 원래 이 세상이 아름다움이
있는 곳이며, 산과 강, 바위와
나무 하나하나 모두 가장 뛰어난
자연적인 아름다움임을
발견하게 된다.

**지금 이 자리가
아름다운 것이다**

지금 현재를 가만히 주시하고,
이미 지나간 것과 아직 오지
않은 것을 생각하지 않으면,
생명은 쉽게 흘러가며,
지금 현재가 바로
아름다운 것이 된다.

현재를 헛되이 낭비하지 말아야 한다. 하늘에 있는 별빛을 주시하고 있어 주위의 아름다운 야경을 보지 못하거나 발밑에 있는 장미를 밟지 말아야 하는 것이다.

우리는 모든 정력을 현실 속에 쏟아 붓고, 오늘에 기울이며, '지금 당장'에 공들여야 한다. 만약 오늘 우리가 단지 1퍼센트의 행복만 얻을 수 있다 하더라도 내일 얻을 99퍼센트의 행복에 과욕을 부릴 필요가 없다. 행복은 한 점 한 방울이 쌓여 이루어지며 이 1퍼센트의 투입이 없으면 99퍼센트의 결과를 만들 수 없다. 인생에 초고(礎稿)란 없다. 삶은 우리에게 초고를 써 볼 기회를 주지 않는다. 우리가 생각하는 초고는 사실 우리 인생의 답지이다. 그것은 다시 퇴고(推敲)할 수도, 새로 다시 쓸 수도 없다. 그러므로 우리는 현재를 잘 파악하고 열심히 대해야 한다.

## 현재 지니고 있는 것에 감사하라

만약 지금껏 당신이 전쟁의 위험이나 감옥에서의 고독, 가혹한 형벌의 고초를 맛보지 않았다면, 어떠한 위협이나 폭행, 살해의 위험에 처해 보지 않았다면, 만약 오늘 아침 당신이 일어났을 때 몸이 건강하고 질병이 없다면, 만약 당신의 냉장고에 먹을거리가 있고, 옷장에 옷이 있고, 살 수 있는 집과 잘 수 있는 침대가 있다면, 만약 당신의 계좌에 자금이 있고, 지갑에 용돈이 있다면, 만약 당신에게 설사 서로 먼 거리에 있다 하더라도 가족과 친구를 동행하고 있다면 당신은 이 세상에서 가장 행복한 사람이다.

대다수의 사람들은 생명 가운데 아름다운 것을 지니고 있으나 그것들로 하여금 즐거움이나 만족감을 느끼기 어려운데, 그 원인을 보면 늘 '아직 얻지 못한 것'에 항상 마음을 두고 있어 '이미 가지고 있는 것'을 실감할 시간과 감정이 없기 때문이다. '아직 얻지 못한 것'은 어느 날 마침내 '이미 가지고 있는 것'이 될 수 있는데, 만약 감사함과 소중함을 알지 못하면 '이미 가지고 있는 것'은 결국 어느 날 '잃어버린 것'이 될 수 있음을 전혀 알지 못한다. 사실 우리의 생명은 생각하는 것만큼 강하지 못하다. 어떤 변화를 만나 생활이 원래의 궤도를 벗어나 생명의 취약한 본질이 노출되면 과거의 것이든 미래의 것이든 모두 더 이상 중요하지 않게 되어 버린다. 지금 현재를 파악하고, 지금 현재를 잘살고, 오늘을 소중히 여기며, 이 순간을 잘 지내야 가장 진실한 것이다.

서쪽으로 지는 석양의 아름다움

# 죽음의 고별

죽음은 인생의 친구이며, 지도자이다. 만약 종점에 서서 이 일생의 길을 볼 기회가 있다면 당신은 반드시 "나는 잘 살겠습니다."고 말할 것이다.

## 생사무상

불교에서는 생사가 무상하다고 말한다. 생명은 모든 사람에게 있어서 결코 영원하지 않기 때문에 우리는 백 세까지 장수하는 것에 집착할 필요가 없으며, 생명이 유수처럼 빨리 지나가는 것을 슬퍼할 필요도 없다. 우리가 태어나자마자 죽음도 우리를 따라 함께 태어났으며, 삶의 모든 순간마다 죽음을 향해 이동하고 있으므로 우리가 잡고 있을 수 있는 것은 생명의 한 순간순간일 뿐이다. 호라티우스*는 우리에게 "매일 이것이 당신 최후의 하루라고 상상한다면 당신이 간절히 바라지 못하는 내일은 갈수록 그리워질 것이다."라고 말하였다. 이 구절은 우리에게 생명을 소중히 여기고, 삶 속의 매일매일에 감사하라는 말이다.

## 나약한 생명

많은 심오한 철학가들은 '시험에 실패하거나 승진에 좌절하고, 이웃과의 사이가 나쁘며, 가정이 불화하고, 연인과 헤어지고, 형제와 다투는 등 파란만장한 인생 뒤에 모든 생명은 얼마나 나약한가'라고 결론짓는다. 심지어 갖가지 사소한 일로 사람은 이성을 잃게 되고 마음이 대단히 혼란스러워져서 자

* [편집자주] 고대 로마의 시인.

## 죽음은 생명의 종결이 아니다

불교에서는 생사윤회를 주장한다. 한편 살아 있을 때 죽게 될 날이 있고, 삶과 죽음 사이는 겨우 종이 한 장 차이임을 알아야 한다. 또 다른 한편으론 죽음이 결코 종결이 아니며, 새로운 시작임을 알아야 한다.

**생명의 순환**
불교에서는 '승진의 경사'로 죽음을 비유한다. 이것은 곧 낡은 집을 새 집으로 바꾸는 것처럼 사람의 육신이 망가지고, 생명이 금번 세상에서 끝나도 여전히 새로운 육신과 새로운 생명 형식이 생기는 것이다.

모든 사람은 삶과 죽음을 겪어야 한다. 삶과 죽음은 생명의 양면에 불과하다. 우리는 반드시 죽음을 똑바로 응시하고, 그것을 판별해 받아들여야 하며, 우리가 이 순간의 생활을 잘 대하는 것처럼 죽음 역시 잘 대해야 한다.

살이나 살인 같은 생명의 위험을 초래하기도 한다. 고대 뱃사람들이 하던 말 중에 "갑판 밑은 지옥이다."라는 말이 있다. 단지 널판 하나를 사이에 두고 삶 과 죽음의 두 경계가 있으니 생명은 나약하고, 언제 어디서든 재난을 만날 수 있음을 알 수 있다. 만약 우리에게 이러한 깨달음이 있다면 마음속에 '현재 가 생명의 마지막 순간이다.'라는 생각을 갖게 되어 어떠한 상황을 만나더라 도 놀라 어쩔 줄 몰라 하지 않을 것이다. 생명이 이렇게 오고 가는 것이 무상 하니 우리는 그것을 더욱 소중하게 여기며 잘 이용하고, 아주 알차게 하여 이 무상하고 귀중한 생명이 진정 아름다운 빛을 내뿜게 함으로써 그것의 진정 한 가치를 비추도록 해야 한다.

## 죽음이 말하고 있는 의미

죽음은 인생의 친구이며, 인생의 지도자이기도 하다. 종점에 서서 그곳으로 통하는 도로를 돌아보면 깨닫는 게 있기 때문이다. 화장터에 가서 죽음을 보 면 인생의 참뜻, 규칙과 느낌 같은 많은 것들을 생각하게 된다. 죽음을 모르는 데 어떻게 삶을 알겠는가. 죽음의 문제에 있어서 충분히 생각하고 있어야만 인생의 마지막 길이 비로소 삶의 과정 속에 더욱 멋지게 펼쳐질 수 있다. 죽음 은 살아 있는 사람들에게 더욱 의미 있다. 만약 우리가 죽음을 충분히 깊게 생 각할 수 있고, 죽음의 체험이 있다면 평소 중시하지 않았던 이치들을 발견하 게 될 것이다. 살아 있음에 대한 찬양과 허영으로 포장된 분주한 현실 생활로 부터 벗어나 마음을 가다듬어 죽음과 이야기하고, 죽음의 입장에 서서 오늘 가장 가치 있는 일을 하였는가를 보아야 한다.

사람이 백 세를 산다고 해도 인간 세상에 36,500일 동안 살 뿐이니 생명 이 무상하다는 말의 참뜻을 깨달아야 한다. '사실 사는 건 정말 좋아!'라고 생 각할 수 있기엔 인생이 너무 짧다. 이 세상에서 친구를 사귀거나 적을 만나며 살 수 있는 것은 하늘이 우리에게 기회와 인연을 준 것이니, 죽음을 두려워하 지 말고 열심히 살며, 지금의 모든 순간을 귀중히 여겨야 한다. 그것이 하늘 이 당신에게 준 연(緣)인 것이다.

삶과 죽음을 조용히 지켜보다

# 생명이 떨어질 때를 맞이하다

죽음에 대한 두려움을 없애고 싶다면 그것에서 도피하거나 회피해서는 안 된다. 살아 있을 때 항상 '죽음을 생각'해야 한다.

## 생명의 네 단계

윤회는 시작도 없고 끝도 없으며, 생명 형식의 전환도 그 수를 셀 수 없다. 한 번의 생명은 생유(生有)·본유(本有)·사유(死有)·중유(中有)의 네 단계로 나눌 수 있다. 여기에서 '유(有)'는 생존, 존재를 함의한다. 불교의 분석에 따르면 이 네 단계는 한 유정(有情)이 출생하고, 생존하며, 임종에 이르고, 죽은 뒤의 상황을 정확하게 묘사해 낸다.

'생유'는 곧 중생의 인연이 성숙해져 모태에 드는 그 찰나를 가리킨다. '본유'는 모태에 머물렀다가 태어나 성장하고 노쇠해져 죽음에 임하게 되는 과정, 즉 '살아 있을 때'의 생명 현상을 말한다. '사유'는 임종하는 그 찰나로, 즉 생명의 기미가 사라지는 것이다. '중유'는 죽은 뒤 다시 태어날 때까지 다음 세의 유정이 되는 사이의 생명 현상으로 '중음신(中陰身)'이라고도 한다. '생유'와 '사유'의 시간은 각각 삶과 죽음의 한 찰나이며, '본유'와 '중유'는 시간의 길이가 다르다. 마치 해가 뜨고 해가 지는 것과 같이 생명도 생유와 본유, 사유와 중유의 궤적을 따라 순환해야 한다. 생유와 사유는 각각 해가 뜨고 해가 지는 순간에 해당하며, 본유와 중유는 각각 대낮과 한밤중의 두 과정에 해당한다.

망자의 의식이 육신과 떨어져 사망의 과정이 종결되면 사람은 '중음신'의 단계에 들어간다. 중음신은 결코 실체가 없으며, 대개 '신상(身相)'만 갖추었을 뿐이다. 중음신의 시간은 길지 않다. 7일이 한 기(期)로 길어야 7기에 불과하다. 49일의 어느 때 중음신은 다시 생명을 받을 수 있으며, 49일을 넘어 이리저리 떠도는 것은 절대로 불가능하다.

### '죽음을 생각함[念死]'의 사유를 키우다

불교에서는 '죽음을 생각함'을 대단히 중시한다. 인간으로 태어나 살 수 있었던 것은 완전히 과거세의 선업이 이끌었기 때문이며, 금생에 지은 여러 가지 행위는 또 내세에 태어날 인(因)으로, 선업이 가져올 낙과(樂果), 악업이 가져올 고과(苦果)가 될 수 있다. 만약 후세에 선도(善道)에 태어날 것이라면 우리는 당연히 죽음을 두려워하지 않을 것이다. 그러나 만약 후세에 지옥이나 아귀 등의 악도(惡道)에 태어날 것이라면 죽음에 임했을 때 대단히 후회하고 두려워할 것이다. 이것이 바로 '죽음을 생각함'의 이유이다. 만약 죽음에 이를 것을 생각하지 못하면 우리는 언제나 그저 즐기기만 할 것이고, 심지어 천하의 몹쓸 짓도 할 것이다. 이와 반대로 만약 진지하게 죽음을 생각한다면 우리는 후세를 위하여 열심히 준비할 것이다.

죽음을 생각하는 것은 사람으로 하여금 부지런히 보시하고, 계율을 지키는 등의 착한 행동을 실천해 가도록 한다. 또 사람이 자신의 진한심(瞋恨心)과 탐착심(貪着心)을 깨고 모든 번뇌와 악행을 부수어 나갈 수 있도록 한다. 가장 관건이 되는 것은 '죽음을 생각함'을 이해하는 사람은 임종 시 마치 나그네가 고향집으로 돌아가는 것처럼 편안한 마음이 된다는 것이다. 따라서 기쁜 마음으로 죽음을 대할 수 있고 두려움을 느끼지 않을 것이다.

# 살아 있을 때 항상 죽음을 생각하다

## 항상 죽음을 생각해야 삶을 이해할 수 있다

만약 살아 있을 때 항상 죽음을 생각하지 않으면
우리는 그저 세상의 안락함을 즐기기만 하고,
다음 생의 선악과보(善惡果報)를 등한시할 것이다.
그러나 평소 항상 진지하게 죽음을 생각한다면
우리는 후세를 위하여 열심히 준비할 것이다.

## 죽음을 생각함의 이익과 죽음을 생각하지 않음의 허물과 우환[過患]

| 죽음을 생각함의 이익 | ← 죽음을 생각함 → | 죽음을 생각하지 않음의 과환(過患) |
|---|---|---|

**죽음을 생각함의 이익**

1. 죽음을 생각하는 것은 사람이 후세를 위하여 삼선도에 나아가기 위해 선법을 익히도록 한다.

2. 죽음을 생각하는 것은 진한심과 탐착심을 깨뜨리는 데 있어서 비할 수 없이 막강한 힘을 갖게 한다.

3. 죽음을 생각하는 것은 우리가 최초로 수행함에 있어 정진하도록 돕는 주된 원인이자 채찍이 되어 마침내 법을 닦아 원만해지도록 할 수 있다.

4. 죽음을 생각하는 것은 임종 시 사람을 편안하고 즐겁게 죽음을 대면할 수 있도록 한다.

**죽음을 생각하지 않음의 과환(過患)**

1. 정법(正法)을 생각하지 않으면 하루 종일 현세의 안락과 분주함만을 위한다.

2. 설령 불법을 생각하더라도 마음이 산만하면 정과(正果)를 얻을 수 없다.

3. 설사 수행하더라도 세상의 허영은 극복할 수 없다.

4. 죽음을 생각하지 않기 때문에 선행을 행함에 있어 노력하지 않고, 쉽게 지치게 된다.

5. 현세의 이익을 추구하여 탐욕·성냄·어리석음의 세 가지 번뇌가 생기게 된다.

6. 임종 시 수행의 중요성을 인식하지만 이미 너무 늦어 후회만 하다가 죽는다.

229

죽음의 신비한 베일을 벗기다

# 죽음의 순간

불교에서는 삶을 기뻐하거나 죽음을 슬퍼할 필요가 없다고 생각한다. 임종은 생명 업연(業緣)의 모든 청산이며, 사후의 행방을 결정할 연(緣)이다. 죽은 자는 착한 마음 가운데 선도에서 태어나고, 악한 마음 가운데 악도에서 태어난다.

## 빈사(瀕死)에서 사유(死有)까지

불교에서는 사대 원소와 의식이 서로 다른 측면으로 점점 녹아 사라지는 것을 가지고 죽음을 설명하는데, 이것은 '무상유가부(無上瑜伽部)'*에서 은밀하게 계승되는 독특한 것이다. 잉태되어 형성되는 단계에 있어서는 미세함에서 거친 것으로 형성된다. 그러나 죽을 때의 녹아 사라지는 과정은 거친 것에서 미세함에 이르는 것이다. 우선 지대(地大)의 원색(原色)이 쇠퇴하고, 수대(水大)의 원소가 녹아 들어가며, 이어서 화대(火大)가 풍대(風大)에 녹아 들어가고, 마지막으로 풍대가 의식에 녹아 들어간다.

　　임종의 실제 과정은 다음과 같은 여덟 단계가 들어 있다. 앞의 네 단계는 사대 원소가 하나하나 와해되는 과정이고, 뒤의 네 단계는 의식에 관계된 것이 마음의 가장 깊은 층에 녹아드는 것이며, 이것이 바로 '징명심(澄明心)'이기도 하다. 갑작스럽게 죽게 되는 경우에 사자는 이 단계를 대단히 빠르게 겪을 수 있어 그것들을 주의할 수 있는 어떤 기회가 없다. 하지만 서서히 죽는 사람의 경우 이러한 다른 단계를 판별하고 이용할 수 있을 것이다. 사실 죽는 과정은 바로 깊은 마음의 경지의 안내도이며, 이러한 심층적인 마음의 경지는 생명 속에서 매일 나타나지만 언제나 간과되고 있다. 예를 들어 잠들고,

---

* 밀교의 4단계 수행 가운데 최고의 단계로서 금강승(金剛乘)에 속한다. 방편과 지혜를 함께 수련하여 '불경계(佛境界)'에 도달하는 '즉신성불(卽身成佛)'을 제창한다.

# 죽음의 분해

죽음이 시작되면 인체의 사대도 분해되기 시작한다. 사대는 지·수·화·풍 네 종류의 원소를 포함하며, 이것들은 인체의 네 가지 기능, 근육, 체액, 체온, 호흡으로 나타나 서로 호응한다. 죽음이 시작될 때 임종하는 사람에게 강렬한 신체적 느낌이 일어날 수 있으며, 이것이 곧 죽음의 특징이다.

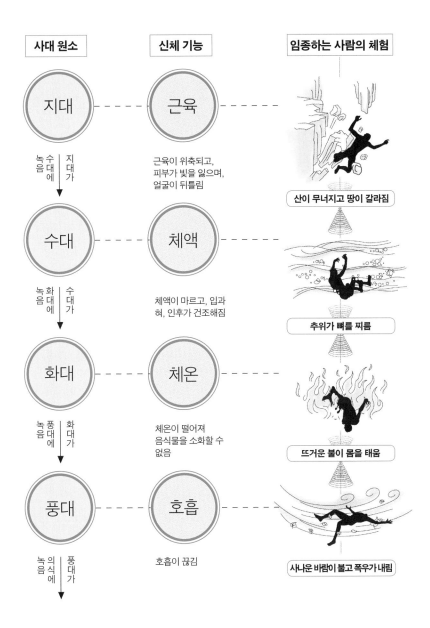

| 사대 원소 | 신체 기능 | 임종하는 사람의 체험 |
|---|---|---|
| 지대 | 근육 | |
| 수대가 지대에 녹음 | 근육이 위축되고, 피부가 빛을 잃으며, 얼굴이 뒤틀림 | 산이 무너지고 땅이 갈라짐 |
| 수대 | 체액 | |
| 화대가 수대에 녹음 | 체액이 마르고, 입과 혀, 인후가 건조해짐 | 추위가 뼈를 찌름 |
| 화대 | 체온 | |
| 풍대가 화대에 녹음 | 체온이 떨어져 음식물을 소화할 수 없음 | 뜨거운 불이 몸을 태움 |
| 풍대 | 호흡 | |
| 의식이 풍대에 녹음 | 호흡이 끊김 | 사나운 바람이 불고 폭우가 내림 |

꿈에서 깨고, 재채기 하고, 기절하는 것은 그것들이 진행되는 순서가 방금 뒤바뀌는 것에 지나지 않는다. 간단하게 말해서 망자의 심식(心識)이 육신을 떠나면 곧 사망하는 것이다.

## 사대는 점차 분해된다

일반적으로 말해 이 분해 과정은 바로 비교적 거친 원소가 비교적 미세한 원소로 녹아 사라지는 것이다. 전자가 의식을 붙들고 있을 능력이 쇠퇴했을 때, 후자는 더욱 현저하게 변한다. 사대가 녹으면 여러 가지 환상을 야기한다. 설사 눈과 귀가 그 작용을 잃었다 하더라도 기이한 현상을 보고, 무서운 소리를 들을 수 있으며, 동시에 정신적으로는 여러 가지 환각이 일어난다. 어떤 사람의 환각은 비교적 두렵고, 어떤 사람은 즐거운 경험을 할 수도 있으며, 심지어는 불가사의한 환상을 체험할 수도 있다. 이것은 모두 과거세의 선악 행위가 초래한 습성이다. 이러한 차이는 심지어 미래에 다시 태어날 곳을 예고하기도 한다.

지대가 녹아 사라지는 단계에 생성되는 환각은 '신기루'로 묘사되며, 전문 용어로는 '아지랑이[陽焰]'라고 한다. 이때 땅속이나 진흙 속으로 가라앉는 느낌이 들 수 있다. 수대가 녹아 사라지는 단계에 생성되는 환각은 '연기[烟]'로 묘사되며, 이러한 환각은 굴뚝에 옅은 연기가 솟아오르는 것처럼 마음속에서부터 생겨나는 것이다. 화대가 녹아 사라지는 단계에 생성되는 환각은 '반딧불'로 묘사되거나 화성이 하늘을 향해 높이 날아가는 광경으로 묘사된다. 풍대가 분해되는 단계에 생성되는 환각은 '불꽃'으로 묘사되는데, 즉 불꽃이 깜빡깜빡 거려 마치 촛불이 꺼질 듯 말 듯 할 때처럼 최후에 몇 번 갑자기 밝아졌다 어두워졌다 하는 광경이다.

# 무상을 관조하는 선(禪) 수행

변화하기 때문에 '무상'한 것이다. 깨달은 사람의 입장에서 말하면 바로 무상이 있기에 우리 생명의 질이 향상될 수 있는 희망이 있는 것이다.

모든 사물은 항상 바뀌고 있으며 이것이 사물의 실상(實相)이다. 그러나 우리는 어떤 때에 이러한 실상을 받아들이기 어렵고, 평소 경험 속에서 자기도 모르게 사물의 무상함을 배척한다. 우리는 아름다운 사물을 즐겨 보지만 그것들이 사라지는 것을 보고 싶어 하지 않는다. 미인의 만년과 꽃이 시들어 떨어지는 것에서 우리는 울적함과 서글픔을 금치 못한다. 우리는 평온하고 기쁜 것을 즐기지만 그것들이 변하는 것을 보고 싶어 하지 않는다. 친구와 이별하거나 직위를 옮기는 것을 평범하게 대처할 수 없다. 우리는 좋은 것이 좋다고 받아들이기를 원하며, 나쁜 것이 좋게 변하는 것에 대해 항상 관망하고 회의적인 태도를 품게 된다. 그리고 가족이나 친구가 늙고, 병들고, 죽는 것이 무상한 것이고 피할 수 없음을 알지만, 여전히 받아들일 수 없다.

바로 이와 같기에 우리는 비록 만물이 무상하다는 걸 알지만 그러한 사물의 실상을 받아들이길 원치 않아 좌절과 노여움, 상심과 고독, 고통과 절망 등 여러 가지 많은 정서가 생겨나는 것이다. 무상함을 관조하는 것은 우리에게 사물의 무상한 본질을 더욱 숙지하게 하고, 사물의 시종일관 변하는 상태를 관찰할 수 있게 하여 재차 이러한 정서에 대한 체험을 면하게 하며, 점차 '무상함은 사물의 본질'이란 사실을 받아들이는 법을 배우게 된다.

**첫 번째 단계, 준비 작업.** 가장 편안한 자세를 택해 앉아서 몸을 푼다. 그리고 시간을 갖고 호흡하는 데 집중한다. 쭉 마음이 평온해지고 맑아지면 그

233

친다. 우리의 마음이 평온하게 지금 현재에 안주했을 때 자신에게 이 선 수행을 하는 긍정적 동기를 떠올려 본다. 예를 들어 '이번 선 수행은 중생에게 더 큰 평안과 기쁨을 가져다 줄 수 있기를 기원합니다.' 혹은 '이번 선 수행은 내가 깨닫게 하는 인(因)이 되어 내가 중생이 고통에서 벗어나 깨달음을 얻는 데 도움을 될 수 있기를 기원합니다.'라는 것과 같은 동기를 떠올려 본다.

**두 번째 단계, 각찰력(覺察力)을 신체상에 놓는다.** 그리고 신체의 각 부분, 즉 머리, 팔, 두 다리, 피부, 혈액, 골격, 신경 등이 우리의 감각을 쓰는 것을 관상(觀想)하여 이 모든 것을 조사해 본다. 그것들의 본질은 무엇이고, 각 부분을 구성하는 재질, 형상, 크기나 성분을 생각해 본다. 신체 각 부분의 동작을 감지하고, 매 순간마다 발생하고 있는 그것들의 변동, 즉 심장 박동, 혈액의 흐름 등과 같은 것을 눈치채야 한다.

나아가 미세한 신체 부분의 세포 구조는 완전히 활발한 세포로 구성된 것인가를 살피고, 우리 신체의 신진대사, 세포의 탄생과 분해를 느껴 본다. 더 미세한 부분에 있어서 신체 모든 부분은 다 분자와 원자로 조성되었으며, 이러한 것도 모두 계속 변동하고 있는 중이다. 신체에 매 순간마다 변화가 발생하고 있는 것을 느껴 보라.

**세 번째 단계, 주의력을 마음에 놓는다.** 마음속에 각 부분, 즉 생각, 관념, 느낌, 기억, 영상 등과 같은 것을 관찰한다. 몇 분 있다가 흘러 간 자리를 채우며 변하는 흐르는 물처럼 마음이 그렇게 한결같이 움직이고 있는 경험을 단순히 지켜본다. 이때 반드시 경각심을 유지해야 한다. 마음속에 나타나는 일에 대하여 미련을 갖고 집착을 해서는 안 되며, 비판하거나 견해를 내비쳐서도 안 된다. 그저 이러한 변화를 관찰하기만 하면 되는 것이며, 우리들 마음의 무상한 본질에 대하여 어떤 느낌을 느낄 수 있도록 해 본다.

우리 자신의 몸과 마음의 무상함을 사고하고 나서 알아차린 범위를 다시 다른 사물로 확장한다. 우리가 선 수행할 때 처한 환경이든, 아득한 지구 반대편의 사물이든, 과거의 것이든 미래의 것이든 상관없다. 찻잔 하나, 신문 한 부, 바닷속을 헤엄치는 물고기, 하늘을 나는 새, 케케묵은 옛일, 미래의 도시, 이러한 것들은 때로는 견고하고 정지해 있는 듯 보이지만 실제는 다 순식

# 번화함은 한 줌의 가는 모래에 지나지 않는다

다채롭고 풍부한 탕카 만다라 가운데, 모래성의 제작은 사람들의 감탄을 절로 자아낸다. 이것은 특수 제작된 채색 모래를 사용하여 정교하고 아름다운 금강단성(金剛壇城)을 만들어 낸 것이다. 보통 온전히 제작하는 데에만 7일 밤낮이 걸리는데, 일련의 전체적인 의식을 치르고 나서 단성을 허물어뜨리고 하나도 남기지 않는 것은 불교의 '만사개공(萬事皆空)'의 함축된 의미를 나타내는 것이다.

단성을 제작하는 데 쓰이는 재료는 보석, 쌀, 꽃, 벽돌 가루, 숯가루, 뼛가루 등이다. 두 번 물들인 불투명한 수채화는 총 14종의 염료를 사용하여 풍부하면서 밝은 색조로 제작되었다.

모래성의 정밀한 토대의 선묘(線描)

번화함은 한 줌의 가는 모래에 지나지 않는다. 생명의 한 순간 번화함과 아름다움은 사람들의 감탄을 마지않게 하나 그것은 또 너무 쉽게 사라져 버린다. 세상일과 생명의 무상함은 바로 이렇게 선명하고 절대적인 것이다.

간에 변하는 것이다. 한동안 이러한 경험을 계속 체험하게 된다.

선 수행할 때 언제든지 만약 사물이 변하는 본질에 대하여 뚜렷하고 강렬한 느낌이 나타나면 주의력을 안정적으로 그 위에 두고, 오래될수록 더욱 좋으니 마음을 분산시키지 말라. 우리의 마음을 이러한 몰입의 체험 속에 둔다. 느낌이 사라지거나 주의력이 흔들리기 시작하면 다시 고개를 돌려 우리의 몸과 마음 혹은 어떤 한 부위에 대하여 무상함을 분석한다.

**네 번째 단계는 선 수행의 마무리이다.** 우리는 마음속에 '사물은 보이는 것처럼 영원불변하는 것이 아니고, 끊임없이 변화하는 것이다'라는 생각이 생긴다. 그 사물이 얼마나 아름다운가를 막론하고 모두 변화하고 결국 사라진다. 따라서 우리는 이러한 사물이 가져다주는 영원한 즐거움을 기대할 수 없다. 마찬가지로 사람들이 싫어하는 사물이더라도 내내 존재하며 영원하지 못하고, 이러한 상황에서 서서히 바뀌어 유익한 방향으로 발전할 수도 있다. 이 이치를 이해하면 순경(順境)은 사람으로 하여금 집착을 버리지 못하게 하지 않으며, 역경(逆境)도 사람으로 하여금 고통을 감내하지 못하게 하지 않는다. 순역(順逆)은 언제나 변화하고 있으며, 상호 전화(轉化)하고 있기 때문이다. 이것은 불멸의 자연법칙이다. 그러므로 안타까워 할 필요가 없으며, 배척해서도 안 된다.

# '무상'을 관(觀)하는 선 수행 절차

① 자세를 조정하고, 신체를 편안하게 내려놓는다.

② 호흡을 조정하고, 마음을 가라앉힌다.

③ 선 수행의 긍정적인 동기를 떠올린다.

④ 신체를 관상(觀想)한다.

- 신체의 각 부분을 머리카락부터
  발가락까지 관상한다.
- 신체는 하나의 복잡한 총체이지만,
  아주 미세한 세포로 분해할 수 있다.
- 신체의 많은 기관은 모두 기계처럼
  한시도 쉬지 않고 운행되고 있다.
- 신체는 세균의 침입을 받을 수 있고,
  때로는 병리 변화가 생길 수 있으며,
  통증이 있을 수 있다.
- 신체는 이동할 수 있어 우리는 가고 싶은 곳은
  어디든지 갈 수 있지만, 대부분의 시간을
  우리는 그저 움직이지 않고 가만히 있다.
- 신체의 모든 순간마다 일어나고 있는
  변화를 느껴 보자.

⑤ 우리의 마음을 관상한다.

- 심장은 시도때도 없이 뛴다.
- 마음에는 팔식(八識)이 있으며,
  팔식 사이에 쉼 없는 순환을 관상한다.
- 마음이 움직이고 생각이 일어남이
  어떻게 시작되는지 각조(覺照)한다.
- 마음은 항상 각종 망념으로 둘러싸여 있으며
  한시도 멈추지 않는다.
- 지금 이 순간에 집중하면 정념(正念)의
  역량이 생긴다.

⑥ 다른 사물을 사고한다.

- 우주 시공의 변환(變幻)은 예측할 수 없다.
- 세상 만물은 꽃피었다가 지며, 세월은 흘러간다.
- 세상사는 무상하며, 변화가 다양하다.
- 인생의 희로애락은 기복이 교차한다.

이 세상은 때로
당신의 눈에 보이는
모습과 다르다.

각찰(覺察)의 범위를
계속 연장하면, 많은
것들이 때로는 견고하고
정지한 듯 보이지만
사실상 모두 순식간에
변화하는 것이다.

사물은 영원히 변하지
않는 것처럼 보이지만
이것은 끊임없이
변화하는 것이라는
생각이 생긴다.
우리는 무상한 사물이
가져다주는 영원한
즐거움을 기대할 수 없다.

# 죽음에 대한 선 수행

불교에서는 몸과 마음이 서로 분리되었을 때를 죽음이라 본다. 사망 후 육체는 서서히 분해되고, 마음은 먼저 내세로 간다. 따라서 죽음은 결코 영원한 끝이 아니며 무상의 한 부분이다.

세상 만물은 쉼 없이 떠돌며 옮겨 가고, 중생은 모두 생로병사의 윤회를 겪어야 한다. 세상에 영원한 존재는 없으며, 우리들도 한 걸음씩 죽음을 향해 내딛고 있다. 피할 수 없는 이 사정을 사람마다 다 알고 있으나 많은 사람의 죽음에 대한 의식은 겨우 표면적인 것에 머물러 있다. 사망 전 대다수 사람들은 모두 신체를 보호해 죽음에서 멀리 떨어지도록 막대한 정력을 소비한다. 하지만 어떤 방식으로든 그것에서 도피하기는 어렵다. 우리는 죽음에 대해 깨달아야 한다. 따라서 죽음에 대한 선 수행이 필요한 것이다.

첫 단계는 준비를 잘하고 가장 편안한 자세로 앉아서 몸을 풀고, 약간 시간을 들여 마음이 평온하고 맑아질 때까지 호흡에 집중한다. 우리의 마음이 평온해지면 마음에 선 수행의 긍정적 동기가 생겨 나온다. 즉 '이번 선 수행은 중생에게 더욱 큰 평안과 즐거움을 가져다 줄 수 있기를 기원합니다.' 혹은 '이번 선 수행은 내 깨달음의 촉진제가 되어 내가 중생들을 도와 그들이 고통에서 벗어나고 깨달음을 얻을 수 있게 할 수 있기를 기원합니다.'와 같은 것이다.

두 번째 단계로 몸과 마음을 풀고 주의력을 집중하여 다음의 각 요점에 대해 사고하고, 모든 요점마다의 함축된 의미를 깊이 느껴 보도록 한다. 선 수행 시 조사의 요점에 대하여 어떤 직감적인 강렬한 체험을 얻는다면 반드시 이러한 체험에 몰입하여 느끼고, 최대한 오래 유지할 것을 염두에 두어야

## 마음은 죽음을 초월할 수 있다

① 자세를 조정하고 몸을 푼다.

② 호흡을 조정하고 마음을 가라앉힌다.

③ 이번 선 수행의 긍정적인 동기를 일으킨다.

④ 죽음은 필연적으로 발생하는 것임을 사고한다.

- 역사상 유명한 사람, 설사 저 위에 높이 있었던 군왕이라도 이미 고인이 되었다.
- 우리 주변에 알고 있는 사람도 이미 세상을 뜨신 분이 있다.
- 매일 많은 사람이 죽어 간다.
- 우리의 생명은 물처럼 흘러간다는 것을 깨닫는다.

⑤ 죽음을 예상할 수 없음을 사고한다.

- 누구도 자기의 수명을 확정할 수 없다.
- 누구도 죽음이 언제 닥칠지 모른다.
- 누구도 죽음이 어떤 방식으로 다가올지 모른다.
- 생명은 잃기 쉽고, 병으로 쉽게 쓰러질 수 있다.

⑥ 우리의 마음은 죽음을 초월할 수 있음을 사고한다.

- 우리의 신체는 썩어서 분해되어 자연의 순환 속에 녹아 들어간다.
- 가장 친한 사람도 도움을 줄 수 없다.
- 우리가 가지고 있는 재산도 가져갈 수 없다.
- 죽을 때 심식(心識)만은 계속 이어진다.

솟구치는 각종 정서를 극복하고 죽음으로 인해 생성되는 공포와 불안을 처리한다.

생명은 눈 깜빡하는 사이에 지나가 버리니, 지금 현재를 잘 파악하고 있어야 잘 살 수 있다.

한다.

　세 번째 단계에선 관상(觀想)하기 시작한다. 우선 우리가 현재 가지고 있는 사물, 즉 재산, 권력, 가정, 친구 등과 같은 것은 모두 몸 밖의 물건에 불과하며, 우리가 죽었을 때 모두 계속 가지고 있을 수 없다. "맨손으로 왔다가 맨손으로 간다."라는 속담처럼 그 누구도 막을 수 없는 일임을 생각해 보라. 죽음에 임했을 때 어떤 사람, 어떤 일이든 모두 그것을 쫓아 버릴 수 없으며, 단지 의식만 남아 있어 오직 정신적인 통찰을 가지고 우리를 도울 수 있다.

　그 다음 우리가 떠난 뒤의 가족을 생각해 보라. 많은 사람들은 임종할 즈음 가장 친근하고 관심 있는 사람에 대하여 마음에 두고 한시도 잊지 않는다. 마지막으로 얼굴 한 번 보고 싶지만 우리는 죽음을 바꾸거나 다가오는 것을 막을 수 없으며, 그들과 함께 뒷길로 갈 수도 없다. 아무리 친한 사람이라 할지라도 그들이 할 수 있는 것은 그저 우리 곁을 지키며 마지막 위로를 해 주는 것뿐, 죽음에 대해 그들도 마음으로는 도와주고 싶지만 방법이 없다.

　또 우리가 살아 있을 때 세운 업적을 생각해 보라. 우리는 엄청난 정력을 공훈을 세우고, 사업을 창립하는 등의 일에 쏟았다. 그것들은 우리에게 생전의 지위, 권력, 재산을 주어 그 가운데 우리가 일시적인 만족과 향수를 얻지만 그것들도 마찬가지로 죽을 때에는 우리에게 어떠한 도움을 줄 수 없다. 죽을 때 우리는 털끝만한 것 하나도 가져갈 수 없다. 이러한 모든 것을 아까워하지 말아야 한다. 다만 이 모든 것을 버려야 할 때 우리는 그것들을 어떻게 처분하느냐에 따라 번민을 느낄 수 있다.

　마지막으로 우리는 사람의 몸을 소중히 여겨야 함을 생각해야 한다. 그러나 우리의 신체도 죽을 때는 영향을 끼칠 수 없다. 우리의 마음은 결국 육체와 분리되며, 육체는 또한 분해된다. 만약 신체와 떨어져야 하기 때문에 유감과 공포를 느끼게 된다면 우리는 많은 고통을 받을 뿐이다.

　선 수행을 끝낼 때 마음에 낙관적인 생각을 품고 자신이 인생을 의미 있고 안심(安心)할 수 있도록 변화시킬 수 있는 기회가 있었음을 느낀다.

연기 법칙에 의하면 '이것이 생(生)하면 바로 저것이 생'하고, 인(因)은 반드시 과(果)를 낳으며, 이는 수레바퀴가 굴러 가면 반드시 바퀴 자국이 남는 것과 같다. 콩을 심으면 콩이 나고, 팥을 심으면 팥이 나며, 좋은 씨를 심으면 좋은 것이 나고, 나쁜 씨를 심으면 나쁜 것이 난다. 이것은 물리와 생물 등 과학의 법칙과 같은 자연법칙이며, 만약 우리가 인과율(因果律)을 이해하고, 잘 이용할 수 있으면 이익을 추구하고 해로움은 피해 갈 수 있다.

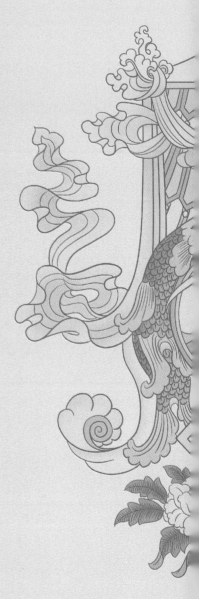

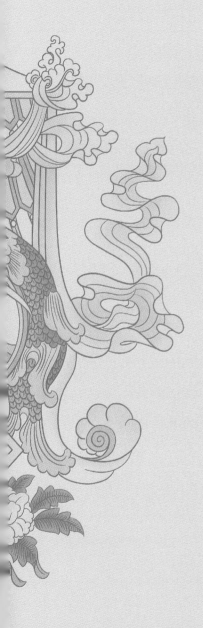

# 제5장

# 운명을 바꾸는 비밀

—

## 인과업보

본장의 중요 내용

—

인과 법칙의 인생 계시(啓示).

—

모든 것을 인연에 맡길 때 생명은 가장 아름답다.

—

사람은 어떻게 행복을 심는 것일까?

—

십이인연은 바로 유정중생이 유전하는 생사의 전인후과(前因後果)이다.

—

사람의 마음은 바로 행위의 씨앗이다.

—

십선업(十善業)은 한없는 복을 길러 낸다.

—

인과를 거울 삼아 마음을 정화하다.

# 인과 법칙의 인생 계시(啓示)

사람의 심념(心念)과 의경(意境)을 항상 맑고 명랑하게 유지할 수 있으면 그 주위엔 아름답고 좋은 것이 펼쳐진다.

## 인생은 인과 법칙과 떨어질 수 없다

불교에서는 모든 법의 존재는 인과의 관계에 놓이지 않는 것이 없다고 본다. 우리가 평소 이해하는 인과 법칙은 소크라테스의 학설, 즉 하나의 결과마다 모두 하나의 특정한 원인이나 여러 원인이 있다는 것과 같다. 이 법칙에서 우리는 다음과 같은 것을 도출해 낼 수 있다. 즉 발생하는 사건마다 모두 이유가 있고, 개인의 생활이나 일에서의 성공·실패는 모두 우연한 것이 아니며, 모두 인과관계가 있다고 해석할 수 있는 것이다.

우리는 현재 형형색색의 번잡한 이 세상 속에서 어떤 사람은 재산과 권세가 풍족하지만 어떤 사람은 가난해서 의욕을 상실한 것을 보며, 어떤 이는 행복이 가득한 삶을 살고 어떤 이는 고통스러운 갖은 시련을 끊임없이 겪는 것을 본다. 인과 법칙의 해석에 의하면 각기 다른 여러 가지 이러한 현상은 아무런 이유 없이 일어나는 게 결코 아니며, 외부의 어떤 신적 존재나 하늘이 만들어 부여해 주는 것도 아니다. 『백업경(百業經)』 등 많은 불교 경전에서 말하는, "중생의 모든 업은 백겁동안 없어지지 않으며, 연(緣)이 모여 지극한 때가 되면 그 과(果)가 성숙하여 결정된다."●라는 것이다. 이러한 것은 모두 과거 전세(前世) 혹은 훨씬 더 먼 과거에 지은 인연의 업력이 다르기 때문에 금

● "衆生之諸業, 百劫不毀滅, 緣會時至際, 其果定成熟."

# 씨앗부터 열매까지의 인연

사실 인과 법칙은 이해가 잘 되지만 불교에서 인과율에 대한 해석은 삼세유전(三世流轉)과 업력(業力), 육도윤회(六道輪廻)까지 관련되기 때문에 이해하기에 조금 복잡하다. 그러나 우리는 봄에 파종하고 가을에 수확하는 한 알의 씨앗을 통해서 불교의 인과 법칙을 훨씬 잘 깨달을 수 있다.

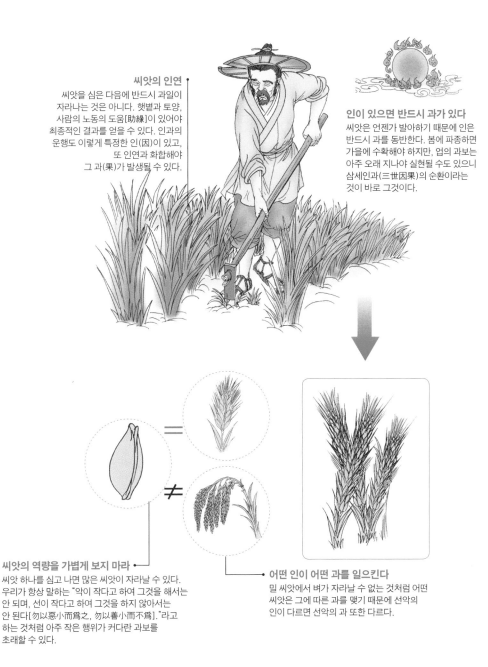

**씨앗의 인연**
씨앗을 심은 다음에 반드시 과일이 자라나는 것은 아니다. 햇볕과 토양, 사람의 노동의 도움[助緣]이 있어야 최종적인 결과를 얻을 수 있다. 인과의 운행도 이렇게 특정한 인(因)이 있고, 또 인연과 화합해야 그 과(果)가 발생될 수 있다.

**인이 있으면 반드시 과가 있다**
씨앗은 언젠가 발아하기 때문에 인은 반드시 과를 동반한다. 봄에 파종하면 가을에 수확해야 하지만, 업의 과보는 아주 오래 지나야 실현될 수도 있으니 삼세인과(三世因果)의 순환이라는 것이 바로 그것이다.

**씨앗의 역량을 가볍게 보지 마라**
씨앗 하나를 심고 나면 많은 씨앗이 자라날 수 있다. 우리가 항상 말하는 "악이 작다고 하여 그것을 해서는 안 되며, 선이 작다고 하여 그것을 하지 않아서는 안 된다[勿以惡小而爲之, 勿以善小而不爲]."라고 하는 것처럼 아주 작은 행위가 커다란 과보를 초래할 수 있다.

**어떤 인이 어떤 과를 일으킨다**
밀 씨앗에서 벼가 자라날 수 없는 것처럼 어떤 씨앗은 그에 따른 과를 맺기 때문에 선악의 인이 다르면 선악의 과 또한 다르다.

245

생에서 이와 같은 차별이 있게 된 것이다. 유가의 『주역(周易)』에서는 "선을 쌓는 집안에는 반드시 남는 경사가 있고, 불선을 쌓는 집안에는 반드시 남는 재앙이 있다."**라고 하였고, 도가의 『태상감응편(太上感應篇)』에서는 "화와 복은 따로 문이 없고, 오직 사람이 스스로 불러들인다. 선과 악의 보답은 그림자가 형체를 따라 다니는 것과 같다."***라고 하였다. 사람들이 만약 인과의 이치를 이해한다면 사회에서 나쁜 일을 할 수 없을 것이며, 그러면 인간 세상의 비극과 재난도 발생하지 않을 것이다.

### 인과 법칙의 깨달음

인과 법칙은 가장 소박한 형식으로 다음과 같은 것을 밝혔다. 만약 우리의 생활 가운데 어떤 결과를 얻고 싶다면 앞사람들의 경우를 거슬러 올라가 어떤 사람이 이 결과를 얻지 못했나를 살펴보고, 그가 한 것과 같은 일을 하지 말아야 한다는 것이다. 또 이러한 결과를 얻은 사람은 어떻게 했는지를 다시 조사해 보고, 그가 한 것과 똑같은 일을 해야 한다. 만약 성공한 사람의 방식대로 해 나가고 실패한 사람을 배우지 않을 수 있으면 우리도 성공할 수 있다. 이것은 기적이 아니며 하나의 법칙이다.

인과 법칙의 정반대되는 것은 바로, 만약 우리가 오로지 다른 사람의 성공을 동경만하고, 그들이 성공한 원인을 실행해 가지 않는다면 똑같은 결과를 얻을 수 없다는 것이다. 우리의 생활 방향과 자신에게 발생하는 모든 일들이 다 우리의 사유 방식에 의해서, 이 순간 우리의 머리에서 진행되고 있는 사유에 의해 결정되는 것이니, 이는 불교에서 말하는 "업은 마음을 말미암아 생한다[業由心生]"는 것이다. 그것들이 적극적이든 소극적이든, 건설적이든 위험하든 간에 그중 가장 좋은 소식은 만약 우리가 사유를 바꾸면 생활도 바뀐다는 것이다.

---

** "積善之家, 必有餘慶, 積不善之家, 必有餘殃."
*** "禍福無門, 唯人自召. 善惡之報, 如影隨形."

# 만유인과율

부처님은 업인과보의 법칙을 다섯 가지로 말씀하셨다. 선악업인은 반드시 동류(同類)의 과보를 낳는다. 자업자득이며, 남 때문이 아니다. 업인은 다양하나 과보는 다섯 가지이다. 과(果)는 여러 연(緣)에 의하며, 보(報)는 삼세를 통한다. 업은 마음으로 말미암아 만들어지며, 깨달음은 이를 전환시킬 수 있다.

## 모든 법은 인연으로 생한다

이 우주 만상에 생멸의 변이를 지배하는 기본 법칙은 바로 '만유인과율(萬有因果律)'이라고 불교에서 말한다.

우주의 발생은 신의 창조에 의한 것이 아니며, 만물의 변화도 상제(上帝)가 지배하는 것이 아니다. 오직 여러 연(즉 이 사물이 생성되거나 변이되는 각 조건을 갖추었다면)을 의지해 화합하여 생하는 것이다. 무(無)에서 유(有)에 이르는 이러한 생기(生起)를 인에서 말하면 '연기(緣起)'라고 하고, 과에서 말하면 '연생(緣生)'이라고 한다. 때문에 불법에서 우주에 존재하는 모든 일과 온갖 사물을 인연소생법(因緣所生法)이라고 하며, 모든 사물이 '생기'함을 만법인연생(萬法因緣生)이라고 한다.

## 인과율

인과율이라는 것은 곧 사물의 원인과 결과의 법칙을 연구하는 것이다. 현대 과학에도 인과율이 있으나 과학에서 인과율은 물리의 변화에만 적용된다. 그런데 불법에서 인과율은 마음의 변화, 사물의 변화, 마음과 사물이 혼합된 변화에도 적용된다. 불법에서는 이 법칙을 상세하고 치밀하게 분석하고, 이 법칙에 근거하여 삼세의 인생관을 창립하였으며, 업보, 윤회 등의 관념과 더 연계하여 인과의 선과 악이 삼세에 통한다는 윤리 사상을 세웠다.

247

인과는 즉 '인연과보(因緣果報)'이다. '인'은 원인이고, '연'은 돕는 것[助緣]이다. 인연이 화합하여 생성된 것을 '과(果)'라고 하며, 이 '과'는 '인'을 지은 이의 입장에 말하면 '보(報)'이다. 세간과 출세간의 중생으로부터 부처를 이룸에 이르기까지, 그리고 근신(根身)에서 기계(器界)에 이르기까지 모든 생멸의 변이는 이 법칙의 지배를 받지 않은 것이 없다. 어떤 사물이건 절대로 '인' 없이 생겨날 수 없지만, '인'은 있는데 '연'이 없다면 또한 생기지 못한다. 예를 들어 한 알의 씨앗이 곧 '인'일 때 만약 파종하는 사람이 씨앗을 땅속에 묻고, 햇볕과 비, 이슬의 도움[助緣]이 보태어지지 않으면 싹이 트고 자라나지 못하며, 또한 인연이 화합해서 형성되는 과보도 없다. 사물의 생성이 이와 같을 뿐만 아니라 사물의 변이와 괴멸(壞滅) 또한 이와 같다.

## 인과의 관계

일반적으로 업은 선행과 악행을 가리키며, 과는 선악의 행위에 감응된 인(人)·천(天)·귀(鬼)·축(畜) 등 육도의 필연적인 결과를 가리킨다. 이밖에 업과 과의 관계는 곧 피차가 서로 계속 이어지는 것이고, 업은 업인(業因)과 업연(業緣)을 포함하며, 과는 업과(業果)와 업보(業報)를 포함한다. 간단히 말하면 인과는 서로 닮아 서로 이어받으며, 쉬지 않고 생겨나고 번성하여 끝이 없다. 서로 닮았기 때문에 오래가지 않으며, 서로 이어받기 때문에 끊이지 않는다. 오래가지 않고 끊이지 않는 것이 바로 불법의 중도정관(中道正觀)이며, 또한 불교 우주생성론의 기본 유형이다.

불법에서는 모든 법의 인과관계를 설명하기 위해 일찍이 육인(六因), 사연(四緣), 오과(五果) 등의 설을 세웠다. '육인'은 능작인(能作因)·구유인(俱有因)·상응인(相應因)·동류인(同類因)·변행인(遍行因)·이숙인(異熟因)을 가리킨다. '오과'는 증상과(增上果)·동시과(同時果)·등류과(等流果)·이숙과(異熟果)·이계과(離繫果)를 가리킨다. '사연'은 친인연(親因緣)·무간연(無間緣)·소연연(所緣緣)·증상연(增上緣)을 가리킨다.

# 인과의 연결과 구속

무엇 때문에 우리의 생활 속에 항상 그토록 많은 도덕의 구속과 법률의 제약, 예의규범이 있어야 하는 것일까? 바로 사람의 일거수일투족에 모두 두려워하는 것이 있어야 하는데, 어느 날 천지신명에게 징벌 당할까 꺼리는 것이 아니라, 자기의 말 한마디 행동 하나로 인과가 만드는 업력이 윤회하기 때문이다. 십이연기에서는 유정중생이 생사를 유전하는 '전인후과(前因後果)'라고 한다.

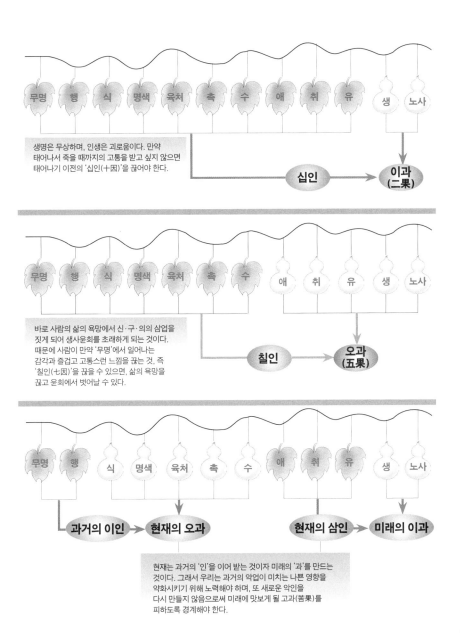

생명은 무상하며, 인생은 괴로움이다. 만약 태어나서 죽을 때까지의 고통을 받고 싶지 않으면 태어나기 이전의 '십인(十因)'을 끊어야 한다.

바로 사람의 삶의 욕망에서 신·구·의의 삼업을 짓게 되어 생사윤회를 초래하게 되는 것이다. 때문에 사람이 만약 '무명'에서 일어나는 감각과 즐겁고 고통스런 느낌을 끊는 것, 즉 '칠인(七因)'을 끊을 수 있으면, 삶의 욕망을 끊고 윤회에서 벗어날 수 있다.

현재는 과거의 '인'을 이어 받는 것이자 미래의 '과'를 만드는 것이다. 그래서 우리는 과거의 악업이 미치는 나쁜 영향을 약화시키기 위해 노력해야 하며, 또 새로운 악인을 다시 만들지 않음으로써 미래에 맛보게 될 고과(苦果)를 피하도록 경계해야 한다.

생명의 가장 아름다운 상태

# 모든 것은 연을 따른다 [一切隨緣]

모든 경계(境界)의 연(緣)에서 마음을 일으키지 않고 생각을 움직이지 않으면 분별하지 않고 집착하지 않으며, 모든 것이 '연'을 따른다. '연'을 따르면 자유롭고, '연'을 따르면 번뇌가 일지 않는다.

## 인연으로 생하다

불법에서는 우주 만물이 생성되고 다시 소멸되는 것이 모두 '인연'이란 두 글자에 의한 것이라고 한다. 인과 연은 불법에서 엄밀한 정의가 없다. 그러나 상대적인 차이로 말하면 '인'은 대략 특성을 말하고, '연'은 대략 힘의 작용을 말한다. '인'은 사물이 생멸하는 주요 조건을 의미하며, '연'은 보조하는 조건을 뜻한다. 인연이란 두 글자를 현대어로 풀면 대개 '조건' 혹은 '관계' 이 두 명사에 해당한다. 다시 말해 우주의 모든 사물이 생멸하는 데에는 반드시 어떤 조건을 갖추어야 하며, 모든 사물이 존재하는 데에도 반드시 다른 사물과 상호 관계가 있어야 한다. 때문에 사물을 생멸시키거나, 사물이 존재하게 하는 조건 또는 관계를 바로 이 사물의 인연이라고 한다.

## 업연

업연(業緣)은 곧 행위의 외재적 조건을 가리킨다. 즉 미래의 과보에 감응될 외재적 필수 조건이다. 『유마힐경』에서 "이 몸은 그림자와 같아서 업연을 따라 나타난다."● 라고 했고, 『법화경』의 「서품(序品)」에서 "생사의 나아감은 선악의 업연이다."●● 라고 한 것과 같다. 여기에서 행위의 외재 조건 또한 모든

---

● "是身如影, 從業緣現."
●● "生死所趣, 善惡業緣."

# 범부와 성인의 어리석음과 깨달음의 업연도(業緣圖)

고난을 겪는 어리석은 중생은 항상 각종 좋은 연을 무심결에 나쁜 연으로 바꾸어 버린다. 그러나
불보살과 성인은 어떠한 나쁜 연을 만나든 간에 결국 그것들을 훨씬 좋게 바꿀 수 있다. 이것이 바로
어리석은 자는 타락하고, 깨달은 자는 상승하는 생명 현상이다.

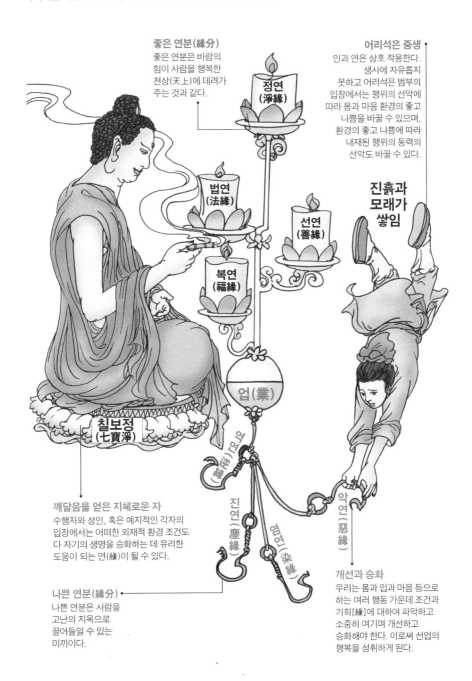

**좋은 연분(緣分)**
좋은 연분은 바람의
힘이 사람을 행복한
천상(天上)에 데려가
주는 것과 같다.

정연
(淨緣)

**어리석은 중생**
인과 연은 상호 작용한다.
생사에 자유롭지
못하고 어리석은 범부의
입장에서는 행위의 선악에
따라 몸과 마음 환경의 좋고
나쁨을 바꿀 수 있으며,
환경의 좋고 나쁨에 따라
내재된 행위의 동력의
선악도 바꿀 수 있다.

법연
(法緣)

선연
(善緣)

**진흙과
모래가
쌓임**

복연
(福緣)

업(業)

칠보정
(七寶淨)

염오

**깨달음을 얻은 지혜로운 자**
수행자와 성인, 혹은 예지적인 각자의
입장에서는 어떠한 외재적 환경 조건도
다 자기의 생명을 승화하는 데 유리한
도움이 되는 연(緣)이 될 수 있다.

청정(淸淨)

진연(塵緣)

염연(染緣)

악연(惡緣)

**나쁜 연분(緣分)**
나쁜 연분은 사람을
고난의 지옥으로
끌어들일 수 있는
미끼이다.

**개선과 승화**
우리는 몸과 입과 마음 등으로
하는 여러 행동 가운데 조건과
기회[緣]에 대하여 파악하고
소중히 여기며 개선하고
승화해야 한다. 이로써 선업의
행복을 성취하게 된다.

251

사물이 생성되는 데 중요한 요소임을 알 수 있다.

　　모든 중생에겐 성불하기 위한 바른 인[正因]이 있다. 모든 중생에게 불성이 있으므로 모두 성불할 수 있지만, 우리 모두가 성불의 연(緣)을 갖추고 있는 것은 아니다. 그리하여 수행을 통해 성불의 조건을 만드는 것이다. 이것으로 유추해 보면 죽이고, 도둑질하고, 음행하고, 거짓말하는 것 등은 곧 악도(惡道)로 타락하는 조건을 만드는 것이다. 인과 연은 상호 작용한다. 특히 생사에 자유롭지 못하고 강박에 사로잡힌 범부의 입장에서는 행위의 선악에 따라 몸과 마음의 환경의 좋고 나쁨을 바꿀 수 있으며, 환경의 좋고 나쁨에 따라 내재된 행위의 동력인 선악도 바꿀 수 있다. 그러나 수행자와 성인(聖人), 혹은 예지적인 각자(覺者)의 입장에서는 어떠한 외재적 환경 조건도 모두 자기의 생명을 승화하는 데 유리하게 도움이 되는 연(緣; 順·逆增上緣)이 될 수 있다.

## 업연의 분류

악연(惡緣)과 선연(善緣), 정연(淨緣)의 세 측면에서 보면, 업연에는 역연(逆緣)·악연(惡緣)·진연(塵緣)·염연(染緣)(이 네 가지는 악연이다)·복연(福緣)·선연(善緣)(이 두 가지는 선연이다)·법연(法緣)·정연(淨緣)(이 두 가지는 정연이다)이 포함된다. 우리가 알고 있듯이 중생은 모두 성불의 가능성이 있지만 아직 성불의 조건은 없다. 즉 성불의 인(因)을 우리는 이미 가지고 있으나, 성불의 연(緣; 조건)은 여전히 만들어 가야 한다. 수행을 하며 성불의 각종 필수 조건을 만들어야 하며, 만들어진 조건이 어느 정도(보살, 나한, 육도윤회 가운데 중생이 되는 것)에 이르면 어떠한 신분에 있든 생명이 있는 지혜와 덕의 모습[相]으로 구현된다. 그러나 어리석은 우리 중생은 항상 각종 좋은 연을 무심결에 나쁜 연으로 바꾸어 버린다. 반면 불보살과 성인은 어떠한 나쁜 연을 만나든 간에 결국 그것들을 훨씬 좋게 바꿀 수 있다. 이것이 바로 어리석은 자는 타락하고, 깨달은 자는 상승하는 생명 현상이다.

# 업인(業因)

업은 본래 범어 '갈마(羯磨)'의 의역으로 생명의 진행 과정을 연속하고 생사윤회를 추진하는 직접적인 동력으로 여겨진다.

현대 한어에서 '작업(作業)', '조업(造業)', '사업(事業)' 등의 단어가 자주 사용되는데, 이것이 불교 전적에서 나온 것임을 아는 사람은 많지 않다. 일반적으로 업은 몸과 입과 마음의 세 가지 업으로 나뉜다. 마음속에 어떤 일을 하고 싶은 의지를 곧 '의업(意業)'이라 하고, 또 '사업(思業)'이라고도 한다. 마음속의 의지를 신체의 행동과 언어로 표현하는 것을 '신업(身業)', '구업(口業)'이라고 하며, 이 두 가지는 또 '사이업(思已業)'이라고 하는데, 다시 말해 이미 모든 행동에 정착된 것이다. 몸과 입과 뜻이 지은 이 업으로 인생의 고통과 즐거움, 재앙과 복이 결정될 수 있다.

## 선업과 악업 그리고 무기업

'선업'은 대개 인간의 도덕과 대중의 이익에 부합되는 것을 말한다. 예를 들어 몸으로는 방생하고, 보시하며, 정행(淨行)을 실행하고, 입으로는 정직한 말을 하고, 부드러운 말을 하며, 칭찬하는 말을 하고, 뜻[意]으로는 부정관(不淨觀), 자비관(慈悲觀), 인연관(因緣觀) 등을 일으키는 것이다. '악업'은 대개 남에게 손해를 끼쳐 가며 자신을 이롭게 하거나, 남에게 손해를 입히고 자신도 이롭지 않게 하는 행위를 말한다. 예를 들어 몸으로는 살생하고, 도둑질하고 음란한 행동을 하며, 입으로는 망언, 꾸미는 말, 이간질하는 말, 악담을 하며, 뜻으로는 탐욕, 성냄, 삿된 견해 등을 일으키는 것이다. '무기업(無記業)'은 선이나 악을 행했다고 구분할 수 없는 것으로, 곧 선도 아니고 악도 아닌 무의식적 동작 등과 같은 것이다. 중생이 만약 선과 악의 업을 지으면, 그 다음에 반드시 그에 상응하는 고락(苦樂)의 과보를 초래한다. 업인(業因)은 반드시 업과(業果)를 초래하기 때문이다. 그러나 선도 아니고 악도 아닌 무기업은 과를 초래하는 기능이 없다.

### 인업과 만업

'인업(引業)'은 '총보업(總報業)'이라고도 한다. 중생을 사생육도(四生六道)에서의 윤회로 이끄는 업력이기 때문에 인업이라고 한다. 은밀하면서 드러나지 않는 이러한 작용은 어디에나 다 있으며, 삼세에 쌓인 겁 동안 내려오는 강한 업력이다. '만업(滿業)'은 '별보업(別報業)'이라고도 한다. 예를 들어 생이 바뀌어 또다시 사람으로 태어났지만 몸의 건강, 수명, 현명함과 어리석음, 빈부와 귀천(貴賤) 등의 차이가 있다. 이는 사람마다 지은 업력이 다르기 때문에 생기는 것으로, 예를 들어, 보시한 사람은 부귀로, 살생한 사람은 단명으로 보답받는다. 각자 원만한 일생을 살도록 하는 이러한 업보를 바로 만업이라고 한다.

### 정업과 부정업

'정업(定業)'은 선업과 악업이 초래한 과보로 받을 과와 받을 때가 모두 정해져 있는 것이다. 다시 말해서 어떤 '보'인지 정해졌을 뿐만 아니라 보응(報應)하게 될 시간조차도 이미 결정되어 있어 이것을 정업이라고 하는 것이다. 속담에 "염라대왕이 사람을 삼경(三更)에 죽게 하면, 사람은 감히 오경(五更)까지 머물지 못한다."•라고 하였다. 이것이 이른바 "정업은 바꾸지 못한다."라는 것이다. '부정업(不定業)'은 선업과 악업이 초래한 과보로 받을 과와 받을 때가 다 정해지지 않은 것이다. 때와 인연이 아직 이르지 않았기 때문에 얼마나 착한 일을 하고 나쁜 일을 했든 보응하게 될 방식과 시간이 아직 확정적

• "閻王叫人三更死, 不敢留人到五更."

# '업'을 짓는 것은 활을 쏘는 것과 같다

불교의 인과 이론은 결코 '1 + 1 = 2'가 되는 공식적인 명제가 아니다. 사물마다 반드시 존재하는 내재된 기인(起因)과 상응하는 결과가 있음을 말한다. 기인에서 결과에 이르기까지의 과정에는 반드시 충분한 조건이 있어야 하고, 기인과 조건[緣]이 모두 갖추어졌을 때 결과가 있을 수 있으며, 행위자는 비로소 그 결과에 상응하여 수용할 수 있다. 이는 필연적인 이치이기 때문에 "인연이 때가 되면 과보는 저절로 받게 된다."라고 하는 것이다.

**업을 짓는 것은 활을 쏘는 것과 같다**
마지막 성적이 당신이 인생을 성공했는지 실패했는지를 대표한다. 운명의 과녁에 가장 좋은 결과를 내고 싶다면, 더욱 많이 연습하여 더 높은 기교를 숙달해야 한다.

**업력**
활을 쏘는 사람은 바로 업을 짓는 사람이며, 이 사람이 힘껏 활을 잡아당겨 방향을 조준해야 과녁을 향해 화살을 쏠 수 있다.

**업보**
우리의 행위를 업인(業因)이라고 하며, 실행된 행위는 하나의 힘을 형성하게 되어 외연이 갖추어졌을 때 과보를 일으키게 되는데 이것을 업보라고 한다.

**업연**
활은 조연(助緣)을 상징한다. 이 활의 도움이 있어야 화살을 쏠 수 있는 것이다.

**업인**
화살은 마치 평소 우리의 행위처럼 나름의 결과를 야기하게 될 것이다.

255

이지 않아 잠시 '보'를 받지 못하는 것이다. 이른바 "선을 쌓아 자손에게 남겨 주면 그 복은 반드시 경사가 될 것이고, 악을 쌓아 가족에게 남기면 그 화는 반드시 위태로움이 될 것이다."**라는 것이다.

●● "積善以遺子孫, 其福必昌; 積惡以貽家人, 其禍必危."

과보가 성숙할 때

# 업보

사람에게 몸과 마음의 세계가 존재하는 것은 반드시 서로 대응하는 행위의 내재된 동력과 외재하는 조건 및 그 최종적인 결과에서 나오는 것이다. 때문에 불법에서는 이 행위의 인 (因)·연(緣)·과(果)·보(報)로 우주와 인생 등 각종 현상의 상호 의존 관계를 설명한다.

## 업보는 인연을 말한다

우리가 과거에 지은 업은 인연이 무르익으면 과보를 이루는데 이것을 업보라고 한다. 업인이 있으면 업력이 형성되고, 업력은 과보를 이루며, 이는 외재하는 인연에 기대어 일어난다. 이른바 인연이 무르익는다는 것은 업력과 여러 연(緣)이 호응하여 과보를 이룬다는 것이다. 만약 여러 연이 없으면 과보가 형성될 수 없다. 그러므로 경전에서 항상 "천백겁 년 동안 지나도 지은 업은 없어지지 않으며, 인연이 모였을 때 과보를 스스로 받게 된다."라고 하는 것이다. 이것은 우리가 실행한 행위는 업력을 이루고, 여러 연을 필요로 해서 일으켜야 과보를 형성할 수 있다는 뜻이다. 만약 업인이 과보를 형성하지 않으면 이것의 세력은 천백겁 년 동안 오래도록 계속되고, 인연이 무르익을 때까지 있다가 반드시 그 과보를 받게 된다.

## 업보의 시간

업을 짓고 보를 받는 시간에 대하여 다음과 같이 삼시업(三時業)으로 나눌 수 있다.

현보업(現報業)은 이 일생에 지은 업으로 현재에 과를 받는 것이다. 생보업(生報業)은 이 일세의 보신(報身)이 죽은 다음 내생에 과를 받는 것이다. 후보업(後報業)은 업을 지은 다음에 일생, 이생 혹은 천백 생을 지나서 보를 받는 것이다.

　이 점을 이해하는 것은 매우 중요하다. 우리는 때로 사회적으로 선량하고 자비로운 사람이 다른 사람을 위해 좋은 일을 많이 하지만 여러 불행을 당하는 경우를 보기도 하고, 제 사리사욕만을 채우는 어떤 사람은 아무리 나쁜 일을 많이 해도 떵떵거리며 잘사는 경우를 보기도 한다. 이러한 차별은 때로 인과 법칙의 존재에 회의가 들게 한다. 하지만 "갚지 않는 것이 아니라 시간이 아직 안 됐다."라는 속담이 있다. 예를 들어 식물은 일년생이 있고, 이년생이 있으며, 또 다년생이 있다. 어떤 것은 봄에 씨를 뿌려 가을에 수확하고, 어떤 것은 올해 씨를 뿌려 내년에 수확하고, 어떤 것은 올해 파종하여 3년이나 5년을 기다린 다음에 수확할 수 있다.

　업보에 이러한 차이가 나는 까닭은 다음과 같은 두 가지 원인에 있다. 첫 번째는 인의 역량에 빠름과 늦음이 있기 때문이다. 예를 들어 오이씨와 복숭아씨를 동시에 심으면 오이씨는 그해에 곧 생장하여 오이가 열리지만, 복숭아씨는 삼사 년이 지나야 복숭아가 열릴 수 있다. 두 번째는 연의 역량에 강함과 약함이 있기 때문이다. 예를 들어 서로 같은 두 알의 콩을 하나는 공기가 잘 통하고, 햇볕과 수분이 충분하며, 토양이 비옥한 곳에 심고, 다른 하나는 습하고, 그늘지며, 토양이 척박한 구석진 곳에 심으면 결국 두 알의 콩은 싹이 트고 자라는 속도가 분명히 다를 것이다.

　인과업보가 헛되지 않은 진실한 것임을 이해해야 한다. 이 순간의 씨앗은 어느 날 반드시 결실을 맺을 것이며, 그 결실이 행복인지 재앙인지는 우리가 어떻게 행동하느냐에 달렸다. 때문에 사람은 안목을 길고 멀리 두어야 한다.

　과보가 바로 눈앞에 펼쳐지는 것은 아니다. 그러나 우리는 오늘 한 행동에 대해 반성해야 한다. 그 행동이 나중에 반드시 되돌아오게 될 것이므로 과실을 거두는 그날이 오기를 기다리고, 그것이 오늘의 행동에서 연유된 것임을 잊지 말아야 한다.

# 업의 과보에는 다름이 있다

우리의 마음속에 있는 착한 생각[善念]과 나쁜 생각[惡念]마다 모두 마음자리에 한 알의 씨앗을 심고, 알맞은 조연(助緣)을 만나면 꽃을 피우며 결실을 맺는다. 인업의 역량이 달라 상응하는 과보도 다섯 가지로 나뉜다.

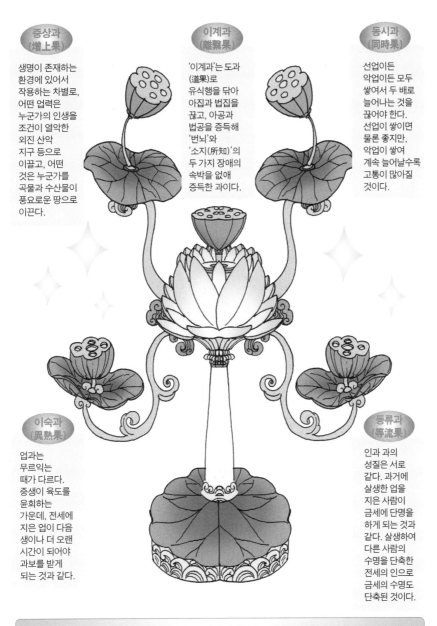

**증상과(增上果)**
생명이 존재하는 환경에 있어서 작용하는 차별로, 어떤 업력은 누군가의 인생을 조건이 열악한 외진 산악 지구 등으로 이끌고, 어떤 것은 누군가를 곡물과 수산물이 풍요로운 땅으로 이끈다.

**이계과(離繫果)**
'이계과'는 도과(道果)로 유식행을 닦아 아집과 법집을 끊고, 아공과 법공을 증득해 '번뇌'와 '소지(所知)'의 두 가지 장애의 속박을 없애 증득한 과이다.

**동시과(同時果)**
선업이든 악업이든 모두 쌓여서 두 배로 늘어나는 것을 끊어야 한다. 선업이 쌓이면 물론 좋지만, 악업이 쌓여 계속 늘어날수록 고통이 많아질 것이다.

**이숙과(異熟果)**
업과는 무르익는 때가 다르다. 중생이 육도를 윤회하는 가운데, 전세에 지은 업이 다음 생이나 더 오랜 시간이 되어야 과보를 받게 되는 것과 같다.

**등류과(等流果)**
인과 과의 성질은 서로 같다. 과거에 살생한 업을 지은 사람이 금세에 단명을 하게 되는 것과 같다. 살생하여 다른 사람의 수명을 단축한 전세의 인으로 금세의 수명도 단축된 것이다.

선업은 달콤한 과를 가져오고, 악업은 쓴 과를 가져온다. 과실의 단맛과 쓴맛은 자신만이 맛볼 수 있다. 우리는 자신의 운명을 주재하며 스스로 지옥과 천당을 만든다.

# 인을 심어 과를 얻다

불법에서 "작은 악이 재앙이 없다고 가볍게 여기지 말라. 물방울이 비록 작으나 점차 큰 그릇을 채운다."라고 하였다. 우리는 이러한 말로부터 아주 작은 업력이 엄청나게 크게 바뀔 수 있음을 알 수 있다.

## 인과는 상대적이다

인연 법칙에 의하면 '이것이 생하면 바로 저것이 생한다'. 인은 반드시 과를 낳으며, 어떤 인은 어떤 과를 낳아 마치 수레바퀴가 바퀴 자국을 남기는 것과 같다. 콩 심은 데 콩 나고, 팥 심은 데 팥 나며, 착한 일을 하면 좋은 일이 생기고, 악한 짓을 하면 나쁜 일이 생긴다. 이것은 어지럽게 무질서해지지 않는다.

　　같은 종류의 인은 반드시 같은 부류의 과보를 낳는다. 악업은 반드시 악보를 낳는 데 털끝만큼도 어긋남이 없다. 이것은 마치 물리나 생물 등 과학의 법칙과 같은 자연법칙이다. 만약 우리가 인과율을 이해하고 잘 이용할 수 있으면 이익은 따르고 해는 피해 갈 수 있다.

## 인과는 소멸되지 않는다

인과업보를 면할 수 있는 사람이 있다는 요행을 마음에 두어서는 안 된다. 다만 인을 짓지 말아야 한다. 그렇지 않으면 선과 악의 씨앗은 팔식(八識)의 자리에 영원히 남아 연이 일어나 나타나기를 기다렸다가 작용을 일으킨다. 경전에서는 누군가가 업을 지으면 "백천겁 년 동안이 지나도 지은 업은 없어지지 않는다."라고 하였다. 이것은 백천만억겁 년을 지나도 우리가 지은 이 업은 소멸되지 않아 필연적으로 받아야 하고, 누구도 도망갈 수 없음을 뜻한다.

# 인생 경작과 수확의 법칙

불교에서 인과를 말하는 것은 사람이 인연에 자적(自適)하고, 경계에 따라 마음을 전환하기를 바라기 때문이다. 만약 우리가 인과 법칙을 생업에 응용하면 반드시 인생의 경작과 수확의 법칙을 이끌어 낼 수 있을 것이다. 우리가 삶과 사업에 어떤 것을 심었는지에 상관없이 우리는 많지도 적지도 않게 응분의 수확을 얻게 될 것이다.

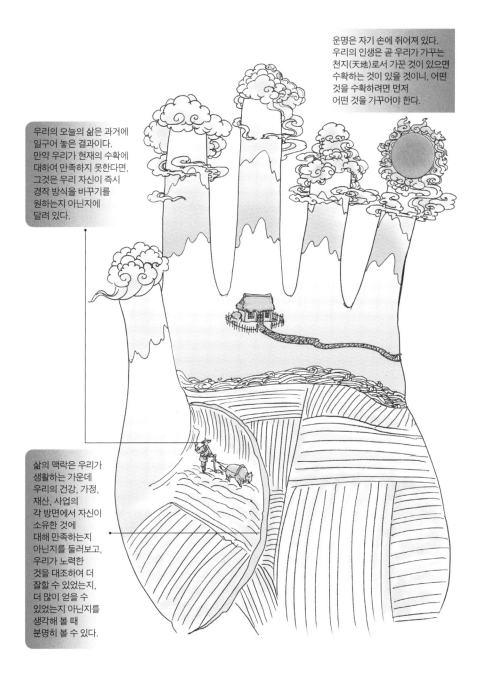

운명은 자기 손에 쥐어져 있다. 우리의 인생은 곧 우리가 가꾸는 천지(天地)로서 가꾼 것이 있으면 수확하는 것이 있을 것이니, 어떤 것을 수확하려면 먼저 어떤 것을 가꾸어야 한다.

우리의 오늘의 삶은 과거에 일구어 놓은 결과이다. 만약 우리가 현재의 수확에 대하여 만족하지 못한다면, 그것은 우리 자신이 즉시 경작 방식을 바꾸기를 원하는지 아닌지에 달려 있다.

삶의 맥락은 우리가 생활하는 가운데 우리의 건강, 가정, 재산, 사업의 각 방면에서 자신이 소유한 것에 대해 만족하는지 아닌지를 둘러보고, 우리가 노력한 것을 대조하여 더 잘할 수 있었는지, 더 많이 얻을 수 있었는지 아닌지를 생각해 볼 때 분명히 볼 수 있다.

## 선악은 서로 상쇄되지 않는다

이미 뿌린 악인으로 그 보를 나누어 받음에 있어 좋은 일을 한 것으로 마땅히 받아야 할 악보를 상쇄하진 못한다. 그러나 착한 일을 많이 하여 착한 연을 많이 모으면 무거운 악보가 가벼워질 수는 있다. 혹은 착한 연이 많이 늘어나고 선력(善力)이 강해지면 선과를 빨리 성숙시켜 악연의 힘을 점차 약해지게 만들 수 있다. 예를 들어 '악인'을 나타내는 한 잔의 소금물에 선인이라는 맑은 물을 많이 부어 넣으면 악과의 짠맛을 묽게 희석시킬 수 있는 것과 같다.

## 작은 인(因)과 큰 과(果)

옛사람이 말하기를 "악이 작다고 해도 그것을 하지 말며, 선이 작다고 해서 그것을 하지 않으면 안 된다."●라고 하였다. 이것은 아주 작은 선업이나 악업이라도 만약 끊임없이 쌓이게 되면 매우 커다란 업력이 된다는 것을 말한다. 그러므로 우리는 마땅히 가벼운 업도 소홀히 해서는 안 된다. 악업에 같이 섞여서도 안 되며, 마땅히 선업에 같이 섞여야 좋은 것이다. 속담 가운데 "티끌 모아 태산"이라는 말이 있다. 이것은 우리가 아주 작은 악업의 허물을 얕보아선 안 된다는 것을 뜻한다. 만약 부주의하면 습관이 길러져 고치기 어려워지고, 우리의 삶 속에서 나쁜 작용을 일으킬 수 있다. 반대로 아주 작은 선이라도 그것이 오래되어 쌓이면 커다란 선의 동력이 될 것이다.

인생은 마치 밭 갈고 씨 뿌리는 것과 같아 매일의 삶은 곧 우리가 노동하는 토지와 같다. 우리는 행복과 즐거움을 수확할 수 있길 기대한다. 그래서 정직하고 선량하며 지혜 있는 사람이 되도록 노력한다. 우리는 기능과 지식을 끊임없이 배우고, 다른 사람들과 교제하면서 끊임없이 사랑과 관심을 기울이는데, 이러한 모든 것이 다 우리에게 일의 진보와 생활의 안정, 마음의 양식을 가져다 줄 수 있다. 그것이 현재이든 미래이든 우리가 커다란 성과가 주렁주렁 달린 일생에 감탄했을 때 우리 곁을 지나간 모든 날들에 후회가 없을 것이다.

---

● "勿以惡小而爲之, 勿以善小而不爲."

인생은 회전목마이다

# 십이인연의 순환

불교의 인과응보는 삼세에 근거하여 이루어지는 것이다. 유정(有情)의 일생은 과보의 완성에 따라 생의 끝맺음을 얻게 된다. 그러나 그의 정신과 지은 업은 사라지지 않으며, 자신이 지은 업에 의해서 내세의 과보신(果報身)을 초래한다.

---

앞에서 이미 십이연기, 즉 십이지(十二支)의 구체적인 내용을 소개했기 때문에 이 절에서는 이 십이지 사이의 관계에 치중하여 소개하겠다. 이것은 우리가 인연과보의 운행 법칙을 이해하는 데 더 나은 도움을 줄 뿐만 아니라 오온과 사제(四諦) 및 만법개공(萬法皆空)과 생명무상(生命無常) 등의 내용을 훨씬 잘 이해하도록 도와줄 것이다.

### 삼세양중인과(三世兩重因果)

십이인연은 세 단계, 즉 과거세와 현재세, 미래세로 나눌 수 있다. 그 가운데 무명과 행은 과거세에 속하고, 식·명색·육처·촉·수·애·취·유는 현재세에 속하며, 생과 노사는 미래세에 속한다. 이 세 단계 가운데 또 양중(兩重)의 인과가 있는데, 즉 '과거인'에서 '현재과'에 이르는 것과 '현재인'에서 '미래과'에 이르는 것이다. 과거인은 무명과 행으로 무명은 과거세의 미혹됨이고, 행은 과거세에 지은 업이다. 여기에서 식·명색·육처·촉·수의 현재세의 다섯 가지 과를 얻게 되며, 이것이 첫 번째 양중의 인과이다. 현재인은 애·취·유인데, 애와 취는 현세의 미혹됨이고, 유는 현재세에 지은 업이다. 여기에서 생과 노사의 두 가지 미래세의 과가 나온다.

## 십이인연의 역관(逆觀)

장아함경(長阿含經)의 『대연방편경(大緣方便經)』에는 부처님께서 이 법을 말씀하실 때 운용한 것이 '역관'하는 방식이었다고 실려 있다. 다시 말해 십이인연을 뒤에서부터 앞으로 추론해 나가는 것으로, 즉 생·노사로부터 점차 추론하여 무명을 설하는 것이다. 생·노사를 인생 관찰의 출발점으로 삼는다. 늙어 죽는 것은 태어났기 때문이며, 늙어 죽는 것이 사람의 고통과 두려움을 불러일으키는 까닭은 사람들이 삶에 연연하기 때문이니, 사람의 몸으로 태어난 이상 어째서 그것을 사라지게 하겠는가. 이것이 사람을 곤혹스럽게 하는 것이다. 태어나면 인간의 몸을 얻는 데 성취하는 조건은 매우 많지만 가장 중요한 것은 '유'이다. 즉 신·구·의로 지은 선업과 악업의 잠재적인 힘은 업력이 생겨서 연이 되어야 사람의 몸을 얻을 가능성이 있다. 유는 '취'가 있기 때문인데, 바로 색깔·소리·냄새·맛·촉감의 다섯 가지 욕망에 대하여 집착을 추구하여 선업과 악업을 짓게 된다. 취는 '애'가 있기 때문인데, 애착은 바로 생명의 욕망이며, 생명의 욕망이 있어야 집착을 추구함이 있어 업력이 생기는 것이다. 애는 '수'가 있기 때문인데, 느낌은 객관적인 사물에 대하여 생성되는 고통과 즐거움이며, 바로 이러한 고통과 즐거움의 느낌이 생명의 욕구를 불러일으키고 있는 것이다. 느낌은 '촉'이 있기 때문인데, 촉은 근(根)·경(境)·식(識) 세 가지가 충돌하는 심리 활동이다. 촉은 '육처' 때문인데, 육처는 육근(六根)의 육경(六境)에 대한 인식이다. 육처는 '명색'이 있기 때문인데, 명색은 몸과 마음이 합해 이루어진 조직이고, 육근이 의존하는 토대이다. 명색은 '식'이 있기 때문인데, 식은 명색의 중심이고, 그것들 사이는 상호의존한다. 식은 '행'이 있기 때문인데, 식과 명색은 모두 과거에 지은 업, 다시 말해서 행이 초래한 결과이다. 행은 '무명'이 있기 때문인데, 무명은 무상과 무아의 참모습[眞相]에 대하여 깨닫지 못하는 것이며, 인간이 태어나고 죽는 고통의 근원이다.

# 서로 긴밀하게 연결된 인연의 고리

십이연기는 사람이 생사윤회에 반드시 지나는 열두 개의 고리가 처음부터 끝까지 태어나, 늙어 죽고, 다시 태어나는 생명의 순환 유형을 이룬다. 해탈하기 전까지는 그 누구든 계속 순환하며 유전하는 가운데 고난과 시련을 피할 수 없다고 설명한다.

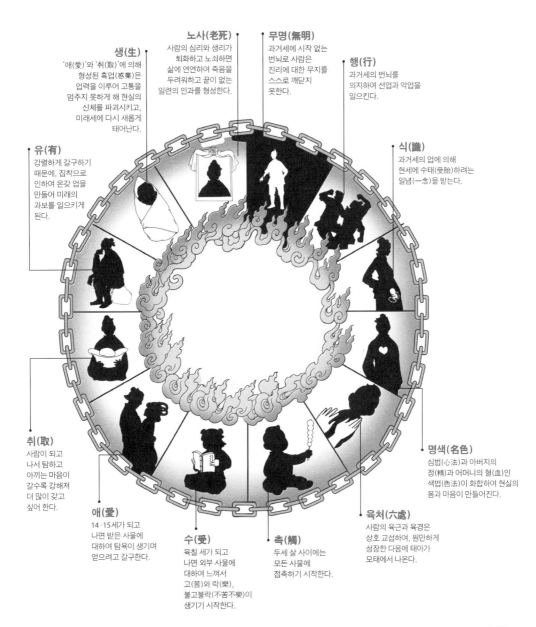

**노사(老死)**
사람의 심리와 생리가 퇴화하고 노쇠하면 삶에 연연하여 죽음을 두려워하고 끝이 없는 일련의 인과를 형성한다.

**무명(無明)**
과거세에 시작 없는 번뇌로 사람은 진리에 대한 무지를 스스로 깨닫지 못한다.

**생(生)**
'애(愛)'와 '취(取)'에 의해 형성된 혹업(惑業)은 업력을 이루어 고통을 멈추지 못하게 해 현실의 신체를 파괴시키고, 미래세에 다시 새롭게 태어난다.

**행(行)**
과거세의 번뇌를 의지하여 선업과 악업을 일으킨다.

**유(有)**
강렬하게 갈구하기 때문에, 집착으로 인하여 온갖 업을 만들어 미래의 과보를 일으키게 된다.

**식(識)**
과거세의 업에 의해 현세에 수태(受胎)하려는 일념(一念)을 받는다.

**취(取)**
사람이 되고 나서 탐하고 아끼는 마음이 갈수록 강해져 더 많이 갖고 싶어 한다.

**명색(名色)**
심법(心法)과 아버지의 정(精)과 어머니의 혈(血)인 색법(色法)이 화합하여 현실의 몸과 마음이 만들어진다.

**애(愛)**
14·15세가 되고 나면 받은 사물에 대하여 탐욕이 생기며 얻으려고 갈구한다.

**수(受)**
육칠 세가 되고 나면 외부 사물에 대하여 느껴서 고(苦)와 락(樂), 불고불락(不苦不樂)이 생기기 시작한다.

**촉(觸)**
두세 살 사이에는 모든 사물에 접촉하기 시작한다.

**육처(六處)**
사람의 육근과 육경은 상호 교섭하여, 원만하게 성장한 다음에 태아가 모태에서 나온다.

265

생명의 유전은 멈추지 않는다

# 연정삼생(緣定三生)

『열반경』에 "선악의 보(報)는 그림자처럼 따라다니며, 삼세에 인과가 순환하며 사라지지 않는다."라고 실려 있다.

## 업력은 사라지지 않고 삼세에 통한다

불교에서 말하는 '제행무상(諸行無常)'은 곧 세상의 모든 법은 무상하여 반드시 항상 머물며 변하지 않는 것이 아니라는 말이다. 그런데 어째서 유독 업력은 삼세에 서로 상속하여 윤회가 그치지 않을 수 있는 것일까? 경전에 나오는 바에 따르면 부처님은 일찍이 '업'을 씨앗과 같고[如種], 물듦과 같다고[如習] 비유하셨다. 업력은 씨앗과 같다. 예를 들면 한 알의 콩은 씨앗이었다가 싹이 나고 자라서 꽃이 피고, 결실을 맺는 과정을 거쳐 결국 또 씨앗으로 남겨진다. 한 시기가 지나면 꽃이 피고 결실을 맺은 콩은 비록 시들어 떨어져 메말라 죽지만, 남겨진 씨앗은 연(緣)을 만나면 또 싹이 트고, 가지를 뻗고, 꽃이 피어서 결실을 맺는다. 중생의 업력이 감과(感果)하는 것도 이러한 현상이다. 또한 업력은 물듦과 같다. 예를 들면 향수를 다 쓰더라도 향수를 담은 병 안에는 향기가 남아 있는 것과 같다.

## 스스로 업인을 짓고, 스스로 과보를 받는다

중생은 생사의 바다에서 유전하며, 생명은 끊임없이 '업'에 의지한다. 업은 마치 염주의 끈과 같아, 그 끈에 염주 구슬 한 알 한 알을 뀀으로써 흩어지거나 유실되지 않는 것이다. 업은 그들의 삼세의 생명을 틀어쥐고 과거에서 현재, 현재에서 미래에 이르도록 세세생생 육도에서 영원히 끝없는 윤회를 멈

# 시방삼세

'시방삼세(十方三世)'는 불교 용어로서 불교에서 다루는 우주의 시공간이며, 대략 오늘날 우리가 말하는 모든 시간과 공간에 해당된다.

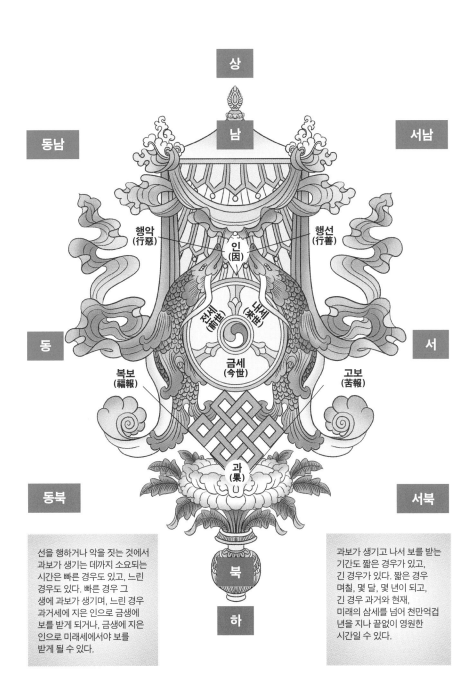

상

남

동남

서남

행악
(行惡)

인
(因)

행선
(行善)

동

전세
(前世)

내세
(來世)

서

금세
(今世)

복보
(福報)

고보
(苦報)

동북

서북

과
(果)

북

선을 행하거나 악을 짓는 것에서 과보가 생기는 데까지 소요되는 시간은 빠른 경우도 있고, 느린 경우도 있다. 빠른 경우 그 생에 과보가 생기며, 느린 경우 과거세에 지은 인으로 금생에 보를 받게 되거나, 금생에 지은 인으로 미래세에서야 보를 받게 될 수 있다.

하

과보가 생기고 나서 보를 받는 기간도 짧은 경우가 있고, 긴 경우가 있다. 짧은 경우 며칠, 몇 달, 몇 년이 되고, 긴 경우 과거와 현재, 미래의 삼세를 넘어 천만억겁 년을 지나 끝없이 영원한 시간일 수 있다.

추지 않는다. 때문에 비록 그들의 색신(色身)은 생멸이 있지만 진정한 생명은 죽지 않으며 유전하여 다시 태어난다. 따라서 우리가 얼마나 좋은 일을 했든 스스로 대단하다고 여길 필요가 없다. 복덕의 인연은 은행의 예금과 같아 그 예금이 아무리 많아도 다 쓰게 될 때가 있다. 그러므로 끊임없이 적선하고 자비를 행해야 한다. 반대로 설사 천하의 죄를 범하여 그 빚이 산더미처럼 쌓였더라도 개과천선하여 '연에 따라 예전의 업을 제거하고, 절대로 새로운 재앙을 만들지 않으면' 채무를 결국 깨끗이 갚는 날이 있을 것이다. 결국 자신의 장래는 자신의 손에서 조종되며, 그것으로 사람들의 인생에는 밝은 빛과 희망이 가득할 수 있다는 것을 업의 법칙은 말해 주고 있다.

## 악연을 선연으로 전환하다

인과는 과거와 현재, 미래의 삼세를 통하니, 이른바 "전세의 인을 알고자 한다면 금생에 받은 것이 그것이며, 미래의 과를 알고자 한다면 금생에 지은 것이 그것이다". "선악의 인과가 보(報)를 결정한다."라는 '삼세인과(三世因果)'를 이해하면 사람들은 악을 버리고 선을 행할 것이다. 또 고통을 피해 즐거움을 향하고, 금생에 고과(苦果)를 받았어도 하늘을 원망하거나 남을 탓하지 않을 수 있으며, 마음의 빚을 갚는다는 관념을 갖고 기꺼이 고통을 받을 수 있다. 나아가 악연(惡緣)을 돌려 선연(善緣)이 되게 할 수 있다. 더욱이 '삼세인과'에서 업도(業道) 중생이 세세생생 윤회하며 서로 권속이 되는 것을 알게 된다. 이러한 깊은 이해가 생기면 반드시 '무연대자(無緣大慈), 동체대비(同體大悲)'의 자비심을 일으킬 수 있다. 이와 같이 금생에는 원만하고 자유자재한 인생을 얻을 수 있을 뿐만 아니라, 내세에는 보다 선취(善趣)에 감응하여 태어날 수 있다. 때문에 인과업보를 명확하게 인식할 수 있으면 반드시 업력을 파악하여 자신의 행복을 도모할 수 있다.

고통을 소멸하는 방법

# 십이인연과 사성제

십이인연은 유정중생이 생사를 유전하는 전인후과(前因後果)이며, 이것의 유동은 직선의 방식이 아니라 순환의 방식이다. 부처님께서 설하신 십이인연은 하나의 커다란 고통의 덩어리[苦聚]이며, 우리는 십이인연을 배워 고통이 어디에 있고, 어떻게 해탈을 얻는지 알아야 한다.

## 인생 유전의 기본 공식

전세의 인이 금세의 과이며, 금세의 인이 후세의 과이며, 무명은 행을 연(緣)하고, 행은 식을 연하고…… 계속해서 생은 노사를 연한다. 전생의 무명이 행을 유발하고, 이로써 금생의 식, 명색 등과 다음 생의 생, 노사 등이 일어난다. 전생의 인은 금생의 과를 결정하여 금생의 현상에서 전생의 인을 미루어 알수 있고, 다음 생의 과를 알고 싶으면 우리의 현재 행위를 보면 충분하다.

  부처님께서는 십이인연에 근거하여 관찰한 것을 "이것이 있기 때문에 저것이 있고, 이것이 없기 때문에 저것이 없다."●라는 연기의 바른 이치로 총결해 내셨다. 중생에겐 이 전혀 보이지 않는 십이인연이라는 족쇄가 채워져 있다. 다만 부처님께서 우리를 위해 하나의 해탈법을 찾으셨는데, 그것은 곧 '반야'로 깨달아서 '무명'을 관조해 타파하면 다시는 생을 받지 않고 윤회하지 않으며, 더욱이 이로써 범부를 초월해 성인(聖人)의 경지로 들어갈 수 있다는 것이다.

## 십이인연의 해탈관

석가모니 부처님은 보리수 아래에서 열반을 경험하며 십이인연으로 사성제를 증명하셨다. 고(苦)와 집(集) 두 가지 제(諦)는 유전(流轉)상에서 십이인연

●  "此有故彼有, 此無故彼無."

을 보고, 멸(滅)과 도(道) 두 가지 제(諦)는 환멸(還滅)상에서 십이인연을 본다. 총괄해서 말하면 '염정인과(染淨因果)', '고'와 '집'은 물듦[染]이 되고, '멸'과 '도'는 깨끗함[淨]이 된다. '염정인과'는 불법의 전체 내용을 개괄한다고 할 수 있다. 인생의 과거와 현재, 미래는 끝이 없는 고리처럼 쉼 없이 흘러 인과가 보를 받는 윤회 현상이 나타나는데 이것이 바로 삼세윤회의 구체적인 설명이다.

'고제'와 '멸제'는 십이인연의 순서에 따라 첫째 인연인 '무명'을 끊는 것에서부터 열두 번째 인연인 노사가 끊어질 때까지 미루어 나가 곧 범부를 초월해 성인에 드는 해탈의 경지 및 열반의 경계이다. 역으로 말해서 늙지 않고 죽지 않으려면 오직 다시 출생하지 않는 것뿐이다. 다시 태어나지 않으려면 유루의 생사의 인을 만들지 말아야 하며, 생사의 인을 만들지 않으려면 미련을 갖고 연연해 하는 사물에 대하여 추구하고 아쉬워하는 마음을 즉시 내려놓아야 한다. 얻는 것도 없고 구하는 것도 없으려면 우선 고통을 피하고 즐거움을 찾는 애욕심(愛慾心)을 배제해야 하고, 애욕심을 없애려면 고통과 즐거움의 느낌[感覺]을 다시는 받아들이지 말아야 하며, 고통과 즐거움에 동요됨을 받지 않으려면 육근의 청정함을 찾아 육진과 접촉하지 말아야 한다. 육근이 육진에 닿지 않게 하려면 오직 육처가 일어나지 못하게 하는 것뿐이며, 육처는 명색에서 만들어지는 것이니 육처가 일어나지 못하게 하려면 생(生)을 찾아 모태에 들어가서는 안 된다. 태에 들어가는 주체는 업식(業識)이므로 마땅히 먼저 업식을 깨뜨려야 하며, 업식은 전세의 행위가 모여서[集聚] 이루어지므로 먼저 유루의 선과 악한 행위를 짓지 말아야 한다. 악행은 무명에서 인연하니 끝까지 밀고 나가 무명을 배제해야 한다.

십이인연과 삼세인과 및 사성제의 상호 관계에서 우리는 십이인연 이론의 목적과 의의를 볼 수 있다. 인연에 따라 일어나고 소멸하는 법칙은 사람들의 마음을 밝혀 본성을 깨닫고, 인생의 참모습을 깨닫게 함으로써 고뇌에서 벗어나 즐거움을 얻고 윤회를 초월해 진정한 해탈을 얻을 수 있게 한다.

## 십이인연으로 사제(四諦)를 해석하다

십이인연은 생명 현상의 총결로 생명이 고통스런 원인을 밝혀 냈으며, 십이인연의 인과율은 이 네 가지 인생의 진리를 매우 잘 설명한다.

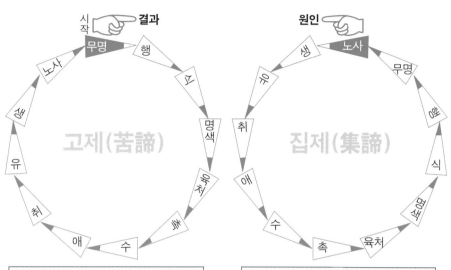

무명으로 시작하여, 무명이 사람의 행위를 야기하고, 행위는 의식에 느낌을 가져와 직접 사람의 생사에 이르게 하니, 인생의 참모습, '고제'임을 알게 된다.

노사로 시작하여 십이인연을 거꾸로 보아 사람이 태어남과 늙음의 고통에서부터 윤회를 추정할 수 있는 것은 '유'·'취'·'애' 등을, 마지막으로 '무명'까지 미루어 나가면 고통의 근원이 '집제'임을 알 수 있기 때문이다.

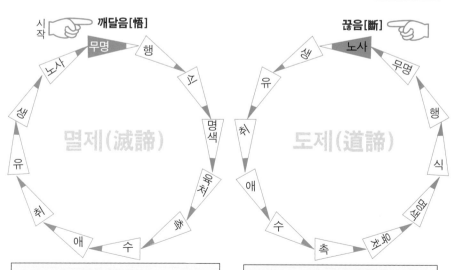

생의 참모습과 고통의 근원을 알았을 때 우리는 인생에 만약 무명이 없다면 결론적으로 생사의 고통이 있을 수 없음을 깨닫기 시작하며, 이것은 깨달아 고통을 소멸하는 경계인 '멸제'에 들어서게 된다.

만약 생사의 고통과 육도윤회를 끊어 없애려면 순서에 따라 미루어 끊어, 마지막으로 무명을 끊어 없애고 열반에 도달해야 한다. 이것이 '멸고(滅苦)'의 진정한 방법인 '도제'이다.

씨앗의 역량
# 좋은 마음이 좋은 운명을 만든다

만약 누군가 일념(一念)의 기미를 성찰하여 이 마음의 근원을 반짝반짝 빛이 나도록 깨끗이 청소하는 데 힘쓸 수 있으면, 비록 깜깜한 곳에 처해 있더라도 저절로 가는 곳마다 모두 광명의 세계일 것이다!

## 마음은 업의 씨앗이다

부처님께서는 우리가 평소 일을 하나 하는 것, 심지어 생각 하나 하는 것이 모두 인을 심는 것이며, 그 선악의 성질과 분량에 따라 그 분수의 결과가 뒤따른다고 말씀하셨다. 지은 업이 비록 행위에 나타나지만 행위의 조작은 먼저 생각에서 움직여 일어나는 것이므로 생각이 없으면 행위가 이루어지지 않는다고 하였다. 대승 불법은 심의(心意)의 동태를 더욱 중시하여 불선한 생각이 일어나는 것을 금방 알아차리고 행위로 이행하지 않는다. 만약 선한 의념(意念)이라면 그것이 드러나게 한다. 이것은 생각에 주의해야 하는 것이지, 이미 한 행동을 수습할 수 없을 때까지 있다가 후회하는 것이 아니다. 그러면 이미 늦는다. 그러므로 마음이 일어나고 생각이 움직이는 아주 소소한 것에 주의해야 하며, 더욱이 나쁜 습관은 아주 작은 것이라도 가볍게 보아서는 안 된다.

## 마음은 모든 행동의 근원이다

사람이 짓는 업은 신체의 조작, 언어의 교류, 사상의 활동, 이 세 가지 방면에 불과하다. 그리고 몸과 입의 모든 행위도 다 일념의 부추김을 받고 조작되는 것이다. 눈앞에 나타나는 이 일념심(一念心)을 벗어나면 몸과 입은 무정(無情)한 사물과 같으니, 어떻게 행하고, 머물며, 앉고, 눕고, 소리 내어 말하는 활동을 할 수 있겠는가. 그러므로 몸과 마음은 업을 짓는 도구이며, 의식(意識)은 업을

272

# 마음을 깨끗이 하여 악업을 없애다

송대 조강정(趙康靖)은 자기의 생각을 정화하기 위하여 날마다 병과 콩을 놓아두고 마음으로 묵묵히 관찰하며 만약 착한 생각이 들면 흰 콩을 넣고, 악한 생각이 들면 검은 콩을 넣었다. 처음에는 검은 콩이 많았는데 점차 착한 마음의 습관이 강해지면서 악한 마음이 저절로 줄어들다가 마침내 착한 생각과 악한 생각을 모두 잊게 되고, 병과 콩도 버리고 쓰지 않게 되었다. 그의 마음도 이 때문에 단련되어 맑고 투명해졌다.

**깨끗한 마음[淨心]의 힘**
마음의 힘은 비록 크지만 심성(心性)은 본래 공하고, 본성이 공한 것과 서로 부합되는 지혜심(智慧心)은 곧 진실하고 절대적이며, 시공을 초월해 생겨나지도, 없어지지도 않고 모든 것을 녹이는 거대한 힘을 갖는다. 만약 어느 날 병 속에 더 이상 어떠한 물건을 넣지 않는다면 우리의 마음이 맑고 투명하게 깨끗해진 때가 된 것이다.

**업은 일념에서 시작된다**
선과 악은 콩처럼 알알이 분명하며, 착한 생각과 악한 생각은 콩처럼 생각마다 다르게 생긴다. 신·구·의의 모든 업이 일념에서 기원하며, 이 일념심의 동기에 차별은 업의 본질이 선한 것인지 악한 것인지 아니면 무기(無記)인지를 결정짓는다.

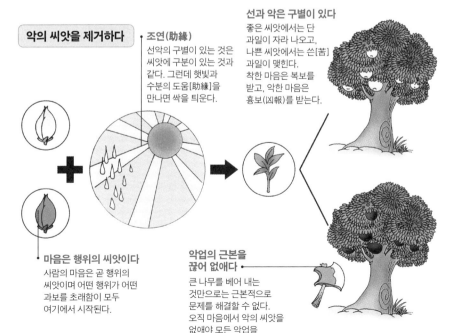

**악의 씨앗을 제거하다**

**조연(助緣)**
선악의 구별이 있는 것은 씨앗에 구분이 있는 것과 같다. 그런데 햇빛과 수분의 도움[助緣]을 만나면 싹을 틔운다.

**선과 악은 구별이 있다**
좋은 씨앗에서는 단 과일이 자라 나오고, 나쁜 씨앗에서는 쓴[苦] 과일이 맺힌다. 착한 마음은 복보를 받고, 악한 마음은 흉보(凶報)를 받는다.

**마음은 행위의 씨앗이다**
사람의 마음은 곧 행위의 씨앗이며 어떤 행위가 어떤 과보를 초래함이 모두 여기에서 시작된다.

**악업의 근본을 끊어 없애다**
큰 나무를 베어 내는 것만으로는 근본적으로 문제를 해결할 수 없다. 오직 마음에서 악의 씨앗을 없애야 모든 악업을 끊을 수 있다.

273

짓게 하는 작가(作家)이다. 나무꾼이 도끼로 나무를 베는데 우리는 보통 나무꾼이 나무를 벤다고 말하지 도끼가 나무를 벤다고 말하지 않는 것과 같다.

## 마음은 재앙과 복의 뿌리이다

모든 안락과 고통은 다 선업과 악업에서 초래되는 것이며, 선업과 악업은 지금 현재의 '일념심'이 일어나는 데서 근원한다. 따라서 재앙과 복의 근원은 곧 지금 현재의 '일념'에 있다. 『태상감응편』에서는 "재앙과 복은 문이 없으나 오직 사람이 스스로 불러들인다."•라고 했고, 육조 대사는 "모든 재앙과 복은 마음을 떠나지 않는다. 마음에서 찾으면 감응하여 통하지 않는 것이 없다."••라고 하였다.

　　사람은 일념이 생기지 않았을 때 맑고 고요한 허공처럼 선악이 형성되지 않는다. 다만 일념이 일어나 좋은 일을 향하면 선이 되고, 나쁜 일을 향하면 악이 된다. 처음에는 일념이 일어나 하나의 일을 실행하는 것에 불과하지만, 오랜 세월이 지나 습관이 되어 그것이 오래되면 선인(善人)과 악인(惡人)의 구분이 생긴다. 그러므로 재앙을 얻고 복을 얻는 것이 전부 최초의 일념에 달려 있다. 고대 유가(儒家)에서 하루에 자기 자신을 세 번 반성하고, 예(禮)가 아니면 생각하지 말며, 말하지도, 행동하지도, 보지도 말라고 가르친 것도 바로 이 이치에 근원한 것이다. 만약 우리에게 자신의 마음을 절제할 수 있는 시간이 있다면 법이 아닌 삿된 생각[邪念]이 일어나지 않게 하며, 만약 악한 마음[惡心]이 생기면 그것을 즉시 소멸시켜 착한 마음[善心]으로 바꾸고, 이렇게 실행하여 오래도록 유지하면 스스로 선악의 주인이 되어 미래의 운명은 현재의 '마음'을 자신의 손안에 쥐게 된다.

---

•　"禍福無門, 唯人自召."
••　"一切禍福, 不離方寸. 從心而覓, 感無不通."

# 중생은 과를 두려워하고
# 보살은 인을 두려워한다

업력을 헤아려 생각하지 못하면 비록 그것이 멀리 있더라도 반드시 서로를 끌어당기며, 과보가 무르익었을 때는 피하려고 해도 끝내 피하기 어렵다.

---

### 결과가 발생했을 때에서야 후회해서는 안 된다

불교에서는 선인(善因)을 심으면 선과(善果)가 맺히고, 악인(惡因)을 심으면 악과(惡果)가 맺힌다고 본다. 보살은 '인'을 두려워[畏]하고 '과'를 두려워하지 않는데, 중생은 '과'를 두려워하고 '인'을 두려워하지 않는다. 여기에서 '외(畏)'는 '두려워하다', '무서워하다'라는 뜻이다. 중생은 늘 자기가 얻는 것이 모두 '좋은 과'이기를 바라며, '악과'와 '고과(苦果)'를 두려워한다. 보살도 때로는 고과를 받지만 이를 기꺼이 받는다. 그는 고과를 받는 것이 '고뇌를 끝내는 것'이고, 복을 누리는 것이 '복을 소멸하는 것'임을 알기 때문이다. 반대로 중생은 대개 과를 두려워하고 인을 두려워하지 않는다. 그래서 인을 심을 때 좋은 인이든 나쁜 인이든, 선한 인이든 악한 인이든 상관없이 모두 '사소한 일'이라 큰 지장이 없다고 여겨 성질대로 제멋대로 하며, 조금도 조심하거나 삼가지 않는다. 결과를 얻을 때가 되면 두렵고 불안하여 어찌할 바를 몰라 하며, 특히 악과가 눈앞에 닥쳤을 때는 무서워하면서 원망한다.

예를 들어 현재의 인류는 자신의 사욕을 만족시키기 위하여 무작정 대자연을 강탈해 무지막지하게 도시를 건설하거나 넓히고, 멈추지 않고 농지를 점용하여 지구상에 초록빛으로 뒤덮인 지역을 빼앗아 갔다. 사막이 확산되고, 기후가 나날이 건조해지며 불규칙해지는 등 이러한 것은 모두 인류가 최근 몇십 년 동안 심은 악인 때문이며 어떤 경우 이미 악과가 나타났다. 인류는 탐욕을 만족시키기 위하여 자기가 심은 악인을 결코 대수롭지 않게 여긴다. 아마도 세계가 모두 황량한 사막으로 변했을 때가 되어서야 문득 크게 깨닫고 가슴이 미어질 것이다.

## 신묘한 지략과 교묘한 계책은 '인과'에 의지한다

보살은 '악과'를 두려워할 줄 알고, 또 진정 두려워할 것은 '과'가 아니라 과를 양성하는 '인'임을 훨씬 잘 안다. 그들은 이치를 이해하여 옳고 그름을 분명히 알기 때문이다. 보살들은 일거수일투족, 한 마음 한 생각에 모두 엄격하고 신중하게 청정한 '선인(善因)'을 유지하고 있으며, 보살들이 '악과'를 받지 않는 것은 그들이 아예 '악인(惡因)'을 감히 심지도 않고, 또 심지도 못하기 때문이다. "보살이 인을 두려워한다."라고 한 것은 그들이 정말로 마음에 두려움을 가지고 있다는 것이 결코 아니라, 그들의 지혜는 근본적으로 악과를 끊어 없애는 방법을 알고 있음을 나타낸 것이다. 인과의 운행 법칙을 알고 이로써 사실이 변화하는 방향과 궤적을 파악한다. 이것은 신통함도 아니고, 변화도 아니며, 온갖 꾀를 부리는 그러한 총명함도 아니다. 이것은 세상사를 통찰하는 학문이다. 어떤 결과가 나타나면 배후의 원인과 심리를 모두 손금 보듯 환히 알아 처음부터 배의 키를 잡고 앞으로 나가는데 무엇이 걱정이겠는가! 일이 발전되는 과정에서 나타나는 각 방면의 인연을 바꾸어 배가 승리를 향해 전진하도록 적절하게 조정할 수 있다. 혹은 피할 수 없는 원인이 나타나 조성될 결과에 대해 일찌감치 예상하고 마음속에 모든 준비를 하고 있을 수 있다. 이러한 사람에게 신묘한 지략과 교묘한 계책이 있는 것이 아니고 무엇이겠는가.

분명히 알고 나서 아침부터 저녁까지 내가 일으킨 생각이 무엇이었는지, 사람과 이야기를 나누며 내가 한 말에 무슨 의미가 담겨 있었는지를 스스로 항상 반성하고 늘 관조해야 한다. 일을 처리하고, 사람을 대하고 접하는 가운데 인과가 있다. 현재 받는 것이 '과'이며, 현재 만드는 것이 '인'이고, '인' 가운데 '과'가 있고, '과' 가운데 '인'이 있다. 어째서 심은 것이 '고과(苦果)'인지, 어째서 과일이 내가 생각했던 것보다 작고 적은지를 열매가 무르익을 때

# 재산의 죄악

세상 사람들의 입장에서 보면 재산에 대한 추구는 처음부터 끝까지 모두 고통으로 가득하다. 용수보살은 "재산을 쌓고, 지키고, 늘리는 것이 모두 고통이 되니, 재산이 한없는 재앙의 근원이 됨을 알아야 한다."라고 말하였다. 세상 사람은 어리석어 선악의 인과를 취하고 버리는 법을 전혀 몰라 탐욕을 추구하는 혼란 속으로 빠져든다. 덧없고 짧은 쾌락을 위하여 오랫동안 고통과 시련을 참고 견디며, 여러 가지 온갖 악업을 지어 내고, 이로 인하여 다시 후세에 악취(惡趣)의 깊은 함정에 떨어져 끝없고 한없는 윤회 속에 고통의 시련을 받는다.

**눈앞의 이익에 집착하다**
사람들은 현재의 쾌락에 만족을 얻지만, 그 결과 어떤 고통이 계속될지를 상상하지 못한다.

부처님께서는 지혜의 마음으로 고·공·무상함을 깨달아 재산에 대한 추구를 통해 어떠한 쾌락도 얻을 수 없으며, 다만 욕망의 깊은 함정에 한걸음씩 빠져든다는 것을 명확하게 보셨다.

가 되어서야 문득 크게 깨달아서는 안 된다. 그것이 아직 씨앗이었을 때 마땅히 그 미래의 모양을 생각해야 한다.

광명과 암흑의 대결
# 선악의 구분

『법구경』에 "작은 악이라도 재앙이 없다고 여겨 가볍게 보지 말라. 물방울이 비록 미미하나 점점 큰 그릇을 채운다."라는 말이 있다. 때문에 우리는 가벼운 업이라도 소홀히 해서는 안 되며, 악업을 같이해서도 안 된다. 우리는 선업에 함께 참여해야 한다.

---

우리는 항상 "선은 선보가 있고, 악은 악보(惡報)가 있다.", "악은 버리고 선은 널리 알린다."라고 말한다. 그럼 선과 악을 어떻게 구분해야 할까? 선을 쌓는 일에 대하여 자세히 말하면 '참된 선[眞善]'과 '거짓 선[假善]'이 있고, '바른 선[端善]'과 '왜곡된 선[曲善]', '숨은 선[陰善]'과 '드러난 선[陽善]', '옳은 선[是善]'과 '그릇된 선[非善]', '치우친 선[偏善]'과 '올바른 선[正善]', '반쪽 선[半善]'과 '완전한 선[滿善]', '큰 선[大善]'과 '작은 선[小善]', '어려운 선[難善]'과 '쉬운 선[易善]' 등의 구별이 있어 반드시 한걸음 더 깊게 이해를 해야 한다. 그렇지 않으면 선을 행함에 있어 사리가 밝지 못해 흔히 자신은 선을 행했다고 여기지만 사실은 천벌 받을 행위를 한 것일 수 있다. 결국 쓸데없이 애만 쓰고, 좋은 점은 하나도 없는 것이다.

## 불교에서의 선과 악의 기준
우선 선과 악의 개념 정의부터 말하면 즐거움을 일으키는 사상과 행위는 '선'이 되고, 고난을 초래하는 사상과 행위는 '악'이 된다.

그 다음 사상과 감정에서 말하면 탐내는 마음[貪心], 성내고 원망하는 마음[瞋恨心], 선악을 구분하지 못하는 무명심, 아집, 법집 등의 삿된 견해[邪見], 질투심, 오만, 이기심 등은 '악'에 속한다. 탐욕이 없는 마음, 성내고 원망함이 없는 마음, 무명과 삿된 견해가 없고 수치를 아는 마음, 평등심, 자비심, 중생을 존경하고 사랑하는 마음 등은 모두 '선'에 속한다.

마지막으로 행위 방면에서 말하면 살생하기, 도둑질하기, 음란한 행동, 거짓말하기, 이간질하기, 악담으로 남을 헐뜯기, 시비를 부추겨 말썽 일으키기 등 도덕과 법률을 위반하고, 사회와 중생을 위해하는 모든 행위는 다 '악행'에 속한다. 살생하지 않고, 도둑질하지 않는 등의 열 가지 선행과 도덕·법률을 준수하고, 사회 안정과 번영·번창, 중생의 행복과 쾌락에 유리하게 하는 모든 행위는 '선행'에 속한다.

소승불교와 대승불교에서 선과 악의 기준에 다음과 같은 다른 점이 있다. 소승은 다른 사람을 해치지 않는 행위는 선한 행위가 된다고 본다. 대승은 중생을 해치지 않는 것이 결코 중생을 이롭게 하는 것과는 다르며, 선의 기준은 마땅히 중생을 이롭게 함이 있어야 하고, 모든 중생이 행복과 즐거움을 얻을 수 있도록 해야 한다고 본다.

## 선과 악은 서로 전환될 수 있다

선과 악을 지나치게 구분해서는 안 된다. 이 세상은 진정한 선이나 진정한 악은 결코 존재하지 않아 불경에서는 선이 곧 악이고 악이 곧 선이라고 말하였다. 선 가운데 악이 있고, 악 가운데 선이 있으며, 선과 악의 본체는 하나이며, 선도 악의 씨앗이고, 악도 선의 씨앗이다. 악한 사람도 인간이고, 착한 사람도 인간이며, 모두 감정을 가지고 있다. 모든 악한 사람의 마음속에도 착한 일면이 있고, 모든 선량한 사람의 마음속에도 추악한 일면이 있다. 예컨대 한 사람이 가족들을 잘살게 하려는 아름답고 선량한 원함으로 악을 행하고 마약을 팔면, 이것은 선 가운데 악이 있는 것이다. 반대로 그가 악을 행한 것은 가족들을 잘살게 하려는 선량한 희망이 실현하기 위한 것이니 악 가운데 선이 있는 것이다. 그러므로 선이 곧 악인 것이다.

# 착한 마음과 악한 마음은 선업과 악업에 대응된다

예컨대 탑을 돌고 있는 세 사람 중 한 사람은 부처님의 공덕을 기념하기 위하여 돌고, 다른 한 사람은 기회를 틈타 탑 속의 보물을 훔치려는 생각으로 돌고, 세 번째 사람은 맹목적으로 사람의 무리를 따라 돈다고 해 보자. 이들 세 사람은 모두 탑을 도는 신업(身業)을 지었으며, 이 신업은 본래 중성적인 것이어서 선악의 자성이 없다. 이것이 선함과 악함, 좋고 나쁜 것이 되는 까닭은 전부 사람의 마음이 그렇게 시키기 때문이다.

우리 부처님은 자비로워 널리 중생을 제도하였으며, 모든 지혜를 듣기 원하여 일찍이 열반의 극락세계에 오르셨다.

안에 있는 보물은 전부 내 것이다.

다른 사람이 걸으니 나도 걷는다.

악업

선업

이 세 사람의 행위에 현명하고 선함, 악함, 무기의 세 가지 동기가 있기 때문에 그들이 지은 업은 곧 선업, 악업, 무기업이 되었다.

무기업

## 참된 선과 거짓된 선

|  |  |
|---|---|
| 남을 이롭게 하는 선 | 자기를 이롭게 하는 선 |
| 마음속에서 우러나온 선 | 다른 사람에게 보여주는 척하는 선 |
| 구하는 것이 없으면서 하는 선 | 구하는 것이 있으면서 하는 선 |

참된 선 [眞善]

거짓된 선 [假善]

누구나 선은 바름[正]이고, 악은 치우침[偏]인 것을 안다. 그러나 만약 선심을 행했으나 일이 악하게 되도록 하면 바름 가운데 치우침이 있는 것이다. 만약 악심을 행했으나 일이 선하게 되도록 하면 치우침 가운데 바름이 있는 것이다.

보통 사람이 선을 행하면 행위만 보아서는 안 되고, 반드시 그의 이로움과 폐단을 살펴보아야 한다. 현재만 보아서는 안 되고, 반드시 일의 결과를 살펴보아야 한다. 개인의 득실만 논해서는 안 되고, 반드시 대중에 대한 영향을 살펴보아야 한다. 만약 나타난 행위가 선한 것 같으나 그 결과가 남을 해칠 수 있으면 선과 비슷하더라도 선이 아니다. 만약 나타난 행위가 비록 선하지 않으나 그 결과가 대중에게 유익하면 비록 선이 아니라도 사실은 선인 것이다.

# 열 가지 악업을 제거하다

사람이 임종할 때가 되면 여러 가지 온갖 모습[相] 혹은 지옥을 보거나 천당을 보게 된다. 그것은 업상(業相)이 앞에 나타나는 것이고, 어디에서 보를 받아야 하는지를 나타내는 징조이다. 이어서 선이나 악의 무거운 업은 작용을 일으켜 나중에 받게 될 보를 결정한다.

우리가 인과에 대한 신념이 긍정적이라면 평소 자기의 사상과 행위에 대하여 반드시 신중하게 행사해야 한다. 그렇지 않으면 악업을 짓게 되고 결과적으로 자신이 손해를 보게 된다. 자업자득의 불변 진리는 틀림이 없어 친부모·형제라도 대신할 수 없기 때문이다. 그러므로 경전에서 부처님께서는 사람들에게 "모든 악은 짓지 말며, 여러 선은 받들어 행하여 스스로 그 뜻을 깨끗이 하는 것이 모든 부처님의 가르침이다."라고 훈계하셨다. 즉 석가모니의 불교는 스스로 그 뜻을 깨끗이 하고, 악을 경계하고 선을 닦도록 사람들에게 권하는 것이다. 이것은 곧 시방세계의 모든 부처님의 종지(宗旨)로서 스스로 그 뜻을 깨끗이 하고, 악을 경계하며 선을 닦도록 사람들에게 권하는 것이다.

"모든 악은 짓지 말라."고 할 때 "모든 악"은 일체의 악한 일을 하지 말라는 것을 뜻한다. 이 악은 개인적인 사상과 행위, 자타에게 모두 불리한 것, 혹은 자신에게 이롭고 남에게 손해를 주는 것을 가리킨다. 자신을 이롭게 하는 것은 마치 악이 아닌 것 같지만 자신을 이롭게 하는 반면 남에게 손해를 끼치며, 그저 자기 눈앞의 이익과 즐거움만을 탐내고, 타인의 좋고 나쁨은 거들떠보지 않는다. 또 어질거나 의롭지 못하며, 무례하고, 지혜롭지 못한 온갖 일은 하고서 자신은 법적 제재에서 벗어나 자유로울 수 있다고 생각하는데, 사실은 설사 법망을 빠져나와도 인과율은 벗어날 수 없다. 그 결과 자신은 타락해서 고보(苦報)를 받아야 한다. 때문에 자신을 이롭게 하고 남을 해롭게 하

# 악업의 과보

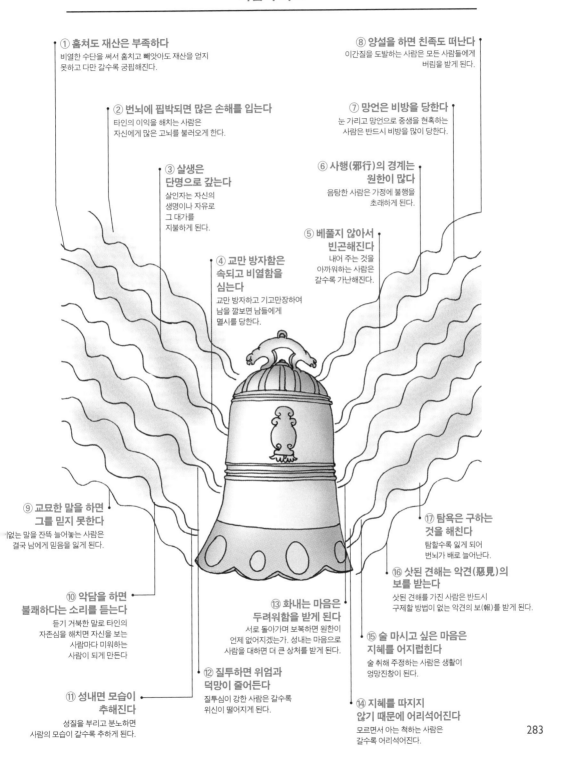

① 훔쳐도 재산은 부족하다
비열한 수단을 써서 훔치고 빼앗아도 재산을 얻지
못하고 다만 갈수록 궁핍해진다.

② 번뇌에 핍박되면 많은 손해를 입는다
타인의 이익을 해치는 사람은
자신에게 많은 고뇌를 불러오게 한다.

③ 살생은
단명으로 갚는다
살인자는 자신의
생명이나 자유로
그 대가를
지불하게 된다.

④ 교만 방자함은
속되고 비열함을
심는다
교만 방자하고 기고만장하여
남을 깔보면 남들에게
멸시를 당한다.

⑤ 베풀지 않아서
빈곤해진다
내어 주는 것을
아까워하는 사람은
갈수록 가난해진다.

⑥ 사행(邪行)의 경계는
원한이 많다
음탕한 사람은 가정에 불행을
초래하게 된다.

⑦ 망언은 비방을 당한다
눈 가리고 망언으로 중생을 현혹하는
사람은 반드시 비방을 많이 당한다.

⑧ 양설을 하면 친족도 떠난다
이간질을 도발하는 사람은 모든 사람들에게
버림을 받게 된다.

⑨ 교묘한 말을 하면
그를 믿지 못한다
없는 말을 잔뜩 늘어놓는 사람은
결국 남에게 믿음을 잃게 된다.

⑩ 악담을 하면
불쾌하다는 소리를 듣는다
듣기 거북한 말로 타인의
자존심을 해치면 자신을 보는
사람마다 미워하는
사람이 되게 만든다

⑪ 성내면 모습이
추해진다
성질을 부리고 분노하면
사람의 모습이 갈수록 추하게 된다.

⑫ 질투하면 위엄과
덕망이 줄어든다
질투심이 강한 사람은 갈수록
위신이 떨어지게 된다.

⑬ 화내는 마음은
두려워함을 받게 된다
서로 돌아가며 보복하면 원한이
언제 없어지겠는가. 성내는 마음으로
사람을 대하면 더 큰 상처를 받게 된다.

⑭ 지혜를 따지지
않기 때문에 어리석어진다
모르면서 아는 척하는 사람은
갈수록 어리석어진다.

⑮ 술 마시고 싶은 마음은
지혜를 어지럽힌다
술 취해 주정하는 사람은 생활이
엉망진창이 된다.

⑯ 삿된 견해는 악견(惡見)의
보를 받는다
삿된 견해를 가진 사람은 반드시
구제할 방법이 없는 악견의 보(報)를 받게 된다.

⑰ 탐욕은 구하는
것을 해친다
탐할수록 잃게 되어
번뇌가 배로 늘어난다.

283

는 것도 악업이다. 예를 들면 재물을 탐내어 목숨까지 해친 한 악인이 범죄 경위가 아직 밝혀지지 않았다고 오히려 법망을 벗어나 자유롭게 다니며 눈앞에 잠깐의 시간을 즐겁게 지낸다. 만약 범죄 경위가 밝혀지면 관련된 법률로 마땅히 받아야 할 처벌을 받아야 한다. 혹은 온갖 인사 관계를 이용하여 요행스럽게도 법률의 제재를 피해 간다. 그러나 불법의 계율에 따라 악인을 지었으면 미래에 악과의 지배를 받게 되는 것을 피할 수 없다.

불교에서는 악업을 분석하여 우리의 신·구·의의 세 가지 동작에서 '십악업(十惡業)'이라고 하는 열 가지 악법(惡法)으로 열거하였다.

## 몸에는 세 가지 악업이 있다

즉 살생, 투도(偸盜: 도둑질), 음행(淫行)이다. 살생은 자애로움이 없고, 도둑질은 의리가 부족하며, 음행은 예의에 맞지 않다. 자애가 없고, 의리가 없으며, 예의가 없기 때문에 악업이 된다.

## 입에는 네 가지 악업이 있다

즉 망언(妄言), 기어(綺語: 꾸미는 말), 양설(兩舌), 악구(惡口)이다. 망언은 허망하면서 진실하지 못한 거짓말이며, 어떤 사람은 오로지 거짓말을 하여 타인을 속인다. 예컨대 본 것을 못 봤다고 말하고 못 본 것을 보았다고 말하며, 들은 것을 듣지 못했다고 말하고 듣지 못한 것을 들었다고 말하며, 일이 있는데 없다고 말하고 일이 없는데 있다고 말하는 것들이다. 기어는 '듣기 좋은 말로 아첨하는' 예쁜 말이나 무익하고 터무니없는 더러운 말과 '한밤중에 치근대며' 알랑거리는 말을 이른다. 타인의 비위를 맞추어 자신의 이익을 성취하기 위해 자신의 영혼을 모독하고, 자신의 인격을 팔아먹는 것도 마다하지 않는다. 양설은 '양쪽 입'이며, 속담에서는 '머리 둘 달린 뱀[兩頭蛇]'이라고 한다. 마치 한 입에 두 개의 혀가 있는 것처럼 한 사람이 두 개의 다른 말을 하는 것과 같다. 예컨대 장삼(張三)에게는 이사(李四)가 나쁘다고 말하고, 이사에게는 또 장삼이 틀렸다고 말하며, 그들의 감정을 이간질해 서로 원한을 품고 원수가 되어 서로 화합하지 못하도록 하려는 의도가 있는 것과 같다. 이러한 사람

# 십악업의 대치(對治)

**선악과보(善惡果報)**

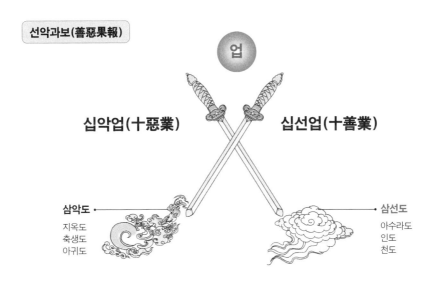

업

십악업(十惡業)　　　　십선업(十善業)

삼악도
지옥도
축생도
아귀도

삼선도
아수라도
인도
천도

**십악업의 대치표**

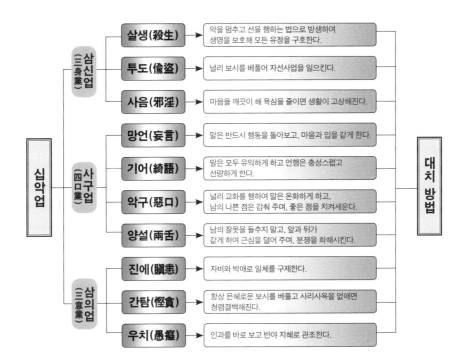

| 십악업 | | | 대치 방법 |
|---|---|---|---|
| | 삼신업(三身業) | 살생(殺生) | 악을 멈추고 선을 행하는 법으로 방생하여 생명을 보호해 모든 유정을 구호한다. |
| | | 투도(偸盜) | 널리 보시를 베풀어 자선사업을 일으킨다. |
| | | 사음(邪淫) | 마음을 깨끗이 해 욕심을 줄이면 생활이 고상해진다. |
| | 사구업(四口業) | 망언(妄言) | 말은 반드시 행동을 돌아보고, 마음과 입을 같게 한다. |
| | | 기어(綺語) | 말은 모두 유익하게 하고 언행은 충성스럽고 선량하게 한다. |
| | | 악구(惡口) | 널리 교화를 행하여 말은 온화하게 하고, 남의 나쁜 점은 감춰 주며, 좋은 점을 치켜세운다. |
| | | 양설(兩舌) | 남의 잘못을 들추지 말고, 앞과 뒤가 같게 하여 근심을 덜어 주며, 분쟁을 화해시킨다. |
| | 삼의업(三意業) | 진에(瞋恚) | 자비와 박애로 일체를 구제한다. |
| | | 간탐(慳貪) | 항상 은혜로운 보시를 베풀고 사리사욕을 없애면 청렴결백해진다. |
| | | 우치(愚癡) | 인과를 바로 보고 반야 지혜로 관조한다. |

은 가장 견딜 수 없는 자이며, 수많은 군중 속에서 '모든 사람에게 해를 끼치는 한 마리 미꾸라지'라고 할 수 있다. 시비를 걸고 흑백을 전도시키는 그의 농간은 항상 친구간의 불화, 가정의 불화 그리고 사회와 국가적인 불화를 겪게 하기 때문이다. 악담은 다른 사람에게 욕을 퍼붓거나 악의를 드러내고, 남이 일찍 죽기를 바라며, 남을 저주해야 그의 마음이 편안해지는 것이다. 부처님은 일찍이 제자들에게 다음과 같이 말씀하셨다. 이 네 가지 말은 모두 부처님을 배운 사람이 해야 할 말이 아니며, 하게 되면 구업(口業)의 과실을 범하게 되기 때문에 매우 신중하게 이것을 끊어야 한다고 여러 번 사람들에게 타이르셨다. "병은 입으로 들어가고, 재앙은 입에서 나오는 것[病從口入, 禍從口出]"이며, "입을 굳게 다물고 속마음을 드러내지 않아야 하는 것[守口如瓶, 防意如城]"이다. 부처님은 일찍이 이 점을 알아차렸기 때문에 노파심에 거듭 당부하고, 남을 가르침에 게으르지 않으셨다.

## 뜻에는 세 가지 악업이 있다

즉 마음이 외경(外境)에 대하여 탐욕이 일어나는 것[慳貪], 화를 내는 것[瞋恚], 어리석어지는 것[愚癡]이다. 남의 좋은 물건을 보면 노리는 생각이 들어 그것을 차지하고 싶고 착취하고 싶어진다. 결국 자기 것으로 만들어 욕망의 골짜기를 채운다. 이것을 탐한다고 하는 것이다. 만약 탐내는데 얻지 못하고, 망령된 생각이 이루어지지 않으면, 부끄럽고 분한 나머지 성을 내고, 노발대발 분통을 터뜨리며, 다른 사람을 원망한다. 이것을 성낸다고 하는 것이다. 우리가 개인의 심리를 연구하는 것은 도대체 어째서 탐욕을 일으키고, 분노를 일으키는가 하는 점이다. 그 원인은 어리석음에 있다. 어리석음의 다른 명칭은 '무명'이다. 곧 지혜가 부족하여 사물의 진리에 대해 분명하고 확실하게 알지 못하고, 우주의 모든 법이 다 연기성공으로 무상하고 무아인 것임을 모르기 때문에 무리한 탐욕과 비합리적인 분노가 생겨서 여러 악업을 짓게 되는 것이다.

불교의 계율상 신업(身業), 구업(口業), 의업(意業)의 이 세 가지 악업 중에서 가장 중요한 것은 당연히 '의업'이다. 마음에 하고자 하는 사상이 바르지 않은 까닭에 그것을 밖으로 드러내는 '구업'과 '신업'도 범죄 행위가 되는 것이다. 그러므로 불교에서 먼저 '마음 다스림[治心]'을 중시하는 것은 바로 '마음 다스림'이 본성을 다스리는 일이고, '입 다스림'과 '몸 다스림'은 드러난 현상을 다스리는 일이라고 여기기 때문이다. 이것이 불교의 계율과 일반적인 법률의 다른 점이다. 일반적인 법률의 판결에 가장 무거운 것은 살인자에 대한 사형이다. 그러나 살인하기 전의 음모에는 그다지 주의를 기울이지 않고, 마음이 음모를 범한 죄를 몸으로 살인한 죄보다 가볍게 여겨 그에게 사형을 판결하는 데까지는 이르지 못한다. 몸으로 살인하는 것은 완전히 마음의 지휘를 받는 것인데, 미리 그런 마음을 막는 것이 범죄 근절의 철저한 방법임에 대해서는 전혀 주의를 기울이지 않는 것이다.

헤아릴 수 없이 가없는 복을 양성하다

# 십선업을 닦다

불교에서 계율을 수행하는 것은 규율과 법을 준수하여 십선업을 닦는 것을 말한다. 만약 복보와 평온함을 얻고 싶다면 더욱 십선업을 닦아야 한다.

---

**살생하지 말고 사랑으로 자비심을 베푼다.** 즉 모든 중생에 대하여 차별 없이 다 함께 사랑해 주고, 잔인하게 죽이는 등 해를 입히지 말아야 한다. 불교에선 불성 평등을 주장, 자비로 세상을 구원하길 장려한다. 때문에 석존께서 평등과 자비로 교리를 삼고, 살해당한 중생을 불러 도와주신 것은 모든 중생에게 불성이 있으므로 살생해선 안 된다는 것을 가르치신 것이다. 맹자(孟子)도 일찍이 "그 소리를 들으면 차마 그 고기를 먹지 못한다."*라고 말하였다. 불성을 말한 것은 아니지만 그도 인애(仁愛)에서 우러나와 살해당한 중생을 불쌍히 여기는 것이다. 여기에서 보면 '인(仁; 사랑)'으로 자비심을 베풀면 생명을 살해함이 없음을 알 수 있고, 생명계가 그 천성적인 것을 다할 수 있으면, 다투고 증오하는 일은 소멸될 것이니, 천하가 어찌 태평하지 않겠는가.

**도둑질하지 말고 의를 이롭게 하며 절약해 쓴다.** 모든 사물은 주권(主權)이 옮겨지기 때문에 반드시 정의(正義)에 따라야 한다. 가지라고 준 것이 아닌데 취하고, 가지라고 나누어 준 것이 아닌데 취하고, 노력하지 않고 취하는 것은 모두 도둑질하는 행위이다. 능력을 생활 수단으로 삼아 욕망을 따르는 것을 '이(利)'라 하고, 합당함에 힘쓰는 것을 '의(義)'라고 한다. 자기를 이롭게 하면서 반드시 남을 이롭게 할 줄 알면, 남을 이롭게 하는 것이 곧 자기를 이롭게

---

• "聞其聲, 不忍食其肉."

# 삼십칠도품은 십악업을 대치한다

'도품(道品)'은 범어 'bodhi-pākoka'를 의역한 것으로 '보리분(菩提分)', '각지(覺支)'라고 한다. 이는 지혜를 추구하고 열반의 경계에 들기 위한 서른일곱 종의 수행 방법으로 해탈을 향해 가고 깨달음을 얻는 기초이다. 이것은 우리가 십선업을 닦는 것에도 일종의 도움이 된다.

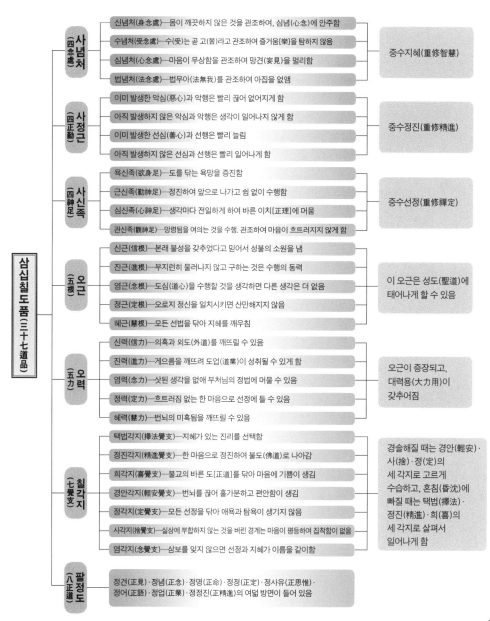

삼십칠도품(三十七道品)

**사념처(四念處)**
- 신념처(身念處)—몸이 깨끗하지 않은 것을 관조하여, 심념(心念)에 안주함
- 수념처(受念處)—수(受)는 곧 고(苦)라고 관조하여 즐거움[樂]을 탐하지 않음
- 심념처(心念處)—마음이 무상함을 관조하여 망견(妄見)을 멀리함
- 법념처(法念處)—법무아(法無我)를 관조하여 아집을 없앰

→ 중수지혜(重修智慧)

**사정근(四正勤)**
- 이미 발생한 악심(惡心)과 악행은 빨리 끊어 없어지게 함
- 아직 발생하지 않은 악심과 악행은 생각이 일어나지 않게 함
- 이미 발생한 선심(善心)과 선행은 빨리 늘림
- 아직 발생하지 않은 선심과 선행은 빨리 일어나게 함

→ 중수정진(重修精進)

**사신족(四神足)**
- 욕신족(欲身足)—도를 닦는 욕망을 증진함
- 근신족(勤神足)—정진하여 앞으로 나가고 쉼 없이 수행함
- 심신족(心神足)—생각마다 전일하게 하여 바른 이치[正理]에 머뭄
- 관신족(觀神足)—망령됨을 여의는 것을 수행. 관조하여 마음이 흐트러지지 않게 함

→ 중수선정(重修禪定)

**오근(五根)**
- 신근(信根)—본래 불성을 갖추었다고 믿어서 성불의 소원을 냄
- 진근(進根)—부지런히 물러나지 않고 구하는 것은 수행의 동력
- 염근(念根)—도심(道心)을 수행할 것을 생각하면 다른 생각은 더 없음
- 정근(定根)—오로지 정신을 일치시키면 산만해지지 않음
- 혜근(慧根)—모든 선법을 닦아 지혜를 깨우침

→ 이 오근은 성도(聖道)에 태어나게 할 수 있음

**오력(五力)**
- 신력(信力)—의혹과 외도(外道)를 깨뜨릴 수 있음
- 진력(進力)—게으름을 깨뜨려 도업(道業)이 성취될 수 있게 함
- 염력(念力)—삿된 생각을 없애 부처님의 정법에 머물 수 있음
- 정력(定力)—흐트러짐 없는 한 마음으로 선정에 들 수 있음
- 혜력(慧力)—번뇌의 미혹됨을 깨뜨릴 수 있음

→ 오근이 증장되고, 대력용(大力用)이 갖추어짐

**칠각지(七覺支)**
- 택법각지(擇法覺支)—지혜가 있는 진리를 선택함
- 정진각지(精進覺支)—한 마음으로 정진하여 불도(佛道)로 나아감
- 희각지(喜覺支)—불교의 바른 도[正道]를 닦아 마음에 기쁨이 생김
- 경안각지(輕安覺支)—번뇌를 끊어 홀가분하고 편안함이 생김
- 정각지(定覺支)—모든 선정을 닦아 애욕과 탐욕이 생기지 않음
- 사각지(捨覺支)—실상에 부합하지 않는 것을 버린 경계는 마음이 평등하여 집착함이 없음
- 염각지(念覺支)—삼보를 잊지 않으면 선정과 지혜가 이름을 같이함

→ 경솔해질 때는 경안(輕安)·사(捨)·정(定)의 세 각지로 고르게 수습하고, 혼침(昏沈)에 빠질 때는 택법(擇法)·정진(精進)·희(喜)의 세 각지로 살펴서 일어나게 함

**팔정도(八正道)**
- 정견(正見)·정념(正念)·정명(正命)·정정(正定)·정사유(正思惟)·정어(正語)·정업(正業)·정정진(正精進)의 여덟 방면이 들어 있음

하는 것이니, 자신도 이롭고 남도 이롭게 하는 것을 '의리(義利)'라고 한다. 사람마다 의리를 행하며 날마다 쓰는 것을 절약하고, 부모를 봉양하고 가정생활을 유지하며 천륜을 즐거워하고, 친구와 금전 거래하면서 신중하게 지킬 수 있으면, 도둑질하는 일이 발생하지 않고, 사회가 안정되며, 개인과 가정도 행복해질 수 있다.

**사음하지 말고 정숙하게 예의를 지킨다.** 정식으로 맺어진 부부 이외에는 음란한 행동을 해서는 안 된다. 만약 자기 아내가 아닌데 음란한 욕망으로 구차하게 함부로 행하는 것을 사음(邪淫)이라고 한다. 단정한 남녀 간의 욕정은 사음이라고 하지 않으며, 정숙하고 예의를 지킨다고 한다. 또한 가정을 이룬 다음 부부는 반드시 서로 손님처럼 존중하고, 다른 음란한 행동을 하지 않아야 서로 화목하여 행복한 가정을 이룰 수 있다.

**망언하지 말고 진실하며 속이지 않는다.** 술수로 사람을 우롱하고, 말로 사람을 속이고, 즐겨 거짓말을 하고, 옳은 말을 틀리다 하고, 틀린 말을 옳다하는 것을 망령된 말, 즉 망언(妄語)이라고 한다. 망령된 말을 하지 않으면 진실한 말을 하게 되고, 허위로 기만하는 말을 하지 않게 된다. 만약 망령된 말을 멀리하게 되면 진실하여 남을 속이지 않게 될 수 있어서 부모, 형제, 친척, 친구 및 인사의 접촉에 있어서 서로 신임하여 실로 즐거움을 얻는 방법이 될 수 있다.

**양설하지 말고 시비를 다투지 않는다.** 양설하지 않으면 시비 걸지 못하고, 남의 감정을 이간질하지 못한다. 세상 사람들이 구업을 닦지 않아 항상 일구이언(一口二言)하는 환난이 생긴다. 즉 병은 입으로 들어오고, 재앙은 입에서 나오며, 일구이언하는 재화(災禍)는 아니 땐 굴뚝에 연기가 나게 한다. 시비의 번뇌로 몸과 마음을 심란하게 하고, 심지어 주먹다짐으로 사람을 다치게 하여 실로 사람을 죽이는 범죄까지 발생하게 한다.

**악담하지 말고 말을 자상하고 온화하게 한다.** 악담을 하지 않으면 남을 추악하게 모욕하는 말과 남을 저주하는 악독한 말을 하지 않게 된다. 보통 사람은 악랄한 말로 남이 욕하는 것을 많이 당하면서, 또 남의 부모와 조상 삼대를 해치는 대단한 악담을 하기도 한다. 경전에 이르기를 "악담을 범하는 자

# 마음의 길[心路]

불교에서는 사람의 마음은 본래 청정한 자성을 가지고 있으나 티끌세상에서 오염되고, 지혜를 갖추지 못해 깨달을 수가 없으며, 이로 인해 여러 가지 많은 악업을 짓고, 고통과 윤회를 깊이 받게 된다고 본다. 바로 우리는 평소 '사람은 바른 길을 가야 한다'라고 말하지만 훨씬 더 많은 시간을 '선'과 '악', '바름[正]'과 '삿됨[邪]'을 분별할 수 없다. 삼십칠도품을 수행하는 길은 사람이 생활하는 가운데 어떻게 지혜와 훌륭한 품성을 얻어서 해탈의 길을 증득해 고통과 번뇌에서 벗어나야 하는가를 아주 잘 설명하였다.

지혜의 안내
부처님은 가장 높은 지혜의 상징이시다. 우리들의 마음은 만약 지혜가 끌어 주면 반드시 한 걸음 한 걸음 선을 향해 가고 차츰 높이 올라갈 수 있다.

행복의 길에 오르다
우리의 마음이 밝은 등불처럼 청정해지면 발걸음도 생각대로 더욱 경쾌해진다.

정확한 인생의 길
사람의 마음은 끊임없이 풍부해지고 연장되는 것이다. 지혜를 흡수하는 것은 마치 자신을 위하여 마음에서 출발해 행복의 무지개에 도달하는 길을 깔아 놓는 것과 같다.

팔정도
칠각지
오력
오근
사신족
사정근
사념처

는 축생의 과보를 받게 된다."고 하였다. 그러므로 악담을 하지 말고 자상하고 온화한 말을 하여 덕을 쌓고 착한 일을 해 선을 이루면 남에게 존경과 사랑을 받게 된다.

**꾸미는 말을 하지 말고 예의 있게 말을 한다.** 꾸미는 말[綺語]이라는 것은 듣기 좋게 꾸민 거짓말이다. 경박하고, 무례하며, 점잖지 못한 말을 해 인생에 여러 삿된 생각을 야기하거나 희롱하는 말을 하고, 함부로 입을 여는 것을 재미로 삼는 걸 교묘한 말을 한다고 한다. 이러한 교묘한 말을 하는 사람은 자신에게 무익할 뿐만 아니라 남에게 해를 입힐 수 있으며, 업보가 있는 것은 죽어서 악도에 떨어져 태어나 영원히 천대와 무시를 당하게 된다. 그러므로 예의에 맞는 말을 하고 진실에 위배되지 않는 올바른 말을 해야 하는 것을 꾸미는 말을 하지 않는다고 하는 것이다. 만약 꾸미는 말을 멀리 할 수 있으면 마음이 바르게 되어 말도 순하게 하며, 예의가 깍듯하고, 엄숙하며, 위엄이 있어 반드시 사람들에게 공경받게 된다.

**인색하며 탐내지 말고 자비심으로 보시한다.** 자신의 재물을 남에게 베풀려 하지 않는 것을 '인색하다[慳]'고 하며, 타인의 재물이지만 자기에게 귀속시키려 하는 것을 '탐한다[貪]'고 한다. 인색하고 탐욕적인 사람은 재(財)·색(色)·명(名)·식(食)·수(睡)의 오욕(五欲)을 멈출지 모르고 온갖 죄업을 지어 낸다. 때문에 인색과 탐욕을 멀리하여 자신의 재물에 인색하지 않고, 타인의 재물도 탐내지 말아야 한다. 또 생계를 꾸리는 데 적당한 금전을 부모를 봉양하고, 자녀를 교육시키는 데 쓰고, 가정에 드는 비용 이외에는 가난하고, 병들고, 외롭고, 고달픈 사람에게 자선을 베풀거나 사회복지사업에 기부하는 등 자비심으로 보시해야 한다. 경전에 이르기를 "보시를 잘하는 사람은 부귀를 얻을 수 있다."라고 하였으나 탐욕을 부려서는 안 된다. "탐냄이 많으면 업 또한 많고, 취함이 적으면 업 또한 적으며, 모든 고뇌의 일이 탐욕을 없애면 일시에 끝난다."라고 하였다. 인생은 탐욕으로 인하여 고통을 받고, 탐욕 때문에 법을 어기고 기강을 어지럽히며, 타인과 사회에 해를 끼친다. 불교에서는 사람들에게 자비심으로 보시하여 인색과 탐욕을 대치하도록 권한다.

**성내지 말고 자비롭게 참아 복을 쌓는다.** 성내는 것은 일이 순조롭지 않아 마음에 원한이 맺혀 분노가 겉으로 표출되는 것이다. 심지어 성질이 폭발하여 살해하거나 재앙을 초래할 수 있다. 보통 사람들은 "불이 공덕의 숲을 태운다[火燒功德林]."라고 말한다. 이 말은 사람이 얼마나 좋은 일을 했든 간에 진에(瞋恚)의 불이 한번 일어나면 남에게 분노하고, 주먹다짐을 하며 싸워서 온갖 불행한 일이 발생하게 되며, 이 때문에 일찍이 좋은 일을 했던 공덕이 깨끗이 타 버린다는 뜻이다. 그러므로 자비와 용서로 진에를 대치해야 한다. 즉 "참을 인(忍) 자에 있는 칼[刀]은 사람이 참지 못하면 화를 자초하고, 참고서 칼을 잠깐 멈추면 나중에 인내가 귀중하다는 것을 알게 된다."라는 것이다. 그러므로 부지런히 자비를 닦고 치욕을 참는 미덕으로 진에의 허물과 우환[過患]을 멀리하는 것을 진에하지 않는다고 이름 붙인 것이다. 즉 자신도 이롭고 남도 이롭게 하는 대사업을 이룰 수 있다.

**어리석게 굴지 말고 많이 들어 지혜를 늘린다.** 어리석음은 무명으로서 우매하고 지혜가 없어 사리에 밝지 못하고, 시비를 판단하지 못하며, 인과 법칙을 믿지 않고, 삿된 견해를 고집해 바른 견해[正見]과 바른 믿음[正信]이 없어 함부로 행동하는 것을 말한다. 만약 부처님의 가르침을 받아들여 지혜를 증진시키면 바른 견해로 이끌어 사리에 분명한 사람이 될 수 있다. 불경에서는 반야의 지혜를 닦아 어리석음을 대치하여 삿된 견해를 멀리하게 되는 것을 어리석게 굴지 않는다고 이름 붙인다.

인생의 변화는 여기서부터

# 마음에 따라 환경이 바뀐다

인과가 순환하고 업은 마음을 말미암아 발생하는 이치를 알면 우리는 업과(業果)의 발생을
방해하는 조건을 만들어 업보(業報)를 돌릴 수 있다.

## 마음은 세계의 거울이다

이 세계는 마음에 대한 한 면의 거울이다. 모든 사람은 자기가 처한 환경과
세계를 위해 책임져야 한다. 남이 책임져야 할 필요는 없다. 마음은 곧 업력
의 근원지이다. 그러므로 반드시 이 우주 현상의 근원인 인과경(因果鏡)의 원
리를 간파해야 우리는 궁극적인 자유와 진정한 행복을 얻을 수 있다.

마음은 '인(因)'이다. 그리고 이 세계는 우리 마음의 상태인 '인'이 이끌어
들인 현상으로서의 '과(果)'이다. 따라서 모든 현상이 발생하고 그것을 느끼
는 진정한 원천은 우리의 마음 상태에 있다. 우리 마음이 자상하면 우리의 세
계도 자상하게 변하고, 우리 마음이 매우 폭력적이면 우리의 세계도 폭력적
인 현상이 일어날 수 있다. 우리는 비록 하나의 같은 공간에서 살지만, 사실
상 사람마다 그들의 세계는 같지 않다. 사람마다 심경(心境)이 다르고, 생활
에 대한 느낌도 다르며, 처지도 다르기 때문에 사람마다 운명이 다른 것이다.

## 재앙의 씨앗을 끊어 없애다

업력이 어떻게 동작하는가에 대하여 우리가 이미 말했듯이 재난이 발생하려
면 우리를 그것과 연결시키고, 그러면 우리의 내재된 생각에 이러한 '인(因)'
이 생겨야 한다. 다시 말해서 우리는 탐·진·치가 일어나기 시작하는 것이다.
탐욕[貪]은 계책을 일으키고, 성냄[瞋]은 원한과 증오를 일으켜 심지어는 파

# 신기한 거울

사람의 마음은 곧 이 세상의 거울이다. 심경이 어떤 모양이면 세상도 곧 그러한 모양이다. 만약 우리의 마음이 깨끗하면 우리의 세상은 곧 즐거울 것이고, 만약 우리의 마음이 난잡하면 우리의 세계는 곧 번뇌가 끊이지 않을 것이다.

우리는 눈으로 세상을 관찰한다. 그러나 세상의 영상은 우리의 마음에 기억되어 남아 있으며, 이 기억은 결코 세상 본래의 모습이 아니라 우리의 마음이 재구성한 모습이다.

바로 우리의 마음이 이 세상의 빛을 굴절시킬 수 있기 때문에 우리는 심경의 변화를 통하여 자신이 생활하는 세계를 바꿀 수 있다. 마음에 사랑을 담고 있는 사람은 삶 속에서 절망을 느끼지 못하며, 마음에 자비를 품고 있는 사람은 삶 속에서 번뇌가 생기지 못한다.

행복하든 고통스럽든 거울 속의 세상은 모두 변화무쌍하여 눈 깜짝하는 사이에 지나간다. 그러므로 인생이 마음먹은 대로 되어 갈 때 절대로 지나치게 흥분해선 안 되고, 인생이 역경에 들어섰을 때 절대 지나치게 슬퍼해서도 안 된다. 모든 것은 다 인연에 따라 저절로 변하기 때문이다.

멸시키고 싶어 하며, 어리석음[愚癡]은 유감과 내키지 않는 의식을 일으킨다. 이러한 정서가 바로 재앙의 씨앗이다!

　　보통 사람은 재난과 손실을 두려워하기 때문에 길함을 추구하고 흉함을 피하고 싶어 한다. 하지만 길흉을 결정하는 진정한 원천이 어디에 있는지 전혀 모른다. 그것은 바로 우리의 마음 상태에 있다. 때문에 지혜가 있는 사람은 이 마음 상태가 불선(不善)한 씨앗을 매우 두려워한다. 불선한 씨앗이 평소 어디에 숨어 있는지 모르지만 어느 날 인연이 갖추어져 그것이 자라 꽃피고 결실을 맺을 때가 되면 우리는 겨우 후회하기 시작한다. 사실상 우리는 타인 및 다른 사물에 상해를 입히고, 파괴하며, 사악하고 불선한 씨앗의 심경의 존재가 내재되어 있으며, 이 씨앗이 곧 만유인력이 되어 불길함을 끌어오는 일이 발생한다.

　　그러므로 이고득락의 진정하고 효과적인 방법은 바로 이 소심하고 왜곡된 마음에 맞서 자아의 생각을 끊어 없애는 것이다. 때문에 사람마다 모두 자기가 처한 환경과 세상을 위해 책임을 져야 한다. 남이 책임질 필요는 없다. 하느님도 우리를 위해 책임질 필요가 없고, 상제(上帝)도 우리를 위해 책임질 필요가 없다. 우리가 곧 우리 자신의 상제이다. 우리의 마음은 곧 업력의 원천으로 반드시 이 우주 현상의 근원인 인과경의 원리를 간파해야 궁극적인 자유를 얻을 수 있고, 고통을 멀리 끊을 수 있으며, 진정한 행복을 얻을 수 있다.

# 나의 복보 인연

복을 닦는 것은 완전히 마음의 양으로 헤아린다. 관건은 발심(發心)을 함에 있으며, 그 발심
이 진실하고, 청정하고, 평등하고, 자비로운지 여부로 표준을 삼는다.

---

때때로 사람들에게 선을 베풀길 권하면 상대는 흔히 선을 베푸는 이들
은 돈이 있지만 우리는 돈이 없다고 말한다. 사실 큰 복덕을 닦는 것은 반드
시 많은 돈이 필요한 게 아니며, 부자들의 특혜도 아니다. 가난한 사람도 마
찬가지로 큰 복보를 닦을 수 있고, 어떠한 경우엔 돈도 필요 없다. 사실상 복
을 닦는 것은 완전히 마음의 양으로 헤아리며, 그 관건은 '발심'하는 것에 있
다. 또 그 발심이 진실하고, 청정하고, 평등하고, 자비로운지 여부로 표준을
삼는다. 다시 말해서 순수하게 남을 위하는 마음, 중생을 이롭게 하는 마음이
며, 사심이 없고[無私], 무아의 마음인 것이다.

**첫 번째는 어버이에게 효도하는 것이다.** 모든 선 가운데 효가 으뜸이다. 부
모에게 효도하는 것은 복을 닦는 첫 번째 요건이고, 인간의 첫 번째 복덕이기
때문이다. 문창제군(文昌帝君)＊의 경문인 『원단권효문(元旦勸孝文)』에서 효는
인간의 첫 번째 일로 이것을 버리면 결코 공업(功業)이 없다고 하였다.

**두 번째는 사음을 경계하는 것이다.** 이 방면에 대하여 여러 대덕들은 매우
포괄적으로 말하였다. 다시 거듭 말하자면 모든 죄악 가운데 음란함이 으뜸
이다. 사람은 음란함에서 욕심이 생기고, 사음하면 가족과 친척들이 뜻대로
되지 않으며, 남의 아내를 간음하는 자는 남이 자기 아내를 간음하여 그 보

---

＊ ［편집자주］ 명·청 시대에 인기가 높았던 학문의 신으로, 『사기(史記)』에 따르면 북두칠성의 첫 번째
별부터 네 번째 별 사이에 있는 여섯 별을 신격화한 것이라고 한다.

(報)가 아내와 딸에게 있고, 가정이 화목하지 않게 된다.

**세 번째는 채식하는 것이다.** 모든 악업 가운데 '살업(殺業)'이 가장 무겁다. 채식은 곧 죽임을 경계하는 것이다. 뭇 생명과 원수를 맺지 않고 하루 동안 채식을 하면 세상의 살업이 하루 동안 나와 무관해진다. 더욱이 육류에는 독소와 각종 호르몬이 가득하여 온갖 질병을 가져올 수 있다.

**네 번째는 지계이다.** 계율을 지키는 것은 곧 법을 지키고, 사회의 도덕과 국가의 법률, 직장의 규정과 제도 및 모든 행동의 준칙을 준수하는 것이다. 계율을 지키고 법을 수호하는 것은 곧 자신을 장엄하고 엄숙하게 하며, 물들지 않고 깨끗하게 하는 것이다.

**다섯 번째는 사무량심을 발하는 것이다.** 세법(世法)과 불법 모두 공경하는 가운데 나오며, 조금 공경하면 조금 이익을 얻고, 많이 공경하면 많은 이익을 얻는다. 사람을 대하든, 일을 대하든, 사물을 대하든 모두 공경해야 한다. 좋은 사람, 착한 사람에게 항상 친근히 대하고, 받들어 모시며 배우면 저절로 이로워지니 나쁜 사람, 악한 사람은 멀리해야 한다.

**여섯 번째는 지혜를 배우는 것이다.** 지혜심(智慧心)을 가지고 모든 망념과 가상(假相)의 유혹을 제거하면 끝없이 넓은 하늘과 바다 같은 인생을 살 수 있다.

**일곱 번째는 자신을 수양하여 향상시키는 것이다.** 다만 스스로 수양하여 단련되고 향상된다면 나무가 숲에서 자라고, 돌이 언덕에서 나오듯 바람 불어도 두려워하지 않고 급류에 떠내려가도 무서워하지 않는 품격을 갖추게 된다.

**여덟 번째는 보시하고, 착한 일을 많이 하는 것이다.** 자선사업을 후원한다.

**아홉 번째는 인욕하는 것이다.** 치욕을 인내함으로써 마음에 증오의 불을 가라앉힐 수 있다. 『법화경』에 이르기를 "여래의 옷이란 부드럽고 화목하며 참고 견디는 마음이다."라고 하였다. '인(忍)'은 참을 수 있는 마음이며, '욕(辱)'은 참는 경계이다. 참을 수 있는 마음으로 참는 경계를 대치하면 모든 장애와 악업이 발생하는 것을 방지할 수 있고, 마치 몸을 보호하는 옷과 같이 우리의 법신과 혜명(慧命)을 보호할 수 있다.

# 무량심(無量心) · 무량복(無量福)

만약 업력의 작용을 바꾸고 싶다면 마음에서 출발하여 선을 닦아 원만한 지혜의 마음이 되도록
노력해야 한다. 그래야 평소 잘못된 습관에 조종당하지 않을 수 있다. 그러므로 불교에서는
자·비·희·사의 사무량심을 내어 마음속에 편안함과 즐거움이 가득해지도록 하면 지금 현재의
평온함과 기쁨을 누릴 수 있다고 말한다.

'자'는 사람이 즐거움을 얻길
원하고, 자신의 즐거움뿐만
아니라 다른 사람이 즐거움을
얻도록 도와주어야 한다.

깨달음의 햇볕이
우리의 마음을
비추면 우리는
세상의 모든
아름다움과
우리의 인생이
어떻게 행복하고
편안할 것인지를
볼 수 있다.

'비'는 일종의 동정심으로,
모든 중생이 고통 당하는 것을
보고 자신이 똑같이 받는다고
느끼는 것이다.

'사'는 모든 집착과 망념을
버리고, 중생과 중생에게
원수이든 친한 이든 평등하게
대하는 것이다.

'희'는 기꺼이 함께
참여하여 원한이 없고,
무한한 기쁨만 있는
것이다.

**열 번째는 항상 참회하는 것이다.** 참회의 법수(法水)는 탐·진·치 삼독의 번뇌를 씻어 낼 수 있는데, 마치 더러운 컵을 물로 깨끗이 닦을 수 있는 것과 같다. 범부는 자주 잘못을 저지르지만 잘못을 능히 고치고 무(無)로 돌아갈 수 있으니, 참회하여 개과천선하는 것보다 큰 것이 없다.

인과로 거울을 삼다

# 업장을 정화하는 선 수행

업장을 정화하는 수행을 통하여 부정적인 에너지를 깨끗이 없애고, 자기 심성에 영향을 미치지 못하게 할 수 있다.

## 무엇이 업장인가

'업장(業障)'은 곧 무시(無始)의 겁 동안 지은 업인이며, 우리가 한 모든 행위에 대하여 장애를 형성하는 유형·무형의 모든 역경이다. 이것은 악업으로 인하여 생기며, 나아가 우리의 자성을 방애(妨礙)한다. 간단하게 말해 업장은 '악업의 장애와 악업이 바른 도[正道]를 방해하는 것'을 가리킨다.

업장이 얼마나 오래 유지되었는가 하는 점은 깊고, 얕고, 가볍고, 무거운 업을 짓는 것과 직접 관계가 있다. 업장이 깊고 무거우면 오래 유지된 것이고, 업장이 가볍고 얕으면 잠깐 유지된 것이다. 깊고, 얕고, 가볍고, 무거운 것에 따라 정해지는 과보는 털끝만큼도 어긋남이 없다. 그러나 업장 또한 청산하지 못하는 것은 아니다. 이것은 결코 고정되고 항구적이거나 만회할 수 없는 것이 아니다. 부정적인 행위가 야기한 업력은 정화될 수 있으며, 이와 같이 되면 반드시 본래 와야 할 악과(惡果)를 겪지 않아도 된다. 업장을 정화하는 수행을 통해 부정적인 에너지를 없애고, 자신의 심성에 영향을 미치지 않게 할 수 있다.

이 항목을 수행할 때 네 가지 대치력(對治力), 즉 후회, 의지(依持), 보완, 결심을 생각해야 한다.

## 후회

후회는 우리가 했던 어떤 부정적인 행위에서 나온다. 일반적으로 이러한 부정적 행위는 우리 자신이나 다른 사람에게 해를 입힐 수 있으며, 각양각색의 문제가 파생되어 나올 수도 있다. 우선 우리는 후회와 죄책감이 다르다는 것을 똑똑히 알아야 한다.

후자는 사물의 진성(眞性)을 이해하지 못하고, 우리가 모두 진실하고 오랜 자아를 지니고 있다고 여기는 데에서 나온다. 우리는 항상 저지른 잘못이나 마땅히 했어야 하는데 하지 않은 일을 생각하기 때문에 자신은 나쁜 사람이라고 생각한다. 이것이 바로 죄책감이며, 이러한 느낌은 우리 자신을 즐거움을 얻을 자격이 없다고 생각하게 한다. 이것은 일종의 감정적이며 비이성적·비지성적인 반응이다. 죄책감을 일으키는 것은 전혀 도움 되지 않으며, 어떠한 긍정적인 결과가 있을 수 없다. 그것은 우리를 슬프게 하고, 심성을 일깨우는 데 방해만 될 뿐이다.

후회는 일종의 지적이고 건설적인 반응이다. 이것은 업에 대한 이해에 기초하여 생긴다. 우리는 부정적인 행위가 자기나 혹은 다른 사람에게 상처를 입히고, 우리의 마음을 교란시킬 수 있으며, 또한 현재 혹은 미래를 막론하고 이러한 상처는 언제나 발생할 수 있음을 이해하게 된다. 업과가 도래했을 때가 되면 이러한 상처는 훨씬 더 많은 문제와 고통으로 변하게 될 것이다. 우리가 현재 겪고 있는 모든 문제와 고통은 모두 과거에 지은 부정행위의 결과이다. 이러한 나쁜 결과가 발생하기를 원하는 사람은 없다. 때문에 우리는 자신이 한 부정행위를 알아차렸을 때 마땅히 후회하며, 자신의 악업을 깨끗이 없앨 방법을 생각한다. 후회의 감정이 일어나면 병을 치료할 때 병인(病因) 및 병리(病理)를 확정하는 것처럼 자신의 잘못을 분명히 이해한다. 이러한 행위가 형성한 업장을 명백히 알아야 병을 잘 치료할 수 있다.

## 의지(依持)

병의 고통을 잘 치료하려면 병인과 병리를 찾아야 하고, 이어서 훌륭한 의사를 찾아 처방을 받고 치료 방안을 세워 수술 등을 진행해야 한다. 업장을 깨

# 업장의 장애를 타파하다

업장은 "악업의 장애이고, 악업은 바른 도[正道]를 방해"한다. 중생이 세세생생 육도에서 윤회하는 가운데 신·구·의로 지은 각종 업이 쌓인 결과이다.

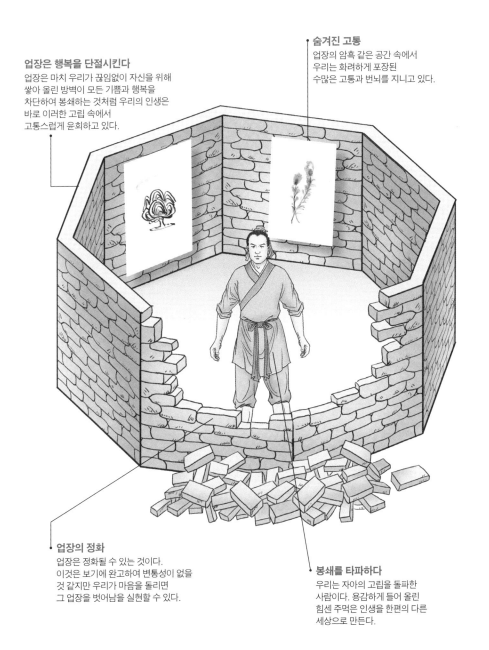

**업장은 행복을 단절시킨다**
업장은 마치 우리가 끊임없이 자신을 위해 쌓아 올린 방벽이 모든 기쁨과 행복을 차단하여 봉쇄하는 것처럼 우리의 인생은 바로 이러한 고립 속에서 고통스럽게 윤회하고 있다.

**숨겨진 고통**
업장의 암흑 같은 공간 속에서 우리는 화려하게 포장된 수많은 고통과 번뇌를 지니고 있다.

**업장의 정화**
업장은 정화될 수 있는 것이다. 이것은 보기에 완고하여 변통성이 없을 것 같지만 우리가 마음을 돌리면 그 업장을 벗어남을 실현할 수 있다.

**봉쇄를 타파하다**
우리는 자아의 고립을 돌파한 사람이다. 용감하게 들어 올린 힘센 주먹은 인생을 한편의 다른 세상으로 만든다.

303

끗이 없애는 것도 이와 같다.

우리는 의지할 사람을 찾아야 한다. 우리가 지은 부정적인 행위는 만약 부처님이나 정신적 지도자 등과 같이 순수한 생명과 관계 있는 것이 아니라면 일반 유정중생과 관련 있는 것이다. 그러므로 업장을 깨끗이 없애려면 이 두 가지 경우를 돌이켜 생각해 보고 그들을 의지해야 한다.

우선 부처님을 의지하면 부처님은 의사처럼 병을 치료하는 약을 내어 주어 우리가 오도되어 범하게 된 행위를 정화할 것이다. 이것은 우리가 부처님께 용서를 간절히 비는 것이 아니다. 우리가 부처님께 귀의하고 부처님께서 가르쳐 주신 방법으로 수행하여 우리의 생활과 행위가 긍정적인 방향으로 발전해 나가게 하며, 업장의 영향을 정화시키는 것이다. 따라서 비불교도의 입장에서 말하면 이 행보는 바로 개인의 신앙을 다시 세우는 단계이다.

우리가 또 다른 중생, 즉 우리가 이생 및 과거세에 상처를 주었던 중생을 의지하려면 먼저 그들에 대한 자애와 연민을 길러야 한다. 우리도 그렇듯 그들도 마찬가지로 고통이나 문제를 겪고 싶어 하지 않으며, 기쁨과 평화를 얻기를 희망한다. 우리는 결심을 내어 다른 중생에게 피해가 가지 않도록 최선을 다하고, 자신의 능력을 다하여 그들을 도와주어야 한다.

## 보완

소 잃고 외양간을 고쳐도 때는 늦지 않다. 우리가 자기의 부정적인 행위를 의식하고 나서 보완하는 것도 업장을 정화하는 하나의 단계이다. 우리는 긍정적인 행위, 예컨대 선(禪) 수행과 같은 것을 가지고 업장을 정화한다. 초학자는 보통 호흡을 관조하는 방법으로 악업의 생성을 수정하기도 한다. 또 다른 수정 방법으로 자애를 배양하는 선 수행과 자비를 배양하는 선 수행, 공성(空性)에 대한 선 수행 등이 있다. 그 가운데 특별히 수정 능력이 있는 선 수행 방법은 석가모니불, 금강보살(金剛菩薩), 삼십오불참(三十五佛懺) 등을 관상하는 것과 그들의 명호나 주문을 음송하는 것이다.

물론 알맞은 선 수행 방법 하나를 선택하여 수행을 하는 것 이외에 다른 긍정적인 행위, 예컨대 자원봉사자가 되어 남을 도와주거나 자선 활동에 참

# 업장의 대치를 위한 선(禪) 수행 단계

만약 업력의 작용을 바꾸고 싶다면 마음에서 출발하여 선(善)을 닦아 원만한 지혜의 마음이
되도록 노력해야 한다. 그래야 평소 잘못된 습관에 조종당하지 않을 수 있다. 그러므로 불교에서는
사무량심을 내어 마음속에 편안함과 즐거움이 가득해지도록 하면 지금 현재의 평온함과 기쁨을 누릴
수 있다고 말한다.

**1** 자세를 조정하고
몸에 긴장을 푼다.

**2** 호흡을 조절하여,
마음을 안정시킨다.

**3** 이번 선 수행의
긍정적인 동기가
생기게 한다.

**① 의지의 힘**
이기심 없는 자애를 지닌 지혜로운 부처님의 역량(力量)을
관상(觀想)하라. 다른 사람도 또한 고통을 당하고 있음을 관상하는 것은
원한과 분노를 풀어 준다. 마음에서 남을 이롭게 하려는
원함을 일으키고, 모든 사람이 기쁨을 얻기를 희망한다.

**② 보완의 힘**
이전의 나쁜 습관을 바로잡고, 자신의 언행을 수정한다. 자신의
마음가짐을 조절하고, 악행은 버리고 선행을 일으킨다.

**③ 결심의 힘**
업장을 분명히 하고, 마음을 정화하려는 믿음이 확립되면 자신이
할 수 있다는 것을 믿는다.

**④ 후회의 역량**
하루 종일 한 일, 온종일
한 말에 악업을 지은 것이
있었는지 없었는지
살펴본다. 그리고
하루 종일 우리의 마음에
부정적인 생각이 있었는지
없었는지 살펴본다.
지난날을 돌이켜보고,
과거 며칠, 몇 달, 몇 년 동안
신·구·의 세 방면에
악업이 있었는지
없었는지를 살펴본다.
자신이 범한 잘못을 인지하여
진지하게 참회하고,
보완하기를 희망한다.

## 업장을 정화하는 공부

**의지의 힘**
친구의 관심과 스승의
지도는 곧 가장 훌륭한
의지가 된다.

**결심의 힘**
당신의 마음이 천금의
저울추처럼 편안히
안주하려는 것은 바로
결심의 힘이다.

**후회의 힘**
스승의 손에 있는
회초리는 가장 훌륭한
회초리이고, 당신이
한 과거의 잘못을
교정하는 이끌어
줌이다. 이것은
후회의 힘이다.

**보완의 힘**
게으름을 피우지 않고,
열심히 연습하는
현재의 행동이 바로
과거에 대한 최고의
보완이다.

가하고, 유기된 동물을 구조하는 등과 같은 행위를 할 수 있다. 만약 할 수 있으면 우리가 상처 준 사람에게 사과하는 것도 아주 좋은 보완 방법이다.

## 결심

똑같은 부정적인 행위를 다시는 하지 않겠다고 결심하는 행보는 업장을 정화하는 입장에서 지극히 중요하다. 만약 이러한 행보가 없다면 부정행위가 초래한 나쁜 습관을 고치려 하는 것은 거의 불가능하다. 다시 말해서 우리가 업장을 정화하려면 다시는 부정적인 행위가 우리의 몸에서 의식적으로 발생하지 않게 할 것을 반드시 결심해야 하며, 동시에 이러한 행위를 무의식적으로 하는 것을 최대한 피해야 한다.

업력 작용의 발생 원인은 인과율의 존재에 있다. 우리는 평소 "선은 선보(善報)가 있고, 악은 악보(惡報)가 있다."라고 말한다. 선을 행하면 반드시 좋은 응보(應報)을 얻어 삼선도(三善道)에 들어가며, 심지어 열반의 묘경(妙境)에 도달할 수도 있다. 악을 지으면 반드시 징벌을 피할 수 없으며, 육도 가운데 계속 순환하고 끊임없는 고통을 받게 된다.

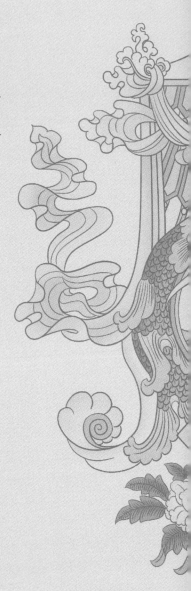

# 제6장

# 진정한 해탈의 길

—

# 윤회의 허물과 우환을 초월하다

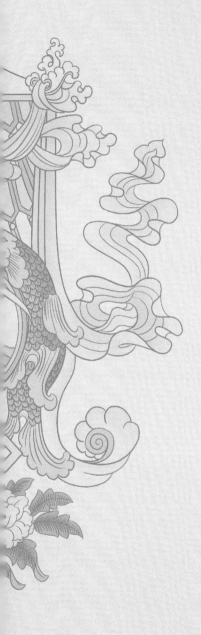

천상과 지옥 사이에서 배회하다

# 육도윤회의 길을 걷다

육도윤회의 본질은 부처님께서 여섯 종류의 유정생명 본성의 식(識)으로 인생 고통의 근원을 설명한 것에 있다. 따라서 우리는 육도를 초월하는 수행을 통하여 불생불멸(不生不滅)의 열반묘경(涅槃妙境)에 들어가야 한다.

---

설령 지금까지 우리가 육도윤회의 인연이 돌고 도는 것을 전혀 이해하지 못했더라도 우리의 인생은 끊임없는 변화의 과정임을 발견할 수 있다. 우리의 마음은 흐리기도 하고 맑게 개이기도 하는 하늘처럼 일정하지 않으며, 우리의 생명은 명멸하는 별처럼 시간이 한정되어 있다. 우리는 항상 많은 것, 즉 우리의 마음과 몸, 생활을 모두 확신할 수 없다고 생각하기 때문에 여러 가지 많은 고민이 생긴다. 그러면 이제 불교는 우리 인생의 궤적과 운명의 미로를 어떤 특별한 관점으로 설명하는지 살펴보자.

## 무엇이 육도인가

'육도(六道)'는 '육취(六趣)'라고도 하며, 중생이 윤회하는 여섯 가지 장소, 즉 천도(天道), 인도(人道), 아수라도(阿修羅道), 축생도(畜生道), 아귀도(餓鬼道), 지옥도(地獄道)를 말한다. 중생의 육신이 죽은 뒤에 그 신식(神識)은 각자 업력에 따라 육도 가운데 어떤 한 도(道)에 태어남을 받는다. 다시 말하면 업력이 이끌린 중생이 태어나게 되는 여섯 종류의 생명 형태로서 이러한 윤회는 '하늘-사람-아수라-축생-아귀-지옥-하늘'의 순서대로 순환하는 것이 결코 아니라, 자신이 지은 업에 따라 어느 도에서 태어날지 결정되는 것이다. 만약 누군가 평생 여러 가지 착한 일을 많이 하여 많은 공덕을 쌓아 놓으면, 그는 죽은 뒤에 천도에서 태어나거나 계속해서 사람이 될 가능성이 매우 크다.

만약 누군가 나쁜 짓을 수없이 하면 그는 죽고 나서 대부분 지옥에 가 고통을 받게 된다.

## 윤회의 과환

불교에선 윤회하는 중생은 각자 다른 고통을 받고 있어 어떤 것을 복락(福樂)이라 말할 수 없다. 하삼도(下三道)인 축생, 아귀, 지옥의 중생이 받아 겪는 고난은 말할 것도 없고, 복보를 받는 상삼도(上三道)의 중생도 온갖 고통에서 벗어날 수 없다. '인도'의 중생은 생로병사의 고통이 있다. '아수라도'에는 전쟁으로 몸이 찢어지는 고통과 오랜 시간 질투로 인해 생긴 우울이란 고통이 있다. '천도'의 중생은 비록 대단히 큰 복보를 누리고 있으나 그들은 임종할 때 '오쇠상현(五衰相現)'을 겪고, 우울이란 고통 등을 받을 수 있다. 전세에는 사람이었으나 내세에는 축생이 될 수 있으며, 윤회의 기쁨을 아무리 많이 누려도 만족하지 못한다. 어떤 몸을 받게 되든 결국 모두 버릴 수밖에 없고, 이어서 또 끊임없이 생(生)을 받아야 하며, 한없는 고통과 두려움을 받고, 끊임없이 높은 곳에서 낮은 곳으로 떨어졌다가 또 낮은 곳에서 높은 곳으로 올라간다. 이것이 **윤회의 여섯 가지 커다란 과환(過患), 즉 '윤회무정(輪廻無定; 윤회는 정해지지 않음)', '무포족(無飽足; 만족함이 없음)', '수수사신(數數捨身; 수많은 몸을 버림)', '수수결신(數數結身; 수많은 몸을 받음)', '수수고하(數數高下; 지위의 높고 낮음이 바뀜)', '무반(無伴; 동반자가 없음)'이다.** 결론적으로 중생이 육도에서 윤회하며 받는 모든 것은 전부 고통이다.

## 고난으로부터 벗어나다

이 전제를 기초해 불교에선 모든 고난을 벗어나는 유일한 방법이 바로 부지런히 수행하여 육도를 벗어나 사성(四聖)의 법계(法界)에 들어가는 것임을 가르친다. 그리고 바로 이러한 사상적인 제시로부터 불교는 어떻게 고통에서 벗어나고, 어떻게 해탈의 길을 찾아야 하는지 등에 관한, 인간을 둘러싸고 있는 일련의 문제를 모든 교의(敎義)로 시설(施設)하였으니 불교의 가장 중요한 가치가 바로 여기에 있다. 업은 중생이 육도 가운데 멈추지 않고 윤회하는 근

# 신비한 〈육도윤회도(六道輪廻圖)〉

불교에서는 사람의 생명은 생유(生有), 본유(本有), 사유(死有), 중유(中有)의 네 단계가 서로 이어지는 구조로 되어 무한히 윤회한다고 본다. 윤회하는 장소는 인간계 한 곳에 그치지 않는다. 나머지 오도(五道)가 포함되는 것이다. 아래 그림이 나타내는 것은 바로 윤회의 장소, 즉 '육도'이다. 염마귀왕(閻魔鬼王)이 이 없는 생명의 수레바퀴 꼭대기를 물고, 두 손으로 천천히 돌려서 생사를 윤회케 한다. 카다란 수레바퀴의 중심축 부분은 머리와 꼬리가 서로 맞물린 비둘기와 뱀 그리고 돼지가 있는데, 이것은 탐욕[貪]과 성냄[瞋], 어리석음[癡]의 세 가지 독을 의미한다.

생명의 수레바퀴 안에는 중생이 윤회하는 장소, 즉 육도를 자세히 묘사해 놓았다. 위쪽은 천도이고, 시계 방향에 따라 내려가면 차례로 인도, 아귀도, 지옥도, 축생도, 아수라도이다. 생명의 수레바퀴 가장 바깥쪽은 열두 개의 작은 격자로 구분해 격자마다 그 안에 작은 그림을 그려 넣었는데, 이는 각각 무명, 행, 식, 명색, 육치, 촉, 수, 애, 유, 생, 노사의 십이인연을 나타낸다.

## 무명(無明)

여기에서 맹인(盲人)은 무명을 상징하며,
십이인연기 가운데 첫째이다.

## 연(緣)의 형성

수레바퀴 바깥쪽의 선화는 십이인연기를 설명한다.
부처님께서 제자에게 모든 사물이 생성과 존재는
모두 다른 사물을 의지하며, 십이인연기에서 벗어나면
바로 열반에 증득해 들어감을 일러 주신다.

## 행(行)

도공(陶工)이 자기의 운명(업)을 자기가
만든 병에 넣어 넣었는데, 병마다 신의(행동),
의업(사상)과 구의(언어)라 같은 업종이
향위를 나타낸다.

## 인도(人道)

인도에서의 고통은 생로병사(生老病死; 無知) 그리고 탐욕에서
기인한다. 이러한 것들이 생로병사를 계속 반복하게 하고
영원히 멈추지 않게 한다. 인도는 육도 가운데 가장 중요한
하나의 도이다. 이 도의 중생만 지제(自制)할 수 있고, 기쁨과
깨달음의 도(道)를 선택할 수 있기 때문이다. 항상 부처님께서
사리심(捨悲心; 원력과 해탈력)의 교어를 설법하고 계신데,
보리심을 이기심을 넘어 깨달음의 도를 밝혀줄 수 있다.

## 천도(天道)

천도에는 행복만 있고 고통은 없다.
그러나 이 존재는 잠시나 덧없는 것이다.
순세 비극을 안고 있는 천세 부처님은
복(치) 다하면 바로 이 도를 떠날 수 있음을
천신(天人들에게 일깨워 준다.

## 사신(死神)

사신 염마(閻魔鬼)가 입과
손톱으로 이 수레바퀴를
쥐고 있는데, 이것은 생명이
수레바퀴 위에 있는 모든
존재에 함께하고 있음을
상징한다.

## 노사(老死)

탄생의 피할 수 없는
결과는 바로 병들어
아프고, 조조하고
불안해하며,
늙어 쇠약해지고,
사망하는 것이다.

## 생(生)

출생은 육체의
접촉과 촌인의
결과이다.

## 아수라도(阿修羅道)

이 도에서의 영원히 끝없이 담투하는
전쟁은 중생의 끝없는 질투로
아기되며, 늘 여의수(如意樹)의
열매를 갈망하는 사람들을
나타낸다, 녹색 부처님께서 몸에
전사의 갑옷을 입고,
몸에 화검(火劍)을 들어 전쟁을
지키는 공덕을 설교하시고,

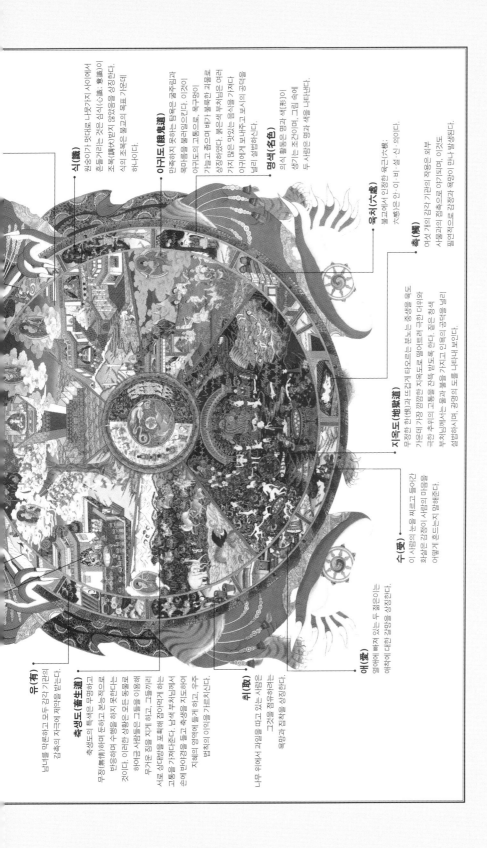

**식(識)**

원숭이가 잇달아 나뭇가지 사이에서 흔들거리는 것은 심식(心識; 意識)이 조목(調木)하지 않지 않음을 상징한다. 식의 조목도 불교의 목표 가운데 하나이다.

**아귀도(餓鬼道)**

만족하지 못하는 탐욕으로 굶주림과 목마름을 불러일으킨다. 이것이 아귀도의 고통으로, 무무양이 가늘고 굶으며 배가 부풀한 괴물로 상징하였다. 붉은색 부처님은 음식을 가져다 주는 듯한 모습으로 공덕을 널리 설명하신다.

**육처(六處)**

불교에서 인정한 육근(六根): 육처(六處)은 안·이·비·설·신·의이다.

**촉(觸)**

여섯 개의 감각 기관과 작용은 외부 사물과의 접촉으로 야기되며, 이것으로 필연적으로 감정과 욕망이 생겨난다.

**명색(名色)**

의식 활동은 명과 색(形)이 생기는 조건이며, 그림 속에 두 사람은 명색 세을 나타낸다.

**지옥도(地獄道)**

무정한 한(恨)과 느껍게 타오르는 분노는 중생을 욕도 가운데 가장 깜깜한 지옥도로 떨어뜨려 극한 다야워 극한 추위의 고통을 전득 받도록 한다. 검은 청색 부처님께서는 불과 물을 가지고 인욕의 공덕을 널리 설명하시며, 광명의 도를 나타낸다.

**수(受)**

이 사람이 눈을 찌르고 들어간 화살은 감정이 사람의 마음을 어떻게 흔드는지 말해준다.

**유(有)**

남녀를 막론하고 모두 감자 기관의 감촉의 지극에 제어을 받는다.

**축생도(畜生道)**

축생도의 특색은 무명이고 무정(無情)하며 둔하다 모든 것으로 반응하며 수행을 하지 못한다는 것이다. 이런한 상황은 모든 동물로 하여금 사람들은 그들을 이용해 무거운 짐을 지게 하고, 그들끼리 서로 상대방을 포획해 잡아먹게 하는 고통을 가져다준다. 남색 부처님께서 손에 벼이삭을 들고 축생을 지도하여 지혜의 영역에 들게 하고, 우주 본성의 이야을 가르치신다.

**취(取)**

나무 위에서 과일을 따고 있는 사람은 그것을 집착을 상징한다. 욕망과 집착을 상징한다.

**애(愛)**

열애에 빠져 있는 두 젊은이는 애착에 대한 갈망을 상징한다.

본 원인이다. 불교에서 업력은 최고의 준칙으로 범인은 물론 육도윤회를 벗어난 불보살조차도 넘을 수 없다. 부처님께서는 윤회를 넘어섰지만 업력의 준칙을 위배하지 않았다. 왜냐하면 부처님께선 업력에 대한 훨씬 더 뚜렷한 인식을 가지고 이 준칙에 적극적으로 순응할 수 있기 때문이다.

업력이 작용을 일으키는 원인은 인과율이 존재하기 때문이다. 즉 우리는 평소 "선은 선보를 받고, 악은 악보를 받는다."라고 말한다. 선을 행하면 반드시 좋은 응보를 얻어 삼선도에 들어가며, 심지어 열반의 묘경에 도달할 수도 있다. 악을 지으면 반드시 징벌을 피할 수 없으며, 육도 가운데 계속 순환하면서 끊임없는 고통을 받게 된다. 그런데 우리는 또한 "보를 받지 않는 것이 아니라, 때가 아직 이르지 않은 것"이라고 말한다. 이것은 선악의 응보가 때로는 직접적으로 작용하는 것이 아니라, 적당한 시기를 기다리는 것임을 설명한다. 인연이 화합하는 관점에서 말하면 '인'은 있는데 아직 '과'를 얻지 못한 경우, 이것은 적절한 '연'이 나타나기를 기다려야 실제로 작용을 발휘할 수 있다.

인과응보는 '삼세보(三世報)'의 논리가 있다. '삼세'는 구체적인 삼세가 아니라 일반적으로 과거세, 현재세, 미래세를 가리킨다. 삼세응보 이론의 직접적인 결과가 바로 윤회이며, 악업이 소멸되지 않으면 모든 중생은 윤회하지 않는 경지에 들어갈 수가 없다. **육도윤회는 영원히 뛰어넘을 수 없는 것이 결코 아니다. 자신의 악업을 깨끗이 없애면 윤회를 초월하여 일종의 불생불멸의 상태에 들어갈 수 있다. 이것이 바로 열반의 경계이며, 열반은 윤회의 대립적 측면이자 불교가 추구하는 궁극적인 목표이다.**

## 걸어서 천상에 가다

보통 사람의 입장에서 천상(天上)에 들어갈 수 있는 것은 바로 인생 최대의 복보이다. 사실상 천상에 가는 것은 고통에서 벗어나는 윤회의 중간역이며, 우리는 청정한 마음의 이끌어 줌으로 더 멀리 갈 수 있다. 똑같이 육도 가운데 윤회하는 사람으로서 보면 우리는 수승하고 원만한 사람의 몸[人身]과 윤회를 초월할 지혜를 얻을 귀중한 기회를 지니고 있다. 우리의 마음에 잠재되어 있는 거대한 능력은 초극한(超極限)의 즐거운 경계로 무한히 확장될 수 있다. 그런데 우리는 '사람의 몸'의 물질적 향수를 지나치게 탐닉하여 마음을 끊임없이 속박하고, 자신을 자기의 유한한 공간 속에 가둬 놓아 번뇌와 고통의 시련을 당하기 때문에 '마음을 밝혀 본성을 볼[明心見性]' 수 없다. 때문에 만약 우리가 육도윤회의 운명 설계를 확실히 알고, 제행무상하며 제법무아인 인생의 진제(眞諦)를 깨달을 수 있으면, 세간을 벗어나는 지혜를 찾아 자유롭고 행복한 인생을 얻을 수 있을 것이다.

# 업력은 상과 벌을 이끈다

업보의 윤회사상은 우리에게 선행을 하면 반드시 포상을 받고 그것에 상응하는 복락을 받으며, 악행을 하면 반드시 자신을 고통스럽게 하는 결과를 받게 된다고 계시(啓示)해 준다.

---

업력의 인과는 윤회설의 중요한 요소로서, 업보의 윤회사상은 불교가 중국에 전래된 이래 세간의 도덕 실천과 출세간의 정신 해탈 사이를 소통하는 중개 역할을 하였다. 이것은 근대에 이르기까지 불교에서 민중을 교화하는 가장 중요한 교의 체계였다. 그러나 기술 사회가 도래하고 과학적 이성이 발전함에 따라 신념(信念)을 바탕으로 한 업보의 윤회사상을 사람들이 아무런 비판 없이 받아들일 수 있는 가능성은 낮아졌다. 심지어 편집적인 선입견에 가려 낙후되고 부정적인 미신으로 간주되었다.

## 업력은 윤회의 원인이다

윤회의 원인은 십이인연 속에 존재하며, 불교에서는 주로 십이인연의 무명 때문에 일어나는 것으로 본다. 무명은 사물의 본래면목에 대한 무지이며, 이로 인해 각양각색의 행위가 야기된다. 이 행위는 선과 악의 구분이 있는 것처럼 그 성질이 달라서 다른 업력이 생기게 된다. 바로 이 업력의 존재 때문에 윤회의 진행에 끊임없는 동력이 제공된다. 업보의 윤회사상은 사람들의 마음속 깊은 곳에 있는 도덕적 주체감을 일깨우며, 윤리적 측면을 초월적인 생사해탈의 궁극적인 존재 차원으로 상승할 수 있게 한다.

　　업은 인도의 『오의서(奧義書: 우파니샤드)』에서부터 유정이 생사를 유전하는 동력으로 여겨졌다. 불교 전적에서 '업'은 인도 전통종교의 '의식 행위'와

# 업보의 윤회

불교에서는 부귀하더라도 윤회의 고통을 피하기 어렵고, 총명하더라도 업력을 이길 수 없다고 말한다. 아직 육도를 벗어나지 못한 중생, 여전히 깨닫지 못한 마음은 끊임없이 새로운 업인을 만들어 내어 반드시 다른 과보를 받게 될 것이다.

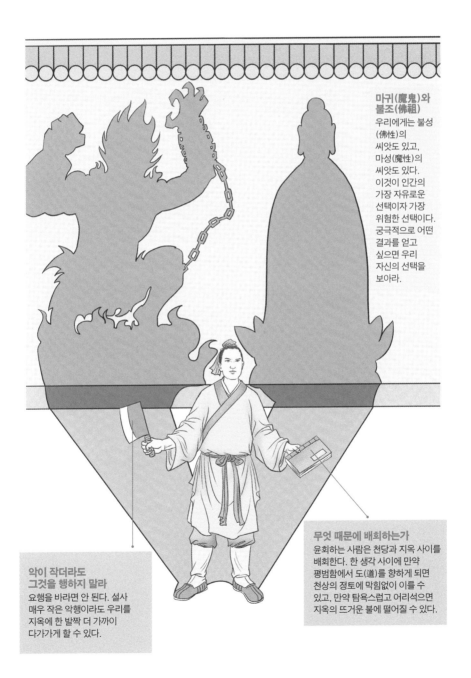

**마귀(魔鬼)와 불조(佛祖)**
우리에게는 불성(佛性)의 씨앗도 있고, 마성(魔性)의 씨앗도 있다. 이것이 인간의 가장 자유로운 선택이자 가장 위험한 선택이다. 궁극적으로 어떤 결과를 얻고 싶으면 우리 자신의 선택을 보아라.

**무엇 때문에 배회하는가**
윤회하는 사람은 천당과 지옥 사이를 배회한다. 한 생각 사이에 만약 평범함에서 도(道)를 향하게 되면 천상의 정토에 막힘없이 이를 수 있고, 만약 탐욕스럽고 어리석으면 지옥의 뜨거운 불에 떨어질 수 있다.

**악이 작더라도 그것을 행하지 말라**
요행을 바라면 안 된다. 설사 매우 작은 악행이라도 우리를 지옥에 한 발짝 더 가까이 다가가게 할 수 있다.

317

'제사' 등 무격(巫覡)문화의 색채를 띤 의미로부터 '보편적인 행위'의 뜻으로 전이되었다. **행위가 발생하고 나서 일종의 잠재된 힘이 존속해 가고 있으며, 고통이나 즐거운 과보를 가져오고, 과보는 육도윤회를 통해 체현(體現)된다.**

## 윤회의 형성

불교에서 보면 선악 업력의 주체적인 작용으로 인하여 중생은 삼계에 끊임없이 유전하고 육도에 전생(轉生)한다. 이 여섯 가지 전생의 방향은 천, 인, 축생, 아귀, 지옥, 아수라이며, 이와 같이 생사가 계속되고 인과가 서로 의지하여 마치 수레바퀴가 돌아가는 것처럼 업보의 윤회가 형성된다. 윤회사상은 삶 가운데 도덕적 선택과 평가를 결정한다. 바꾸어 말해서 사람들이 악을 따를지 또는 선을 따를지를 규정하기도 하고, 또한 사람들의 괴로움과 즐거움에 대하여 금세의 고과(苦果)는 전세의 악업에서 기원하며, 금세의 선업은 후세의 선과(善果)에 감응할 수 있다고 해석하기도 한다. **불교는 마음의 해탈에서 시작하여 자아의 승화와 초월을 실현하는 것을 중시하고, 사람이 청정한 본심을 되찾음을 통해서 고통과 윤회를 벗어나는 목적을 달성하길 희망한다.** 업보의 윤회사상은 우리에게 금생에 선덕(先德)을 닦으면 내생에 천계에 갈 수 있고, 금생에 악행을 지으면 내생에 지옥에 떨어진다는 이러한 윤리를 인정해 준다. 악을 멈추고 선을 행하는 것은 삼계를 벗어나고 윤회를 빠져나오기 위해 반드시 지나야 하는 지름길이다.

# 육도윤회의 운행

어떠한 사람도 인과응보의 속박에서 벗어날 수 없다. 육도윤회가 바로 가장 좋은 증거이다.
어떠한 사람도 악업을 행해서는 안 된다. 악업의 응보는 언젠가 모두 나타나기 때문이다.

## 윤회는 인과율의 운행이다

불교의 세계는 단순히 우리가 겪는 것과 같은 금세의 한 세간이 아니다. 과거와 현재, 미래의 삼세인 것이다. 업보의 인과나 육도윤회는 모두 이 삼세의 틀 속에서 진행된다. 앞에서 우리는 '삼세인과'에 대해 논했다. 인과율의 운행은 삼세를 관통하고, 심지어는 훨씬 더 멀리도 관통할 수 있다. 세계 속의 중생은 사람, 축생, 아수라, 천인 등이 포함되며, 단순히 사람만 가리키는 것은 아니다. 그러므로 사람은 윤회를 거쳐 다른 생존 상태로 변할 수 있다. 다시 말해서 사람 등의 중생은 신체의 몸뚱이는 바뀔 수 있으나, 심식(心識)은 불생불멸하고 쉼 없이 유전하는 것이다. 업력의 작용 아래 사람은 축생으로 변할 수 있고, 천인으로 상승될 수도 있다. 비록 이러한 것은 지나치게 현실적이지 못한 환상 같다. 하지만 이것이 진정 중요한 건 아니다. 불교에서 내세우려는 중요한 점도 아니다. 이것이 표명하고자 하는 것은 인과율과 육도윤회를 통해 세상 사람들에게 사랑과 선(善)을 이해시키고, 자신의 마음을 바꾸어 스스로의 운명을 고치도록 권유하는 것이다.

## 윤회의 직접적인 원인

불교에서 삼독은 육도중생이 지니고 있는 세 가지 근본 번뇌로, 그것들은 마치 세 가지 독약처럼 사람이 본성을 잃게 만든다. 이 세 가지 '독약'은 바로 탐욕[貪]·성냄[瞋]·어리석음[癡]이다. **삼독이 중생에게 가져다주는 것은 번뇌뿐만이 아니다. 중생이 육도 가운데 끊임없이 윤회하고 벗어날 수 없게 하는 것을 결정하는 것이다.** 예를 들어 삼악도의 중생은 전생에 탐욕이 너무 심해 그 강렬한 탐욕이 각자의 행위에 다른 업인을 만들도록 촉진하고, 그 결과 금생에 축생이나 아귀로 태어나게 되거나 지옥에 떨어지게 된다. 각 도(道)의 모든 중생은 다 삼독의 영향을 받았기 때문에 전세에 각종 악행을 저질러서 끊임없는 인과윤회를 초래한 것이다. 설사 우리가 사람이 축생으로 변할 수 있다는 것을 믿을 수 없더라도 탐욕·성냄·어리석음이 바로 인간 번뇌의 근원적 소재임은 이해해야 한다. 이것은 마음의 독소이며, 우리들의 마음에 병을 가져오고, 결국 우리의 생활에 매우 많은 좌절과 혼란을 야기한다. 이러한 점에서 불교의 이러한 사상은 대단히 바람직하다.

### 육도 진입의 근거

중생의 금생 생명이 끝난 다음 다시 어느 도에 태어나는지는 그 중생이 금세에 지어 놓은 업에 의해 결정된다. 이것은 중생 자신이 선택한 결과이다. 불교에서는 어떤 업을 지은 다음에 '아마' 어떤 도에 들어갈 것이라고 보지, '반드시' 어떤 도에 들어가는 것은 아니라고 본다. 이것은 윤회할 때 외연(外緣)이 어떠한가를 더 보아야 하기 때문이다. 하지만 변치 않는 점은 바로 이미 지은 업은 저절로 사라지지 못하며, 반드시 응보를 받는 날이 있고, 이에 대하여 요행을 바라는 사람은 자신만 해치게 된다는 점이다.

# 윤회의 동력

불교에서는 육도 중생에게 윤회의 고통이 멈추지 않는 까닭은 바로 업력의 추동 때문이며, 업력이
형성되는 것은 사람들이 평소 몸[身]과 입[口], 뜻[意]의 삼업이 누적되었기 때문이라 말한다.
사람들이 삼업을 짓게 되는 까닭은 결국 사람들의 마음속에 탐욕과 성냄, 어리석음의 삼독이 작용하는
데 있다.

**윤회의 근거**
중생은 다른 도에 들어간다.
다른 생명의 상태를
형성하는 것은 모두 업력의
선과 악의 크기에 의해
결정되는 것이다.

**윤회 가운데의 고통**
사람에게 생로병사의 변함없는
고통이 있는 것처럼,
육도의 중생들은 각자
자기의 고난이 있다.
육도윤회를 뛰어넘어 열반에
드는 것이 이러한 고난을
소멸하는 유일한 출구이다.

**윤회의 원인**
업력이 쌓여서
이루어진
에너지의 고리는
윤회가 영원히
멈추지 않고
돌고 돌도록
촉진한다.

**삼독의 부추김**
탐욕과 성냄,
어리석음의 삼독은
마치 세 가지 맛의
독약처럼 중생이
자성을 기만하게
하고, 끊임없이
본심에 어긋나는
행위를 하게 한다.
이로 인해 온갖
악업을 짓게 되고,
여러 가지 많은
고통을 받는다.

육도윤회는 끊임없이 이어지며
순환하는 고리로 연결되어 있다.
업이 존재하면 윤회가 생긴다.
그러므로 윤회를 벗어나는
유일한 경로는 바로 업력이 쌓인
것을 잘라 내는 데 있다. 다시
말해서 삼독을 끊어 없애는
것이다.

# 복덕을 몸에 입은 삼선도

삼선도의 중생은 전세에 십선(十善)을 부지런히 닦았기 때문에 금세에 매우 큰 복보를 얻은
것이다. 삼선도 가운데 '인도(人道)'의 과보가 가장 뛰어나다. 부처님이 세상에 나오셔서 우
리가 육도윤회를 벗어나도록 안내하기 때문이다.

---

'삼선도'는 '삼선취(三善趣)'라고도 하며, 천도와 인도 그리고 아수라도를
가리킨다. 이 삼도의 유정은 전세에 십선법(十善法)을 부지런히 닦았기 때문
에 삼선도라고 칭한다. '십선(十善)'은 불살생(不殺生), 불투도(不偸盜), 불사음
(不邪淫), 불망어(不妄語), 불양설(不兩舌), 불악구(不惡口), 불기어(不綺語), 불탐
욕(不貪欲), 불진에(不瞋恚), 불사견(不邪見) 등이다. 삼선도의 중생은 비록 전
세에 모두 십선법을 부지런히 닦았으나, 상품(上品) 십선, 중품(中品) 십선, 하
품(下品) 십선의 다름이 있다. 천은 상선(上善)에 속하고, 인은 중선(中善)에,
아수라는 하선(下善)에 속한다. 삼선도와 삼악도는 상대적으로 하나는 조금
나은 것, 다른 하나는 조금 부족한 것에 지나지 않는다. 그러나 본질적으로는
모두 영원하고 진정한 복락은 없다고 말할 수 있다.

삼선도는 중생들이 모두 태어나기를 바라는 곳으로, 많은 수승한 곳에
는 모두 삼선도만 있고, 삼악도는 없다. 아미타불의 서방 극락세계에는 삼악
도가 없다. 그곳에도 공작과 백학 등 오묘한 법음(法音)을 노래하는 새가 있
으나 그것들은 축생도에서 윤회하는 중생이 아니라 아미타불의 불가사의한
힘으로 화생(化生)한 것이다.

**천도의 중생은 전세에 선정을 부지런히 닦았으며, 선정의 경계는 어느 천
(天)에 왕생하는가의 중요한 조건이 된다.** 예컨대 색계(色界)의 천은 초선(初禪)
삼천(三天), 이선(二禪) 삼천(三天), 삼선(三禪) 삼천(三天), 사선(四禪) 구천(九天)

# 행운이 계속되게 하는 자량(資糧)

인간의 운명이 몇 세 몇 겁을 지나든 유일하게 변하지 않는 것은 업력 인과의 지속적인 운행이며,
열반이 궁극적인 해탈이라는 것이다. 삼선도에서 잠깐 동안의 행운도 눈 깜짝하면 지나가 버리는
것이기 때문에 인간의 입장에서는 선업을 훨씬 더 부지런히 닦아 지켜 행운의 자량을 쌓아야 한다.

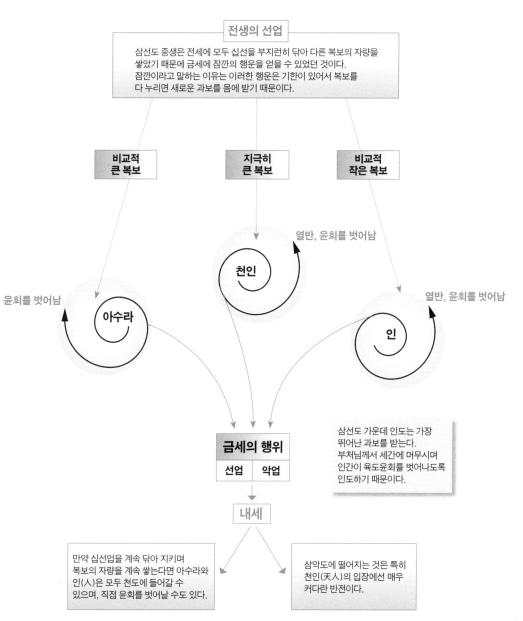

전생의 선업

삼선도 중생은 전세에 모두 십선을 부지런히 닦아 다른 복보의 자량을
쌓았기 때문에 금세에 잠깐의 행운을 얻을 수 있었던 것이다.
잠깐이라고 말하는 이유는 이러한 행운은 기한이 있어서 복보를
다 누리면 새로운 과보를 몸에 받기 때문이다.

비교적
큰 복보

지극히
큰 복보

비교적
작은 복보

열반, 윤회를 벗어남

천인

윤회를 벗어남

아수라

열반, 윤회를 벗어남

인

금세의 행위

| 선업 | 악업 |

삼선도 가운데 인도는 가장
뛰어난 과보를 받는다.
부처님께서 세간에 머무시며
인간이 육도윤회를 벗어나도록
인도하기 때문이다.

내세

만약 십선업을 계속 닦아 지키며
복보의 자량을 계속 쌓는다면 아수라와
인(人)은 모두 천도에 들어갈 수
있으며, 직접 윤회를 벗어날 수도 있다.

삼악도에 떨어지는 것은 특히
천인(天人)의 입장에선 매우
커다란 반전이다.

으로 나누어지며 이는 선정의 경계에 따라 구분한 것이다. 천인들은 거대한 복보를 향유한다. 그들은 수명이 지극히 길며 항상 음악을 함께한다. 회화와 조각 등 불교예술에 천인이 출현하는 장면은 보통 대단히 장엄하다.

**인도의 중생은 전세에 항상 중품 십선을 닦았으며, 특히 오계(五戒) 수행을 중시했다.** 인류는 수미산 주위의 사대부주(四大部洲)에 분포하여 세속적인 생활을 하고 있다. 비록 인류의 복보는 천인에 미치지 못하지만, 인간 세상은 부처님께서 출세하시니 이 때문에 육도윤회를 가장 빨리 벗어난다. 이것이 인간 세상의 가장 수승한 점이다. 인류는 또한 수행하기에 가장 적합한 유정의 일종이다. 천도에는 즐거움이 너무 많아 천인은 육도윤회를 벗어날 필요성을 느끼지 못하고 수행을 원하지 않으며, 아수라도의 중생은 성내는 마음이 너무 심해 다투기를 좋아해서 평정한 마음으로 수행할 수 없기 때문이다.

전세에 선을 행함으로 인한 아수라의 복보도 대단히 크다. 심지어는 인류를 능가하며 천인과 큰 차이가 없다. 그러나 아수라는 천인의 선행이 없고, 오히려 인류의 칠정육욕(七情六慾)을 가지고 있다.

삼선도는 비록 좋은 점이 많이 있으나 삼선도의 중생은 여전히 육도윤회를 벗어나지 못하고, 이생의 복보를 다 누리기를 기다려 내생에 어디에서 태어나는가는 확정되지 않은 유정이다. 때문에 우리는 삼선도에 태어난 것으로 만족해서는 안 되고, 육도윤회를 벗어나 열반의 진정한 즐거움을 증득하는 것을 수행의 최종 목적으로 삼아야 한다.

천상에 머물고 있는 신선

# 천도를 즐기다

천인은 신선과 같은 생활을 하며 지낸다. 그들의 수명은 지극히 길며, 복보가 대단히 크다. 그러나 안일함을 탐내기 때문에 육도윤회를 벗어날 시기를 아주 쉽게 놓친다.

## 신선과 같은 천인

'천도(天道)'는 도가(道家)에서 지향하는 신선의 경계와 매우 비슷하다. 하지만 '구름과 안개를 타고 하늘을 나는' 것과 같은 선가(仙家)의 법술(法術)은 천인의 입장에서는 더없이 평범한 것에 지나지 않는다. 신선의 능력은 천인의 능력에 미치지 못하는 것이다. 장아함경에 천인이 신선 같은 생활을 하는 것에 대하여 "천인은 아무런 장애 없이 자유롭게 날아다닐 수 있으며 지치지 않는다."라고 실려 있다. 천계의 환경은 마치 선경(仙境)과 같다. 욕계천(欲界天)으로 예를 들면 천계(天界)의 사방엔 아름답고 오묘한 천락(天樂)이 있고, 길가에는 나무에 각양 각종의 과일이 달려 있으며, 천인은 화원 가운데의 거대하고 화려한 궁전에 산다. 천인의 몸은 티 없이 깨끗하며 환히 빛난다. 천인의 생활에는 어떤 번뇌도 있을 수 없고 '생각하고 마음먹은 대로 일이 이루어지는 것'이 그들에게는 털끝만큼도 과장된 일이 없다.

## 욕계의 육천

욕계의 육천(六天)은 사천왕천(四天王天), 도리천(忉利天), 야마천(夜摩天), 도솔천(兜率天), 화락천(化樂天), 타화자재천(他化自在天)이다. 그 가운데 사천왕천은 수미산의 산허리에 있고, 도리천은 수미산의 정상에 있으며, 나머지 네 개 천은 산꼭대기 이상의 허공 속에 있어서 공거천(空居天)이라고 한다.

## 색계천과 무색계천

색계천(色界天)의 천인도 형체가 있으나 그들의 신체를 구성하는 사대는 지극히 미묘하여 인간이나 욕계의 중생처럼 투박하지 않다. 천인은 남녀의 차별이 없기 때문에 음욕과 멀리 떨어질 수 있다. 색계의 천인도 옷을 입어야 하는데 마음으로 생각 한번 하면 옷이 저절로 와 '옷이 와서 손을 내미는 것'보다 훨씬 더 수월하게 입을 수 있다. 그들의 음식은 온갖 맛있는 산해진미가 아니라 광명(光明)이다. 천인들은 어떠한 일을 할 필요가 없으며, 그들은 평소 깊고 깊은 선정 속에 편안히 머무는 것을 즐긴다.

무색계의 천인은 이미 물질적인 형체가 사라지고, 다만 심식(心識)만 남아 있다. 그들은 궁전에 머물 필요가 없으며, 심오한 선정으로 거처를 삼는다. 무색계천(無色界天)은 공무변처천(空無邊處天), 식무변처천(識無邊處天), 무소유처천(無所有處天), 비상비비상처천(非想非非想處天) 등 네 개의 천으로 나뉜다. 장아함경 20권에는 이 네 곳의 천인의 수명을 일만 겁, 이만일천 겁, 사만이천 겁, 팔만사천 겁으로 설하고 있다.

# 천도의 사천왕

사대천왕은 중국인들이 좋아하는 신화 속의 인물이다. 특히 북방천왕은 북방의 수호신이자
인도(印度)의 '재신(財神)'이기 때문에 시재천(施財天)이라고도 한다. 『서유기』와
『봉신연의(封神演義)』등 신화 소설에서 그는 탁탑천왕(托塔天王) 이정(李靖)으로 묘사되었고, 그의
셋째 태자가 바로 모두 잘 알고 있는 나타(哪吒)이다.

## 남방 증장천왕

몸은 청색이고, 갑옷을
입은 채 손에는 보검을 잡고
있다. 중생이 선근(善根)을
증장하게 하여 불법을 수호할
수 있게 한다는 의미이다.
그가 손에 보검을 쥐고 있는
것은 불법을 보호하고 침범
받지 않기 위해서이다.

## 서방 광목천왕

몸은 백색이고, 갑옷을 입고
있으며, 손에는 용 한 마리가
감겨 있다. '광목(廣目)'은
정천안(淨天眼)으로 세계를
관찰한 것에 따라 중생을
보호함을 의미한다. 그는
용들의 영수이기 때문에 손에
용 한 마리를 감고, 불교를 믿지
않는 사람이 있는 것을 보면
찾아 잡아오게 하여 불교에
귀의하도록 하였다.

## 사대천왕의 내력

사대천왕은 육도 가운데
천도에서 나왔다. 사천왕천은
천도 가운데 첫 번째
중천(重天)이며 인간 세상에서
가장 가깝다. 사대천왕의
임무는 불교에서 말하는
동승신주(東勝身洲),
남섬부주(南瞻部洲),
서우화주(西牛貨洲),
북구로주(北俱盧洲) 가운데
하나의 세계를 수호하는 것이다.

## 동방 지국천왕

몸은 백색이며, 갑옷을 입고
있고, 손에는 비파를 잡고 있다.
'지국(持國)'은 자비를 마음에
품고 중생을 보호함을 뜻한다.
그는 주악신(主樂神)이기
때문에 손에 비파를 들고 있다.
그는 음악을 가지고 중생을
불교에 귀의하도록
하는 것을 나타낸다.

## 북방 다문천왕

몸은 녹색으로 갑옷을 입고
있다. 오른손에 창을 쥐고,
왼손에는 탑을 받치고 있다.
'다문(多聞)'은 복과 덕으로
서방에서 명성이 있는 것을
비유한다. 다른 형상 가운데
그는 손에 보산(寶傘)을 쥐고
있는데 마귀들을 굴복시키고,
중생의 재산을 보호하는 데
사용한다.

# 삼계에서 사라지다

경전에서 "한 생각에 깨달으면 삼계를 벗어나고, 한 생각에 미혹되면 윤회에 떨어진다."라고 설하였다. 육도 중생은 모두 심념(心念)이 미혹되기 때문에 고통스런 윤회 속에 빠지게 된다. 만약 윤회의 소용돌이에서 벗어나고자 한다면 '마음을 밝혀 본성을 보는 것[明心見性]'을 실현해야 가능할 수 있다.

---

삼계는 미망(迷妄)의 유정이 생멸의 변화 속에서 유전(流轉)하는 곳이며, 그 경계에 따라 욕계, 색계, 무색계의 세 단계로 구분된다. 삼계에는 모두 28천(天)이 있어서 '삼계이십팔천(三界二十八天)'이라고 한다. 삼계의 과보는 비록 각각 우열(優劣)과 고락(苦樂) 등의 차이가 있으나 모두 미계(迷界)에 속해 생사윤회의 고통을 벗어나기 어렵다. 이러한 까닭으로 성자(聖者)에게 버림받게 되는 것이다. 삼계의 미혹되고 고통스러운 영역은 큰 바다와 같이 한도 끝도 없기 때문에 삼계를 또 '고계(苦界)', '고해(苦海)'라고도 한다. 일반적으로 항상 말하는 "고해는 끝이 없지만 고개를 돌리면 거기가 바로 피안이다."라는 것은 삼계를 벗어나 해탈하여 열반의 즐거움을 부지런히 찾을 것을 사람들에게 권하는 것이다.

**삼계란 중생이 살고 있는 욕계·색계·무색계를 가리킨다**
'욕계'는 음욕(淫慾), 정욕(情慾), 색욕(色慾), 식욕(食慾) 등을 지닌 유정이 살고 있는 세계를 가리킨다. 위는 육욕천(六欲天)부터 중간에 인계(人界)의 사대주(四大洲)와 아수라(阿修羅)가 있고, 아래로 축생, 아귀, 지옥 등이 있다. 이 계(界)는 남녀가 뒤섞여 살고, 욕구에 물드는 것이 많기 때문에 욕계라고 한다.
  '색계'는 욕계의 음욕과 식욕 두 가지를 멀리 끊었으나, 청정한 색질(色質) 등을 여전히 지닌 유정이 살고 있는 세계이다. 이 계는 욕계의 위에 있으

# 삼계 이십팔천(二十八天)

삼계는 욕계와 색계, 무색계를 가리키며, 아래에서 위까지 순서대로 욕계 육도(六道), 욕계 육천(六天), 색계 십팔천(十八天)과 무색계 사천(四天)으로 이루어져 있다.

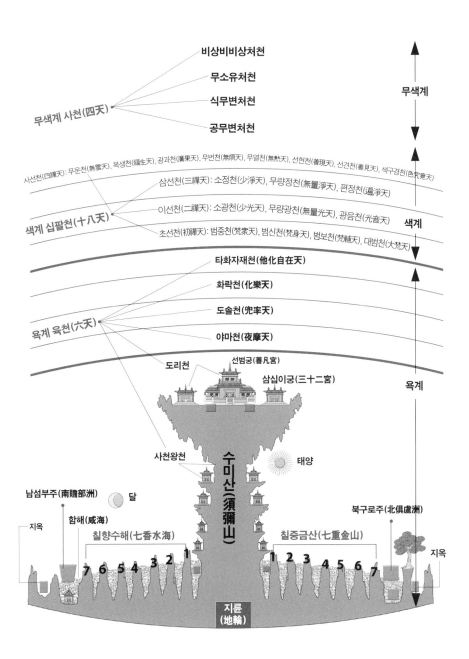

며, 욕망에 오염되지 않고, 남녀의 구분도 없으며, 중생이 모두 화생(化生)한다. 색계의 궁전은 높고 크며, 색(色)에서 화생하여 모든 것이 뛰어나게 오묘하고 훌륭하다. 이 계는 아직 '색질'이 있기 때문에 색계라고 한다.

'무색계'는 오직 수(受)·상(想)·행(行)·식(識)의 네 가지 마음만 있고, 물질적 생활이 없는 유정이 살고 있는 세계이다. 이 계는 어떠한 물질적인 사물이 없고, 신체, 궁전, 국토도 없으며, 오직 심식(心識)만 가지고 심오한 선정 속에 살기 때문에 무색계라고 한다.

중생들은 이 삼계에서 살며 생전 욕계에서 인간으로 살았을 때 지은 선업과 악업이 많고 적음에 따라 그 응보를 받아 윤회에 차별이 생긴다. 대부분의 중생은 이 생에 사람으로 태어나 선업을 짓고, 다음 생에 천계에서 태어나 선업의 복보를 다 누리고 나서 악업의 과보만 남기기 때문에 그 다음 생에는 아귀로 태어나게 되고, 아귀도에서 보(報)를 다 하고 나면 다시 그 다음 생에는 상승하여 축생으로 태어난다. 축생의 보를 다하고 나서야 상승하여 윤회해 사람이 될 기회가 생긴다. 사람이 되었을 때 만약 악업을 지으면 또 지옥에 떨어지게 되는 등 이와 같이 끊임없이 반복적으로 순환하여 이른바 "중생은 육도윤회하며 쉼 없이 반복하고 벗어날 기약이 없다."라는 현상을 형성한다. 부처님은 삼계를 영원히 벗어난 존재이며, 고뇌를 일으키지 않고 영원히 '상(常)·락(樂)·아(我)·정(淨)'에 머무신다. 부처님의 경계는 지극히 수승하며, 지극히 오묘하고 불가사의해 부처와 부처님만이 서로 이러한 위없는 구경(究竟)의 경계를 알 수 있다.

고통과 쾌락의 소용돌이

# 인간은 윤회 가운데 있다

부처님께서는 "죽음은 단지 이 기간의 생명 형식이 소멸되는 것이고, 우리가 이 세계를 떠나지만 쉼 없이 윤회하는 육도는 떠나지 못한다. 생사를 벗어나기 전에 지었던 온갖 업력도 우리를 따라다니며 영향을 미칠 것이다."라고 말씀하셨다.

## 수승한 인도

〈육도윤회도〉에서 천도의 좌측 하단이나 우측 하단에 대단히 분주한 한 도(道)가 있다. 어떤 중생은 전당(殿堂)에서 법사의 설법을 듣고, 어떤 중생은 밭에서 부지런히 땅을 갈고 김을 맨다. 이 도는 비록 천도만큼 장엄하진 않지만 매우 아름다워 보이는데, 이 도가 바로 '인도'이다. 육도 가운데 인도의 복보가 가장 큰 것은 아니다. 비록 인도는 삼악도와 서로 비교하면 그래도 즐거움이 매우 많은 곳이지만 고통 역시 가득하여 천도와 비교하면 한참 부족하다. 하지만 또 다른 관점에서 보면 인도는 가장 수승한 도이다. 육도 중생에게 있어 육도를 초월하는 것보다 더 큰 복보가 없기 때문이다.

일찍이 어떤 사람이 "태어날 때 당신은 울지만 주위 사람은 웃고, 죽을 때 당신은 웃지만 당신 주변 사람은 운다."라고 말하였다. 인생은 몇 년이든 한 번의 윤회이고, 사람마다 모두 자기를 위해 다른 그림을 그릴 뿐이다. 그 그림 속에는 당신도, 나도, 그도 있으며, 출발점에서 시작하여 안간힘을 쓰며 종점에 다다른다. 그 과정에서 길가의 풍경에 주의를 기울이고 신경을 쓰는 사람이 몇이나 있으며, 어려울 때 당신은 나를 붙잡아주고, 여유 있을 때 나는 당신에게 선물을 주며, 그 일생을 마치도록 당신과 나 그리고 그가 모두 자기 행적에서 운행하도록 한다. 사계절이 바뀌었다고 변하는 것이 아니며…… 모든 것이 다 윤회이며, 우리도 윤회 속에 있다. 세상 사람은 모두 술

331

에 취해 꿈을 꾸는 듯 멍하니 살아가는데, 정신을 차리지 못하면 윤회의 고통을 벗어날 방법을 알 수 없다. 헤아릴 수 없는 겁 년 동안 무명에 이끌려 육도 윤회 속에서 태어났다 죽고, 죽었다 태어나기를 돌고 있는 바퀴처럼 영원히 끝나지 않는다.

## 윤회 속의 인생 풍경

사람들은 모두 죽고 나면 모든 일이 다 헛되고, 흔적도 남지 않는다고 말한다. 하지만 많은 것들이 모두 계속 다른 자태로 바뀌며 존재하고 있다. 사람이 윤회하는 까닭은 무수한 잘못과 무수한 뉘우침, 셀 수 없는 기대와 셀 수 없는 실망, 셀 수 없는 인연이 있어서 내세에 보상받고, 되돌려 받아야 하기 때문이다. 윤회에 대해 불교경전에서는 고해(苦海)에서 헤매는 중생에게 고개를 돌리면 거기가 바로 피안(彼岸)임을 분명히 알라고 했으나, 집착하는 인간이 세상에 뉘우침이 일어나기를 바라는 부처님의 마음을 어떻게 이해할 수 있겠는가. 인생이 오르락내리락 거리며 세월의 흐름에 부침을 거듭하다 연기처럼 지나 보내고 모든 세파를 다 견디어 내게 되면, 시간은 항상 사람이 살아 있다는 증거가 된다. 물처럼 흘러간 세월을 추억하면, 그렇게 걸어온 노정, 겪었던 즐거움, 슬픔, 지나온 모든 경치는 어느새 바람처럼 구름처럼 한 가닥 어렴풋한 세월이 되어 있다. 결국 모든 것이 티끌로 돌아간다.

# 회전하는 가운데 상승한다

우리는 언제나 셀 수 없는 형상과 헤아릴 수 없는 색깔의 조합처럼 인생은 무수한 가능성이
있으며, 윤회하는 인생처럼 저마다 모두 다르고, 종류마다 모두 다르게 변한다고 생각한다. 그러나
부처님께서는 우린 여전히 윤회 속에 있을 뿐이며, 우리의 인생이 바로 고통과 무상(無常)이니, 만약
마음을 바꾸지 않으면 영원히 해탈하지 못한다고 말씀하셨다.

**마음이 변한 뒤 가져온 전환의 계기**
발전하기 위해 끊임없이 노력하며 최선을 다하는
그 사람은 늘 고통과 번뇌를 느낀다. 너무 많은
부담을 짊어지고 있기 때문에 우리의 마음은
자신에게 생활은 이렇게 위태롭게 해서는
안 되고, 우리는 생활 방식을 바꿀 수 있다고
알려준다.

**걸음을 멈출 수 없다**
업 세상의 변화를 예측할 수
없고, 인생의 고통과 즐거움은
무상하며, 한 걸음 전진할
때마다 모두 다른 쾌락과 희열이
있지만, 결국 한 곳에서 하나의
마음[心情]을 품고 영원히 머물
수는 없다.

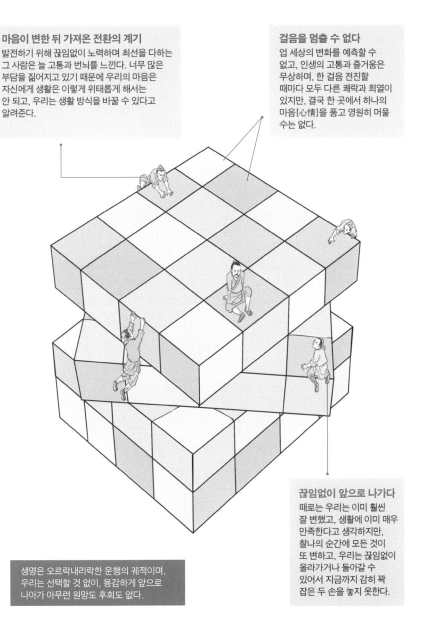

**끊임없이 앞으로 나가다**
때로는 우리는 이미 훨씬
잘 변했고, 생활에 이미 매우
만족한다고 생각하지만,
찰나의 순간에 모든 것이
또 변하고, 우리는 끊임없이
올라가거나 돌아갈 수
있어서 지금까지 감히 꽉
잡은 두 손을 놓지 못한다.

생명은 오르락내리락한 운행의 궤적이며,
우리는 선택할 것 없이, 용감하게 앞으로
나아가 아무런 원망도 후회도 없다.

# 인생은 향락에 있지 않다

인생을 향락하는 것은 행복한 것과 다르다. 그러므로 불교에서는 자아를 초월하고, 고통을 초월하며, 심지어 쾌락도 초월해 고통스럽지도 않고 즐겁지도 않은[不苦不樂] 대경계에 이를 수 있기를 제시한다.

## 천상에 대한 부정

천도에 사는 중생의 생활은 비록 편하고 한가롭지만 불법과는 인연이 없다. 『대지도론(大智度論)』에서 욕계천은 대단히 정교하고 아름다운 물질세계로 천인은 쉽게 향락을 탐내고 수행하려 하지 않으며, 색계 천인은 선정을 좋아하여 흔히 선정의 즐거움에 젖어 벗어나려고 하지 않으나 선정의 수준은 충분하지 않으며, 무색계천의 중생은 신체가 없어서 수행을 할 수가 없다고 보았다. 이와 같이 천인의 수명이 길어질수록 육도윤회를 벗어날 시기가 늦춰지기 때문에 천도에 왕생하는 것은 결코 궁극적으로 원만한 것이 아니다. **복을 닦아 천도에 왕생할 수 있고, 지혜를 닦으면 육도를 초월할 수 있어 불교는 육도윤회를 벗어나는 것을 최종적인 목적으로 삼는다.**

천계의 복락은 지극히 커서 설령 천계의 중생이 수행하려는 마음이 조금 있더라도 고통을 보지 못하기 때문에 수행의 추동력, 즉 윤회를 싫어하여 벗어나려는 마음이 부족하므로 수행에 정진하기 참으로 쉽지 않으며, 고통을 보게 될 때는 이미 너무 늦어 버린다. 천계에 태어나 복보 및 과거의 선인(善因)을 다 소비하기 때문에 대부분의 천계 중생은 생을 마친 후 모두 곧장 삼악도로 떨어져 오래도록 선도(善道)에 태어날 수 없다.

# 향락은 일종의 타락이다

사람의 인생은 모두 평등하게 쥐어진 기회이자 도전이다. 각각의 시간 안배와 인연의 뒤엉킴이 다를 뿐이다. 좋아질수록 아니면 나빠질수록 사람은 때로 판단력을 잃게 되는데 일찍이 헤맨 적 없었던 사람은 지금껏 없었다. 그러므로 만약 우리가 생명의 윤회 궤적을 똑바로 알 수 있으면 마음속 천상의 길을 찾는 데 어렵지 않다.

**선함을 얻는 것이 힘이다**
자신을 향상시키고, 자신을 바치며 끊임없이 노력하는 사람은 삶이 매우 힘들어 보이지만, 선연(善緣)의 도움으로 반드시 갈수록 가뿐하고 자유롭게 나갈 수 있으며, 마음속의 천상에도 갈수록 가까워진다.

**향락은 곧 타락이다**
향락적인 삶은 일종의 타락으로 마치 유기적인 생명의 활력과 희망이 끊임없이 부패하여 악취와 거품이 나는데도 많은 사람들이 거기에서 좋은 향기가 난다고 착각하는 것과 같다.

선연의 도움은 당신이 자유롭게 앞으로 나가도록 해 준다.

부처님의 가르침도 일종의 방향일 뿐, 우리에게 어떻게 하라고 요구하는 사람은 아무도 없다. 향상하든 타락하든 그건 우리의 선택일 뿐이다.

향락에 가까워질수록 행복에서 멀어진다.

## 편안함에 멈춰서는 안 된다

'향락주의형'인 사람은 항상 쾌락을 찾고 고통은 피한다. 그들은 맹목적으로 욕망만 채우고 후환을 진지하게 생각하지 않는다. 그들은 실속 있는 생활을 자신의 다양한 욕망을 끊임없이 채우는 것이라고 생각한다. 그리하여 이러한 강렬한 욕망의 부추김에서 각양각색의 행동을 해 악연(惡緣)의 인과 순환 속에 빠져 해탈할 수 없게 된다. 향락주의자의 근본적인 잘못은 노력과 고통, 쾌감과 행복 등에 동화되는 데 있다.

향락을 추구하는 자의 마음은 흔히 매우 절망적이다. 이 세상에 대하여 추구할 가치가 전혀 없다고 생각하며 절망하고, 어차피 언젠가 모두 죽는다며 자기에 대해 절망한다. 향락은 일종의 자기 위안일 뿐, 세상에서 생존하기 위해 잡을 수 있는 지푸라기 정도에 불과하다. 더군다나 감각 기관으로 느끼는 즐거움은 유한한 것이며, 잠깐의 흥분은 항상 눈 깜짝할 사이에 지나가 버리고, 영원히 절정에 있을 수는 없다. 그러므로 마음에 만족을 느낄 때가 전혀 없으며, 정서도 항상 기복이 크고, 흥분되었을 때는 너무 흥분해 모든 것을 잊어버리지만 그것이 지나간 다음에는 또 한편 공허해진다.

인생을 향락하는 것은 행복한 것과는 다르다. 그리하여 불교에서는 '인도'에서의 수행으로 향락에 빠지는 '천도'에 왕생하기를 바라지 않는다. 오히려 자아와 고통을 초월하고, 심지어 쾌락을 초월하여 고통스럽지도 않고 즐겁지도 않은[不苦不樂]의 대경계에 이를 수 있기를 희망한다. 주변 다른 사람의 생활을 살펴보고, 다시 우리 자신의 생활을 생각해 보면 **편안함과 향락을 탐하는 사람에겐 진정한 행복은 없다고 말할 수 있다. 그들은 훨씬 더 무료하고 공허한 것처럼 보이는데 편안함과 향락을 탐하는 것은 또 다른 고통에 물리는 것이며, 진정한 고난보다 훨씬 더 벗어날 길이 없다.**

전쟁에서 싸워 이기다

# 아수라의 원한

아수라는 특이한 유정이다. 그들은 귀신 같으나 귀신이 아니고, 천인 같으나 천인이 아니며, 지극히 강한 진에심(瞋恚心)을 가지고 있어 항상 제석천(帝釋天)과 싸움을 한다.

## 특이한 아수라

아수라의 약칭은 '수라(修羅)'이며, 그 의미는 '천인이 아님[非天]', '단정하지 않음[無端]', '술 취하지 않음[無酒]' 등이다. 아수라는 원래 인도(印度)의 가장 오래된 악신(惡神) 가운데 하나이다. 불교에서 아수라는 특이한 유정으로 그들은 복보가 매우 커서 천인에 버금간다 할 수 있다. 아수라의 큰 복보는 그들의 악기(樂器)인 '아수라금(阿修羅琴)'에서 알 수 있다. 이 악기는 아수라들이 어떤 음악을 듣고 싶어 하든 간에 원하는 음악을 자동으로 연주해 낼 수 있다. 그러나 아수라는 천인의 덕행이 없어 천인은 항상 선정 속에서 나오려고 하지 않으나, 아수라는 한시도 가만 있지 못한다. 따라서 아수라와 천인은 서로 닮았지만 '아수라'라는 말의 원뜻 중 하나가 '천인이 아님[非天]'인 것처럼 천인과 다르다.

아수라는 금생에 뛰어난 과보가 있다. 이것은 그들이 전세에 하품 십선을 부지런히 닦았기 때문이다. 그러나 아수라도 분명한 결점이 있다. 그들은 진심(瞋心)이 너무 심하고, 호전적인 마음이 매우 강하며, 이러한 결과를 일으키는 업인은 성냄[瞋]·게으름[慢]·의심[疑]의 세 가지 습성[習氣]이다.

## 아수라의 치명적인 습성

아수라는 전세에 십선을 부지런히 닦아 비록 하품 십선이 되었으나 이것도 그들에게 상당히 큰 과보를 가져다 줄 수 있다. 그러나 격하게 성내는 마음이 그들의 커다란 결점이며, 그들이 누리는 천인과 유사한 과보에 안심할 수 없게 만든다. 부처님께서 수가장자(首迦長者)를 위하여 설하신 『업보차별경(業報差別經)』에 아수라로 태어나는 열 가지 업인에 관하여 자세하게 나와 있다. 그 열 가지 업인은 몸으로 작은 악을 행하는 것(경미한 신업), 입으로 작은 악을 행하는 것(경미한 구업), 뜻으로 작은 악을 행하는 것(경미한 의업), 교만(驕慢)함이 일어나는 것, 아만(我慢)함이 일어나는 것(자신이 잘났다는 마음이 생김), 증상만(增上慢)이 일어나는 것(다른 사람을 무시함), 대만(大慢)이 일어나는 것, 사만(邪慢)이 일어나는 것, 만만(慢慢)이 일어나는 것(근본적인 교만심이 일어남), 모든 선근(善根)을 돌리는 것이다.

## 마음속의 업화를 끄다

성냄[瞋]은 삼독 가운데 하나이며, 어떤 사물에 대해 혐오하는 것에서 분노가 이는 정서이다. 무시이래로 발생한 불량한 습성이 중생으로 하여금 매일 삼독의 피해를 받게 하는데, 그 재난을 일으키는 원흉은 중생의 어리석음과 무명이며, 중생이 떨쳐 버리지 못하는 아집의 마음이다. 중생의 오근(五根)인 눈·귀·코·혀·몸과 외계의 오경(五境)인 색깔·소리·냄새·맛·촉감 등이 접촉하여 만약 온갖 경계의 허망함을 정확하게 인식하지 못한다면 그것들에게 쉽게 현혹되고, 이로써 탐내거나 성내는 나쁜 습성이 생겨서 지울 수 없는 업장을 초래해 윤회를 벗어날 수 없게 된다. 이와 같이 강력한 진에심을 없애려면 제법무아라는 반야공상(般若空相)을 분명히 깨달아야 하는 것 이외에 선정법을 수행하여 선정 가운데 천천히 마음속의 업화(業火)를 꺼야 한다.

# 전쟁의 죄악

전쟁의 죄악은 항상 각종 이익에 대한 쟁탈에서 기원한다. 이기적이기 때문에 함께 나눌 줄을
모르므로 전쟁의 재앙이 여기저기서 일어나고 끊일 날이 없는 것이다. 아수라도와 천도 사이의 전쟁은
바로 이러한 점을 잘 설명해 주고 있다.

아수라의 모습은 고대
그리스신화에 나오는
인물과 매우 비슷하며,
이것은 불교경전에 기술된
한 종족이다. 불교의
윤회사상에서 아수라는
하나의 괴물로서 천도,
인도, 축생도, 아귀도,
지옥도의 오도에 널리 퍼져
있다. 때로는 경전에서
아수라를 하나의 도로
단독 나열하지 않는다.
그래서 '육도윤회'를
'오도윤회(五道輪廻)'라고
말하기도 한다. 만약
단독으로 아수라도라고
말하면 일반적으로 천도의
아수라를 가리킨다.

**전쟁을 좋아하는 아수라**
아수라는 하루 종일 천인과 싸운다.
천인은 맛좋은 술을 빚을 수 있는데,
아수라는 특히 술을 좋아하고,
아수라는 미녀를 낳았는데 천인이 또한
그녀를 흠모한다. 그러므로 상대방의
물건을 빼앗기 위하여 끊임없이 서로
싸운다.

**여의과수(如意果樹)**
아수라도에서 자라지만
천도에서 꽃 피고 열매를 맺어
아수라는 맛있는 과일을 먹지
못해 전쟁의 또 다른 원인이
되었다.

아수라를 '천인이 아님'이라고 하는 까닭은
천복(天福)은 있으나 천덕(天德)이 없기 때문이다.
아수라는 제석천에 머문다. 아수라의 천성은
다투기를 좋아하고, 아수라 남자는 특별나게
추하며, 아수라 여인은 미모가 비할 바가 없이
뛰어나다.

피할 수 없는 길

# 스스로 화를 만드는 삼악도

삼악도(三惡道)는 축생도와 아귀도, 지옥도의 세 가지 도이며, 이 삼도의 유정은 전세에 악업을 짓고 금세에 악보를 받는다. 그 가운데 불법을 듣기 어려운 것이 가장 커다란 악보이다.

삼악도는 '삼악취(三惡趣)' 혹은 '삼도(三途)'라고도 일컬어지며, 축생도와 아귀도 그리고 지옥도를 가리킨다. 삼악도가 '악(惡)'이라고 일컬어지는 까닭은 그 도에 있는 중생이 전세에 악업을 짓고 금세에 악보를 받기 때문이다.

### 삼악도 중생의 전생과 금생

중생이 삼악도에 떨어진 이유는 전생에 십선을 닦지 못하고 오로지 십악의 일을 행하여 금생에 악보를 받아야 하기 때문이다. '축생'은 전생에 불법을 믿지 않았고, '아귀'는 전생에 탐욕이 끝이 없었으며, '지옥'의 중생은 전생에 죄악이 극악무도하였다. 삼도 중생의 금생 악보에는 불법을 듣지 못해 수행하기 어렵다는 점이 포함된다. 또한 축생도는 남에게 자유를 빼앗기고, 유린당하며, 약육강식하고, 아귀도는 배불리 먹지 못하고, 배고픔과 갈증을 참기 어려우며, 지옥도는 칼산을 오르고, 불바다에 뛰어들며, 온갖 가혹한 형벌을 받는 것 등과 같이 각각 그에 상응하는 고난이 있다.

삼악도의 고난은 응보를 다 받은 다음이 아니고서는 끝이 없다. 그리고 삼악도에서 직접 육도윤회를 벗어나는 것은 거의 불가능하다. 삼악도 중생이 윤회를 벗어나기 위한 유일한 방법은 바로 생을 마친 다음 삼선도에 나는 것이다.

그러나 삼악도 중생의 몇몇 과보는 예를 들어 불문에서 법을 호위하는

# 모든 고난은 결국 끝나게 된다

불교의 육도윤회에 대한 묘사가 비록 허구적인 신화세계에 가까워 보이지만, 그 안에서 우리는 탐욕, 전쟁, 노역, 고난, 발버둥, 그리고 희망을 보게 된다. 이것이 바로 우리가 생존하는 세계가 아닌가. 우리가 매일 보고 느끼는 것이 바로 이 모든 고통과 무상함이 아닌가.

부처님께서는 모든 중생에 대한 기대를 포기한 적이 전혀 없으시다. 개미 한 마리의 생명조차도 매우 소중히 여기시며, 사람은 일생동안 비록 많은 시련과 좌절을 겪어야 하지만, 희망은 항상 다음 길목에 있으므로 결코 포기하지 않으신다.

**고난도 출구를 찾을 수 있다**
윤회하는 중생은 고난 속에 잠겨 있다. 그러나 모든 도(道)마다 윤회하는 가운데 모든 것을 구제하는 부처님을 상징하는 것이 있으며, 그것은 벗어나고자 하는 마음[出離心]을 내길 원해야 모든 고난도 출구를 찾을 수 있음을 암시하고 있다.

**지옥에서의 희망**
설령 몸은 지옥에 있어도 고통을 벗어나는 빛을 볼 수 있기 때문에, 훨씬 큰 죄악도 구원받을 수 있고, 훨씬 깊은 고난도 없애 버릴 수 있으며, 고개를 들어 희망을 볼 수 있다.

용이나 가루라(迦樓羅), 마라가(摩羅伽)와 같이 비교적 좋은 것도 있다. 그들은 축생의 신분이지만 불법을 보호하고 지켜 스스로 매우 큰 공덕을 쌓게 되고, 동시에 항상 부처님이 설법하시는 것을 들을 기회가 있어 윤회를 조기에 벗어날 가능성이 크게 높아진다. 이것은 삼악도 중생이 얻기 어려운 복보이다.

## 삼악도를 경계 삼아 언행을 신중히 하다

불교에서 삼악도에 대한 묘사는 극도에 달하는 고통으로 가득 차 있다. 축생도의 중생은 어리석고 무명하여 남에게 자유를 빼앗기고 유린당하며, 자신의 운명을 전혀 주재할 수 없다. 아귀도의 중생은 영원히 끝나지 않는 굶주림의 고통 속에서 바득바득 기를 쓰며, 지옥도의 중생은 팔대지옥의 무궁한 고통을 훨씬 더 잔뜩 받는다. 이렇게 고통스런 광경은 현실 속의 사람들은 상상할 수 없는 것이다. 그래서 이것은 일종의 공포스러운 경계가 되었고, 사람들에게 모든 악을 행하지 말아야 하며, 그렇지 않으면 결말이 매우 비참해질 수 있다는 것을 훈계하게 되었다. 대부분의 사람은 인과가 삼세를 순환하는 것은 헛되지 않으며, 선에는 선보가, 악에는 악보가 있고, 선량한 사람과 흉악한 사람은 그들의 경우와 그들의 결말이 뚜렷이 상반된다는 것을 믿는다. 육도윤회사상은 바로 이러한 관념을 딱 알맞게 설명하였다. 삼악도에 사는 중생의 전생에서 우리는 그들이 고통스럽고 깊은 함정에 떨어진 원인의 소재를 찾을 수 있었다. 이로써 우리는 설사 우리가 미래의 운명을 미리 알 수 없고, 심지어 바로 다음 순간에 무슨 일이 발생할지조차 모르더라도 항상 경외심을 가져 모든 일에 가볍게 생각해서는 안 될 것이다. 언제나 지혜로운 마음으로 자신을 반성하고, 자비로운 마음으로 사랑과 관심을 베풀어야 한다. 그래야 악업의 인이 만들어지지 않으며, 고통스런 과보도 받지 않는다.

# 어리석고 무명에 덮인 축생

고된 노역을 당하거나, 잡아먹히거나, 사람에게 살해당하는 것은 전생의 어리석음과 탐욕으로 인해 하품(下品)의 오역십악(五逆十惡)을 지었기 때문으로 이 축생의 몸을 받은 것이다.

축생은 각종 동물이기 때문에, 축생도는 〈육도윤회도〉 가운데 가장 쉽게 알아볼 수 있다. 불교에서의 축생은 우리가 평소 말하는 가축과는 다르다. 후자는 특별히 사람이 기르는 동물들을 가리키나, 축생에는 날짐승, 길짐승, 벌레, 물고기 등 모든 동물이 포함된다. 축생은 사람처럼 서서 길을 걷지 못하기 때문에 축생을 또 '방생(傍生)'이라 하여 축생도를 '방생도(傍生道)'라고도 한다.

## 축생의 분류

인간은 보통 천, 아수라, 아귀와 지옥 중생을 보지 못하지만 축생은 우리가 매일 볼 수 있는 것이기 때문에 축생도는 육도 가운데 인간이 가장 잘 아는 도이다. 그러나 우리가 볼 수 있는 축생은 아주 일부분일 뿐이다. 『정법염처경(正法念處經)』 권18에서 축생은 모두 34억 종이 있다고 보았는데 이것은 상당히 거대한 숫자이며, 이 숫자에서도 사람으로 날 수 있는 것이 얼마나 어려운지를 알 수 있다.

『대지도론』과 『구사론』 등의 경론에서는 축생을 자세히 분류해 생존하는 환경에 따라 공중에서 날아다니는 것, 육지에서 다니는 것, 수중에서 사는 것의 세 종류로 구분하였다. 또한 활동 시간에 따라 축생을 주행성, 야행성, 주야행성의 세 종류로 구분하였다. 그리고 출생 방식에 따라 소와 말 등과 같

343

은 태생(胎生), 거위와 새, 공작 등과 같은 난생(卵生), 개구리와 벌레, 나방 등과 같은 습생(濕生), 용(龍) 등과 같은 화생(化生)으로 구분하였다. 그 가운데 화생이 가장 좋은 것이다.

## 축생도의 업인과 업보

축생도의 유정은 갠지스강의 모래 수만큼 많다고 할 만하지만 축생으로 태어나는 원인은 매우 단순하다. 십선을 닦지 않는 것이 원인 가운데 하나이다. 『석씨요람(釋氏要覽)』에서는 축생으로 태어나는 또 다른 다섯 가지 업, 즉 도둑질하는 것, 빚을 지고 갚지 않는 것, 살생하는 것, 불법을 좋아하지 않는 것, 다른 사람이 거행하는 재회(齋會)를 방해하는 것을 나열해 놓았다. 천태 지자(天台智者) 대사는 『마하지관(摩訶止觀)』에서 "양심에 부끄러움이 없는 사람"은 축생도에 태어날 수 있다고 보았다.

축생의 가장 큰 특징은 어리석고 무명에 덮인 점이다. 설령 불법을 들어도 이해하지 못하며, 이로써 육도윤회를 벗어나는 것이 매우 어렵다. 축생은 또 반드시 약육강식의 고통에 직면해야 하며, 살기 위해 아침부터 밤까지 편안하지 못하다. 가축과 가금(家禽) 등은 사람에게 혹사당하는 고통을 받는 것을 피할 수 없으며, 또한 사람에게 도살되어 먹힐 수 있다. 축생의 수명은 각기 다르며, 차이도 매우 크다. 하루살이의 수명은 하루뿐이며, 수명이 가장 짧은 경우 눈 깜짝할 틈 사이를 살 수 있을 뿐이지만 용왕은 한 중겁(中劫)을 살 수 있다.

십선을 수행한 사람은 방생(放生) 활동에 자주 참가한다. 방생은 시장에서 곧 죽게 될 어류나 조류 등을 사서 하천과 호수, 산림에 다시 풀어 주는 것이다. 방생하기 전 보통 방생될 축생들을 위해 삼귀의(三歸依)를 진행한다. 이러한 축생의 복보는 비교적 크다.

# 용과 금시조

축생류는 그 몸이 사대로 조악하게 이루어진 것이 대부분으로 사람과 동일한 물질적 차원이다. 축생은 사람의 눈으로 볼 수 있는 유일한 생명체이다. 『신바사론(新婆沙論)』에는 최초의 축생류가 모두 바닷속에 있었으며, 나중에 각지로 흩어져 살게 되었다고 언급되어 있다.

**사람의 눈에 보이지 않는 두 종류의 축생**

첫째는 극도로 작은 축생류로 이것은 보통 '미충(微蟲)'이라고 불린다. 매우 널리 분포되어 있고, 사람의 몸속에 팔만사천 가지의 벌레가 있다. 미생물과 세균이 이에 해당된다.

둘째는 천도, 귀신[鬼], 지옥도 등에서 뒤섞여 사는 축생류로 그 몸은 미세한 사대로 이루어져 사람의 눈에 보이지 않는다. 용(龍)과 금시조(金翅鳥) 같은 것이다.

**용**

용은 비늘이 있고 기어 다니는 동물의 총칭이다. 가장 유명한 것은 '천룡팔부(天龍八部)'에 들어 있는 용이며, 출생에는 태생, 난생, 습생, 화생의 네 종류가 있고, 천룡(天龍), 해룡(海龍), 지룡(地龍)의 세 종류로 구분된다.

| | | |
|---|---|---|
| 천룡은 하늘 위에 있고, 모든 하늘[天]을 타고 앉아 수호한다. | 지룡은 땅 밑에 있으며, 수장된 것(지하에 수장된 보물)을 지킨다. | 해룡은 바닷속에 있으며, 사대용왕(四大龍王)이 그들을 다스린다. |

| | |
|---|---|
| **장점** | 구름을 일으켜 비를 뿌리며 변화무쌍함 |
| **단점** | 화를 내고 잠이 많으며 성미가 드셈 |

**다섯 가지 시간에 몸을 감추고 변하지 못함**

**네 가지 독(모두 사람에게 해독을 끼칠 수 있다)**

태어날 때, 죽을 때, 교접할 때, 성낼 때, 잠잘 때

소리를 들음, 모습을 나타냄, 탄식함, 몸에 닿음

**금시조**

**네 가지 고통**

금시조에게는 먹는 고통, 욕망을 행할 때 본래의 몸이 드러나는 고통, 비늘 모양의 딱딱한 껍데기가 있는 작은 벌레가 기어 다니는 고통, 뜨거운 모래에 몸이 타는 고통이 있다.

용의 천적으로 범어로는 '가루라(迦樓羅)'이고, 엄청나게 큰 일종의 신조(神鳥)이다. 또한 태생, 난생, 습생, 화생의 네 가지 방법으로 탄생하며, 여의보주로 된 영락(瓔珞)이 있고, 변화무쌍하며, 처리하지 못하는 일이 없다. 이 새는 용을 먹이로 삼는데 금시조왕은 하루에 용왕 한 마리와 오백 마리의 작은 용을 먹는다. 죽을 때는 십보산(十寶山)을 모두 타오르게 할 수 있다. 금시조의 심장은 불괴(不壞)이며, 죽은 후에 심해로 떨어져 난타용왕(難陀龍王)이 그를 취해 진궁(鎭宮)의 보물로 간직하는데, 그것을 '여의주(如意珠)'라고 칭한다.

**용과 금시조**

굶주리는 중생
# 탐욕은 아귀로 변한다

아귀에게 최대의 고통은 항상 굶주리는 데 있으며, 어떤 아귀는 설사 음식물을 얻더라도 먹을 수가 없다.

아귀도의 중생들은 모두 귀신이다. 그들은 항상 굶주림과 갈증에 시달리기 때문에 '아귀'라고 부른다. 하지만 아귀가 모두 굶주림과 갈증 상태에 있는 것은 아니다. '야차(夜叉)'와 '나찰(羅刹)' 등과 같이 복보가 비교적 큰 귀신들은 항상 배불리 먹을 수 있다. 또 복보가 훨씬 더 큰 귀신들은 산림과 작은 암자 등에서 작은 신이 되어 공양을 받을 수 있다. 그러나 거의 대부분의 귀신들은 굶주리며 정처 없이 떠돌 수 있을 뿐이다. 때문에 보편적인 상황에서 가리키는 이 '아귀'라는 이름의 모든 귀신들이 모두 이와 같다는 것은 결코 아니다.

### 아귀의 인연과보

아귀로 태어난 업인은 통인(通因)과 별인(別因)으로 나누어진다. '통인'은 하품십악을 행하고, 명리심(名利心)이 심한 것 등으로 모든 아귀가 전생에 모두 이러한 악업이 있다. '별인'은 사람에 따라 다른 업인으로 예컨대 두통이 멈추지 않는 아귀는 전생에 다른 사람의 머리를 때렸기 때문에 야기된 것이다.

아귀도 빈부격차가 있다. 재산이 많은 아귀는 공양을 받고, 인간이 버린 음식을 먹을 수 있지만, 재산이 적은 아귀는 공양을 하는 사람이 없고, 음식을 줍지도 못하며, 피와 고름 등만 먹을 수 있다. 재산이 없는 아귀는 어떤 것도 먹지 못하고, 설사 음식을 얻더라도 먹으려고 할 때 음식이 불꽃으로 변해

# 야차(夜叉)와 나찰(羅刹)

## 아귀의 3종 9류

아귀는 또한 제취(諸趣)에 널리 퍼져 있으며, 복덕이 있는 것은 여러 곳에서 신(神)이 된다. 복덕이 없는 것은 깨끗하지 않은 곳에 살면서 항상 굶주림에 시달리며, 헤아릴 수 없는 고통을 받고, 아첨하고, 속일 생각을 한다. 하품의 오역십악을 지어 이 도에 태어남을 받고, 그 나이는 인간의 한 달이 하루가 되며, 오백 세가 되도록 산다. 수명이 일정하지 않아 극도로 긴 것은 칠만 세라고도 하며, 그 종류 또한 매우 다양하다.

 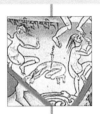 

**재산이 없는 아귀**
(음식을 얻지 못함) 세 가지

**불 뿜는 입(炬口)** : 입속에서 항상
맹렬한 불꽃을 내뿜는다.
**바늘 같은 입(針咽)** : 머리와 배는
산 같은데 목구멍은 바늘 같다.
**악취 나는 입(臭口)** : 입에서
시체 썩는 냄새가 난다.

**재산이 적은 아귀**
(음식을 조금 얻음) 세 가지

**바늘 같은 털(針毛)** : 몸에 바늘 같은 털이
나서 스스로 몸을 찔러 피가 나면 먹는다.
**악취 나는 털(臭毛)** : 몸에 썩은 냄새가
나는 더러운 털이 난다.
**커다란 혹(大癭)** : 목에 혹이 있어
손으로 고름을 짜 스스로 먹는다.

**재산이 많은 아귀**
(음식을 많이 얻음) 세 가지

**버린 것을 얻음(得棄)** : 항상
버린 음식을 얻는다.
**잃어버린 것을 얻음(得失)** : 항상
분실한 음식을 얻는다.
**세력(勢力)** : 야차, 나찰,
비사사(毗舍闍).

야차
범어
Yakṣa의
음역

야차와
나찰

**야차귀(夜叉鬼)**

아귀도의 요괴와 같은 생물로
온몸이 다 까맣고, 머리는
낙타 등의 혹 모양 같으며,
머리털이 없고, 손에는
쇠갈퀴를 들고 있다. 얼굴은
험상궂어 무섭고, 생김새는
사람을 두렵게 한다.

야차는 또한
악차(藥叉)라고도 하며,
용감하고 씩씩하며 포악한
귀인(貴人)을 번역한 것이다.
세 종류가 있는데 첫째는
땅에 있고, 둘째는 허공에
있으며, 셋째는 하늘에 있다.

**나찰**

아귀도 가운데 나찰은
항상 손에 날카로운 무기를
들고 아귀들을 구타한다.
이 때문에 그 형상도
지옥의 옥졸이 되었다.

나찰
범어
Rākṣasī의
음역

남자 나찰은 검은 몸에
붉은 머리털과 녹색 눈을
갖고 있으며, 여자 나찰은
절세미인처럼 사람을
매료시키는 힘이
풍부하여 오로지 사람의
혈육을 먹는다.

전혀 먹을 수가 없다.

아귀의 업장은 외장(外障)과 내장(內障) 그리고 무장(無障)의 세 가지 방면에서 나온다. '외장'은 외부의 음식물을 먹을 수 없는 것이고, 아귀가 보는 물과 연못은 모두 피고름으로 변한다. '내장'은 그 자신에게 장애가 있는 것으로 어떤 아귀는 목구멍이 바늘처럼 가늘어서 설령 음식물이 있어도 삼키지 못한다. '무장'은 아귀가 먹으려고 하는 음식물이 불덩이로 변해 먹을 수가 없는 것이다.

남섬부주의 지하 500유순(由旬) 되는 곳에 염마왕(閻魔王)이 통치하는 염마왕계(閻魔王界)가 있다. 이곳이 아귀가 본래 사는 곳이지만 아귀는 산속 무덤 사이, 산의 동굴 등에서도 자주 출몰한다. 남섬부주의 서쪽 바다에 500개의 작은 섬이 있는데, 그 가운데 두 개의 작은 섬에 머물고 있는 것이 바로 아귀이다.

아귀에게 음식물이 아예 없는 것이 아니기 때문에 다음과 같이 두 종류로 나눌 수 있다. 악보가 무거운 것은 항상 굶주림과 갈증의 고통을 받아야 해서 아귀라고 일컬어지고, 악보가 가벼운 것은 음식을 조금 얻을 수 있어서 폐귀(弊鬼)라고 불린다.

아귀의 출생 방식은 화생이나 태생이며, 그 수명은 가장 길게는 84,000세에 달할 수 있다. 더욱이 인간의 5,000세가 아귀 세계에서는 하루이다. 아귀의 몸 형태는 크기가 다르다. 가장 작은 것은 신장이 겨우 3촌(寸)이고, 가장 큰 것은 1유순에 달한다. 만약 신장이 1유순이고, 배는 큰데 목구멍이 바늘처럼 가늘면 이러한 아귀는 밥을 배불리 먹고 싶어도 쉽지 않을 것이다.

**죄악은 출구가 없다**

# 지옥문의 앞

죄악은 반드시 심판을 받아야 하고, 지옥은 죄업의 최종적인 결과이다. 그러므로 우리는 나쁜 일을 하면 살아 있을 때는 마음의 시련을 참고 견뎌야 하며, 죽어서는 지옥에 가서 계속 고통을 받아야 함을 각성해야 한다.

---

지옥은 근본지옥(根本地獄)과 근변지옥(近邊地獄) 그리고 고독지옥(孤獨地獄)으로 나뉜다. '근본지옥'은 또 팔열지옥(八熱地獄)과 팔한지옥(八寒地獄)으로 나뉘는데 팔열지옥은 또한 팔대지옥이라고 일컬어진다. '근변지옥'은 유증지옥(遊增地獄)이라고도 불린다. 모든 지옥마다 또 많은 작은 지옥으로 나뉘어 모두 136개의 작은 지옥이 있고, 이 작은 지옥은 다시 세분된다.

## 끔찍한 지옥

지옥은 보는 사람마다 두려워하는 장소이다. 대다수 사람들이 알고 있는 것처럼 지옥은 하나의 형장(刑場)이며, 지옥에서는 각종 가혹한 형벌을 볼 수 있는데 우리가 상상하는 칼산, 불바다, 기름 솥 등은 모두 지옥에서 매우 흔한 형벌이다. 지옥에서 가장 무서운 곳은 무간지옥(無間地獄)이다. 무간지옥은 아비지옥(阿鼻地獄)이라고도 하며 팔대지옥 가운데 최하층의 하나이다. 무간지옥에 들어간 사람은 쉴 틈 없이 1겁의 가혹한 형벌을 받아야 하며, 삼계 가운데 이보다 더 무서운 곳은 없다. 지옥에서 유정에게 벌 주는 방법은 가혹한 형벌을 주는 데 한하지 않는다. 예컨대 고독지옥에서는 중생이 하루 종일 육체적 고통을 당하며 시달릴 필요는 없지만, 지극히 길고 지루한 고독을 참고 견뎌야 한다. 지옥이 바로 이처럼 끔찍하기 때문에 이것이 인간계의 중생에게 극도로 강한 위력을 갖는 것이다. 사람들은 모두 자신이 장래에 지

# 팔대열지옥(八大熱地獄)

## 여덟 개의 대열지옥에서 받는 고통

### ① 등활지옥(等活地獄)
특징 : 여기에서 죄인은 서로 잔인하게 죽이고,
냉풍이 불어오면 죽었다가 다시 살아나서
계속 죄를 받고 산다.
업인 : 살생죄를 범하고, 정견(正見)을 훼손하고,
정법(正法)을 비방한 자는 이 지옥에 떨어져 태어난다.

### ② 흑승지옥(黑繩地獄)
특징 : 쇠로된 검은 줄로 죄인을 비틀어 묶고,
목을 베거나 톱질을 한다.
업인 : 살생하고 도둑질한 죄를 지은 자는
이 지옥에 떨어져 태어난다.

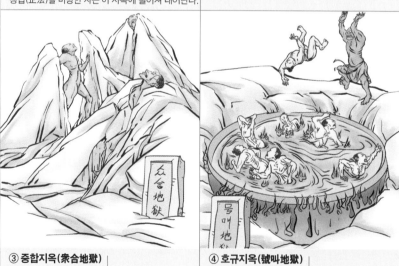

### ③ 중합지옥(衆合地獄)
특징 : 뭇 짐승과 뭇 형구로 죄인에게 다 같이
시행한다.
업인 : 살생한 죄, 도둑질한 죄, 간음한 죄를
범한 자는 이 지옥에 떨어져 태어난다.

### ④ 호규지옥(號叫地獄)
특징 : 죄인이 여기에서 받는 고초는 비할 데가
없으며, 처절하고 슬피 목 놓아 운다.
업인 : 죽이고, 훔치고, 간음하고,
음주를 범한 자는 이 지옥에 떨어져 태어난다.

#### ⑤ 대호규지옥(大號叫地獄)

특징 : 앞의 호규지옥보다 훨씬 더 심한
고초를 받아 큰 소리로 울부짖는다.
업인 : 오계(五戒)를 범한 자는 이 지옥에
떨어져 태어난다.

#### ⑥ 소자지옥(燒炙地獄)

특징 : 구리 솥과 숯 구덩이에 넣고 죄인을
삶고 굽는다.
업인 : 오계와 삿된 견해를 범한 자는 이 지옥에
떨어져 태어난다.

#### ⑦ 극소열지옥(極燒熱地獄)

특징 : 죄인이 삶아지고 구워지는 것이 앞의
소자지옥보다 훨씬 심하다.
업인 : 죽이고, 훔치고, 간음하고, 망언을 하고,
음주를 하고, 삿된 견해를 행하고, 깨끗한 계율과
승려를 더럽힌 자는 이 지옥에 떨어져 태어난다.

#### ⑧ 무간지옥(無間地獄;阿鼻地獄)

특징 : 죄인이 받는 고통은 쉴 틈이 없다.
업인 : 오역죄를 범한 자는
이 지옥에 떨어져 태어난다.

옥에 떨어질까 두려워하지만, 지옥에 떨어지지 않게 중생을 구제할 수 있는 것은 오직 중생 자신뿐이다. 오계십선(五戒十善)을 부지런히 닦아 굳게 지키며 악업을 짓지 않으면 영원히 지옥에 가지 않을 수 있다.

## 지옥에 떨어진 중생의 업인

지옥에 떨어진 중생은 전생에 반드시 끝이 없는 죄악을 지었으며, 무간지옥에 떨어진 사람은 더욱더 오역(五逆)의 중죄를 지었다. 오역죄(五逆罪)는 소승 오역과 대승 오역으로 나뉜다. 소승 오역은 아버지를 죽이는 것, 어머니를 죽이는 것, 아라한을 죽이는 것, 부처님 몸에 피를 내는 것, 승려의 화합을 깨는 것 등의 다섯 가지 죄이다. 『대승의장(大乘義章)』에서는 이 다섯 가지 죄는 순서에 따라 차례대로 무거워진다고 보았다. 대승 오역은 불탑과 불사(佛寺)를 부수는 것, 불경과 불상을 불태우는 것, 성문(聲聞)과 연각(緣覺) 및 대승 불법을 비방하는 것, 승려의 수행을 방해하거나 승려를 살해하는 것, 인과응보에 반대하여 남에게 악행을 저지르게 사주하는 것이며 소승의 오역죄 가운데 어떤 하나를 범하는 것도 대승 오역의 하나이다.

일천제인(一闡提人)●이라고 불리는 이는 선근(善根)이 완전히 끊어진 사람으로 무간지옥에 떨어지기를 기다리는 것이 그의 운명이다. 불교에서 한 유명한 일천제인이 있는데 그가 바로 제바달다(提婆達多)이다. 제바달다는 석존의 숙부 곡반왕(斛飯王)의 아들이며, 아난의 형제이다. 제바달다가 어렸을 때 석존과 함께 기예를 배웠고, 석존이 도를 이룬 다음 제바달다도 그를 따라 출가하였으나 계속 성과(聖果)를 깨달아 얻지 못했기 때문에 점점 나쁜 생각이 생겼다. 결국 제바달다는 오역의 중죄를 짓고 무간지옥에 떨어졌다.

## 지옥에 떨어진 중생의 출리(出離)

지옥에 떨어진 중생에게 이미 이와 같은 악보가 있다면 그들은 지옥을 벗어날 수 있을까? 불교에서는 모든 육도 중생이 다 멈추지 않는 윤회 속에 있고,

● [편집자주] 오역죄인(五逆罪人)을 일컫는 말.

그것은 지옥에 있는 중생도 예외가 아니어서 그들은 한평생의 악보를 다 받은 후에 지옥을 벗어나 새로운 윤회로 들어갈 수 있다고 본다. 만약 지옥을 벗어난 중생이 부지런히 선을 닦으면 결국 육도윤회를 벗어날 기회가 여전히 있으며, 만약 계속해서 악을 행한다면 지옥으로 다시 돌아가는 것이 가장 직접적인 결말이다. 사실상 중생은 거의 모두 지옥에 떨어진 경력이 있는데 거기에서 나온 뒤에 기억을 모두 잊었을 뿐이다.

무간지옥에 떨어진 중생의 수명은 가장 길게는 1겁 년의 오랜 시간에 달한다. 비록 무간지옥의 유정이 하늘에 닿을 죄악을 범했다 하더라도 지옥에서 영원히 고통을 받아야 하는 것은 아니다. 중생은 모두 불성이 있고, 성불하는 것이 중생의 최종적인 귀착점이기 때문이다.『법화경』에 석존이 극악무도한 죄를 지은 제바달다에게 수기(授記)하고, 그가 헤아릴 수 없는 겁 년이 지난 다음 성불할 것이라고 예언하며 불호(佛號)를 '천왕불(天王佛)'이라고 한 대목이 나온다. 천왕불의 세계를 천도(天道)라고 일컬으며, 천왕불이 세상에 계신 시간은 20중겁(中劫) 년이고, 그 20중겁 년 동안 정법(正法)을 행하며 세상에 머무른다고 설한다.

지옥의 고통을 겪은 중생은 이전에 지은 악업이 많이 씻겨 나가고, 복보가 조금 큰 다른 다섯 도에 들어가 다른 중생과 마찬가지로 새로운 '윤회의 생애'를 시작할 수 있다.

## 두 가지 지옥의 비교

불교가 말하는 지옥과 기독교가 말하는 지옥은 우선 자체의 상황이 다르다. 불교의 지옥에서는 각양각색의 가혹한 형벌을 악인에게 가해 그 보를 받게 하며, 지옥은 엄청 뜨거울 수도, 무척 추울 수도 있으나 기독교의 경우 오직 불만 있다. 불교의 지옥은 명확한 분류와 위치가 있으나, 기독교의 지옥은 분류가 없고 구체적인 위치도 없다.

다음으로 죄인이 지옥에 떨어지는 원인이 다르다. 불교는 인과를 믿어, 불교를 믿지 않더라도 누군가 한 마음으로 선을 행하고 악을 행하지 않는다면 지옥에 떨어지지 않는다. 또 불교에서 지옥은 결코 부처님의 '통치' 아래 있지 않아 부처님이 누군가를 지옥에 떨어뜨릴 수 없고, 또 지옥의 누군가를 구출해 낼 수도 없다. 하지만 기독교에서는 지옥이 하느님의 직접적인 관리 아래 있어 누군가 지옥에 갈지 안 갈지는 하느님이나 예수님에 대한 그의 신앙 정도에 따라 결정되며, 하느님은 신을 반대하는 자를 지옥에 보낼 수 있다고 본다.

마지막으로 지옥에 있는 중생의 미래 귀착점이 다르다. 불교의 지옥에 있는 중생은 언젠가는 지옥을 떠나 새로운 생활을 다시 새롭게 시작할 수 있으나, 기독교의 지옥에 있는 영혼은 영원히 지옥에 머물며 인간계로 두 번 다시 돌아오지 못한다. 천주교의 연옥(煉獄)은 사실 천당에 더 가깝고 지옥은 아니다.

이렇게 두 가지 지옥은 매우 크게 다르지만 그것들은 각각의 종교 체계에서 그 자체의 논리가 있기 때문에 높고 낮음의 구분이 없다.

# 육도 속의 화신불

부처님께서는 본래 이미 육도윤회를 벗어났는데 어째서 또 육도 가운데로 돌아오셨을까?
그것은 고난 받는 중생을 구제하기 위해서이다.

〈육도윤회도〉에서 우리는 육도의 모든 도마다 모두 부처님이 계신 것을 볼 수 있다. 이것이 바로 육도 가운데 있는 화신불(化身佛)이다. 즉 부처님께서는 하나의 도마다 거기에 맞춰 변신하신다. 이러한 부처님이 의미하고 있는 것은 모든 도의 중생은 그들의 불성이 여전히 사라지지 않아서 자신이 원하면 모두 불법 지혜의 도움을 빌어 마음을 바꾸고 운명을 고치는 것을 실현해 육도윤회를 초월할 수 있다는 점이다.

## 육도 속의 화신불

**부처님은 법신(法身)과 보신(報身) 그리고 화신(化身)의 세 가지 몸이 있으시다.** '법신불'은 불법의 진리가 응집해서 이루어진 불신(佛身)이며, '보신불'은 모든 망상을 철저히 끊어 없애고 원만한 지혜를 깨달아 얻은 불신이다. '화신불'은 '응신불(應身佛)'이라고도 하며, 부처님이 중생을 제도하기 위하여 임의로 모습을 나타내는 여러 화신이다.

육도 중생은 고통을 받는 정도가 서로 각기 다를 뿐만 아니라 미혹됨과 깨달음의 정도도 각기 다르다. 설령 같은 인도(人道)의 유정일지라도, 상등(上等)의 근기(根機)를 갖고 있는 사람은 심오한 불교의 이치를 이해할 수 있으나, 하등(下等) 근기를 갖고 있는 사람은 평이한 상식만 알 수 있다. 석가모니불이 처음 도를 이루었을 때 제자들에게 심오한 불법인 『화엄경』을 설교하셨으나 결국 몇몇 대보살들만 알아듣고, 소승제자들은 그 속에 담긴 깊은 의미를 전혀 이해하지 못하였다. 때문에 세존은 또 12년의 시간을 들여 소승제자들에게 비교적 평이한 아함경을 설법하셨다.

나머지 오도(五道)에 관하여 말하면 중생의 지혜는 그 높고 낮음이 더욱 다르다. 모든 중생이 다 불교의 이치를 이해하여 하루 빨리 윤회를 벗어날 수 있게 하기 위해 부처님께서는 방편법(方便法) 하나를 채택하셨는데 그것은 바로 서로 다른 중생에 맞추어 다른 화신으로 나타나는 것이었다. 석가모니불은 우리의 이 세상에 계신 부처님의 화신이며, 나머지 오도에서도 그에 상응하는 화신불이 있다.

## 부처님은 신이 아닌 지도자이다

중생이 윤회를 벗어날 수 있는지의 여부는 완전히 자신의 업에 달려 있다. 업장을 제거하지 못하면 부처님조차도 중생을 육도에서 벗어나게 할 수 없다. 많은 사람들이 부처님에 대하여 오해하는 점은 바로 부처님은 '법력(法力)이 끝이 없는' 신이어서, 부처님이 원하면 언제나 사람이 육도윤회를 초월하게끔 할 수 있다고 생각하는 것이다. 사실 이러한 관점은 완전히 잘못된 것이다. 왜냐하면 부처님은 결코 전지전능한 신이 아니고, 부처님도 인과의 제약을 받아야 하기 때문이다. 부처님은 열 가지 호칭이 있는데 그 가운데 하나가 '세간해(世間解)'이다. 그 뜻은 부처님은 이 세상의 본래 모습을 분명히 아신다는 것이다. 그리고 '천인사(天人師)'라는 이름이 있는데 그것은 부처님이 세상 중생의 지도자이심을 의미한다.

**부처님께서 직접 가 사람을 구제할 수는 없다. 다만 중생에게 명확한 길을 가리켜 주고, 세상의 참모습[眞相]을 알려 주며, 수행하는 것을 지도해 줄 수 있을 뿐이다.** 우리가 평소 말하는 불보살이 어떤 사람을 '제도'하였다는 것도 단지 다양한 방편법문(方便法門)이다. 부처님께서 그에게 정확한 길을 가리켜 주었다는 것뿐이며, 말씀하신 길을 따라 갈지 안 갈지, 정말 육도를 벗어날 수 있는지 아닌지에 대해서는 그 자신에게 달려 있는 것이다.

# 벗어나도록 인도하는 지도자

## 삼선도의 지도자 - 삼선도불(三善道佛)

### 천도불(天道佛)

**향락의 도 - 천도**

이 도의 중생은 육도의 첫 번째에 살며, 신묘하게 쓰고 자재(自在)하기 때문에 '천(天)'이라고 칭하였다. 천도의 중생은 비록 수없는 보석과 한없는 빛을 보유한 궁전에서 살지만, 그들은 여전히 업력이 다 소진될 위험에 직면해 있다. 천계(天界)는 질투를 잘하는 아수라와 끊임없이 싸움을 한다. 아수라가 누차 여의과수(如意果樹)를 베고서 이것으로 마음의 만족을 얻기 때문이다. 여의과수는 비록 질투심과 탐욕이 가득한 아수라계에서 자라지만, 그것은 천계에서 꽃이 피고 여의과(如意果)를 맺어 아수라계에서는 영원히 맛보지 못한다.

### 아수라도불(阿修羅道佛)

**살육의 도 - 아수라도**

아수라도는 '무단정도(無端正道)', '비천도(非天道)' 등으로 불린다. 이곳의 중생은 남성은 지극히 못생겼고, 여성은 무척 아름다우며, 각각의 신통력이 대단하여 천신에 필적할 수 있다. 드세고 싸우기를 좋아하여 하루 종일 때려죽이며 살아간다. 그들은 질투심이 강해 항상 남을 무시하기 때문에 언제나 천도와 전쟁을 벌이지만 또 늘 지기만 한다. 이 도에 난 사람은 전생에 분명 싸움을 좋아했던 무리이다.

### 인도불(人道佛)

**욕망의 도 - 인도**

'인취(人趣)'라고도 일컫는다. 불교에서 최초의 인류는 천도 가운데 광음천(光音天)에서 나왔다. 그들은 지구상에 있는 음식물을 탐내어 그것을 먹은 후에 몸이 무겁게 변했고, 결국 날아갈 수 없게 되어 이로써 지상에서 살게 되었다고 본다. 사람은 동승신주(東勝身洲), 서우화주(西牛貨洲), 남섬부주(南贍部洲), 북구로주(北俱盧洲)의 네 곳에 따로 나누어 거주한다. 이 네 곳은 각각 다음과 같은 특징이 있다. 서우하주는 소, 양, 주옥(珠玉)이 많고, 동승신주는 토지가 매우 광활하고 비옥하며, 북구로주의 사람은 서럽지만 슬피 울지 않고, 숭고한 정신생활이 결핍되어 단순히 육욕적인 향락만 있다. 마지막으로 남섬부주 사람의 가장 큰 특징은 무수한 욕망이 있어서 온갖 업행을 지을 수 있다는 점이다.

## 삼악도의 지도자 - 삼악도불(三惡道佛)

### 아귀도불(餓鬼道佛)

**굶주림과 갈증의 도 - 아귀도**

범어를 음역한 벽려다(薜荔多)는 또한 '귀도(鬼道)', '귀취(鬼趣)' 등으로도 칭한다. 이 도의 중생은 굶주림의 시련을 많이 받기 때문에 아귀도라고 하였다. 인계(人界)의 중생이 그들의 고급스런 천성, 즉 수행과 가르침을 주고받을 수 없을 때 탐욕은 그들을 아귀도에 떨어뜨린다. 이러한 악귀의 빵빵하게 부어오른 배와 가늘고 긴 목구멍은 그들이 얼마나 먹었든 간에 영원히 만족하지 못함을 보여준다.

### 축생도불(畜生道佛)

**어리석음의 도 - 축생도**

축생도에 사는 중생의 가장 큰 특징은 바로 어리석어서 어떠한 즐거움과 고통도 전혀 깨달을 수 없다는 것이다. 그들은 바쁘게 필사적으로 일을 하는 것이 아니라, 인계의 중생에게 혹사를 당한다. 예를 들면 사람들이 젖을 짜 가고, 그들로 하여금 코뚜레를 뚫리고, 노역에 부려지고, 도살되어 먹힌다.

### 지옥도불(地獄道佛)

**고난의 도 - 지옥도**

지옥도는 가장 고통스런 곳으로 악(惡)을 지은 중생의 결말이다. 지옥도는 다음과 같은 네 부분으로 세분할 수 있다. 팔열지옥은 도처에 화염이 가득하며, 최하층은 소문을 듣고는 사람의 간담이 서늘해지는 아비지옥이다. 팔한지옥은 엄청나게 추워서 이곳의 중생은 항상 추위 때문에 슬피 울부짖고, 몸도 얼어서 시퍼렇게 변한다. 유증지옥은 팔열지옥의 한 층마다 모두 열여섯 개의 소지옥(小地獄)이 부속되어 있고, 팔열지옥에서 나온 사람마다 모두 일일이 돌아다니며 고통을 받는 곳이다. 따라서 유증지옥이라고 칭한다. 고독지옥은 황량하고 외진 곳에서 한 사람이 홀로 견디기 어려운 쓸쓸한 생활을 하며 살아가는 것을 가리킨다.

피어나는 마음

# 열반묘경(涅槃妙境)

열반은 부처님과 제자가 함께 추구하는 최고의 경지이다. 열반을 증득한 유정은 다시는 새로운 악업을 짓지 않고, 세상의 온갖 번뇌가 두 번 다시 생기지 않아 영원히 윤회를 벗어날 수 있다.

육도 가운데 있는 중생은 모든 행위와 언어 그리고 생각이 업보를 초래할 수 있다. 만약 악업을 지으면 윤회를 계속하다가 악의 응보에 이르러서 비로소 소진된다. 그러나 윤회하는 과정에서 중생은 또 새로운 악업을 짓고 새로운 응보를 초래한다. 만약 정확한 수행법을 채택하지 않으면 이러한 순환은 종결되지 않으며 결국 육도에서 벗어나기 어렵다. 다행히 우리에게 정확한 방향을 가리켜 주는 불법이 있어, 부처님이 말씀하신 방법에 따라 각고의 노력으로 수행한다면 모두 끝내 육도를 초월하고 불생불멸의 열반의 경지로 들어갈 수 있다.

### 열반경계(涅槃境界)

'열반'은 범어 Nirvāṇa의 음역이고, 또 '니원(泥洹)'으로도 번역한다. '멸도(滅度)', '적멸(寂滅)'은 의역으로서 현장(玄奘) 대사는 이를 '원적(圓寂)'으로 의역하였다. 열반의 원뜻은 불이 꺼진 상태나 바람이 불어 흩어진 상태이며, 인간의 모든 사려(思慮)를 없애고 일종의 고요한 상태에 도달한 것을 상징한다. **열반은 불교의 모든 종파에서 추구하는 최고의 경지이며, 불교에서 행하는 모든 수행의 목적은 바로 중생이 모두 이 경계에 도달하도록 하기 위한 것이다.** 열반은 불교의 가장 기본적인 이론 가운데 하나로서 초기불교의 세 가지 기본 상징인 '삼법인' 가운데 바로 '열반적정'이라는 조항이 들어 있다. 삼법인은 '제

358

# 보리수 아래에서의 열반

'열반'은 불교 용어이다. 원래 정각(正覺)의 경계를 가리키며, 이 경계에서는 탐욕[貪], 성냄[瞋],
어리석음[癡]과 경험을 근거로 한 나[我] 또한 이미 다 사라지고, 고요함과 평온함 그리고 항상
존재함에 이르게 된다. 모든 중생이 만약 크게 깨달아 삼계의 번뇌를 끊어 버리면 열반하게 된다.
석가모니는 바로 열반의 경계를 깨달아 증득한 첫 번째 사람이며, 그는 평생 세상 사람들에게 끝없는
지혜보장(智慧寶藏)을 전해 주는 일을 실행하셨다.

**제자**
아난이 인도한 외도 제자 한 명이 마지막으로
부처님의 구제를 받고 있다. 『오등회원(五燈會元)』에
부처님이 임종하실 때 "만약 내가 적멸(寂滅)했다고
말하면 내 제자가 아니다. 만약 내가 적멸하지
않았다고 말해도 또한 내 제자가 아니다
[若謂吾滅, 非吾弟子. 若謂吾不滅, 亦非吾弟子]."
라고 하신 말씀이 실려 있다.

**불타(佛陀)**
그윽하게 어두운 원시(原始)의 총림(叢林)에
만년의 부처님이 옆으로 누워 계신데,
부처님의 몸은 일반 문도들에 비해 상당히
거대하며, 마치 온 하늘에 별들이 땅이 떨어지듯
꽃잎이 흩날리며 떨어지고 있다.

**열반**
원적에 들고 있는 부처님은 편안하고, 웅장하며, 광채가 난다.
그의 지혜는 억만 중생이 귀착지를 찾게 하여 정묘한 출세(出世)
철학은 신앙인의 숫자가 가장 많은 종교가 되게 하였으며, 아울러
제왕부터 거지까지, 남자부터 여자까지, 인간부터 모든 동식물의
생명에 이르기까지 그들의 번뇌를 위로하셨다.

대승불교는 열반을 일종의 객관적인 존재가 아니라, 불교도가 수행하여 도달하는
일종의 정신 상태라고 여긴다. 용수(龍樹)가 "열반은 세간과 조금도 차이가 없다. 세간도 역시
열반과 조금도 차이가 없다."고 말한 것처럼 현실 생활 속에 고통과 번뇌가 가득하다.
그러나 불교 수행을 굳게 지키면 마음에 한 조각 정토(淨土)를 얻을 수 있다.

행무상’, ‘제법무아’, ‘열반적정’이라는 이 세 가지 진리를 인정해야 비로소 진정한 불교임을 말하는 것이다.

열반의 의의는 “덕이 갖추어지지 않음이 없는 것을 원만함[圓]이라고 하고, 장애가 다하지 않음이 없는 것을 고요함[寂]이라고 한다.”●고 번역한 원적에서 훨씬 선명하게 알 수 있다. 즉 ‘원만함’은 곧 공덕이 원만함이고, ‘고요함’은 바로 업장이 소멸된 것이다. 열반에 들고 나면 사람은 어떠한 번뇌와 고통도 두 번 다시 없고, 악인도 다시 짓지 않아 영원히 육도윤회를 벗어날 수 있다. 열반은 죽음과는 다르다. 일반 사람들은 죽은 다음에 다시 태어나 새로운 일생을 처음부터 시작하는 동시에 새로운 생사의 순환을 계속해야 한다. 이러한 죽음은 윤회 가운데 한 단계에 불과할 뿐이다. 열반은 육도를 벗어나 생사를 떨쳐 버린 상태이며, 열반에 들어가고 나면 삼계 가운데 존재하지 않는 극락을 얻을 수 있게 되는데 그것은 세상의 쾌락과는 한참 비교가 안 된다.

부처님께서는 『열반경』에서 ‘열반의 네 가지 덕[涅槃四德]’을 제시하시고, 열반에서 상(常)·락(樂)·아(我)·정(淨)의 네 가지 경계가 있다고 여기셨다. 세상의 모든 법은 다 무상하나 열반에서는 변치 않고 항상 머무를 수 있으며, 세상의 모든 일을 받는 것은 다 고통이지만 열반의 경계에서는 고통이 두 번 다시 없고 진정한 쾌락으로 가득하다. 모든 법은 무아이니 중생은 열반에 들어서야 비로소 무엇이 참된 나[眞我]인지 알 수 있다. 세상의 모든 법은 더러운 것으로 가득 차 있으나 열반의 경계 속에는 진정으로 깨끗함이 있다.

## 열반에 관한 네 종류의 설법

열반에 관한 네 종류의 설법이 있다.

첫째는 자성열반(自性涅槃)이다. 우리의 불성은 본래 불생불멸한 것으로 몸이 태어나기 때문에 생기고, 몸이 죽기 때문에 사라지는 것이 아니다. 모든 중생의 자성은 법성이 그와 같은 것처럼 본래 생멸하지 않고 예부터 영원히

● “德無不備曰圓, 障無不盡曰寂.”

# 자신에 대한 구원

전설에 봉황은 열반하며, 불속에서 목욕하고 오백 년에 한 번 다시 태어난다고 한다. 봉황은 죽음이 임박하게 되면 오동나무 가지를 모아 분신(焚身)하고, 뜨겁게 타오르는 사나운 불길 속에서 새로 태어난다. 그러면 그 깃털은 더욱 풍성해지고, 그 울음소리는 더욱 맑아지며, 그 신묘함이 훨씬 빛난다. 특히 다시 태어난 뒤 그의 법력(法力)은 두 배로 늘어난다.

**불타오르는 희망**
봉황의 열반은 우리에게 고통을 두려워하지 않고, 의연히 뒤돌아보지 않으며, 끊임없이 추구하고, 자아를 향상하는 정신을 보여준다.

**죽음과 열반**
봉황이 불 속에서 다시 날개를 펼치고 하늘로 날아오를 때 그 찬란한 빛이 어찌 우리 두 눈에만 보이겠는가. 봉황의 열반은 잔혹한 아름다움이며, 희망찬 아름다움이다. 이것의 아름다움은 일종의 극치이며, 사람을 황홀하게 하는 경계이다.

**불 속에서 목욕하고 다시 태어나다**
다시 태어나는 것은 빈사(瀕死)의 경지에서 이루어진다. 다시 말해 맹렬한 불 속에서 단련과 고통을 통한 검증을 거쳐 다시 태어날 수 있으며, 그런 가운데 승화(昇華)하는 것이다.

사람이 마음을 바꿔 운명을 고치려고 하면 자아를 잘라 버리고, 공성(空性)을 깨달아야 자유롭게 소요하는 생활의 경계에 들어갈 수 있다. 봉황이 열반하는 것과 마찬가지로 자아를 버리는 고통을 참고 견뎌야 비로소 마음과 인생이 탈바꿈된다.

존재하여 '자성열반'이라고 한다.

둘째는 소승인(小乘人)이 증득한 유여열반(有餘涅槃)이다. 그들은 생사를 단계별로 나누는데(생사를 단계별로 나눈 것은 바로 육도윤회의 생사이며, 생사가 바뀌는 것은 바로 사상이 한번 생겼다가 한번 사라지는 것임), 법견(法見)을 아직 제거하지 못해 마무리 부분은 아직 해결하지 못하였다. 법성(法性)인 지·수·화·풍의 사대종성(四大種性)을 나[我]로 여겨 집착하고, 사상(思想)은 여전히 정화되지 않아 생사가 여전히 존재하고 있으므로 '유여열반'이라고 한다.

셋째는 부처님께서 증득한 성과(聖果)이며, '무여열반(無餘涅槃)'이라고 한다. 이미 인집(人執)과 아집을 없앴고, 법견과 아견을 제거하여 인공(人空)과 법공을 모두 실현해 털끝만큼도 얻는 바가 없다. 이러한 인·법을 모두 마쳤으니 두 종류의 죽음에 모두 가지런히 벗어났으며, 변역(變易)과 분단(分段)의 생사가 모두 끝나 바로 '무여열반'이라고 한다.

넷째는 무소주처열반(無所住處涅槃)이다. 무소주처(無所住處)는 곧 머무는 곳이 없는 것이다. 다시 말해 머물 곳이 없는 것이 아니라 곳곳에 머문다는 것이다. 그래서 석가모니불께서 떠나실 때 "나는 너희들을 떠나지 않고, 나는 항상 너희들 앞에 있으리니 눈이 밝은 사람은 나를 볼 수 있을 것이요, 눈이 혼탁한 사람은 보지 못할 것이다."라고 말씀하셨다. 우리는 여전히 번뇌와 집착이 있어서 눈이 밝지 못하다. 만약 번뇌와 집착이 모두 끝나 망념이 생기지 않으면 법안(法眼)이 깨끗해져서 곳곳에서 모두 부처님을 볼 수 있다. 그러므로 우리는 어떤 방향과 어떤 장소에 집착하지 않아야 비로소 커다란 지혜를 얻게 된다. 대지혜의 운용이 바로 육도만행(六度萬行)이다.

## 불에 목욕하고[浴火] 다시 태어나는 희열

불교가 추구하는 최고의 경지를 '열반'에 드는 것이라고 하며, 번역하면 '불생불멸'한다고 한다. '불생불멸'의 뜻은 우리가 이 한 마음, 지혜로운 마음, 해탈한 마음으로 이 세상을 마주하는 것이다. 불생불멸은 어떤 상태일까? 어떤 것이 더해져도 더해진 것을 느끼지 못하고, 어떤 것이 줄어들어도 줄어든 것을 따지지 않는 것이다. 이러한 모습[相]은 마음의 형상일 뿐 얻을 수 있는 실체가 없기 때문이다. 간단하게 말해서 열반은 '와도 옴이 없는 모습[來無來相]'이고, '가도 감이 없는 모습[去無去相]'이며, 늘어도 늘어난 것이 없는 모습이고, 줄어도 줄어든 것이 없는 모습이며, 어떤 옳고 그름도 없고, 맞고 틀림이라고 하는 것도 없어 대립에 떨어지지 않고 절대적인 지혜를 이루는 것이다. 열반의 마음은 삶 가운데 항상 매우 즐겁게 살 수 있게 하며, 그가 어디를 가든 그렇게 참고 견디며, 그렇게 평화롭고, 그렇게 편안하다. 그러나 열반을 근접할 수 없는 숭고한 경계로 여겨서 그것을 방치하고 외면해서는 안 된다. 사실 모든 일은 마음 하나에 달려 있다. 마음이 깨끗하면 모든 것이 다 안정되고 평온하다. 모두가 늘 말하는 것처럼 마음 상태가 좋으면 어떤 것이든 다 좋다. 불교의 이러한 이치는 모두 평범한 생활이며, 복잡하다고 말할 어떤 것도 없다.

부처님께서 머무시는 곳

# 윤회를 벗어난 정토

'정토'는 어떠한 번뇌도 없는 청정한 불국토이다. 이곳은 부처님이 수행하실 때 발원하시어 이루어졌으며, 아미타불의 서방 극락세계는 정토 가운데 사람들이 가장 동경하는 곳이다.

## 불교의 정토관

정토관은 대승불교의 중요한 사상이다. 정토(淨土)는 '예토(穢土; 더러운 땅)'와 상대적인 말이다. **우리가 사는 사바세계는 헤아릴 수 없는 번뇌로 가득 차 있고 수많은 더러운 것이 있으나, 정토세계에는 그 어떤 더러운 존재 없이 오염되지 않고 청정하다.** 소승불교는 우리가 사는 세계 이외에 다른 세계는 존재하지 않는다고 여기기 때문에 정토 관념이 없다. 대승불교에서는 모든 부처님마다 모두 자신의 정토가 있고, 시방법계에는 헤아릴 수 없는 여러 부처님이 계시며, 정토도 헤아릴 수 없다고 말한다.

정토는 스스로 존재하는 것이 아니라 모든 부처님이 보살의 신분이었을 때 발원하여 형성된 것이다. 서방 극락세계는 바로 아미타불이 소원을 내어 형성된 것이다. 『대지도론』 권7에서는 장엄한 불국토의 일은 대단히 큰 것이어서 공덕이 부족하면 반드시 대원력(大願力)이 있어야 한다고 한다. 이것은 소가 수레를 끄는 것과 마찬가지인데, 복덕은 소와 같지만 소가 움직이지 않으면 반드시 수레를 끄는 자로서 원력이 있어야 비로소 정상적으로 움직일 수 있다. 모든 부처님이 세우신 소원이 각기 다르기 때문에 각각의 정토는 서로 다른 수승한 점이 있다.

## 정토의 세 가지 단계

불교에서의 정토는 세속인의 눈으로 볼 수 있는 물질세계가 아니다. 모든 부처님이 자신의 아름다운 소원과 자비심, 신통력과 지혜 및 공덕에 의해서 화현(化現)하여 나타나는 세계이다. 보통 사람의 입장에서 말하면 아마도 하나의 허구적인 세상일 것이다. 불교에서는 모든 정토를 법신정토(法身淨土)와 보신정토(報身淨土), 그리고 응화신정토(應化身淨土)의 세 가지 단계로 구분한다.

'법신정토'는 오직 모든 부처님들이 감지할 수 있고 도달할 수 있는 경지이며, 부처님의 깨달은 경지인 불경계(佛境界)를 성취했을 때 비로소 도달할 수 있다.

'보신정토'는 수행의 경지가 매우 높은 대보살이어야 비로소 도달할 수 있으며, 경지가 비교적 낮은 보살조차도 이를 수 없는 곳이다. 세속인의 입장에서는 한순간 막힘없이 도달할 수 있는 곳이 결코 아니다.

'응화신정토'는 보통 사람이 도달할 수 있는 곳이다. 당연히 부처님이 가르쳐 주신 방법을 따라야 하고 인연이 서로 부합해야 하는 것이 전제되며, 이두 가지에 하나라도 빠져서는 안 된다. 일반적으로 오력(五力)과 출리심(出離心) 등을 기반으로 하고, 다시 부처님의 자비심과 감응하여 '안팎으로 서로 호응하면' 순조롭게 응화신정토에 왕생할 수 있다. 이러한 방법은 죄업을 완벽하게 깨끗이 뉘우친 대성인(大聖人)에게 국한된 것이 아니다. 믿음이 강하고 염원이 순결한 일반 사람도 왕생할 수 있다. 아미타불의 서방 극락세계는 응화신정토이며, 따라서 평범한 사람도 그곳에서 왕생하는 것이 가능하다.

아미타불의 서방 극락세계와 관음보살의 보타정토(普陀淨土) 등과 같이 불교에서 일반적으로 거론하는 정토는 대부분 응화신정토에 속하며, 나머지 두 정토는 왕생하기 매우 어렵기 때문에 범부와 관계가 크지 않다. 보통 사람의 입장에서 금생에 죽고 나서 도달할 수 있는 곳은 부처님의 응화신정토이다.

## 자주 보이는 몇 개의 정토

석존은 법회에서 여러 차례 구체적인 정토를 언급하셨는데, 자주 보이는 것이 다음과 같이 몇 개가 있다.

지혜[智]·자비[悲]·실천[行]·원함[願]은 대승불교의 사대보살
(문수, 관음, 보현, 지장)의 상징이다. 문수(文殊)보살은 지혜를
나타내고, 관음(觀音)보살은 자비를, 보현(普賢)보살은
실천을, 지장(地藏)보살은 원력(願力)을 나타낸다.

**지혜**

**대표** : 대지(大智)

**명칭의 의미** : 묘길상(妙吉祥)

**타는 것** : 푸른 사자. 모든 짐승의
왕이다. 문수보살의 지혜는 두려울
것이 없음을 나타낸다.

**가지고 있는 물건** : 왼손에는
연꽃을 들고, 꽃 위에 반야경이
있으며, 오른손에는 보검을 들고
있다. 모든 집착을 끊어 버릴 수
있음을 나타낸다.

**도량** : 중국 산서성
(山西省) 오대산(五臺山)

중국 산서성 오대현(五臺縣)에 자리하며, 산에 오대(五臺)가
있으므로 오대산이라고 이름하였다. 이곳은 문수사리보살이 모습을
나타내시어 설법하신 도량이라고 전해진다. 역사 기록에 의하면
오대산에 사원이 가장 많았을 때는 200여 곳에 달하였다.
옛 사원은 불교 밀종의 한 종파에 속하는 라마 사원이 많으며,
현재 아직도 장족과 몽고족의 사원이 매우 많이 있다.

**대표** : 대비(大悲)

**명칭의 의미** : 고난에 빠진
중생의 소리를 경청한다.

**타는 것** : 금모후(金毛犼)

**가지고 있는 물건** : 깨끗한 병,
병 속에 버드나무 가지가 있다.

**도량** : 중국 절강성(浙江省)
보타산(普陀山)

중국 절강성 보타현(普陀縣)에 자리하며,
저우산군도[舟山群島]의 하나이고, 관음이 모습을 나타내시어
설법한 도량이라고 전해온다. 보타산이 가장 성행했을 때,
크고 작은 사원 300여 곳과 승려 3,000명이 있었다. 지금은
보제사(普濟寺), 법우사(法雨寺), 혜제사(慧濟寺) 등과
범음동(梵音洞), 반타석(磐陀石), 다보탑(多寶塔) 등의
명소가 있다. 과거 조선과 일본 등의 나라들을 왕래하는
나그네들이 항상 이곳에 머물러 풍향을 관측하고
관음을 예배하며 뱃길의 안전을 기도하였다.

**자비**

: 대행(大行)

: 의미 : 모든 곳에 널리
)을 미치게 한다.

것 : 여섯 개의 상아가 있는
끼리, 여섯 개의 상아는
밀의 연꽃, 여의(如意)
경서(經書)를 상징한다.

: 중국 사천성(四川省)
산(峨眉山)

중국 사천성 아미현(峨眉縣)에 위치하며, 보현보살이 모습을
나타내시어 설법하신 도량이라고 전해진다. 6세기에 이곳은
이미 전국적으로 유명한 불교 승지였다. 불교에서는 아미산을
'광명산(光明山)'이라고 부르고, 도교에서는 '허령동천(虛靈洞天)',
'영릉태묘천(靈陵太妙天)'이라고 일컫는다. 아미산의
산꼭대기에 있는 광상사(光相寺)는 보현보살이 모습을 나타내시어
설법하신 곳이라고 전해온다.

**대표** : 대원(大願)

**명칭의 의미** : 대지(大地)처럼
동요하지 않고 편안히
인내하며, 비밀스럽게 숨기는
것[秘藏]처럼 고요히 생각하는
것이 깊고 세밀하다.

**타는 것** : 제청(諦聽).
시방세계의 모든 소리를 들을
수 있으며, 왼손에는 보배
구슬을 들고, 오른손에는
석장을 들고 있다.

**도량** : 중국 안휘성(安徽省)
구화산(九華山)

중국 안휘성 청양현(靑陽縣) 경계에 있으며, 지장보살이 모습을 나타내시어
설법하신 도량이라고 전해진다. 불교에서는 석가모니가 세상을 떠나고
1,500년 뒤에 지장보살이 신라국의 왕가에 강림하셨는데, 성은 김(金)이고
이름은 교각(喬覺)이며, 당 영휘(永徽) 4년(653)에 바다를 건너
이곳에 오셨다고 전해진다. 불교에서는 지장보살의 법력이 가장 크며,
그는 일찍이 "중생을 모두 구제하고 보리(菩提)를 증득하게 하여,
지옥이 텅 비지 않으면 성불하지 않겠다."라는 맹세를 했다고 전해온다.

중국은 사대보살신앙이 흥행하여 보타산, 구화산,
오대산, 아미산의 사대 명산 도량이 형성되었다.
이 '사대 도량'은 네 분의 보살이 각각 따로 모습을
나타내시어 설법하신 도량이라고 전해진다.

『화엄경』에 나오는 '화장세계(華藏世界)'는 비로자나불(毘盧遮那佛)의 정토이고, 『묘법연화경(妙法蓮華經)』에서 거론된 '영산정토(靈山淨土)'는 석가모니불의 정토이며, 『약사유리광여래본원공덕경(藥師琉璃光如來本願功德經)』에 나오는 '동방정유리세계(東方淨琉璃世界)'는 소재연수약사불(消災延壽藥師佛)의 정토이다. 『대보적경(大寶積經)』에 나오는 '동방묘희세계(東方妙喜世界)'는 부동여래(不動如來)의 정토, 『대승밀엄경(大乘密嚴經)』에 언급된 '밀엄정토(密嚴淨土)'는 대일여래(大日如來)의 정토, 『미륵상생경(彌勒上生經)』과 『미륵하생경(彌勒下生經)』에 나오는 '도솔천내원(兜率天內院)'은 미륵보살(彌勒菩薩)의 정토이다. 이외에도 다양한 정토가 언급되고 있다.

모든 정토세계 가운데 영향력이 가장 크고 중생이 가장 지향하는 정토는 아미타불의 서방 극락세계에 속하며, 나머지 정토와 다르게 극락세계의 정토는 사람마다 모두 왕생할 수 있는 곳이다. 극락정토의 수승함을 믿고 간절하게 염불하며 왕생하기를 소원하기만 하면, 죽은 뒤에 오탁악세(五濁惡世)를 떠나 아름답고 오묘하기 그지없는 서방 극락세계에 태어날 수 있다. **불교 세계의 정토는 정토 법문 가운데 수행하기 가장 쉽고, 우리와 같은 보통 중생과 가장 가까운 거리에 있는 정토이다.**

## 정토에는 고통이 없다

불교에서 묘사하는 정토에서의 생활은 각각 다르다. 하지만 한 가지 공통점이 있는데 정토에서는 고통이 없다는 것, 그 어떠한 고통도 느끼지 못한다는 것이다. 정토에 왕생하는 사람은 연꽃에서 탄생하여 출생의 고통을 겪을 필요가 없다. 모든 사람의 몸마다 모두 자연스럽게 빛이 나고, 용모가 준수하며, 몸은 16세 소년처럼 건강하여 영원히 병이 나지 않는다. 또 그 수명은 기한이 없어 영원히 죽지 않는다. 여기는 상상할 수 없이 아름다운 온갖 풍경이 있어 사람의 마음을 기쁘고 즐겁게 한다. 한마디로 말해 정토의 모든 환경과 조건은 모두 선(善)을 닦는 데 이롭다. 게다가 불타께서 몸소 정토에 있는 사람에게 불법을 가르쳐 주어 기연(機緣)이 대단히 수승하다. 이것은 수많은 사람들이 자나 깨나 바라던 꿈속의 천국이다. 불교는 이러한 화려한 묘사로 모든 선량하고 아름다운 사물에 대한 사람들의 동경심을 일으킨다. 불교의 설법에 따라 사람들이 마음을 바꿔 도를 향하고, 마음을 닦아 복을 쌓을 수 있으면 모두 이곳에 이를 수 있다. 비록 우리가 본 적은 없지만 만약 정말 이러한 곳이 있다면 어째서 불타가 가르쳐 준 방법을 시험해 보지 않으며, 마침내 꿈이 이루어질지 않을지 시도해 보지 않겠는가.

# 아미타불의 서방 극락세계

서방 극락세계는 불교에서 가장 뛰어나고, 장엄하며, 아름다운 정토 가운데 하나이다. 예부터 지금까지 수많은 사람들이 극락세계에 태어나기 위해 염불하고 있다.

---

## 대자대비한 아미타불

아미타불은 불교에서 인지도가 가장 높은 부처님이라고 할 수 있으나, 많은 사람들은 아마 두루뭉술하게 '여래불(如來佛)'로만 알고 있고, 석가모니불의 경우처럼 정확하고 분명하게 말하지는 못할 것이다. 그러나 '아미타불'을 언급하면 모르는 사람은 거의 없다. 불교를 믿든 안 믿든, 불교를 이해하든 못하든 상관없이 누구나 "아미타불" 한마디를 염불해 본 적 있을 것이다. 아미타불은 '무량수불(無量壽佛)', '무량광불(無量光佛)' 등으로 의역되며, 서방 극락세계의 교주이다. 관세음보살과 대세지보살(大勢至菩薩) 두 분이 아미타불을 양옆에서 모시며 극락세계에 왕생하는 무량한 중생들을 맞아 인도한다.

## 사십팔대원(四十八大願)

서방 극락세계는 아미타불이 보살도를 행할 때의 원력으로 이루어졌다. 『무량수경(無量壽經)』에 따르면 다음과 같다. 무량겁 전에 부처님께서 세상에 나오셨는데, 명칭은 세자재왕불(世自在王佛)이시다. 법장(法藏)이라는 이름의 국왕이 있었는데 그가 부처님의 설법을 듣고 마음에 기쁨이 생겨 무상정각(無上正覺)의 마음을 내 왕위를 버리고 출가하여 보살도를 부지런히 닦았다. 법장 비구는 48개의 큰 소원을 내고, 성불한 뒤에 극락세계에 머물며 무량한 중생을 맞아 인도할 것을 맹세하였다.

# 화려하고 아름다운 극락세계

극락세계의 환경은 사람이 한번 보면 잊기 어렵다. 순수하고 완벽하게 아름다운 풍경이고, 이곳의
풍경은 영원히 싫증나지도 않는다.

**정자와 누각**
연못 위에 정자와 누각이 있는데,
보석으로 조각하고 꾸며져 있어
지극히 아름답다.

**궁전**
거대한 여의수(如意樹) 앞에 아미타불의 궁전이 있으며,
궁전은 네 가지 진귀한 보석으로 이루어져 대단히
웅장하다.

**새**
각양각색의 새가
나뭇가지 위에
앉아 우아하고
감미로운 소리로
지저귀는데,
이러한 소리는
사람으로 하여금
불법을 깨닫게
하는 음악이다.

**아미타불**
궁전 앞의
연화좌(蓮花座)
위에서 설법을
하고 있다.

**보배로운 나무**
원림(園林)에는
여의수,
전단수(旃檀樹),
침향수(沈香樹) 등
희귀한 나무들이
자라고 있어 향기를
가득 풍기고 있다.

**끊이지 않는 법음**
이곳의 물은 모두 여덟 가지
공덕수(功德水)로 물소리가
듣기 좋을 뿐만 아니라,
불법의 법음을 널리 알리기도 한다.

**보배로운 연못**
보석 벽돌로 둘러쌓은 연못
안에 천 겹의 꽃잎으로 된
커다란 연꽃이 자라고 있다.

**보살**
법좌(法座) 주위에서 관세음보살,
대세지보살과 여러 대보살 제자들이
가르침[敎法]을 경청하고 있다.

371

## 아름답고 오묘한 극락세계

극락세계는 『무량수경』과 『아미타경』 등에 묘사된 하나의 장엄하고 아름다운 세계이다. 극락세계에서는 시시각각 아름답고 오묘한 법악(法樂)이 울리고, 밤낮으로 만다라꽃비가 흩날린다. 극락세계에서 중생은 온갖 음식을 생각하는 대로 얻을 수 있기 때문에 생활을 위해 분주히 뛰어다닐 필요가 없다. 그러나 이곳에 왕생하는 중생은 경계가 모두 매우 높아 맛있는 음식에 집착하지 않는다.

극락세계에서는 비할 수 없이 기묘하고 오색찬란한 새가 있다. 그 새들은 우아한 소리로 오근(五根), 오력(五力), 칠보리분(七菩提分), 팔성도(八聖道) 등의 불법을 연설한다. 잔잔한 바람이 불어오면 모든 보배로운 나무[寶樹]와 보배로운 그물[寶網]은 마치 백천 가지 음악이 동시에 연주되는 것처럼 미묘한 법음을 낼 수 있으며, 이러한 법음을 들은 사람은 모두 염불하고, 염법(念法)하고, 염승(念僧)하는 마음이 생기게 된다. 더욱 뛰어난 것은, 중생은 언제 어디서나 아미타불의 설법을 들을 수 있고, 무량한 모든 부처님의 설법을 들을 수 있으며, 언제나 무량한 모든 부처님을 공양할 수 있다. 극락세계에는 어떠한 악행과 악념(惡念), 어떠한 고통과 번뇌도 없기 때문에 모든 중생이 악업을 짓지 않는다. 아미타불과 여러 대보살의 가지(加持)가 있어서 중생의 수행은 멈추지 않고 진보할 뿐 퇴보하는 일은 나타나지 않는다. 극락세계에서는 헤아릴 수 없이 많은 중생이 당대에 보처(補處)의 경계에 도달하는데 한 평생이면 성불할 수 있으며, 극락세계에 왕생하고 나면 성불하는 것이 멀지 않음을 볼 수 있다.

# 사람의 마음속에 있는 정토

정토는 밖에 있는 것이 아니다. 정토에 태어나기를 바라는 데 가장 중요한 것은 자성을 덮어 가린 먹구름을 걷어 버리고, 마음을 깨끗하게 유지하는 것이다.

아득히 먼 극락세계가 됐든 보기에 비교적 '가까운' 도솔천이 됐든, 일반 사람들이 왕생하려는 것은 모두 대단히 쉽지 않은 일이다. 설사 왕생을 이루었다 하더라도 이 세상의 생명은 끝을 맺게 된다. 불교에는 또 다른 정토관이 있는데 그것은 선종(禪宗)의 '자심정토관(自心淨土觀)'이다.

## 진실하지 않은 세계

세계는 본래 진실로 존재하는 하나의 실체가 아니라 일종의 가유(假有)이다. 세계의 모습은 모든 사람에게 다 다르며 이것은 업력으로 결정되는 것이다. 갠지스강의 물을 예로 들면 '물'은 결코 그것의 자성이 아니고, 사람의 입장에서 그것을 물이라고 할뿐이다. 그러나 천인의 입장에서 그것은 유리세계이며, 물고기의 눈에서 그것은 거주하는 방일 수 있고, 지옥 중생의 입장에서 그것은 불바다일 것이다. 아귀가 음식물을 얻어 먹으려고 할 때 음식물은 먹을 수 없는 것으로 변하는데, 이것도 업력이 작용한 결과이다.

## 사람 마음속에 있는 정토

이러한 정토관은 『유마힐소설경(維摩詰所說經)』과 『유마힐경(維摩詰經)』「불국품(佛國品)」에서 "만약 보살의 마음이 깨끗하면, 불국토가 깨끗하다."라고 설한 것에서 나왔는데, 깨끗함[淨]과 깨끗하지 않음[不淨]은 완전히 사람의

373

마음에서 결정되는 것이다. 사리불(舍利弗)은 우리의 사바세계를 "언덕과 험한 구덩이와 가시밭과 모래와 자갈, 그리고 흙과 돌과 온갖 산에 더러운 악(惡)이 가득 차 있다."라고 보았는데, 나계범왕(螺髻梵王)은 그것은 사리불의 마음이 깨끗하지 않기 때문이라고 말하였다. 이에 석존이 발끝으로 땅을 누르니 대천세계가 단번에 비할 수 없이 장엄하게 변했다. 무수히 많은 진귀한 보배로 장식되어 있는 이 세계는 바로 불보살의 눈에 있는 세계이며, 완전히 하나의 정토였다. 세상의 중생은 사리불처럼 마음속이 망념으로 가득 차 있어서 그의 눈엔 세상이 한 조각 더러운 땅[穢土]인 것이다.

선종은 '곧바로 사람의 마음을 가리키는[直指人心]' 작풍(作風)에 따라 '본래면목을 깨달아 얻음이 바로 열반[徵得本來面目, 卽是涅槃]'이라는 사상을 제시했으며, 정토와 지옥은 모두 밖에 있는 것이 아니라 사람의 마음속에 있다고 보았다. **한 사람의 마음속이 온갖 욕망으로 가득 차 있으면 그가 있는 세계는 바로 지옥이며, 한 사람의 마음속이 매우 깨끗하여 어떤 탐욕과 분노와 어리석음이 없으면 지금 현재의 세계가 정토이며 곧 극락세계이다.** 혜능(慧能) 대사가 삼독이 바로 지옥이고, 어리석음이 바로 축생이며, 십선이 곧 천당이라고 말씀하신 것과 같다. 정토는 밖에서 찾을 수 없다. "불법은 세간에 있으며, 세간을 떠나 깨닫지 못한다. 세상을 떠나 보리를 찾는 것은 마치 토끼의 뿔을 구하는 것과 같다." 정토의 이치도 마찬가지이다.

이 관점에 따라 정토에 태어나기를 바람에 있어 가장 중요한 것은 자성을 덮어 가린 먹구름을 걷어 버리고 깨끗하게 유지하는 것이다. 계율을 지키고, 좌선을 하고, 염불하는 것 등과 같은 이러한 외재된 형식은 일종의 수단일 뿐이다. 그것들의 목적은 바로 자성 위에 있는 먹구름을 제거하여 깨끗한 불성이 크게 빛을 발하도록 하는 것이다. 만약 이렇게 할 수 있다면 우리는 이미 육도윤회로부터 뛰쳐나와 극락정토에 살게 될 것이다.

# 자신만의 연꽃 한 떨기를 갖다

경전에서 말하기를 정토에 왕생한 사람은 세속의 모태를 거쳐 출생하지 않고, 모두 연꽃에서
화생(化生)한다고 한다. 정토에서는 사람이 생로병사 등의 고통에 두 번 다시 방해받지 않고, 게다가
번뇌를 야기할 수 있는 어떠한 요소도 전혀 없어서 누구나 즐겁지 않다고 생각되는 것은 다 행하지
않는다. 모든 사람의 마음속엔 아름다운 정토가 은밀히 숨겨져 있고, 우리 모두는 자신에게 있는 그
연꽃을 끊임없이 찾고 있다.

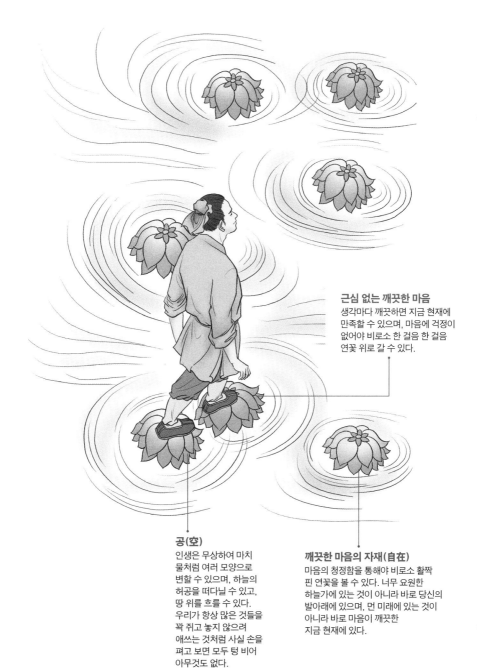

**근심 없는 깨끗한 마음**
생각마다 깨끗하면 지금 현재에
만족할 수 있으며, 마음에 걱정이
없어야 비로소 한 걸음 한 걸음
연꽃 위로 갈 수 있다.

**공(空)**
인생은 무상하여 마치
물처럼 여러 모양으로
변할 수 있으며, 하늘의
허공을 떠다닐 수 있고,
땅 위를 흐를 수 있다.
우리가 항상 많은 것들을
꽉 쥐고 놓지 않으려
애쓰는 것처럼 사실 손을
펴고 보면 모두 텅 비어
아무것도 없다.

**깨끗한 마음의 자재(自在)**
마음의 청정함을 통해야 비로소 활짝
핀 연꽃을 볼 수 있다. 너무 요원한
하늘가에 있는 것이 아니라 바로 당신의
발아래에 있으며, 먼 미래에 있는 것이
아니라 바로 마음이 깨끗한
지금 현재에 있다.

**피안에 꽃을 피우다**

# 마음을 바꿔 윤회를 초월하다

행복과 기쁨은 깨달은 사람의 입장에서는 매우 가깝고, 어리석은 사람의 입장에서는 매우 멀다.

 

길함을 추구하고 흉함을 피해야 하며, 고통을 벗어나고 즐거움을 얻어야 하며, 생사윤회의 속박을 초월해야 한다. 우리의 생명을 자유자재하게 하고, 항상 영원히 변하지 않는 기쁨과 평온 속에 처하게 하며, 모든 번뇌와 원한을 연기나 구름같이 깨끗이 사라지게 하고, 모든 악념을 없애서 좋은 인연으로 탈바꿈하게 하는 유일한 방법은 바로 우리의 '자아'를 사라지게 하고, 우리 생명의 존재를 완전히 평온하게 드러나도록 하는 것이다!

## 자아를 끊어 내다

공성(空性)의 실상(實相)이 본질을 드러내는 그 순간, 우리는 자유자재하게 삼계를 오가며 삼계 공간의 속박을 받지 않는 경계를 충분히 갖추게 된다. 때문에 길함을 따르고, 흉함을 피하며, 고통을 떠나 즐거움을 얻는 데 유일하고 효과적인 불이법문(不二法門)은 자아의 미련함을 심도 있게 간파하는 것을 거쳐야 한다. 이 자아는 사실상 어떠한 의미도 없다. 그러나 우리는 그것을 위하여 죽자 사자 악업을 짓고, 심지어는 선업을 짓는 가운데에도 그 안의 복덕을 한정지어 계산해 생명의 자유자재한 해탈 상태를 진정으로 얻지 못하게 되는 것이다! 어떠한 진리나 관점에 집착하는 것이 바로 자아임을 기억해야 한다. 우리의 논리가 맞든 틀리든, 우리의 논리가 공익에 부합되든 안 되든 모두 무의미한 집착이다.

# 고해를 벗어나 피안에 이르다

## 육도(六度)를 타고 피안에 이르다

생사는 차안이고 열반은 피안이며, 범부는 차안이고 모든 부처님은 피안이다. 반야의 지도에 따라 티끌세상의 고해 속에서 육도행(六度行)을 부지런히 닦는 것이 피안의 근본적인 과정에 도달하는 것이다.

**성불의 경계**
피안이 곧 성불의 경계이며, 그곳은 번뇌와 고통이 없는 극락세계이다.

**번뇌**
강물은 번뇌를 상징하며, 성불하려면 번뇌를 극복해야 비로소 피안에 도달할 수 있다.

**반야(般若)**
방향타는 반야를 비유하며, 지혜는 수행의 방향을 제시하며 이끔을 을 나타낸다.

**보시(布施), 지계(持戒), 인욕(忍辱), 정진(精進), 선정(禪定)**
노는 오도(五度)를 비유하며, 수행에 있어 동력이 돼 반야와 불가분의 관계이다.

### 무엇이 육도(六度)인가?

『금강경』에서 피안에 이르는 방법을 여섯 가지로 귀결하였다. 이 육바라밀(六波羅蜜)을 약칭으로 '육도'라고 하며, 이것은 보시, 지계, 인욕, 정진, 선정과 반야이다. 『금강경』에서 말하는 것은 오직 '마음'의 문제를 해결하는 것이다. 마음은 모든 쾌락을 낳아 기르는 모체이며, 모든 번뇌를 생성하는 근원이다. 마음에 문제가 생기면 끝없는 고통이 꼬리에 꼬리를 물고 계속된다. 그러므로 이 경전에서 '그 마음을 굴복시킬 것'을 제기하였다. 즉 우리 마음속에 불안을 조성하는 번뇌의 요소를 굴복시켜야 하는 것이다.

**자신의 공성에 들어간 사람은 점점 이치에 더는 논쟁하지 않게 되고, 자애(慈愛)가 드러나 자기 마음의 헤아림이 충분한지 부족한지, 자신의 자애가 부족한 곳은 없는지를 끊임없이 관찰한다.** 그리고 옳고 그름, 누가 이치가 있고 누가 이치가 없는지에 대해서 더 이상 논쟁하지 않는다. 이것이 바로 인과경(因果鏡)을 멀리하고 생명의 자유자재함을 얻게 하는 유일한 방법이다. 이 방향으로 가면 우리는 비로소 모든 시시비비를 멀리하고, 더 이상 변론하고, 논쟁하고, 누가 맞는지 틀린지 따지지 않아 완벽하고 한없는 자애만 있을 뿐이다. 이것이 우리 생명의 본질이며, 이 본질은 우리에게 행운이 따르게 하고, 업력을 멀리하게 하며, 삼계를 벗어나게 한다. 우리는 삼계 안에서 사라지며, 비록 우리의 육체가 삼계 안에 머물러 있더라도 삼계의 속박을 받지 않게 하는 것이다. 우리가 살고 있는 세계의 상황을 통하여, 우리에게 뒤섞여 물든 씨앗이 내재된 것을 볼 수 있다. 우리가 우리 자아의 씨앗을 관조한 뒤 그것이 녹아 없어지면 우리의 세계는 달라지기 시작한다.

## 깨달음의 힘

**우리의 깨달음은 한 편의 탁 트인 하늘과 같고, 이 깨달음 속에 들어 있는 것-사상과 감정 그리고 여러 가지 심정-은 눈앞에서 사라지는 구름과 연기처럼 그 어떠한 실질성이 전혀 없다.** 오직 매번 지금의 신체적 실제 상황을 체험해야만(깨달아야만) 이 점을 실감할 수 있다. 우리가 호흡에 집중하는 것을 통해서 시원한 바람이 콧구멍을 지나 우리의 몸에 들어가는 것을 느낄 수 있는 것처럼, 진실한 생명의 체험이 바로 자신의 정신을 맑고 또렷해지도록 되돌려 놓는다. 그러나 이 짧은 진공(眞空) 상태가 지나면 변함없이 망상이 어지럽게 일어난다. 마음속 생각은 뒤얽힌 실타래 가닥처럼 종잡을 수 없고 물거품처럼 잡을 수도 없다. 비록 우리는 매일 그것들이 마음의 공간을 마음대로 차지하게 두어도 어떤 문제가 나타나지는 않는다. 그러나 우리가 알지 못할 뿐, 사실상 그것들은 보리 싹의 영양분을 빼앗아 가는 보리밭의 잡초처럼 우리가 청정해지고 평온해지는 것을 방해하고 있다. 우리는 자신을 자세히 관찰하고 또렷이 알수록 사유 양식을 간파할 수 있으며, 이로 인하여 무아의 청정한 경지에 들어갈 수 있게 된다.

## 피안에 이르다

피안은 문자적인 의미에 따르면, 맞은편 언덕, 이 언덕의 맞은 편, 이 언덕과 다른 곳이다. 그러면 부처님이 말씀하신 '피안'은 어디에 있는 것인가? 선종의 설법에 따르면 물보라가 사방으로 흩날릴 때가 바로 차안이고, 물이 길게 흐를 때가 바로 피안이다. 물고기가 물을 떠나지 못하는 것처럼 우리 사람은 누구도 티끌세상을 떠날 수 없다. 어지러운 세속 생활은 물보라가 사방으로 부서지는 수면 같지만 우리는 그것의 본래 모습이 거울처럼 매끈하다는 것을 모른다.

우리가 백천 번 변하는 일상의 사물에 직면하면, 우리는 지금 눈앞의 현란한 표면적 모습을 통해서 변화하는 것 이면에 있는 변하지 않는 것을 만지고, 마음으로 그 고요함을 경청해야 한다. 한편 우리는 변하지 않는 사물 가운데서 곧바로 변화를 깨닫고, 무상함을 깨달아야 한다. 만약 우리의 마음이 모든 것에 이와 같이 대응할 수 있으면 우리가 무엇을 하고 있든 상관없이 이곳에 머무르고 동시에 이곳을 벗어나 항상 변치 않고 온화한 피안의 빛 속에서 목욕할 수 있다.

## 찰나에 꽃이 핀다

부처님께서는 시원하게 탁 트인 인생은 완전한 생명이 드러나 사람의 마음은 광활한 무아의 대경계에 도달할 수 있다고 말씀하셨다. 그런데 많은 사람들은 이것을 불가사의하고 아득히 멀어 미칠 수 없는 일로 본다. 우리는 항상 돈을 재산으로 여기고 있으며, 권력을 만족으로, 욕망을 생활로 여겨 끌어안고 있기 때문이다. 그래서 언제나 돈 한 푼이라도 그 득실을 꼬치꼬치 따지며 집착을 내려놓으려 하지 않는다. 설사 몸이 고통 속에 처하더라도 벗어날 방향을 찾지 못한다. 그러나 우리가 내려놓을 줄 알면, 우리가 원한다면, 마음의 전환이 한 찰나의 시간이라면 우리의 세계는 이미 "문득 밤 사이 봄바람 부는가 싶더니, 온 나무마다 배꽃송이가 활짝 피게 된다."• 그때가 되면 우리는 비로소 행복과 즐거움보다 더 쉽게 오는 것은 그 어떤 것도 없다는 점을 알게 된다.

• 당대(唐代) 잠삼(岑參: 715~770)의 「白雪歌送武判官歸京」, "忽如一夜春風來, 千樹萬樹梨花開."

## 어디에서 피안을 찾을까?

불교에서 피안이라는 말은 결코 어떤 장소를 가리키는 것이 아니다. 그것은 깨달음의 다른 표현으로 지금 이곳에 깨달음이, 곧 피안이 있는 것이며, 그것은 곧 초월이고, 열반이며, 자유자재한 것이다.

우리가 보는 것이 화려한 성세가 됐든 청아하고 고요한 곳이 됐든 모두 인연이 모인 공상(空相)일 뿐이다. 우리는 거기에 도달하면 모든 쾌락과 행복을 찾을 것으로 생각하지만, 이렇게 좇으면 결국 영원히 원하는 것을 얻지 못한다.

피안으로 가라!

나한테 묻지 말고 네 마음에 물어라.

스승님, 그는 어디로 가나요?

피안이 어딘가요?

무거운 짐을 너무 많이 실은 배는 물가에 닿을 수 없다. 마찬가지로 무거운 책임을 너무 많이 짊어진 마음도 피안에 이를 수 없다.

# 사공가행의 수행법

인생에는 당연히 어떤 방향이 있어야 하고, 행복을 얻는 것도 당연히 어떤 방법이 있어야 한다. 불조가 육신을 초월하고, 윤회를 초월할 수 있었던 것처럼 우리는 어째서 모든 고통과 시련을 버리고 편안하고 자유로운 인생을 얻지 못하는 것일까?

## 떠나야 할 때가 됐다

보통 사람이 보기에 사람의 몸과 마음은 뗄 수 없는 관계인 것 같지만, 훨씬 많은 시간을 우리는 이 육체의 고통과 쾌락에만 관심을 두고 있다. 우리는 돈과 물질을 애써 쫓으나, 자기의 수(受)·상(想)·행(行)·식(識) 등을 만족시키는 이러한 것은 결코 존재하지 않는 것에 지나지 않는다. 우리는 그런 것이 바로 우리가 원하는 것이라고 항상 생각하지만, 간혹 정신을 차렸을 때 '우리의 마음에 이러한 것을 추구하고 연연해 할 가치가 있는 것일까? 우리의 마음은 아직도 있는 것인가? 그것은 여전히 괜찮은가?' 하는 의문이 시작된다. 그러므로 떠날 때가 되면 우리는 계속 집착했던 몸뚱이를 떠나야 한다. 그것은 한 바탕 허무한 가면무도회에 지나지 않는다. 이로써 용감하게 어수선한 세속을 떠나고, 탐욕과 이기적인 번뇌를 떠나고, 생명이 유수처럼 흘러가는 불안과 공포에서 벗어나고, 허위적인 쾌락과 만족에서 벗어나야 한다. 우리의 마음이 진정한 자신을 찾으려면 멀리, 그리고 많이 날아야 할 게 아니라 자신과 자신의 마음을 뚜렷이 보아야 한다.

**불교에서 말하는 출리심은 삼계 생사의 원함에서 영원히 벗어나는 것을 가리킨다. 이것은 반드시 몸으로 행한 허물과 우환을 살피고, 생사의 무상함과 윤회의 고통을 관조하며, 인간의 몸을 얻기 어려우며 불법을 듣기 어려움을 관조하는 데서 생기는 것이다.**

몸으로 행한 허물과 우환을 살피는 것은, 사람이 업으로 얻은 혈육의 신체는 결점이 많고, 약해서 굳건하지 못하며, 더러운 악으로 깨끗하지 못하고, 매우 속박되어 온갖 고뇌가 생기고, 이상적이지 못한 생명 형태가 되고, 집착하고 연연해 할 가치가 없음을 관조하는 것을 말하니, 마땅히 뜻을 세워 개혁하고 승화해야 한다.

생사의 무상함을 관조하는 것은, 사람의 목숨은 무상하여 보존하기 어렵고, 몸과 마음의 활동은 생각마다 생겼다 사라지며, 상주(常住)하는 내 몸[我體]을 얻을 수 있는 것이 하나도 없으니 이것이 인생의 가장 큰 비애이고, 가장 큰 불행임을 관조하는 것을 이른다. 무지함에 마비되어 벗어날 생각을 하지 않음을 어찌 용납하겠는가!

윤회의 고통을 관조하는 것은, 연기 법칙이 규정한 것에 의해 죽은 뒤 반드시 생사가 서로 이어지고 업과(業果)가 서로 계속되며, 필연적으로 생전에 지은 업력에 혹사당하여 육도 가운데에서 윤회함을 관조하는 것을 말한다. 선도(善道)에 태어나는 사람은 매우 적고, 악도(惡道)에 떨어지는 사람은 대단히 많다. 세상의 모든 고통 가운데 윤회의 고통이 가장 심하고 크며, 세상의 모든 두려운 것 가운데 윤회하는 일이 가장 무서운 것임을 생각해야 한다. 윤회를 두려워하여 벗어날 뜻을 두어야 한다.

인간의 몸은 얻기 어려우며 불법을 듣기 어려움을 관조하는 것은, 중생이 육도윤회의 악성(惡性)이 순환하는 가운데 악업에 이끌려 오랜 시간 삼악도 가운데 떨어져서 사람으로 태어날 기회가 대단히 어렵다는 것을 살펴야 한다는 것이다.

출리심은 출세간의 인(因)이 되고, 만약 출리심이 없거나 확고하지 못하면 반드시 삼계에 욕심을 내어, 설사 진겁(塵劫) 동안 수행하여 기껏 장수천(長壽天)의 과(果)를 이루더라도 생사를 초월할 수 없다. 그러나 출리심을 내도 오히려 소승에만 국한되니 대보리심을 내고, 반드시 더 나아가 제 마음을 미루어 남의 마음을 보며, 모든 중생을 널리 살펴보아 보은심(報恩心)을 내고, 중생의 고통을 살펴보고 대비심을 내며, 불과(佛果)의 공덕을 살펴 향상심(向上心)을 내고, 불(佛)과 자성을 살펴 증상의락(增上意樂)을 내며, 불법이 쇠미

# 열심히 행복한 인생을 만들다

사람의 일생은 수없이 많은 시간들의 조합이며, 마지막 장면이 행복할 것이냐 슬플 것이냐는 우리의 하루하루가 알차고 뿌듯하였느냐 허무하게 낭비하였느냐를 보면 된다. 행복은 심혈을 기울여 조금씩 한 데 모아 이루어진 것이다. 그러나 이 기나긴 인생길 위에서 정확한 방향이 어디이며, 어떤 일을 해야 행복한 보답이 있을지 어떻게 알겠는가?

사실 인생의 퍼즐 조각 뒷면에는 암호가 숨겨져 있는데, 이 정보는 당신이 행복한 일생을 만들어 가는 데 도움을 줄 수 있다.

자비심(慈悲心)　　　　평등심(平等心)

희생(犧牲)　　　환희심(歡喜心)　　　　사심(捨心)

불탐심(不貪心)　　　관용(寬容)

출리심(出離心)　　　질투하지 않음　　　집착하지 않음

미소(微笑)　　　　　　　　정정(正定)

찬미(讚美)　정견(正見)　정념(正念)

신념(信念)

용인(容忍)

지혜(智慧)　　대도(大度)　경외심(敬畏心)

정심(淸淨心)　　인과(因果)　　십선업(十善業)

수연(隨緣)　　　자선(慈善)

악을 짓지 않음

(善緣)을 맺음　　망상을 제거함　　지금
이 자리의 삶
[活在當下]

퍼즐은 퍼즐판 위에
매겨진 숫자에 따라
조각을 맞추어야
하는 것처럼,
우리가 맞춰야 할
퍼즐판 윗면에 있는
마음과 행위에 따라
살아가면 우리의
인생도 하나의
커다란 행복이란
글자 조각을 맞출 수
있음을 믿어야 한다.

해짐을 살펴 지키려는 마음[護持心]을 내어야 한다.

옛사람이 다음과 같이 말하였다. "이 몸을 금생(今生)에 제도하지 않으면 다시 어느 생에 이 몸을 제도하겠는가!"

## 보리(菩提)의 씨앗에 싹이 트려 하다

보리심(菩提心)을 또한 '도의(道義)'로 번역하기도 하며, 온전한 명칭은 '아뇩다라삼먁삼보리심(阿耨多羅三藐三菩提心)'으로 위로는 불도(佛道)를 구하고 아래로는 중생을 제도하는 서원(誓願)을 가리킨다. 보리심은 사람으로 하여금 더욱 인상 깊게 하는 이름이 또 하나 있는데 바로 '자비심(慈悲心)'이다. 『금강경』에서는 보리심을 낸 사람은 당연히 "나는 마땅히 모든 중생을 멸도(滅度)하겠다."라는 마음이 생긴다고 말하였다. 보리심은 대승의 근본이며, 대승은 인천승(人天乘)과 소승으로 기초를 삼는다. 보리심이 일어남은 인천승의 향선심(向善心)과 소승의 출리심(出離心)을 토대로 삼는다.

'향선심'은 모든 선(善)을 받들어 행하고, 모든 악(惡)을 짓지 않아 현세에 도덕적 인격을 완전하게 하고, 후세에 인천(人天)의 과보를 유지할 뜻을 세우는 것을 말한다. 이 마음은 주로 선악의 인과를 관조한 것에 따라 일어난다. 선을 행한 것을 살피면 반드시 선보(善報)를 얻어 좋은 사람이 될 수 있어 사람들에게 존중을 받고, 몸과 마음이 평안해지며, 모든 복보를 얻어, 후세에 인천의 선과(善果)를 얻게 된다. 그러나 악을 행한 것을 살피면 반드시 악보(惡報)를 얻어 현세에 국법의 처벌을 받고, 세상 사람들의 미움을 받아 몸과 마음이 불안해 사회에 해를 끼쳐 후세에 아귀, 축생, 지옥의 삼악도에 떨어지고, 굶주림과 추위에 시달리고, 매서운 고통이 몸에 가해지는 등의 커다란 고통을 오래도록 받게 된다. 반드시 관련 있는 경론을 듣고 깊이 연구하며, 역사상의 인과응보의 사실을 참고하고, 현실 생활 속에서 선악의 응보, 즉 십선 십악의 인연과보의 사례를 관찰하는 것을 통하여 마음 깊이 고통을 두려워하고 즐거움을 따르며, 악을 버리고 선을 닦을 것을 세워야 한다.

# 해탈의 길

마음의 변화가 시작되면서 인생이 바뀌는 것이 행복을 실현하는 가장 좋은 길이며, 이것은 불교가 우리에게 가져다 준 지혜의 깨우침이다. 마음을 전환하는 길이 곧 해탈의 길이며, 우리가 고통에서 멀리 벗어나 쾌락에 가까이 다가가도록 도와준다.

이것은 인생에 유일한 해탈의 길이며, 마음을 바꿔 운명을 고치는 것을 실현하는 바른 길이다.

마음의 독소를 깨끗이 제거하면 더 이상 번뇌와 고통이 생기지 않아 청정함과 자재함을 얻는다.

업장을 없애고, 참회하여 복을 쌓는다.

탐욕과 성냄 그리고 어리석음을 없애 번뇌를 끊어 낸다.

자비심을 닦아 아집을 타파한다.

선정을 수행하여 자심(自心)을 깨끗이 한다.

정견과 정념을 얻어 지금 이 자리에 편안히 머문다.

고통의 진제를 관조하고, 생사의 무상함을 끝내며, 인과업보를 알고, 윤회의 허물과 우환을 깨달아 출리심을 내고, 자아를 버린다.

387

## 바른 앎과 바른 견해를 얻다

바른 앎[正知]과 바른 견해[正見]를 얻는 것은 불교의 모든 승(乘)과 모든 종(宗)에 있어서 수도(修道)의 전제이자 출발점이다. 사제(四諦) 가운데 팔정도는 '정견'을 으뜸으로 삼고, 보살이 육도(六度)를 행함에 있어서 모든 도(度)마다 반드시 반야로 이끌게 한다. 바른 앎과 바른 견해를 얻는 것은 반드시 경전의 가르침을 듣고 생각하는 것을 통하여야 한다. 먼저 경전을 강론하고 설법하는 것을 듣고, 경론을 깊이 연구하여, 들어서 알고, 알아서 깨달아야 한다. 그 다음 반드시 아는 것과 깨달은 것을 깊이 생각하고 자세히 살펴 반복해서 선택하며, 선관(禪觀)하는 가운데 생각해 살피고, 마음을 살피는 가운데 체득하여 깨달음을 얻어 승해(勝解)를 결정하며, 깨달은 것이 절대 틀림없는 진리임을 확인하고 자기의 사상과 견해가 되어 수행에 운용하고, 수행을 지도할 수 있어야 한다.

수행을 지도하는 견지(見地)는 진실(眞實)이나 실성(實性)에 대한 견해를 핵심으로 한다. 여러 대승 종파에서의 실성설(實性說)은 돈(頓)·점(漸)과 편(偏)·원(圓)의 차이가 있지만, 모든 종파에서는 연기론(緣起論)을 근본으로 삼는데, 진제(眞諦)와 속제(俗諦)의 두 측면을 포괄하고 있다. '속제'는 주로 업보인과를 강조하여 계학(戒學)의 수행을 핵심으로 삼으며, 인과에 대한 깊은 신심(信心)을 율장(律藏) 등을 통하여 논하고 있다. '진제'는 제법의 체성(體性)을 강조하여 연기성공(緣起性空)과 제법무아를 밝히고, 진여(眞如)의 실증(實證)을 수행하고 관조함을 통하여 진여를 실증함을 논한다. '진제'와 '속제'는 동일한 연기법의 두 가지 방면이며, 이제(二諦)의 통일을 중도(中道), 중관(中觀)이라고 하며, 중관정견(中觀正見)은 수행도의 처음과 끝을 관철하고, 현교[顯]·밀교[密]에 있어서의 치우침[偏]·원만함[圓]을 관철하는 가장 중요한 것이다.

'속제'를 관조하는 것은 앞에서 선악인과를 관조하여 '향선심'을 낸다고 서술한 바와 같이 연기 법칙에 따라 주도면밀하게 추론하여, 업은 연(緣)으로 생기고, 연기법은 반드시 생멸 무상과 인과가 서로 계속되는 까닭에 동일한 종류의 업인은 반드시 동일한 종류의 과보를 초래해 선에는 선보가, 악에는 악보가 있으며, 자업자득인 이 보(報)는 삼세를 통한다. 인과응보는 비록 필연이지만 업은 마음으로 짓고, 업성(業性)은 본래 텅 비었기 때문에 또한 마음대로 돌릴 수 있고, 참회 등의 방편을 통하여 숙업(宿業)을 깨끗하게 하거나 강한 업을 새로 지어 저지할 수 있다.

'진제'를 관조하는 것은 모든 법의 연(緣)으로 생기는 까닭에, 체(體)는 자성이 없고 무아이며, 항상 본래 존재하는 자체(自體)가 없지만 명칭과 논리로 분별하여 취착(取著)한 것임을 살펴야 한다. 모든 명상(名相)은 모두 자심(自心)의 분별을 떠나지 못하고, 모든 법은 결국 오직 심식(心識)이 변해 만들어 낸 것에 귀결되며, 심식 또한 텅 비었다. 모든 유위법이 텅 비었을 뿐만 아니라 번갯불처럼 생각마다 일어났다 사라지며, 설사 불과(佛果), 열반, 정토의 장엄함 등과 같은 무위법이라도 모두 텅 비어 자성이 없어 꿈처럼 허망하며, 텅 빔 역시 다시 텅 빈다. 진여(眞如)와 실상(實相)은 모든 명칭과 논리의 희론(戲論)을 뛰어넘어 '사구를 떠나고, 백비를 끊어[離四句, 絶百非]', 말할 수 없는 것은 말할 수 없고, 오직 생각을 떠나 자신의 안에서 깨달아야 한다. 모든 법의 실상(實相)은 비록 텅 비었으나 '끊어 사라진 텅 빔[斷滅空]'이 아니다. 바로 상(相)이 공(空)이며, 자성이 비었으니[性空] 연기(緣起)하고, 연기한 것이니 자성이 빈 것이다.

## 업장을 참회하고 복을 쌓는다

사람은 무시이래 육도(六道)에 윤회하며 모든 악업을 짓지 않은 것이 없고, 그것이 축적되어 필연적으로 수도하는 데 안팎의 장애를 형성한다. 내부의 장애[內障]는 악업의 씨앗이 아뢰야식(阿賴耶識) 가운데 축적돼 습기(習氣)를 형성하여 이러저런 행위가 사람을 악을 행하는 데 익숙하게 해 모든 계율을 엄격히 지키기 어렵게 된다. 혹은 질병이 번식하여 수행을 방애하거나, 선정을 수행하며 좌선하는 과정에 심식(心識)의 곁에서 떠 있어 온갖 정장(定障), 정장(情障), 견장(見障)이 나타나게 돼 번뇌를 왕성하게 하고, 심리가 균형을 잃고 정상이 아닌 상태가 된다. 혹은 삿된 견해[邪見]가 갑자기 일고 의혹이 무성히 생기거나, 핍박과 두려움 등 선(禪) 가운데 환상이 나타나거나, 세간의 선정(禪定)에 빠져 있으면서 벗어날 줄을 모른다. 외부의 장애[外障]는 숙세의 원수와 빚쟁이가 된 것으로 인해 빚을 독촉하거나 숙세에 남의 수행을 방해한 업보로 인해 인간관계 등 외연(外緣)의 교란이 형성되어 수행을 방해한다.

한 사람이 생사를 벗어나기를 기약하고 싶으면, 반드시 숙세의 원수와 빚쟁이가 와서 빚을 독촉하는데 빚을 깨끗이 갚지 않으면 반드시 방해하고 트집을 잡는 일이 많아 벗어나기 어려울 것이다. 그러므로 정행(正行)하고 대정(大定)을 더욱 닦는 데 들어가기 전에 반드시 먼저 업장을 제거하는 뛰어난 방편, 즉 참회를 통해야 한다. 『보현행원품(普賢行願品)』에 "내가 과거에 지은 모든 악업은 모두 시작도 없는 탐욕과 성냄 그리고 어리석음으로 몸과 말 그리고 생각에서 생긴 것이니, 모든 것을 내가 지금 참회합니다."라고 하는 것처럼, 무시이래 금생까지 지은 모든 악업을 참회해야 한다. 참회력(懺悔力)과 모든 불보살이 가지력(加持力) 그리고 자성의 공덕력(功德力)이 결합한 것에 의지하여 업장을 제거하고, 몸과 마음에 쌓인 때를 깨끗이 씻어 내며, 심리적인 부담을 벗고 생활 속의 장애를 쓸어버려야 한다.

일에서든 생활에서든, 가난하든 부유하든 사람에게 가장 중요한 것은 마음의 청정함을 유지하는 것이다. 생활이 단순할수록 건강하고, 마음자리를 깨끗이 해야 티끌 하나도 오염되지 않으며, 명예와 이익에 무심하여야 청정한 마음이 길러진다. 언제 어디서든 깨끗한 마음자리와 평등하게 대하는 마음을 유지하면 이것이 진정한 정토이며, 진정한 자유이자 행복이다. 낙관적이고 대범하며 편안한 성격을 지닌 사람은 언제든지 삶 속에 잠재된 무궁한 즐거움을 찾아 낼 수 있다.

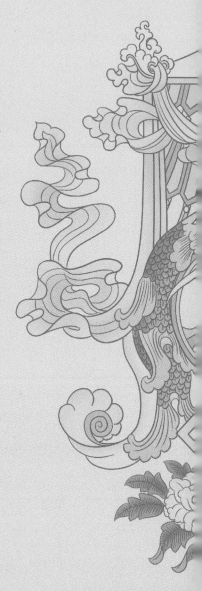

# 제7장

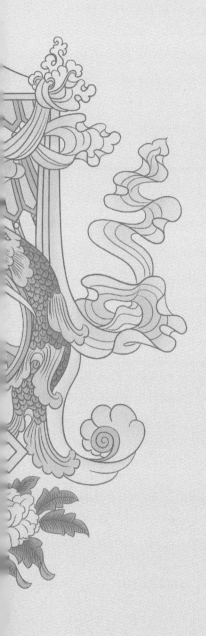

## 행복은
## 평생의 수련

—

## 생활 속의
## 즐거운
## 마음 전환법

본 장의 중요 내용

—

마음을 스스로 정화하는 간단한 방법.

—

마음을 닦는 여덟 가지 노래[修心八頸]
의 사랑과 평등.

—

배워서 앎[學習]과 무상함의 공통점.

—

지금 이 자리에서 살아가는 즐거움을
체득하다.

—

좋은 사람과의 인연[緣]은 좋은 운을 가
져온다.

—

활달한 인생의 지혜를 깨닫다.

# 지혜로운 인생을 열다

만약 사람의 마음과 정서가 항상 맑고 명랑하면 주위 환경에 펼쳐지는 것이 모두 아름답고 선량하다.

## 욕망을 통제하다

욕망은 우리가 그것을 추구하도록 만들며, 욕망이 다르면 행복이 되는 인연도 각기 달라진다. 어떤 사람은 사업의 성공을 추구하는 것에서 행복을 얻고, 어떤 사람은 단란한 가정을 이루는 것에서 행복을 느끼며, 또 어떤 사람은 감관을 자극하는 것에서 행복을 찾기도 한다. 그러나 우리가 알아야 하는 것은 오직 선법(善法)에 상응하는 정당한 욕망이어야 행복한 인생을 얻을 수 있다는 점이다. 그렇지 않으면 행복을 등지게 될 뿐만 아니라 죄악의 깊은 수렁으로 더욱 향해 가게 될 것이다. 또한 욕망의 크기도 행복에 영향을 미치는 중요한 요소이다. 욕망이 적은 사람은 만족할 줄 알아 항상 즐거우나, 욕망이 많은 사람은 욕망의 골짜기를 메우기가 어렵다. 그래서 불교에서는 항상 사람들에게 욕심을 줄이고 만족할 줄 알아야 한다고 권고하는 것이다.

## 정서를 관리하다

변화무쌍한 뜬구름 같은 사람의 정서는 생활에 미치는 영향이 유난히 두드러진다. 기쁨과 유쾌함 그리고 만족 등의 긍정적인 정서는 매일의 생활을 시적인 정취와 그림 같은 아름다움으로 가득 차게 하지만, 우울과 불안 그리고 공포 등의 부정적인 정서는 생활을 매일 어둠과 추위에 빠져들게 한다. 정서가 생기는 것은 마음이 외부 환경에 대하여 받은 느낌에서 기원하며, 우리가

## 지혜로 마음을 조복(調伏)시키다

지금까지의 삶은 평온무사한 날이 하루도 없었기 때문에 우리는 그저 사방을 둘러보고 기다릴 수만은 없으며, 적극적으로 임하고 열심히 찾아 바꾸어야 한다. 지혜는 일종의 사리에 밝고, 이해해 깨닫는 것이지 돈을 잘 벌고 지위가 높다한들 그만큼 지혜가 있다고 할 수 있는 것은 아니다. 관건은 끝이 보이지 않는 막연함 속에서 여유 있고 밝은 마음을 의연하게 유지할 수 있느냐에 달려 있다.

**속박에서 벗어남**
우리의 마음이 청정해지고 선정을 얻게 되었을 때, 우리의 마음은 세속의 얽매임에서 벗어나 맑고 깨끗하고 거침없는 자유로운 공간에 들어갈 수 있으며, 그때 우리의 인생은 당연히 또 다른 모습이 될 것이다.

**지혜**
진정한 지혜는 계산에 밝은 영악한 잔머리가 아니다. 불교에서 말하는 청정하고 자비로우며 평등한 바른 견해[正見]와 바른 생각[正念] 등이며, 이것들은 우리가 생명의 진제를 간파하는 데 도움을 주고, 행복한 인생의 길을 찾아가도록 인도해 줄 수 있다.

**변화하는 마음**
사람의 마음은 연못 속의 물고기와 같다. 물고기가 먹이를 쫓기 위해 쉬지 않고 이리저리 헤엄쳐 다니는 것처럼, 사람의 마음도 각종 공명과 이익을 좇기 위해 멈추지 않고 오락가락 변덕을 부린다.

아는 외부 환경은 변화무쌍한 것이고, 이에 따라 우리의 심정도 변화무쌍해진다. 따라서 인생과 세계를 정확하게 보고, 나쁜 정서의 근본을 철저히 끊어야 한다. 이밖에도 **정서를 조절하는 방법을 터득하여 자기 마음을 관조해 보고, 정서에 대해 분류하여 관리하는 것을 배워서 부정적인 정서가 생기면 대처할 방법을 생각해 제멋대로 만연해지지 못하도록 해야 한다.**

### 생각은 매우 중요하다

현실 속에서 많은 사람들의 생활은 욕망과 정서 사이에서 흔들린다. 매일 말하거나 행하고 있는 것이 내가 원하거나 내가 원하지 않거나, 내가 좋아하거나 내가 싫어하거나, 내가 즐겁거나 내가 고통스럽거나 하지 않은 것이 없다. 이 '나'는 한없이 확대되고, 비할 수 없이 중요시되며, 더욱 어려운 점은 우리가 그를 만족시킬 방법을 찾지 못한다는 것이다. 또한 이것은 사람들이 행복과 어깨만 스치고 지나치게 되는 이유의 중요한 원인이기도 하다.

### 심리 상태와 인생

각종 심리적인 요소가 인생에 작용하는 것을 이해하고, 이것을 대조하여 지금 있는 욕망이 합리적인 것인지 아닌지, 어떤 생각을 조절해야 하는지, 어떤 정서를 극복해야 하는지를 점검해야 한다. 끊임없이 조절하고 다방면으로 보호하여 효과적으로 정신 건강을 지켜야 한다. 그렇지 않으면 멈추지 않고 찾아 헤매는 데 평생을 바치며, 부랴부랴 서두르다 일생을 다 얼렁뚱땅 보내고 만다. 한 점의 평안함과 고요함을 얻으면 한 점의 즐거움을 얻고, 한 점의 청정함을 얻으면 한 점의 행복을 얻게 되니, 오직 우리의 인생도 즐겁고 행복하기만을 바라게 된다.

# 청정한 마음이 복의 원천이다

『노자(老子)』에 "어린아이로 되돌아간다."●라고 하는 유명한 구절이 나온다. 이것은 감각적인 유혹이 가득한 이 세상에서 애초의 순수함과 순박함으로 돌아가 어린아이처럼 순진무결한 생명 본래의 상태로 돌아가는 것을 가리키며, 행복은 그 순간부터 나타나기 시작한다.

## 청정한 마음의 원만함

『유마힐경』「불국품」에 "그 마음의 청정함을 따르면 불국토가 청정하리라."●●라는 말이 나온다. 청정한 마음에서 지혜가 생기니 지혜가 바로 기쁨이며, 순수하게 착한 마음에서 복덕이 생기니 복덕이 바로 행복이다. 순수하게 깨끗한 마음은 지혜가 원만하며, 순수하게 착한 행동은 복덕이 원만하다. **청정한 마음[淸淨心]은 물들지 않고 티끌도 없고, 탐욕과 성냄도, 어리석음과 번뇌도, 원망과 근심도 없으며, 속박됨 없이 공하여 신령스럽게 자재하고, 고요하고 맑고 깨끗하고, 원융(圓融)하여 머묾이 없는[無住], 순수하게 깨끗하며 오묘한 마음이다.** 다시 말해 번뇌의 막연함에서 벗어나 반야의 밝음을 얻게 되며, 어둠에 빠져 있던 것에서 멀리 헤어나 보살의 자유로움을 실행하게 된다. 마음이 만약 청정무구하면 실의에 빠질 때는 선정에 든 마음으로 다스릴 수 있고, 득의에 찰 때는 담담한 마음으로 바라볼 수 있으며, 원망이 있을 때는 인내하는 마음으로 편안해질 수 있고, 심란할 때는 침착한 마음으로 대처할 수 있으며, 근심과 슬픔이 있을 때는 한결같은 마음으로 평정을 이룰 수 있다. 이와 같이 좋을 때나 나쁠 때나 놀라지 않아야 비로소 한가롭게 거닐며 쾌활하고 자유로운 인생이 될 수 있다.

삶은 일마다 뜻대로 이루어지고, 외부의 방해를 받지 않아야 하지만 실

---

● "復歸於嬰兒."
●● "隨其心淨, 則佛土淨."

제로 그것은 매우 쉽지 않은 일이다! 비바람이 몰아치는 세상 속에서 사람들의 정신은 이러저러한 온갖 먼지에 뒤덮여 더러워지는 것을 피할 수 없으나, 스스로 깨닫고 곧바로 자기의 정신을 목욕시켜 씻어 내는 것이 특히 중요하다고 생각된다. 고덕이 말하기를 "시끌벅적한 장소에 도량을 지어라."라고 하였다. 자신이 망령된 인연[妄緣]을 잠재우고, 잡념을 떨쳐 버리면 평온하지 않은 곳이 어디 있겠는가!

## 청정한 마음은 최고의 선이다

업무 속에서든 생활 속에서든, 가난하든 부유하든 사람에게 가장 중요한 것은 마음의 청정함을 유지하는 것이다. 청정한 마음이 행복의 원천이며, 우리가 원하는 모든 것을 맑고 깨끗한 이 마음에서 발견할 수 있음을 알아야 한다. 그런데 우리의 현실은 하루 종일 일에 대한 스트레스로 혹사당하고, 복잡한 인간관계에 얽혀 좌지우지되며, 외부의 사물에 심란해지고, 명예와 지위에 자극을 받는데, 우리의 마음이 어떻게 깨끗해질 수 있는가. 번뇌는 당연히 한순간도 우리를 멀리 떠나지 못한다. 그렇다면 행복을 또 어디에 가서 찾을까?

　　많은 사람들이 복보를 얻기 위하여 선을 행한다. 선을 행하는 것은 인이고, 복을 얻는 것은 과이다. 먼저 청정한 마음을 닦아야 하는데 마음자리가 청정한 것이 최고의 선(善)이다. 마음자리가 청정하지 못하면 설사 선(善)을 닦아도 그 선함 가운데 잡된 것이 섞여 있어 불순해 업장이 철저하게 소멸되지 않는다. 공덕과 복보가 모두 청정한 마음 위에 있으며, 청정한 마음을 닦지 않고 생활하는 가운데 그것을 얻지 못하면 고통을 떠나 즐거움을 얻을 수 없다. 인간 세상에 뜻대로 되지 않는, 이렇게 많은 환경에 직면하게 된 이상 먼저 자신을 정화하여 마음의 세계를 깨끗하게 하는 것이 낫다. 이것 또한 마음을 닦는 데 힘써야 할 부분이다.

　　생활은 단순해질수록 건강해지니 마음자리를 깨끗하게 해야 티끌만큼도 세상의 물욕에 물들지 않고, 명예와 이익에 무심해지며, 청정한 마음이 길러진다. **언제 어디서나 깨끗한 마음자리와 평등함을 유지해야 한다. 이것이 진정한 정토이며, 자재로운 행복이다.**

# 스스로 마음을 정화하다

꽃의 신선함과 우리 몸과 마음의 청정한 이치는 서로 같다. 일상생활 속에서 우리는 항상 마음을 정화하고 조절해야 환경에 적응할 수 있다. 그렇지만 환경으로 하여금 우리의 마음에 적응하라고는 할 수 없다!

**물의 청정함**
청정한 물을 병 속에 부어 주면 꽃은 가장 청량한 영양분을 흡수해 오랫동안 신선함을 유지할 수 있다.

**꽃의 신선도 유지**
꽃병의 꽃은 일정 시간이 지나면 시들게 된다. 꽃의 신선함을 유지하고 싶으면 자주 물을 갈아 주어야 하며, 말라 죽어 버린 줄기와 가지를 잘라 내야 한다. 이렇게 해야 꽃의 신선함을 유지할 수 있다.

**마음을 시들게 하지 말라**
꽃의 줄기가 물속에 잠겨 있으면 쉽게 썩어 버려 꽃에 수분을 공급할 수 없기 때문에 쉽게 시들어 죽게 된다. 우리의 마음은 매일 세속의 난잡함 속에 잠겨 있는 것과 같아 만약 곧바로 마음을 정화하지 못하면 여러 가지 부정적인 정서가 생겨 말로 다할 수 없을 정도로 고통이 심해진다.

**지금 이 자리의 청정함**
우리에게 있어 영양분이 되는 샘은 곧 청정한 바로 지금 이 자리이다. 혼란한 마음을 그때그때 없애면 세계와 주위 환경, 그리고 우리에게 내재된 몸과 마음의 동작에 이르기까지 청정한 범음(梵音)의 소리가 아닌 것이 하나도 없다.

399

생명은 사랑이 있어야 완전하다

# 각성(覺醒)의 자비심

가엾이 여기는 마음은 차디찬 번뇌의 세상에 높이 내걸린 따뜻한 햇볕이다. 그 속에서 목욕하며, 우리는 이 선량한 세계가 모든 생명에 대하여 이해하고 존중하는 것을 느낀다.

## 자비는 가장 큰 사랑이다

우리는 모두 어머니의 사랑과 보살핌 속에서 성장해 왔다. 이것은 우리의 일생을 함께하는 따뜻함이자 우리 곁의 힘이 된다. 뿐만 아니라 그 속에서 자신을 사랑하는 법과 남을 사랑하는 법을 배운다. 불교에서 중생을 가장 가련하게 여기는 점은 바로 무명과 어리석음으로 전도되었다는 것이며, 이것은 또한 중생이 받는 고통의 근원이다. 중생은 모든 법의 참모습[眞相]과 진리를 이해하지 못하고 미혹되고도 깨닫지 못한다. 고통을 즐거움으로 여기고, 무아를 유아(有我)로 여기며, 더러운 것을 깨끗한 것으로 여긴다. 부유한 사람이든 가난한 사람이든, 힘 있는 사람이든 힘 없는 사람이든, 건강한 사람이든 건강하지 않은 사람이든, 가정이 있는 사람이든 가정이 없는 사람이든, 사랑받는 사람이든 고독한 사람이든 모두 무명과 어리석음이 전도된 가운데 다 같이 불쌍하다. 그러나 우리가 생각하는 것과 행동하는 것은 흔히 서로 배치(背馳)되어 사람마다 모두 즐거워지고 행복해지고 싶어 하지만 행하는 모든 것이 다 즐거움과 행복의 인(因)은 아니다. 때문에 모든 중생이 다 다른 입장에 서서 다른 번뇌를 받고, 다른 환경에 처해서 다른 고통을 받는 것이다. 이러한 사유에서 우리는 평등한 자비심을 낼 수 있다.

# 마음을 닦는 여덟 개의 송[修心八頌]

『수심팔송(修心八頌)』은 랑리탕빠[郎日塘巴] 존자가 저술한 책이다. 이것은 마음을 닦는 방법을
여덟 방면으로 소개하며 우리에게 자비심이 일어나도록 촉진한다. 만약 여덟 개의 송을 모두 원만하게
닦으면 일어난 자비심도 원만해진다.

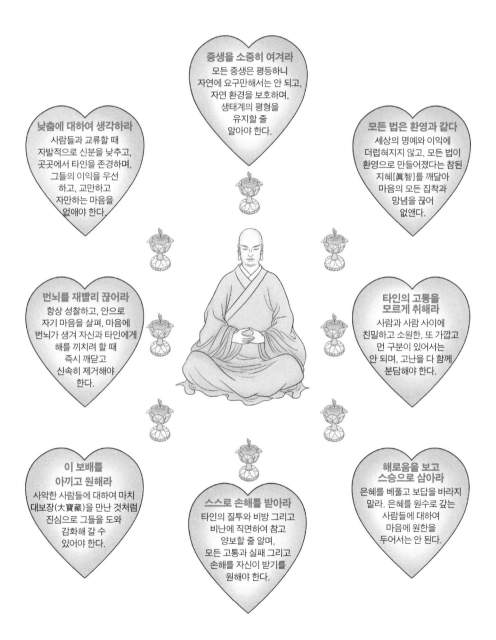

**증생을 소중히 여겨라**
모든 중생은 평등하니
자연에 요구만해서는 안 되고,
자연 환경을 보호하며,
생태계의 평형을
유지할 줄
알아야 한다.

**낮춤에 대하여 생각하라**
사람들과 교류할 때
자발적으로 신분을 낮추고,
곳곳에서 타인을 존경하며,
그들의 이익을 우선
하고, 교만하고
자만하는 마음을
없애야 한다.

**모든 법은 환영과 같다**
세상의 명예와 이익에
더럽혀지지 않고, 모든 법이
환영으로 만들어졌다는 참된
지혜[眞智]를 깨달아
마음의 모든 집착과
망념을 끊어
없앤다.

**번뇌를 재빨리 끊어라**
항상 성찰하고, 안으로
자기 마음을 살펴, 마음에
번뇌가 생겨 자신과 타인에게
해를 끼치려 할 때
즉시 깨닫고
신속히 제거해야
한다.

**타인의 고통을
모르게 취해라**
사람과 사람 사이에
친밀하고 소원한, 또 가깝고
먼 구분이 있어서는
안 되며, 고난을 다 함께
분담해야 한다.

**이 보배를
아끼고 원해라**
사악한 사람들에 대하여 마치
대보장(大寶藏)을 만난 것처럼
진심으로 그들을 도와
감화해 갈 수
있어야 한다.

**스스로 손해를 받아라**
타인의 질투와 비방 그리고
비난에 직면하여 참고
양보할 줄 알며,
모든 고통과 실패 그리고
손해를 자신이 받기를
원해야 한다.

**해로움을 보고
스승으로 삼아라**
은혜를 베풀고 보답을 바라지
말라. 은혜를 원수로 갚는
사람들에 대하여
마음에 원한을
두어서는 안 된다.

## 사랑과 따뜻함을 함께 나누다

세상에 한도 끝도 없는 고난을 감추고 그것을 열어 놓는 것을 꺼리지 말라. 우리가 우리의 가슴속에 용솟음치는 한 줄기 자비심이 있다고 느끼는 순간, 그 자비심이 마비되어 감각이 없는 육지 위에 좌초되도록 두지 말아야 한다. 자비는 마음에서 생겨나 사랑의 원동력이 되어 피어오른다. 돈을 구걸하는 거지나 마음을 찢어지도록 아프게 하는 병든 노인은 모두 우리가 자비심을 펼치며 아름다운 최고의 경계로 매진할 수 있도록 도와준다. 베풀고 나눌 줄 알아야 인생은 비로소 의미 있게 된다. 우리는 주변의 사람과 일에 대하여 무관심해서는 안 된다. 인류는 본래 같은 뿌리에서 태어났고, 우리 모두는 거대한 생명의 나무에 속한 자잘한 나뭇가지에 불과할 따름이며, 이것이 생명의 진제(眞諦)이기 때문이다. 그리고 우리 주변의 사람은 모두 우리와 같은 근원을 가진 하나의 나뭇가지이다. 그러므로 주변 사람이 곤경에 빠졌을 때 우리는 자신의 힘을 어떻게 봉헌해야 할지 알아야 한다.

이 세상을 황급히 거쳐 가는 우리 가운데 절대 다수는 많은 사람들에게 환영 받거나 잡지나 신문에 업적이 실리는 일도 없는, 남의 주의를 받지 못하는 평범한 삶을 살아간다. 그러나 이 모든 것들이 우리의 존재적 가치를 부정하고, 우리 인생의 의미를 부정할 수는 없다. 왜냐하면 삶 가운데 많은 사람들이 우리를, 우리의 격려를, 그리고 우리의 보살핌과 관심을 필요로 하기 때문이다. 타인을 배려함으로써 우리 자신의 존재를 더욱 가치 있게 할 수 있고, 자기의 생명을 더욱 의미 있게 할 수 있다. 테레사 수녀가 "우리는 위대한 사람이 아닙니다. 하지만 우리는 위대한 사랑으로 작은 일을 실천할 수는 있습니다."라고 말한 것처럼 타인을 배려하는 것은 아름다운 마음의 구현이며, 위대한 사랑의 승화이다.

# 은혜에 감사하는 마음이 가장 아름답다

은혜에 감사하는 것은 마음의 샘물과 같다. 그것은 한없이 솟아 마음자리를 촉촉하게 적시면서 삶을 생기로 가득 차게 하고, 온 세상에 햇살이 가득하게 하니 향수(享受)하라. 그것은 우리의 마음에서 나오니 밖에서 구하지 못하고 대가를 치를 필요도 없다. 관건은 그저 당신과 내가 생각을 바꾸는 한 순간에 있다.

## 은혜에 감사하는 생활

은혜에 감사하는 것이란 무엇일까? 그것은 결초보은(結草報恩)의 의미처럼 은혜를 잊지 않고 보답하는 것이며, 물 한 방울의 은혜를 넘치는 샘물로 보답하는 것처럼 남에게 입은 은혜를 갑절로 갚는 것이다. 은혜에 감사하는 것은 일종의 미덕이고, 경계이며, 우리 일생을 바쳐 기다릴 가치가 있는 한 번의 소중한 기회이다. 또한 우리가 일생을 바쳐 이룩할 가치가 있는 한 번의 세기적인 쾌거이자, 일생을 바쳐 귀중히 여길 가치가 있는 한 번의 사랑 교육이다. 은혜에 감사하는 것은 심리적인 평형을 얻기 위해 요란하게 하는 짧은 감사 표시가 아니라, 마음에서 우러나와 말없이 하는 영원한 보답이다. **은혜에 감사하는 것은 삶에 햇살이 가득하게 하고, 세상을 훈훈한 향기로 가득 차게 한다. 오늘부터 마음으로 은혜에 감사하라.**

삶 가운데 은혜에 감사할 것들이 너무나도 많다. 예를 들면 부모님에 대하여 감사한 마음을 간직하고 있는데, 그것은 부모님이 우리에게 생명을 주시고 건강하게 자라도록 해 주셨기 때문이다. 또 스승과 선배에 대한 감사한 마음은 그들이 우리에게 가르침을 주어 우매함을 버리고 사고할 줄 알게 해 주었기 때문이다. 친구에 대하여 감사한 마음은 그들이 우리에게 우정을 주어 우리가 도와주는 이 없이 외롭고 쓸쓸할 때 희망과 햇빛을 보게 해 주었기 때문이다. 경쟁 상대, 심지어 적에 대하여 감사한 마음은 그들이 우리에게 앞으로 나아가게 하는 힘을 주었기 때문이다. 만약 우리가 언제나 감사하는 마음으로 이 세상을 본다면 세상은 매우 사랑스럽고 풍요롭다는 것을 느낄 수 있을 것이다!

### 은혜에 감사함을 마음에 간직하라

은혜에 감사할 줄 모르는 사람은 흔히 이기적이고, 개인의 이해득실만 따지며, 욕망을 탐해 한 푼 늘어나면 번뇌도 한 푼 많아진다. 그런데 은혜에 감사할 줄 알면 비로소 평화롭고 낙관적인 마음 상태를 유지할 수 있고, 인생도 비로소 즐겁고 행복함을 누릴 수 있게 된다. 우리는 이 세상에 살면서 항상 행복하고 즐겁게 살아 갈 수 있기를 기대한다. 그럼 어떻게 해야 그 기대를 현실화할 수 있을까? 원망과 불만은 자신의 하늘에 먹구름만 드리워지게 한다. 구름을 헤치고 태양을 보려고 하면 맑고 깨끗한 하늘을 보게 되며, 이것은 사실 생각을 바꾸는 그 한 순간에 달려 있다.

은혜에 감사하는 것은 심리적 만족에서 나오고, 사람과 일에 대한 관용과 이해에서 나오며, 타인과 사회에 보답하는 착한 마음에서 나온다. **은혜에 감사하는 것은 상호 신임과 상호 이해, 상호 존중을 촉진시켜 좋은 인간관계가 수립되는 데 이로움을 줄 수 있다.** 은혜에 감사하는 것은 원망과 증오, 반항을 줄이며, 너그러움과 친절함, 즐거움이 많아져 사람이 적극적인 인생관과 건강한 마음을 갖고 타인의 오해와 잘못을 잘 대하도록 한다. 은혜에 감사하는 마음을 지니고 있어야 생활에 희망이 가득해질 수 있고, 인생 여정에서 겪는 좌절과 불행을 이성적으로 마주할 수 있으며, 생각의 시시비비에 침착하게 대할 수 있게 된다. 은혜에 감사하는 것은 남을 우대해 주고, 자신도 즐겁게 한다. 은혜에 감사할 줄 모르는 사람은 설령 억만금의 재산이 있어도 여전히 가난하다. 감사하며 은혜를 알고 은혜로 갚을 줄 알아야 천하에 가장 부유한 사람인 것이다.

# 은혜에 감사하는 세계

은혜에 감사하는 것은 일종의 마음 상태일 뿐만 아니라 미덕이다. 은혜에 감사하는 것을 배우면 이른바 불공평함을 이유로 하늘을 원망하고 남을 탓하며 시시콜콜 따질 수 없게 된다. 은혜에 감사하는 것을 배우면 덮어 놓고 요구만 하거나 오로지 자기 사욕을 늘리려 하지 않는다. 생활의 1분 1초를 감사함에 할애하면 우리의 생활은 나아질 것이며, 우리의 인생은 다채로워질 것이다.

어머니가 생명을 주신 것에 감사하라

대지가 생명을 양육해 주는 것에 감사하라

삶에 우정과 사랑을 준 것에 감사하라

나를 해치는 사람에게 감사하라

나를 기만하는 사람에게 감사하라

나를 버린 사람에게 감사하라

나를 업신여기는 사람에게 감사하라

나를 쓰러뜨린 사람에게 감사하라

나를 질책하는 사람에게 감사하라

**좋은 운이 쌓임**
은혜에 감사할 줄 알면 행복을 스스로 끊임없이 모을 수 있어 우리의 세상은 곧 아름다운 세상이 된다.

福 福 福 福 福

# 지금 이 자리에 사는 즐거움

"과거를 슬퍼하지 말고, 미래를 탐내지 않으며, 마음을 지금 현재에 두면 이로부터 평온해진다."라고 하신 부처님의 말씀은 참으로 적절한 표현이다.

---

### 지금 이 자리[當下]가 바로 생명이다

아주 오래전 어떤 지방에 홍수가 나서 마을이 잠기자 두 청년이 서로 옆에 있는 두 그루의 나무 위에 올라갔다. 한 명은 품속에 만두를 지니고 있었고, 한 명은 품속에 엽전 꾸러미를 지니고 있었다. 이틀이 지나도록 홍수는 물러갈 기미가 보이지 않았고, 두 사람은 모두 굶주려 뱃속에서 꼬르륵 소리가 났다. 품에 엽전 꾸러미를 지닌 사람이 만두를 지닌 사람에게 말하기를 "내가 당신에게 엽전 꾸러미를 줄 테니 나에게 만두를 팔겠소?"라고 했다. 만두를 가지고 있던 사람은 '홍수는 조만간 물러갈 것이니 만약 엽전 꾸러미가 있으면 나는 더 많은 밭을 사서 더 많은 농사를 지을 수 있고, 멋진 집을 짓고, 예쁜 마누라를 얻을 수 있을 텐데, 그 생활이 얼마나 윤택하겠어.'라고 생각했다. 그래서 그는 흔쾌히 승낙하고 만두를 엽전 꾸러미와 교환하였다. 나중에 홍수가 물러나자 만두를 엽전 꾸러미로 바꾼 사람은 굶어죽었고, 엽전 꾸러미를 만두로 바꾼 사람은 살아남아 그 엽전꾸러미를 집어 들고 집에 돌아왔다.

경전에 "생명은 호흡하는 사이에 있다."라고 하였다. 생명은 덧없이 왔다 가며, 미래의 삶은 망상이고, 과거의 삶은 잡념이며, '현재'만이 가장 좋은 시기이다. 불행은 혼자 오지 않는다. 서양의 정신의학에서 환자의 생각을 치료하는 가장 핵심적인 것도 환자에게 'Here and Now', 즉 '지금 이 자리'에 살도록 하는 것이다. 왜냐하면 과거의 일은 이미 일어난 것이기 때문이다. 그

# 지금 이 자리에 활짝 핀 아름다움

인생의 짧은 몇십 년 동안 과거의 아름다움은 이미 잡을 수 없는 그림자가 되었고, 미래의 꽃향기는
아직도 씨앗의 고요함 속에 잉태되어 있다. 오직 지금 이 자리, 이 순간이 가장 화려하게 피어 있으나
어느덧 금방 지나가 버린다. 그러므로 마음을 지금 이 자리에 편안히 머물게 하고, 세월에 맡겨 흐르는
물처럼 늙어 가면 우리는 이미 아름다움을 꽉 잡고 있는 것이다.

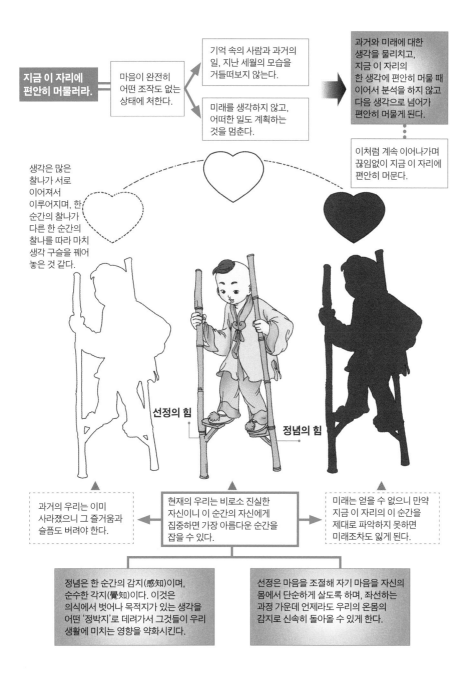

지금 이 자리에 편안히 머물러라.

마음이 완전히 어떤 조작도 없는 상태에 처한다.

기억 속의 사람과 과거의 일, 지난 세월의 모습을 거들떠보지 않는다.

미래를 생각하지 않고, 어떠한 일도 계획하는 것을 멈춘다.

과거와 미래에 대한 생각을 물리치고, 지금 이 자리의 한 생각에 편안히 머물 때 이어서 분석을 하지 않고 다음 생각으로 넘어가 편안히 머물게 된다.

이처럼 계속 이어나가며 끊임없이 지금 이 자리에 편안히 머문다.

생각은 많은 찰나가 서로 이어져서 이루어지며, 한 순간의 찰나가 다른 한 순간의 찰나를 따라 마치 생각 구슬을 꿰어 놓은 것 같다.

선정의 힘

정념의 힘

과거의 우리는 이미 사라졌으니 그 즐거움과 슬픔도 버려야 한다.

현재의 우리는 비로소 진실한 자신이니 이 순간의 자신에게 집중하면 가장 아름다운 순간을 잡을 수 있다.

미래는 얻을 수 없으니 만약 지금 이 자리의 이 순간을 제대로 파악하지 못하면 미래조차도 잃게 된다.

정념은 한 순간의 감지(感知)이며, 순수한 각지(覺知)이다. 이것은 의식에서 벗어나 목적지가 있는 생각을 어떤 '정박지'로 데려가서 그것들이 우리 생활에 미치는 영향을 약화시킨다.

선정은 마음을 조절해 자기 마음을 자신의 몸에서 단순하게 살도록 하며, 좌선하는 과정 가운데 언제라도 우리의 온몸의 감지로 신속히 돌아올 수 있게 한다.

것이 좋았든 나빴든, 공포였든 기쁨이었든 시간의 긴 강 속에서 이미 사라져 버렸고, 지금 이 시간, 이 자리에서는 그것이 더 이상 우리에게 해를 끼칠 수도, 더 이상 영향을 미칠 수도 없다. 그리고 미래는 아직 발생하지 않은 일이다. 생명은 무상하여 우리는 종잡을 수가 없고, 또 걱정할 필요도 없다. **그저 지금 이 자리에서 매 순간을 소중히 여기며 살면 삶은 비할 수 없이 감미로울 수 있기 때문이다.**

## 하루하루가 모두 소중하다

철학가가 말하기를 하나하나의 과정을 사는 것이 진정한 해탈이며, 또 진정한 자유라고 하였다. 크리시포스●는 "과거와 미래는 결코 '존재'하는 것이 아니라 '존재했던 것'과 '아마 존재할 것'이며, 유일하게 '존재하는 것'은 현재이다."라고 말했다. **우리는 눈앞에 초점을 맞추고, 반드시 온 정신을 지금 이 자리에 집중시켜야 한다. 이것이 인생의 초월이다.** 지금 이 자리에 산다는 것은 근심도 없고 후회도 없음을 의미하기도 한다. 미래에 발생할 어떤 것에 대하여 공연한 상상과 괜한 염려를 하지 않기 때문에 걱정이 없으며, 과거에 이미 일어난 일에 대해서도 쓸데없는 생각과 무의미한 득실을 따지지 않기 때문에 후회가 없는 것이다. 사람은 지금 이 자리에 근심도, 후회도 없이 살 수 있으며, 기뻐하거나 걱정한다고 해서 마음에서 생기는 모든 것이 속박되는 것은 아니다. 지금 이 자리에서 살면 이른 새벽의 첫 햇살이 당신에게 삶의 희열을 느끼게 해 주고, 마주하는 얼굴에 띤 엷은 미소로도 당신에게 사랑과 우정을 통감하게 한다. 또 지난날 바쁘고 무미건조했던 일도 당신에게 뿌듯함과 풍만함을 느끼게 해 주며, 하루하루가 모두 소중하게 여겨지게 된다.

● [편집자주] 고대 그리스 철학자.

# 내려놓음[放下]은 더 잘 감당하기 위한 것이다

사람은 반드시 취하고 버리는 것을 잘하도록 용기를 북돋아 주어야 생명의 또 다른 절정을 만들어 낼 수 있다. 버리는 것이 있어야 비로소 얻는 것이 있다. 우리가 용감하게 '버림'을 배웠을 때, 비로소 '큰 얻음'이 있게 된다.

## 내려놓음과 얻음

만약 우리가 사찰에 가서 선사에게 가르침의 말씀을 청하면 거의 모든 선사는 우리에게 "간파(看破)하고, 내려놓고[放下], 자재(自在)하라!"라는 말을 할 것이다. 이 '간파, 방하, 자재'의 여섯 글자는 인생의 오묘한 이치를 확실하게 나타낸 것이다. '간파'할 수 있어야 '방하'할 수 있으며, '방하'할 수 있어야 비로소 능히 '자재'할 수 있기 때문이다. 사람이 세상에 살면서 필요한 것은 포용과 소탈함이다. 바쁜 현대인에게 있어 먼저 해야 할 것이 바로 간파하고 방하하는 것이다. 모든 사람은 그들의 일생 가운데 이 두 가지 공부를 잘해야 한다. 사람은 무언가를 용감하게 버려야 홀가분하게 어떤 성과를 얻을 수 있다. 만약 어떤 것도 버리려고 하지 않으면 새로운 성과를 추구해 갈 시간과 정력이 없다.

얻기 위해서는 버림이 선행되어야 하는 것이다. 먼저 얻고 나중에 버리는 것이 아니다. 물론 모든 사람은 얻는 것이 많을수록 좋다고 생각하겠으나 그것은 불가능하다. 왜냐하면 우리의 두 손은 제한된 수의 물건을 잡을 수 있을 뿐 모든 물건을 손에 넣을 가능성은 영원히 없기 때문이다.

## 늑대와 공작 이야기

우리가 곤경에 직면했을 때 제때에 버릴 줄 알면 훨씬 잘 지킬 수 있으며, 털끝만큼도 버릴만한 것이 없으면 결국 손실되어 거의 남아 있지 않게 된다. 다음의 늑대와 공작 이야기처럼 당신은 아무것도 없게 된다.

백두산에서 사냥꾼들이 늑대가 항상 출몰하는 곳에 덫을 묻어 놓아 그 것을 한번 밟으면 다리가 그 사이에 단단히 끼게 하였다. 덫에 걸린 늑대는 필사적으로 발버둥 치다 빠져나올 가망이 없을 때 덫에 낀 자기 다리를 과감 하게 물어뜯고 도망쳐 살아남는다. 늑대는 다리 하나를 잃어버린 대가로 자 기의 생명을 온전히 보존하였다.

적극적으로 버리고 얻은 늑대의 이러한 태도는 다른 동물을 생각나게 한다. 그것은 바로 공작이다. 수컷 공작은 자신의 아름다운 꼬리를 가장 소중 히 여기기 때문에 사냥꾼들은 일부러 큰 비가 내릴 때를 골라 사냥에 나간다. 이때 공작의 아름다운 꼬리는 이미 흠뻑 젖어 버리는데, 공작은 이때 날면 그 꼬리가 망가질까 걱정하기 때문에 차라리 잡힐지언정 절대로 꼼짝도 하지 않는다. 그래서 줄줄이 '그물에 걸려'든다. 공작은 아름다운 꼬리를 잃는 것 을 두려워한 결과 모든 자유와 생명을 잃어버리게 된 것이다.

우리가 인생의 득과 실에 직면했을 때 위의 늑대와 공작 이야기를 많이 생각해 보자. 아마 우리는 거기에서 얻고 잃는 것에 대한 정확한 태도를 갖는 것을 배워 득과 실 앞에서 지혜로운 선택을 하게 될 것이다.

# 불안함을 내려놓아라

불안은 일종의 복잡하고 종합적인 정서로서 좋지 않은 상황에 직면하게 될 일종의 긴장감과 불쾌감이 나타나는 현상이다. 거의 모든 사람은 살면서 이러한 것을 경험한 적이 있다. 그러나 만약 곧바로 완화되지 않으면 곧 불안장애로 발전되어 일종의 심리적인 질병이 된다.

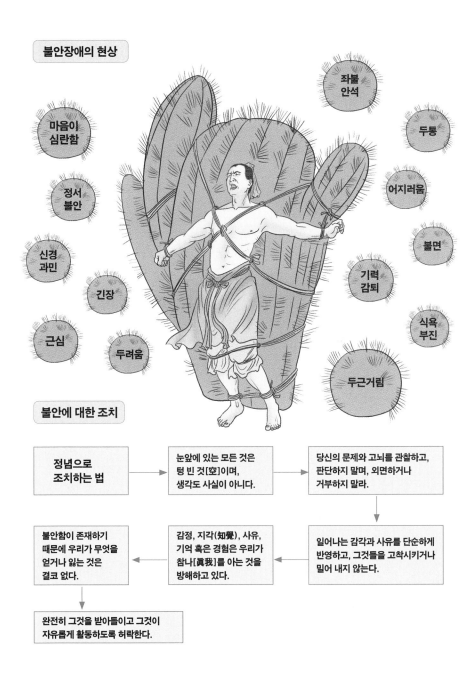

**불안장애의 현상**

좌불안석

두통

마음이 심란함

어지러움

정서 불안

불면

신경 과민

기력 감퇴

긴장

식욕 부진

근심

두려움

두근거림

**불안에 대한 조치**

| 정념으로 조치하는 법 | → | 눈앞에 있는 모든 것은 텅 빈 것[空]이며, 생각도 사실이 아니다. | → | 당신의 문제와 고뇌를 관찰하고, 판단하지 말며, 외면하거나 거부하지 말라. |

불안함이 존재하기 때문에 우리가 무엇을 얻거나 잃는 것은 결코 없다. ← 감정, 지각(知覺), 사유, 기억 혹은 경험은 우리가 참나[眞我]를 아는 것을 방해하고 있다. ← 일어나는 감각과 사유를 단순하게 반영하고, 그것들을 고착시키거나 밀어 내지 않는다.

완전히 그것을 받아들이고 그것이 자유롭게 활동하도록 허락한다.

## 진흙탕 속에서 자라는 가시 꽃

**인생을 향해 미소 짓다**

생명은 현재 상황이 만족스럽지 못해도 끊임없이 자신을 뛰어넘을 수 있고, 어떠한 타격에도 이겨 낼 수 있어 설사 계곡 바닥에 깊이 빠졌을 때라도 여전히 사라지지 않는 열정이 마음속에서 활활 타오르고 있는 일종의 강인한 끈기가 매우 필요하다.

### 순역(順逆)에 상관하지 않는다

사람의 일생 가운데에는 순경(順境)도 있고 역경(逆境)도 있다. 공기 맑고 달 밝은 때도 있고, 비바람이 휘몰아치는 날도 있으며, 순풍에 돛 단 듯 순조로운 절정기도, 비참하고 처량한 슬럼프에 빠지는 때도 있다. 이러한 온갖 상황을 지혜로운 마음으로 대하면 침착해지고 차분해지며, 홀가분하고 자유로워질 수 있다.

일반 사람의 마음 상태는 외부 환경에 쉽게 지배당하여 성공했을 때는 자신의 처지를 잊고 우쭐거리다가, 좌절했을 때는 한번 쓰러진 뒤 다시 일어나지 못한다. 이렇게 우리의 마음은 기쁨과 슬픔, 득과 실에 따라 기복이 심하다. 비바람 치는 혹독한 시련과 흐렸다 맑게 개는 기복은 구름이나 연기처럼 금방 사라져 버리는 것에 지나지 않는다. 인생은 길고 긴 역사의 과정 가운데 아주 짧은 한 순간에 불과할 뿐이다. 흐렸다가 맑고, 둥글었다가 이지러지는 가운데 매달리는 것은 '일찍 흰 머리가 나게' 할 뿐이다. 그러므로 비바람에 매달리는 것은 비바람을 잊고 있는 것만 못하다. **우리는 물론 삶의 내용을 선택할 수는 없지만, 삶을 마주하는 방식은 선택할 수 있다.** 우리가 비바람을 강화시키고 확대시킬 때 검은 구름이 성을 뒤덮고, 비바람이 미친 듯이 휘몰아치게 될 것이며, 우리가 비바람을 약화시키고 축소시킬 때 우리는 비가 그쳐 날이 개고, 구름은 엷어지며, 바람은 잔잔하게 될 것이다. '순경'이라도 자

412

# 의기소침의 대처

의기소침은 일종의 침울한 에너지이다. 항상 자기혐오, 자아비판 혹은 다른 부정적인 사고 양식을 동반한다. 사람은 어떤 좌절이나 실패를 겪을 때 이러한 정서가 가장 쉽게 나타난다. 만약 제대로 대처하지 못하면 모든 사람이 부정적인 정서의 늪으로 빠져들며, 심지어 주변 사람에게도 영향을 준다.

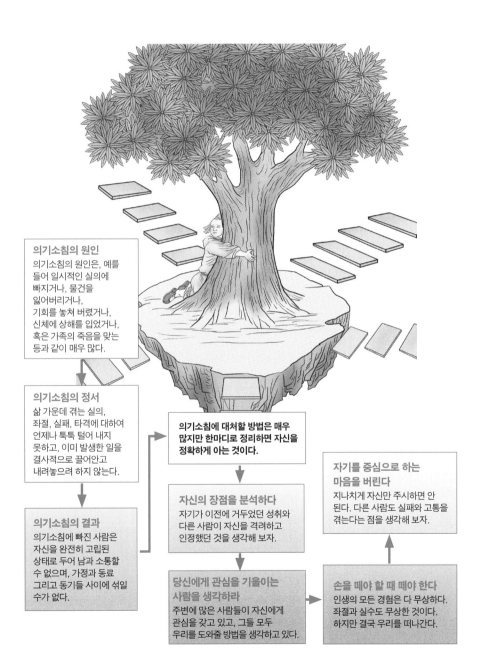

**의기소침의 원인**
의기소침의 원인은, 예를 들어 일시적인 실의에 빠지거나, 물건을 잃어버리거나, 기회를 놓쳐 버렸거나, 신체에 상해를 입었거나, 혹은 가족의 죽음을 맞는 등과 같이 매우 많다.

**의기소침의 정서**
삶 가운데 겪는 실의, 좌절, 실패, 타격에 대하여 언제나 툭툭 털어 내지 못하고, 이미 발생한 일을 결사적으로 끌어안고 내려놓으려 하지 않는다.

**의기소침의 결과**
의기소침에 빠진 사람은 자신을 완전히 고립된 상태로 두어 남과 소통할 수 없으며, 가정과 동료 그리고 동기들 사이에 섞일 수가 없다.

**의기소침에 대처할 방법은 매우 많지만 한마디로 정리하면 자신을 정확하게 아는 것이다.**

**자신의 장점을 분석하다**
자기가 이전에 거두었던 성취와 다른 사람이 자신을 격려하고 인정했던 것을 생각해 보자.

**당신에게 관심을 기울이는 사람을 생각하라**
주변에 많은 사람들이 자신에게 관심을 갖고 있고, 그들 모두 우리를 도와줄 방법을 생각하고 있다.

**손을 떼야 할 때 떼야 한다**
인생의 모든 경험은 다 무상하다. 좌절과 실수도 무상한 것이다. 하지만 결국 우리를 떠나간다.

**자기를 중심으로 하는 마음을 버린다**
지나치게 자신만 주시하면 안 된다. 다른 사람도 실패와 고통을 겪는다는 점을 생각해 보자.

만하지 말고, '역경'이라도 낙심하지 말라. 비바람 속에 몸을 두고 있어도 그 것에 흔들리지 말라. 이것이 바로 비바람이 불고 흐렸다 개는 역경을 초월한 선경(禪境)이다. 이에 대하여 『채근담(菜根譚)』에서는 "총애와 모욕에 놀라지 않고, 뜰 앞에 피고 지는 꽃들을 한가롭게 보며, 가고 머무름에 뜻이 없어 하늘 가 모였다 흩어지는 구름을 무심히 바라본다."●라고 표현하였고, 소동파(蘇東坡)는 "성공하면 물론 기쁘지만, 실패해도 역시 기뻐할 것이다."●●라고 말했다.

### 고생은 젊어서 해야 한다

각자의 생사(生死)는 각자가 끝내고, 각자의 밭은 각자 농사 지으며, 자신이 몸소 체험을 통해야 우리의 생명은 비로소 깜짝 놀랄만한 변화가 일어날 것이다. 젊은이가 가장 거절해서는 안 되는 일이 고생이다. 지나치게 순조로이 자라면 초콜릿을 겉에 두른 만성독약처럼 사람의 의지를 없애고, 마음의 지혜를 미혹되게 한다. **고생은 좋은 약이다. 쓴맛은 물론 좋지 않지만 고생을 겪으면 사람은 지혜와 힘이 쌓이고, 정신은 강해지고 열려서, 생명의 이끄는 힘과 풍부함이 나타난다.** 그러므로 고생은 젊어서 해야 하며 성공은 서두를 필요가 없다. 인생의 길을 넓히는 것도 직선과 곡선의 변증법적 통일이다. 한 사람이 오늘은 곧은길을 가다가 내일은 굽은 길을 걸을 수 있다. 우리는 난관에 부딪히고 역경에 처했을 때 어쩔 줄 몰라하거나 의기소침해서는 안 되며, 일시적인 좌절로 쉽게 포기해서는 안 된다. 어떤 의미에서 보면 인생의 목표를 실현하는 것은 어떤 환경에 처해 있는가에 달려 있는 것이 아니다. 우리가 하나의 이상(理想)을 끝까지 견지하고, 끊임없이 노력하며 쟁취해 가면 결국 언젠가 원하는 대로 이루어지는 날이 오는 것이다.

생명은 물과 같아 끓어오를 때 꽃을 피울 뿐만 아니라 희망과 열정의 힘이 위로 끌어올리는 길 가운데 왕성한 물살을 유지할 수 있다. 항상 향상하고자 적극적으로 노력하는 마음 상태를 유지하고, 비바람을 낙관적으로 마주하며 인생을 직면하면 모든 사람이 다 자신의 생명의 꽃을 끊임없이 피우리라 믿는다!

---

● "寵辱不驚, 閑看庭前花開花落; 去留無意, 漫隨天外雲卷雲舒."
●● "成固欣然, 敗亦可喜."

그냥 놔두어라

# 활달한 인생의 지혜

경전은 우리에게 다음과 같이 알려준다. 모든 번뇌와 고통은 전부 따지고 취하려는 마음 때문이라고. 활달하고 큰 지혜는 바로 우리의 마음을 열어 모든 불만과 원한을 자유롭게 흘러가도록 맡겨 둔다.

---

활달한 인생은 황량한 들판의 커다란 사막과 같다. 왜냐하면 사방팔방에서 불어오는 바람을 맞으며, 작은 하천에 구애되지 않고, 좁은 골목에서 배회하지 않으며, 광풍이 휘몰아치고 모래가 날아다니는 사막에 맡긴 채 모든 일은 생사에 따르고, 모든 걱정은 자연에 돌려 하늘 높고 땅 넓은 자연에 한가로이 거닐며 살아가기 때문이다.

활달한 인생은 바다와도 같다. 왜냐하면 그것은 넓고 넓은 포부를 지니고 있어 모든 하천이 바다로 들어가도 늘어나긴 하지만 줄어들지는 않으며, 천고의 은혜와 원수 모두 포용하며, 사방의 풍운을 담을 수 있고, 넓은 하늘 광활한 바다에서 마음가는대로 나부끼고 흩뿌리며 살아가기 때문이다.

**활달함의 첫걸음은 유한한 생명을 꿰뚫어보고 알아채는 것이다.** 인생은 길어야 백 년의 시간뿐이다. 길고 짧은 것이 서로 차이가 많이 나지 않으니 우리는 내가 많다고 질투하고, 내가 젊다고 꺼려 할 필요가 없다. 부귀한 사람도 영원히 부귀를 누리지 못하며, 가난한 사람도 영원히 고난을 당하지 않는다. 더구나 인생에는 온갖 유형이 있다 하더라도 모든 사람은 한 가지 유형만 살 수 있을 뿐이다. 가만히 앉아 놀고먹을 복이 있다면 인생에 도전하는 영광을 체험할 수 없으며, 사람마다 각자 사는 방법이 있고, 각자 다른 희로애락이 있다.

꿰뚫어 볼 수 있고 알아챌 수 있으면 최후의 결말을 볼 수 있고, 유(有)에

415

서 무(無)를, 실(實)에서 공(空)을 볼 수 있다. 인생은 본래 한바탕 공(空)이다. 텅 빈 곳에서 나와 텅 빈 곳으로 가며, 최후의 결과는 사대개공(四大皆空)이다. 그러므로 그리 대단한 일도 없으며, 그리 버리지 못할 물건도 없다. 하물며 인생의 즐거움은 얼마나 적고, 시간은 또 얼마나 짧으며, 인생의 고난은 얼마나 깊고, 근심 걱정해야 할 일은 또 얼마나 많은데, 어찌하여 자신을 세속의 사소한 일 속에 묶어 둘 수 있겠는가.

활달한 사람은 황량한 벌판에서 산책하기를 좋아하며, 인생의 번잡한 상황을 마주하면 항상 이러한 감탄이 나온다. "어서 와서 한없이 크고 넓은 이 우주 좀 봐. 이 역사적인 적막함을 체험해 봐!" 사람들은 이따금 어찌나 어리석은지 자신의 귀중한 시간을 시시하고 자질구레한 일에 붙들어 놓는다. 한번 물어 보겠다. 시간은 흐르고 상황도 변하는데 어떤 이가 서로 지지고 볶는 자질구레한 일에 흥미를 느낄까?

꿰뚫어 보고 알아챘다면 인간의 생명은 자유와 해탈을 얻고, 시시콜콜 따지는 좁은 테두리에서 나와 사소한 일에 자신을 낭비하지 않는다. 도리어 크고 먼 것을 추구하며 인생의 멀고 원대한 계획을 세울 수 있다. 인생이 활달해지면 마음의 지혜도 저절로 지치지 않게 되고, 그렇게 고지식하고 고통스럽게 살지 않게 된다. 활달한 사람은 아주 사소한 일로 번뇌하지 않는다. 또 불쾌한 경험에도 하늘을 원망하거나 남을 탓하지 않는다. **활달한 사람은 타인을 헤아리고 인생을 이해한다.** 즐거울 때는 세상 예법에 구속됨 없이 자유로울 수 있고, 좌절할 때는 자연의 순리에 맡길 수 있다. 일을 할 때는 전심전력을 기울여 몰두할 수 있고, 감정이 북받칠 때는 기뻐하며 모든 것을 잊어버릴 수 있다. 이러한 사람은 살아가면서 억울해 하지 않지만 다른 사람을 문제 삼지도 않기 때문에 사람마다 좋아하고 탄복한다.

# 불이 하늘을 태워도 두렵지 않다

"남들의 비방에 따르고, 남들의 비난에 맡겨두어라. 불로 하늘을 태우려 하나 헛되이 자신만 피곤하리라. 내가 듣기에 마치 감로수를 마시는 것과 같아서 쇳덩이가 녹듯 온전한 부사의경(不思議境)에 들어간다[從他謗, 任他非. 把火燒天徒自疲. 我聞恰似飮甘露, 鎖融頓入不思議]!" 이것은 육조 혜능의 제자 영가(永嘉) 대사가 저술한 『증도가(證道歌)』에 나오는 유명한 구절이다. 이 구절은 남이 비방하든 비난하든 그 사람은 마치 장작불을 들고 올라가 하늘을 태우려는 것과 같지만 하늘은 타지 않고, 불을 지른 가엾은 사람만 쓸데없이 애쓴다는 의미이다.

**삶 가운데 불공평한 일**
삶 가운데 우리는 자주 다른 사람에게 오해와 모욕, 경멸과 비난을 받는데, 마치 돌덩이 같은 것을 우리에게 던지며 우리의 마음을 해치려고 한다.

경멸

폄훼

질책

모욕

비방

인욕

선정

정진

자비

**심리 전환**
이러한 모욕과 비방은 우리의 마음속 의지를 단련시키고, 견식(見識)을 증진시키며, 지혜를 길러 준다. 때문에 우리는 힘에 힘으로 맞설 필요도 없으며, 화내고 분노할 필요가 없다. 얼마 지나지 않아 우리 마음의 지혜는 훨씬 더 성숙해질 것이다.

**상처 받은 것이 힘이 될 수 있다**
돌은 우리의 신체를 다치게 할 수도 있으며, 우리가 전진하는 도로 위에 놓여 디딤돌이 될 수도 있다. 그러므로 전부 수용하고 포용하여 그것들을 자신이 전진하는 에너지로 전환한다.

**광활한 마음은 두려움이 없다**
마음은 광활하여 우리가 그것을 어떻게 해치든 성내거나 원망하지 않고 고요히 받아들인다. 마음은 넓고 커서 비방하든 칭찬하든, 이롭든 쇠락하든, 고통스럽든 즐겁든 그것을 전혀 분별하지 않고 자비롭게 포용한다.

# 한바탕 인연과의 작별

우리가 일찍이 얼마나 아름다운 꿈을 많이 꾸었든 간에 그것을 포기한 것은 나태한 것이며, 강요하는 것도 좋은 수단은 아니다. 번뇌의 꽃으로 타락하기보다는 생각을 바꿔 인연을 따르는 것이 더 낫다.

## 연(緣)이 모였다 흩어짐

옛날에 어떤 사람이 한 은사(隱士)에게 물었다. "무엇이 인연입니까?" 은사가 잠시 생각하다 대답했다. "인연이 운명이고, 운명이 인연이다." 그 사람은 듣고도 어리둥절했고, 그 속의 뜻을 분명히 알지 못하여 고승에게 가 물었다. "인연은 전생의 수련이다." 고승이 대답했다. 이 사람은 자기의 전생이 어떠했는지 몰라서 부처님께 가서 물었다. 부처님께서는 말씀을 하지 않으시고 손가락으로 하늘가의 구름을 가리켰다. 이 사람이 보니 구름이 일어났다 사라지고, 바람 따라 동쪽으로 갔다 서쪽으로 갔다 하며 자유롭게 떠돌았다. 이에 그는 바로 그 자리에서 다음과 같은 것을 갑자기 깨달았다. 인연은 만날 수는 있어도 구할 수는 없는 것이며, 인연은 바람과 같고, 그 바람은 일정하지 않다. 구름이 모이는 것은 인연이고, 구름이 흩어지는 것도 인연이다. 생명은 구름과 같고, 삶도 구름과 같다. 감정은 구름과 같고, 명예와 이익도 구름과 같다. 변화무쌍하여 구름이 일었을 때는 기세를 막을 수 없이 세차고, 구름이 흩어졌을 때는 쓸쓸하고 적적하며 느릿느릿하다. 감정의 일은 구름이 모였다 흩어지는 것과 같고, 명예와 이익의 일도 구름이 모였다 흩어지는 것과 같으니 인연은 만날 수는 있어도 구할 수는 없는 구름인 것이다.

# 우울함에서 벗어나다

우울한 사람은 항상 온 힘을 다하여 도피하거나 부정적인 기억과 감정 그리고 체험을 밀어내는 습관이 있다. 그러나 이것은 고난과 문제를 해결하는 데 도움이 안 되며, 가장 총명한 방법은 수용하고 자연의 순리에 따르는 것이다.

**가진 것을 놓는 아름다움**
아름다운 꽃도 시들어 떨어진다. 때문에 우리가 좋아하는 것들에 대해서도 늘 그것에 연연해 하거나 그것을 그대로 머물러 있게 하려고 해서는 안 된다.

**꽃다운 세월도 쉽게 흘러간다**
아름다운 얼굴도 시간의 흐름에 따라 늙어가니, 그것을 그대로 유지하려고 고집부리지 말고, 손을 놓아 아름다움을 떠나보내야 한다. 이것이 자연의 법칙이다.

**거스르지 마라**
부지런히 흐르는 물은 항상 모든 불순물과 오염물을 씻어가니, 우리가 싫어하는 것에 대해 두려워하고 번뇌하며 거부할 필요가 없다.

## 내관(內觀)의 훈련: '자연의 순리를 따르는 법'

**1** 마음이 체험한 것 가운데 가장 주목한 것을 깨닫는다. 만약 마음이 끊임없이 그것에 끌리면, 의식적으로 그것을 각지(覺知)한다.

**2** 그것에 대한 마음의 반응을 주목하여 그런 생각이나 감정 혹은 감각을 마주한다.

**3** 마음에 우리가 싫어하는 사람이나 일을 포함해 어떤 사물이든 담아 둘 공간을 허락한다.

**4** 이 순간의 감정이나 느낌, 그리고 그것들로 인해 생기는 불편함을 깨닫고, 고치려 하지 않는다.

**5** 자신에게 "내가 그것을 느낀다."라고 말하고, 이러한 감각을 마주하며 받아들인다. 이러한 감각을 반복한다.

**6** 알고서 받아들이는 것은 순종(順從)이 아니다. 그것은 우리가 괴로울 것임을 알지만 마음의 통제를 풀고, 더 이상 저항하지 않는 것이다.

## 모든 것이 인연을 따른다[一切隨緣]

세상에는 구할 수 있는 일이 아주 많으나 오직 인연은 구하기 어렵다. 수많은 사람들과 실속 없이 겉만 화려한 세상에서 얼마나 많은 사람들이 자기의 가장 완벽한 귀결점을 찾을 수 있을까? 또 얼마나 많은 사람들이 어깨를 스치고 지나가는 가운데 가장 좋은 기회와 인연을 놓치고 있을까? 하물며 얼마나 많은 사람들이 정확한 선택을 했지만 잘못된 시간과 장소에 서 있을까? 때로 인연이 가고 머무는 것은 사람의 한 생각[一念] 사이에 있을 뿐이다. 사람은 자신의 혈연을 바꿀 수 없으며, 뼛속의 물질은 뿌리가 깊이 박혀 있어 고치기 어렵다. 설사 후천적인 영향이 사람을 무궁한 변화의 공간으로 넣을 수 있다 하더라도 큰 결정에 있어서 사람의 선천적인 감각이 그의 진퇴와 취사선택을 좌우할 수 있다. 이것이 어쩌면 운명의 본래 뜻일지도 모른다. 특히 감정적인 문제를 마주했을 때 정(情) 때문에 힘들어지는 상황을 피할 수 없는데, 떠남과 머묾, 만남과 헤어짐은 한 생각 사이에 있는지도 모른다.

　서로 만나는 것도 인연이고, 스쳐 지나가는 것도 인연이며, 낯익은 것도, 낯선 것도 인연이다. 친구도 인연이고, 적도 인연이며, 애정, 이별, 가족, 부부, 친척, 이웃도 인연이다. 때리고 욕하는 것도, 서로 화목하게 지내는 것도 인연이다. **인연은 하늘이 정하는 것이 아니며, 한 번 정해지면 변하지 않는 것도 아니다.** 인연은 자기의 행동에 의해 언제든지 변할 수 있다. 어떻게 변할까? 모든 악은 행하지 않고 모든 선은 받들어 행하면 악연이 선연(善緣)으로 바뀌고, 인연이 없던 것[無緣]이 인연이 있던 게[有緣] 된다. 그러나 온갖 악행을 다 하며 모든 선을 행하지 않으면 선연도 악연이 될 수 있고 순연(順緣)도 역연(逆緣)으로 변할 수 있으니, 선하고 악한 것은 모두 스스로 만드는 것이다! 인생은 짧아 눈 깜짝할 사이에 지나가니 유정 세상에서 살면서 우리는 인연을 아끼고[惜緣], 인연을 따라야[隨緣] 하며, 우리 마음대로 순연만을 원하고 반연(攀緣)을 원하지 않을 수는 없다.

# 좋은 사람과의 인연은
# 좋은 운을 가져 온다

인연보다 더 신기한 것은 없다. 때로는 당신의 미소와 무심한 안부인사가 좋은 운을 결정한다.

사람과 인연이 있어야 어떤 기회가 생긴다. 우리의 인연 활동은 우리에게 다음과 같은 가능성을 제공한다. 우리가 타인과 사귀게 되고, 타인이 우리를 알게 하며, 서로간의 품행과 재간, 정보를 이해할 수 있을 때 이 활동에서 서로를 친밀하게 하는 우정과 발전해 나갈 기회라는 두 개의 달콤한 열매를 맺을 수 있다. 교제 활동은 기회의 촉매제이다. 심혈을 기울여 사람과의 인연 자원을 개발하고, 기회를 포착하면, 성공이란 동경의 세계는 우리에게 더욱 가까워진다!

'사람과의 인연'은 개인의 대인관계를 가리킨다. 개인의 대인관계가 좋은지 나쁜지, 좋은 사람과의 관계가 있는지 없는지가 일과 학습에 직접 영향을 미친다. 또 생활이 원활한가 여부는 일 처리에 있어서 순조롭게 목적을 달성할 수 있느냐 없느냐에 직결된다. 그러면 어떻게 해야 좋은 사람과의 인연을 얻을 수 있을까? 프랭클린이 말하기를 "성공의 첫 번째 요소는 대인관계를 어떻게 잘 맺는지 아는 것이다."라고 했다. 개인이 사회에서 지내며 어딜 가나 승리하려면 우선 대인관계를 잘 처리하는 법을 알아야 한다. 그럼 어떻게 해야 대인관계를 잘 처리할 수 있을까? 좋은 사람과의 인연을 얻는 가장 기본적인 것은 자신을 잘 닦아 수행하여 좋은 대외 이미지를 만드는 데 있다. "집안 하나 다스리지 못하면 어찌 천하를 다스리겠는가?"라는 말과 같다. 자신의 이미지를 잘 만들어 놓지 않으면, 또 어떻게 다른 사람의 존중을 받고,

좋은 사람과의 인연을 얻을 수 있겠는가!

## 어떻게 해야 좋은 사람과의 인연을 갖는가

**좋은 사람과의 인연을 위해 사람을 성실과 믿음으로 대해야 한다.** 도덕을 논하고 성실과 믿음을 중시하는 것은 예로부터 사람들이 추앙하던 미덕이다. 옛사람이 이르기를 "성실과 믿음은 천하를 묶는 것이다.", "지극히 성실한 사람은 오래 사귄다."라고 하였다. 이는 성실과 믿음은 사업이 대단히 번창할 수 있게 할뿐만 아니라, 사람의 마음과 곧바로 통할 수 있어 마음과 마음이 닿게 하고, 정(情)과 정이 교감을 일으키게 한다는 것을 의미한다. 그러므로 성실과 믿음은 '대인관계'의 근본이며 영혼이다.

    **좋은 사람과의 인연은 도량이 넓고 커야 한다.** "장군의 이마에서는 말을 달릴 수 있고, 재상의 뱃속에서는 배도 저을 수 있다." 이 말은 옛사람이 도량이 넓고 큰 사람에 대해 찬양한 것이다. 도량이 넓고 크며 사람됨이 활달하다는 것은 타인을 중히 여기고 남에게 친절하게 대한다는 뜻이며, 선량한 마음자리와 마음의 순결함을 반영하는 것이다. 이것은 더욱이 일종의 살아가는 지혜이며 몸과 마음의 조화이다. 바로 황원길(黃元吉)이 『유성마(流星馬)』에서 "도량이 크고 활달하여 의기(義氣)가 깊으니, 천 리 밖의 이기고 지는 것을 판단해 승리를 결정한다."*라고 말한 것과 같다.

    **좋은 사람과의 인연은 선행과 보시를 잘해야 한다.** 세상은 난초를 아끼고, 인간은 우정을 중시한다. 선행과 보시를 좋아하고 진정으로 남을 도와주는 것은 영혼의 향기이며, 몸과 마음의 자양분, 품격의 정화이다. 남을 공경하는 사람은 남들도 항상 그를 공경하고, 남을 사랑하는 사람은 남들도 항상 그를 사랑한다. 이처럼 좋은 사람과의 인연은 그 속에 다 있으며, 참된 우정은 술처럼 진하고 향기로워 사업의 성공과 인생의 원만함에 모두 크게 도움이 된다.

  •  "大度豁達義氣深, 決勝千里辨輸贏."

# 평등한 마음이 선연을 맺는다

속담에 "사람은 염불을 하지 않을 수는 있으나 인과는 마땅히 믿어야 한다."라는 말이 있다. 인과는 지식이 아니라 인생의 진제(眞諦)이며, 행위 규범이다. 선인을 심으면 반드시 선과를 얻으며, 악인을 심으면 반드시 악과를 얻는다. 결론적으로 말하면 다른 사람은 자신을 가꾸게 해 주는 정원사이며, 인생의 행복과 즐거움은 선인을 심어 선연(善緣)을 맺는 데 달려 있다.

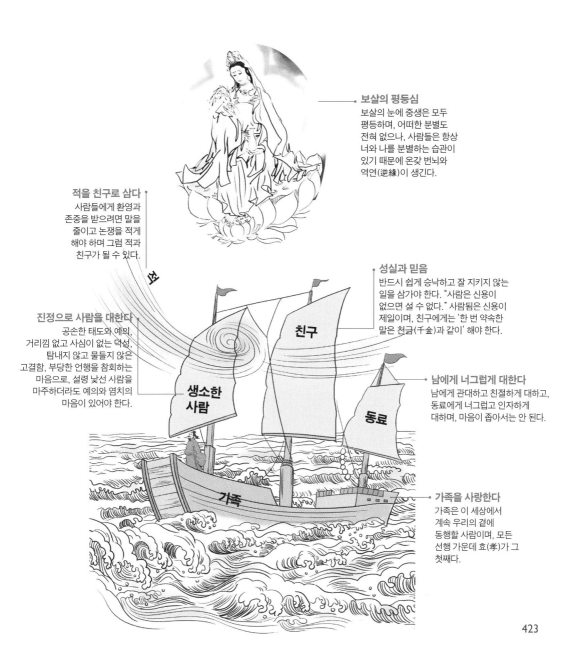

**보살의 평등심**
보살의 눈에 중생은 모두 평등하며, 어떠한 분별도 전혀 없으나, 사람들은 항상 너와 나를 분별하는 습관이 있기 때문에 온갖 번뇌와 역연(逆緣)이 생긴다.

**적을 친구로 삼다**
사람들에게 환영과 존중을 받으려면 말을 줄이고 논쟁을 적게 해야 하며 그럼 적과 친구가 될 수 있다.

**성실과 믿음**
반드시 쉽게 승낙하고 잘 지키지 않는 일을 삼가야 한다. "사람은 신용이 없으면 설 수 없다." 사람됨은 신용이 제일이며, 친구에게는 '한 번 약속한 말은 천금(千金)과 같이' 해야 한다.

**진정으로 사람을 대한다**
공손한 태도와 예의, 거리낌 없고 사심이 없는 덕성, 탐내지 않고 물들지 않은 고결함, 부당한 언행을 참회하는 마음으로, 설령 낯선 사람을 마주하더라도 예의와 염치의 마음이 있어야 한다.

친구

생소한 사람

**남에게 너그럽게 대한다**
남에게 관대하고 친절하게 대하고, 동료에게 너그럽고 인자하게 대하며, 마음이 좁아서는 안 된다.

동료

가족

**가족을 사랑한다**
가족은 이 세상에서 계속 우리의 곁에 동행할 사람이며, 모든 선행 가운데 효(孝)가 그 첫째다.

423

번뇌가 다가왔을 때 사람들은 항상 습관적으로 그

것을 거부한다. 그러나 이러한 자세는 문제를 전

혀 해결할 수 없다. 달갑지 않은 정서가 나타났을

때 자기에게 어떤 이유를 주어 그것들에 대항해

가지 말아야 한다. 우리는 반드시 정서와 공존하

는 것을 끊임없이 연습해야 한다. 이와 같이 해야

비로소 고립무원, 절망과 낙오, 가득한 두려움, 근

심과 같은 원초적인 구멍을 똑똑히 볼 수 있으며,

그것을 들추어내고 그 속에 깊이 들어가야 진실한

인생을 뚜렷이 볼 수 있다. 평범하고 꾸밈없이 소

박한 생활 가운데 인생의 즐거움을 느낀다.

# 제8장

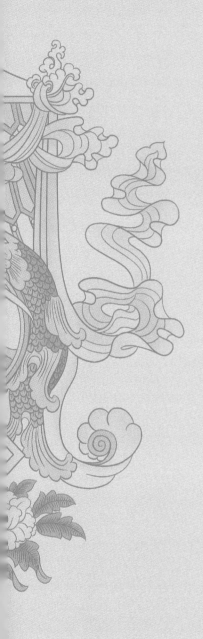

## 행운의
## 인생을 만들다

—

## 행복을 얻는
## 마음 조절법

**본 장의 중요 내용**

—

욕망의 본질을 똑똑히 인식하고 그것
을 통제하는 법을 배운다.

—

번뇌가 다가올 때 저항하지 말라.

—

부정적인 정서라는 잡초를 뿌리 뽑아
자기 상처를 없앤다.

—

우울, 의기소침, 근심을 해결하는 심리
요법.

—

정기적으로 자신에게 정심(靜心) 수업
을 한다.

—

평범한 생활 속에서 가장 진실한 즐거
움을 체득한다.

장미 향기를 함께 누리다

# 받는 것보다 주는 것이 더 즐겁다

대부분의 많은 사람들은 얻을 때는 기뻐하지만 줄 때는 썩 내키지 않아 하거나, 혹은 얻을 때는 탐냄을 감추지만 내줄 때는 살을 찢기는 마음을 드러내는 완전히 다른 느낌을 경험한다.

---

　　불교는 탐욕을 겨냥하여 재보시(財布施), 법보시(法布施), 무외보시(無畏布施)의 세 가지 보시 관점을 제시하였다. 비록 이러한 보시로 과보를 구하고자 하는 것은 아니나, 보시는 결국 자연스럽게 복보의 결과를 낳는다. 사람이 탐함 없는 마음을 품고 보시를 닦아 나가면 장래에 얻게 될 복보는 당연히 재산으로 받는 경우가 많다. 많은 재산을 가지고 있어도 계속해서 보시를 닦으면 재산은 오늘보다 내일 더 많아지고, 금생보다 다음 생에 더 많아지는 동시에 생명도 순조롭게 순환된다.

　　밖에서 얻은 이익으로 자신을 윤택하게 하는 것은 인간의 선천적인 본능이며, 자기 수중의 일로 얻은 이익을 타인에게 양도하는 것은 인간의 후천적인 미덕이다. '공융(孔融)●이 형에게 배를 양보한[孔融讓梨]' 것과 같은 고사가 천고의 미담이 되는 까닭은 첫째, 그는 네 살의 어린 나이인데도 불구하고 형들에게 배를 양보해야 한다는 것을 스스로 깨달은 것이 매우 기특한 일이기 때문이며, 둘째, 진심어린 마음에서 나온 행위이니 허위로서 상을 받을 혐의가 없기 때문이다. 그러나 돌이켜보면 인간의 천성은 본래 이기적이며, 자기가 가지고 있는 좋은 물건, 큰 물건, 아름다운 물건을 타인에게 양도한다는 것은 분명히 매우 어려운 일이다.

---

426　　● 153~208. 동한(東漢) 말기의 유학자이자 대문장가. 자는 문거(文擧)이며, 공자의 20대 손이다.

# 나눔의 즐거움

사람들은 선행과 보시를 좋아한다고 말한다. 보시(布施)는 일종의 '인색하지 않은' 마음가짐을 대신하며, 보시는 베풂일뿐만 아니라 동시에 얻음을 의미하기도 한다. 그러므로 부처님께서 우리에게 말씀하시기를 내생에 만약 풍요롭고 재산도 많아지고 싶다면, 중요한 것은 이생에 보시를 수행할 수 있어야 한다고 하셨다.

**법보시**
출가인들은 다른 사람에게 정법(正法)을 선양하면서, 언어문자의 방식을 통해 남에게 어떻게 수행해야 하는지를 지도한다. 우리 같은 보통 사람들은 글을 쓰거나 강연을 하는 형식을 통해 남들이 적극적으로 생활하도록 격려하고, 곤경에서 벗어나도록 도와준다.

**무외보시**
공포에 처해 있는 다른 생명에게 '두려움을 없애주는 것[無畏]'이다. 예를 들면 작은 동물을 구조하여 그들이 생명을 잃게 될 공포를 떨쳐 버리도록 한다. 나아가 지진이나 해일 등을 겪어 어려움에 빠져 있는 사람을 구조한다.

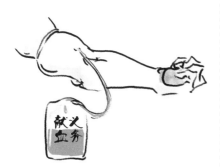

**내재보시(內財布施)**
자신의 몸에 내재된 자산을 보시하는 것이다. 생활 속에서 우리가 볼 수 있는 헌혈, 기부, 골수 기증, 각막 기증 등과 같은 것들이다.

**외재보시(外財布施)**
우리가 가지고 있는 돈이나 물건 등과 같은 자산을 가난한 사람에게 기부하는 것이다. 예로 우리가 쉽게 접할 수 있는 불우이웃돕기 성금 모금 등과 같은 자선사업을 들 수 있다.

**축복을 해 주어라.** 다른 사람을 위해 축복을 해 주면 자신도 축복을 받을 수 있다. 축복은 진정한 가지(加持)와 관정(灌頂)이다. 질투 대신 축복하고, 다른 사람이 성공하면 그를 대신하여 기뻐해야 한다. 저주 대신 축복하라. 남을 해치는 것은 곧 자신을 해치는 것이다. 남을 해치는 것을 통해 행복을 얻는 것은 마치 물위에 이름을 쓰는 것처럼 배가 물위를 지나가도 흔적이 남지 않는다!

**재물을 주어라.** 재물을 보시하는 것이 부유해지는 참된 원인이다. 베풀고, 바치며, 나누는 것이 우리를 부유하게 한다. 노자(老子)는 "남을 위하면 자신이 더 갖게 되고, 남에게 나누어주면 자신이 더 많아진다."**라고 말했다.

**지혜를 주어라.** 길을 잃은 사람의 방향을 바로잡아 주고, 결정적인 순간에 지도해 주어라. 스승이 인재를 양성하며, 학생에게 몇 마디 지적을 해 줌으로 학생의 평생의 길을 바꾸게 할 수 있다.

베풂을 선택하는 것은 곧 풍요를 선택하는 것이며, 얻음을 선택하는 것은 바로 가난을 선택하는 것이다. 우리가 하루에 한 가지씩 착한 일 행하기를 선택하면 매일 다른 사람에게 선물을 줄 수 있다. 그 선물은 돈이 될 수도 있고, 꽃이 될 수도 있으며, 미소, 격려, 도움, 위로가 될 수도 있다. 눈이 보이지 않는 사람을 부축해 길을 건너 줄 수도 있다. 반드시 돈을 쓸 필요는 없다.

**세상에서 가장 수치스러운 일이 두 가지 있다. 하나는 부유한데 보시하려 하지 않은 것이고, 다른 하나는 빈곤하면서 보시를 기다리는 것이다.** 우리 생활의 목표는 바로 '살아가고, 사랑하고, 배우고, 유산을 남기는 것'이다. 성현은 항상 자신에게 '나는 다른 사람과 세상에 무엇을 남겼나?'를 묻는다. 주는 것이 바로 아무리 써도 없어지지 않는 진정한 화수분이다. 사소한 행동 하나, 간단한 안부 한 마디, 눈에 띄지 않는 약간의 기부 등 우리가 아주 소소하게 내놓으면 타인에게 희망을 가져다줄 수 있을지도 모르며, 마찬가지로 우리는 내놓거나 기부하는 가운데 즐거움을 얻을 것이다!

** "既以爲人己愈有, 既以與人己愈多."

# 단순함은 즐거움으로 통하는 지름길

즐거움은 순간이다. 아주 잠시 누리지만 조금도 싫지 않다. 아마 생명이 보잘 것 없는 것일지 모르지만 노력을 멈추지 않고, 꿈을 잃지 않고, 즐거움을 놓치지 않아야 한다.

모든 사람은 즐거움을 갈망하며 끊임없이 찾고 있지만, 그것은 또 얻기 너무 어려워 우리는 또 항상 즐겁지 못하다. 우리는 늘 온갖 이유를 찾아 즐거워지려고 한다. 사랑하기 때문에, 꿈 때문에, 헌신했기 때문에, 간단하기 때문에……. 그런데 즐거움은 정말로 이렇게 많은 이유가 필요할까? 설마 단순히 즐거울 수는 없는 것일까?

## 단순하기 때문에 즐겁다

즐거움은 단순한 생활에서 나오며 이것은 일종의 가장 진실한 생활 태도이다. **낙관적이고 활달하며 평탄한 성격을 가진 사람은 모두 언제든지 생활 속에 잠재된 무궁한 즐거움을 찾아낼 수 있다.** 설령 캄캄한 밤일지라도 하늘에 희미하게 깜빡이는 별빛을 찾아낼 수 있다. 우리는 주변에서 삶이 불공평하고 마음대로 되지 않는다고 불평을 호소하는 이야기를 항상 듣는다. 그들은 늘 그 즐거움의 문을 넘지 못한다. 억울해 하고 우울해 하며 번뇌한다. 사실 이것은 번뇌에서 더 나아가 사람들의 의지와 자신감을 소모하게 하고, 자신의 건강을 해치게 하며, 자신의 처지를 개선하는 데 털끝만큼의 도움도 되지 않는 백해무익한 것이다. 즐거움을 추구하려면 상당한 지혜와 깨달음이 필요하다.

즐겁지 못한 많은 사람들에게 고통의 근원은 자신이 마땅히 더 많이 얻어야 한다는 생각이다. 그들의 마음이 외부 물질에 지나치게 쏠려 있고, 영원히 '만족'을 얻지 못하기 때문에 하루 종일 우울하고 즐겁지 않은 것이다. 즐거운 사람은 현명하게 자기의 마음 상태를 바로잡아 일도 마음먹은 대로 순조롭게 진행하고, 사는 것도 아주 재미있게 산다. 왜냐하면 그들은 생활의 예술을 이해하고, 제때에 나가고 물러날 줄 알며, 취사선택이 타당하기 때문이다. 즐거움은 오늘을 잡고 있는 것이지 미래에 기다리고 있는 것이 아니다. 사실상 매일 자기가 좋아하는 일을 하고, 겉으로 드러나는 허영을 대수롭지 않게 여길 수 있어야 즐거움과 행복이 수반될 수 있는 것이다.

### 단순함이 바로 선정이다

**단순함은 사람의 마음을 선정에 도달하게 할 수 있다. 즉 마음속에 복잡한 것들을 가라앉히고, 생각을 맑고 깨끗하게 할 수 있다.** 유가 경전인 『대학(大學)』에도 "머물 곳을 안 다음에 나아갈 바를 정할 수 있고, 나아갈 바를 정한 다음에 고요할 수 있고, 고요한 다음에 평안할 수 있고, 평안한 다음에 생각할 수 있고, 생각한 다음에 얻을 수 있다."●라는 구절이 있다. 이 구절의 의미 또한 이러한 이치이다. 만약 컵 속의 물이 불안하게 요동치면 외부의 사물을 반사시킬 수 없다. 우리의 마음도 마찬가지이다. 만약 늘 불안하게 요동치면 외부의 사물을 고요하게 반영해 낼 수 없다. 그러므로 반드시 선(禪)의 도움을 받아 자신을 안정시켜야 한다. 우리는 마음과 정신이 혼탁한 물과 같이 산란해졌을 때 선정의 힘을 통해서 마음을 맑고 깨끗하게 할 수 있다. 선정력(禪定力)이 있는 사람은 외부의 세속적인 것에 좀처럼 방해받지 않으며, 욕망의 화살도 뚫지 못하고, 설령 한 잔의 물만 가지고 있더라도 스스로 그 속에서 기쁨을 느낄 수 있다.

● "知止而后有定, 定而后能靜, 靜而后能安, 安而后能慮, 慮而后能得."

# 가장 단순함의 즐거움

사회가 복잡하고, 규칙이 복잡하고, 대화가 복잡하고, 생활이 복잡하고…… 현대인들은 이러한 복잡함 속에서 길을 잃은 지 너무 오래되어 단순함이 어떤 즐거움이고 만족감인가를 잊게 되었다.

**즐거운 마음**
평등하게 사람을 대하고,
사랑과 관용을 베푼다.

**즐겁지 않은 마음**
자기를 중심으로 여기고, 남을 적대시한다.

## 사람됨이 너무 복잡할 필요가 없다

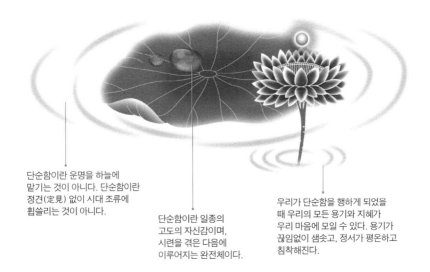

단순함이란 운명을 하늘에 맡기는 것이 아니다. 단순함이란 정견(定見) 없이 시대 조류에 휩쓸리는 것이 아니다.

단순함이란 일종의 고도의 자신감이며, 시련을 겪은 다음에 이루어지는 완전체이다.

우리가 단순함을 행하게 되었을 때 우리의 모든 용기와 지혜가 우리 마음에 모일 수 있다. 용기가 끊임없이 샘솟고, 정서가 평온하고 침착해진다.

# 즐거움에 바쁘고, 좋아함에 지치다

원만하고 행복하며 즐거운 인생은 정해진 모습이 전혀 없다. 모두 자기 자신이 만들어 내는 것이기 때문이다. 좋은 심경(心境)은 이 모든 것을 가질 수 있는 토대이다.

## 늙어 가는 시간을 결코 느끼지 못한다

불광 선사(佛光禪師) 문하의 제자 대지(大智)가 해외에 나가 공부한 지 20년이 지나 돌아와서, 마침 법당에 계신 불광 선사에게 이번에 해외에 나가 보고 듣고 배운 온갖 것들을 말씀드렸다. 불광 선사는 늘 위로하고 격려하는 미소 띤 얼굴로 경청하고 있었고, 끝으로 대지가 물었다. "스님, 이 20년 동안 스님 혼자서도 잘 지내셨지요?"

불광 선사가 대답했다. "잘 지냈지! 강의하고, 설법하고, 글도 쓰고, 사경(寫經)도 하며, 매일 불법 속에서 살고 있었으니 세상에 이보다 더 즐거운 생활은 없으며, 매일 아주 즐거움에 바빴지."

대지는 관심을 갖고 말했다. "스님, 너무 바쁘게 일하지 마시고 휴식 시간을 좀 더 많이 가지세요!" 밤이 깊어지자 불광 선사가 대지에게 말했다. "가서 쉬게나. 남은 말은 우리 나중에 천천히 이야기하세."

새벽녘 잠결에 대지는 불광 선사의 방에서 간간이 전해오는 불경을 암송하며 치는 목탁 소리를 어슴푸레하게 들었다. 대낮에 불광 선사는 전혀 귀찮아하지 않고 한 무리 한 무리로 와서 예불하는 신도들에게 가르침을 주며 불법을 강설하셨다. 또한 선당(禪堂)에서 학승(學僧)들의 심득(心得) 보고서를 읽고 수정해 주는가 하면, 신도의 교재를 기안하는 것 등 매일 수없이 많은 일로 바빴다.

# 마음의 평정과 자상함을 유지하라

## 심리 문제의 처리 방법

자신의 마음을 통제하기 어렵다

우리의 마음은 바람 속에 있는 풍선과 같아 외부의 영향을 받아 끊임없이 흔들린다. 일마다 순조로우면 마음은 매우 즐겁고, 일이 꼬이면 마음은 그것에 따라 나빠진다. 원하는 데 얻을 수 없는 물건에 대한 집착은 고통과 마음의 분열만 가져올 뿐이다.

감정 기복의 대치(對治)

선 수행을 단련하여 내재하는 공간을 맑고 깨끗하게 만들어 마음이 외부의 환경에 지나치게 영향을 받지 않도록 한다. 그리고 자기 마음속에 있는 '망념', 모든 문제와 고통을 야기하는 인(因)을 뿌리 뽑아야 비로소 항상 내재하는 평온함을 차츰 느낄 수 있다.

즐거운 심경을 유지하라

## 마음의 효능에 대한 훈련

① 적대감, 불안, 선입견과 욕망에 집착하는 마음을 조복시켜라.

② 생명의 진실성과 유한성을 똑똑히 보아라.

③ 적극적이고 능동적인 생활 태도를 길러라.

불안한 마음은 자기 마음에 대한 통제 기능의 결핍으로 일어난다. 그런데 마음이 불안정하면 설령 가장 훌륭한 환경 속에 있어도 평온함과 행복을 느낄 수 없다. 선 수행은 우리를 걱정과 정신상의 불안에서 벗어나도록 한다. 또 마음을 평온하게 하여 생명의 참모습[眞相]을 똑똑히 보도록 하고, 자신이 정신의 주인이 되게 한다.

불광 선사가 신도와의 대화가 한차례 끝나는 것을 보고서, 대지가 이 틈을 타 불광 선사에게 물었다. "스님! 이 20년을 떨어져 있는 동안에도 스님께서는 여전히 매일 이렇게 바쁘신데, 어떻게 스님께서 늙었다고 전혀 생각하지 않으십니까?"

불광 선사가 대답했다. "나는 늙었다고 생각할 시간이 없다!"

이 말이 나중에도 계속 대지의 귓가에 울렸다.

세간의 일은 언제나 매우 특이하여 어떤 사람은 분명히 매우 많은 재산을 가지고 있지만 여전히 행복을 느끼지 못한다. 반면 어떤 사람은 매일 생계를 위해서 분주히 뛰어다니며 악착같이 일하지만 얼굴에는 늘 미소가 머문다. 이것은 바로 사람의 마음 상태가 다른 데 따른 것이다. 따라서 우리는 우리 자신의 사상과 관념을 바꿀 수 있으며 다른 인생을 살 수 있다.

### 만족을 아는 것이 복이다

얼마나 많은 사람이 행복한 가운데 행복을 감지할 수 있으며, 얼마나 많은 사람이 현재를 소중하게 여길 수 있을까? 옛사람이 말하기를 "우물이 마른 다음에 물의 소중함을 알게 되고, 병이 난 다음에 건강의 귀중함을 알게 되며, 전란이 일어난 다음에 평화의 소중함을 알게 되고, 직업을 잃은 다음에 그 귀중함을 알게 된다. 무릇 행복한 일은 모두 지나간 다음에야 알게 된다."라고 하였다. 행복한 일을 지나간 다음에야 알게 되면 공연히 회한과 추억을 더하는 것 이외에 그 일에 무슨 도움이 되겠는가. 우리가 어찌 현재를 소중히 여기지 않을 수 있겠는가. 한 순간의 생각에 만족을 알아 개인의 한없는 욕망을 단속할 수 있으면 지금 이 사바세계가 바로 낙원이다. 그러나 이러한 경계는 지혜가 높은 사람만이 깨달아 도달할 수 있다. 사람이 즐겁고 행복한 까닭은 얻은 것이 많기 때문이 아니라 따지는 것이 적기 때문이다! 원래 우리의 것이 아니어야 할 번뇌는 버리고, 본래 우리의 것이어야 할 즐거움과 행복한 인생은 잡아야 한다!

즐겁지 않은 것도 진실한 생활이다

# 번뇌 없는 번뇌

부처님께서 다음과 같이 말씀하셨다. "······모든 인간에게는 모두 83가지의 번뇌가 있다. 그 가운데 어떤 번뇌는 가끔 갑자기 나타나지 않을 수도 있지만, 아주 빨리 다른 번뇌가 또 일어난다. 따라서 우리는 영원히 83가지의 번뇌가 있다.", "우리의 법은 비록 이 83가지의 번뇌를 해결할 수 없으나, 혹시 84번째의 번뇌를 해결할지도 모른다.······ 우리가 전혀 생각지도 못하는 어떤 번뇌가 있다."

## 농부의 번뇌

어떤 농부가 일찍이 부처님 앞에 와서 그의 번뇌를 하소연하였다. 그는 부처님께 농사짓는 일이 얼마나 힘든지, 그리고 부인의 단점을 참을 수 없고, 아이들도 마음에 들지 않는다고 말씀드렸다. 그는 부처님께 이러한 문제를 어떻게 해결해야 되는지에 대하여 물었다.

부처님께서 대답하셨다. "정말 죄송하지만 나도 당신을 도울 수가 없습니다."

"이게 무슨 말씀입니까? 당신은 위대하신 스승님 아니셨습니까!" 농부는 이와 같이 부처님께 항의하였다.

부처님께서 말씀하셨다. "사정은 이와 같습니다. 모든 인간에게는 모두 83가지의 번뇌가 있으며, 그 가운데 어떤 번뇌는 혹시 가끔 갑자기 나타나지 않을 수도 있지만, 아주 빨리 다른 번뇌가 또 일어납니다. 따라서 우리에게는 영원히 83가지의 번뇌가 있는 것입니다."

농부가 대단히 분노하며 반응했다. "그렇다면 당신의 그 수많은 설법은 무슨 소용이 있습니까?"

부처님께서 대답하셨다. "나의 법은 비록 이 83가지의 번뇌를 해결할 수는 없으나, 아마도 84번째 번뇌를 해결할 수는 있을 것입니다."

농부가 물었다. "84번째 번뇌는 무엇인가요?"

부처님이 대답하셨다. "84번째 번뇌는 바로 우리가 어떤 고민도 하려 하지 않는다는 것입니다."

생활은 매우 많은 문제와 좌절로 이루어지며, 인생은 우여곡절을 겪으며 올라가는 과정이다. 여러 가지 번뇌와 의혹에 부닥치는 것을 어느 누구도 피할 수 없으며, 도피하고 거부하는 것은 문제를 해결하는 방법이 아니다. 번뇌는 마음의 문제이며, 그것을 진지하게 마주하고 그것의 체상(體相)을 명확하게 보아야 증세에 따라 처방하여 그 문제를 철저하게 해결할 수 있다.

### 번뇌 아닌 번뇌

우리가 매일 아침에 눈을 뜨면서 갖는 가장 큰 소망은 바로 오늘 하루도 즐거운 날이 되는 것이며, 매년 우리가 생일 케이크의 촛불에 대고 하는 기원도 즐겁고 행복한 인생이 되기를 바라는 것이다. 누구나 '나는 반드시 번뇌를 없앨 방법을 찾을 수 있다.'는 고질적인 생각을 갖고 있다. 이 생각의 저변에는 더 깊은 신념이 있는데 그것은 인생은 고통이 없어야 한다는 것이다. **사실상 번뇌가 없어지기를 기대하는 것이 우리의 진정한 문제이다. 왜냐하면 이것은 인생을 사실대로 마주하기를 전혀 원하지 않는 우리의 마음속을 반영하기 때문이다.** 인생을 사실대로 마주한다는 것은 우리가 인생에 대하여 품고 있는 환상을 반드시 버려야 한다는 것을 의미한다. 매 순간마다 우리는 눈앞의 참모습[眞相]을 바꾸고 싶어 하며, 이 거부감이 바로 인생의 기조를 이룬다. 간단하게 말하면 우리는 결코 깨어나고 싶어 하지 않으며, 우리는 자기의 신념만을 움켜잡고 있으려 하고, 심지어는 자기의 고통도 움켜잡고 있으려 한다! 때문에 자아의식에 대한 집착으로 인해 설령 이러한 환상이 우리를 불행하게 만들지라도 우리는 자신의 환상을 버릴 수 없게 된다.

# 번뇌에 대항하지 마라

생활하는 가운데 우리는 번뇌를 항상 싫어하는 사람·일·사물·맛·기분 등과 같은 어떤 유형의 물질에 귀결시킨다. 그러나 이러한 것은 모두 번뇌의 진정한 모습이 아니다. 진정한 번뇌는 우리의 마음 밑에 잠복해 있는 세 가지 독, 즉 탐욕과 성냄 그리고 어리석음이다.

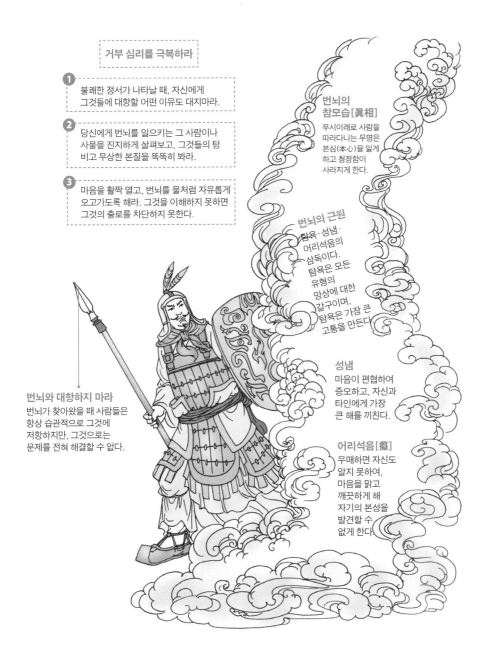

**거부 심리를 극복하라**

**1** 불쾌한 정서가 나타날 때, 자신에게 그것들에 대항할 어떤 이유도 대지마라.

**2** 당신에게 번뇌를 일으키는 그 사람이나 사물을 진지하게 살펴보고, 그것들의 텅 비고 무상한 본질을 똑똑히 봐라.

**3** 마음을 활짝 열고, 번뇌를 물처럼 자유롭게 오고가도록 해라. 그것을 이해하지 못하면 그것의 출로를 차단하지 못한다.

**번뇌와 대항하지 마라**
번뇌가 찾아왔을 때 사람들은 항상 습관적으로 그것에 저항하지만, 그것으로는 문제를 전혀 해결할 수 없다.

**번뇌의 참모습[眞相]**
무시이래로 사람을 따라다니는 무명은 본심(本心)을 잃게 하고 청정함이 사라지게 한다.

**번뇌의 근원**
탐욕·성냄·어리석음의 삼독이다. 탐욕은 모든 유형의 망상에 대한 갈구이며, 탐욕은 가장 큰 고통을 만든다.

**성냄**
마음이 편협하여 증오하고, 자신과 타인에게 가장 큰 해를 끼친다.

**어리석음[癡]**
우매하면 자신도 알지 못하여, 마음을 맑고 깨끗하게 해 자기의 본성을 발견할 수 없게 한다.

눈덩이를 굴리는 듯한 욕망

# 자신의 상처를 없애다

욕망은 우리가 생존이란 미궁을 꾸며 대기 위한 기본적인 필요 – 보장과 안전감, 위안을 요구함 – 에서 발원하며, 또한 나날이 그 속에서 헤매게 한다.

---

사람이 행복하지 못한 까닭은 너무 적게 가진 데 있는 것이 아니라, 너무 많이 갖고 싶어 하는 데 있는 것이다. 십 몇 년 동안 심리 상담을 한 의사는 그가 만났던 다양한 심리적인 병의 예들 가운데 가장 심각하고 보편적인 것이 바로 사람들은 언제나 끊임없이 더 많은 것을 추구한다는 것이었다고 말했다. 그들은 자기가 이미 무엇을 가지고 있는지에는 아랑곳하지 않고 더 많이 얻을 생각만 할 뿐이다. 이러한 심리 증상이 있는 사람은 항상 "만약 내가 소원하는 대로 만족하게 되면 즐거워질 수 있을 텐데."라고 말한다. 이러한 소원이 정말로 실현되었을 때, 그는 또 무료함을 느끼고 다시 훨씬 더 크고 새로운 욕망을 일으킨다. **욕망은 눈덩이를 굴리는 것처럼 굴릴수록 커져서 우리들의 정신을 영원히 굶주림에 허덕이는 상태에 처하게 만든다.** 지위에 대한 탐욕, 이익에 대한 갈망, 향락에 대한 욕구는 많은 사람들을 이 시대의 '굶주린 민중'이 되게 한다.

당대(唐代) 유종원(柳宗元)이 지은 「부판전(蝜蝂傳)」이란 우언고사가 있다. 이 고사에는 물건 줍기를 좋아하는 작은 벌레가 나오는데, 이 벌레는 기어 다니며 닿는 물건은 무엇이든지 모두 주워서 등에 올려놓는다. 그 벌레는 등에 짊어진 물건이 많아질수록 기어가는 것도 힘들어졌다. 그래도 그 벌레는 여전히 멈추지 않고 물건을 짊어졌다. 어떤 사람이 그것을 보고 가여워서 그를 도와주려고 등에 있는 물건을 내려놓았다. 그 벌레는 이제 막 홀가분하

# 메울 수 없는 욕망의 우물

우리가 욕망의 실로 만든 고치는 인생의 감옥이며, 가장 깨뜨리기 어려운 것이다. 우리는 태어나서 죽을 때까지 줄곧 이 감옥 안에 갇혀 있게 된다. 욕망의 고치에 묶여서 우리는 자유와 행복 그리고 즐거움을 잃어버리게 된다.

**욕망의 지배하에 있는 사람**
욕망에 꽉 사로잡힌 사람은 가엾다. 탐욕, 정욕, 권력욕 할 것 없이 이것들은 마력을 지닌 새끼줄처럼 우리를 꽁꽁 동여매어, 우리는 혹사 당하는 기계처럼 멈추지 않고 분주히 달리지만 원하는 모든 것을 영원히 얻지 못한다.

**욕망의 고갈된 우물**
욕망의 고갈된 우물은 깊이를 헤아릴 수 없으나, 우리는 그것을 가득 채우는 데 희망을 걸고, 이것으로 행복이란 감로수를 갈취한다. 그러나 우리는 날이면 날마다 바쁘게 뛰어다니며 악착같이 일하지만 자신의 고통과 실망만 가중될 뿐이다.

**욕망 속에 뒤얽힘**
욕망의 고갈된 우물에 빠져서 스스로 헤어나지 못하는 사람은 몇 명이나 있으며, 또 인생의 활달함과 진정한 실상(實相)을 깨닫고 버리는 것을 선택해 청정해지는 사람은 얼마나 있을까? 이것이 바로 그렇게 많은 사람들이 여전히 고통 속에서 몸부림치고 있는 이유이지만, 또 많은 사람들이 얼굴에 매일 행복한 미소를 띠고 있는 이유이다.

439

게 기어 다닐 수 있게 되었지만, 또 이전처럼 다시 등에 무거운 짐을 짊어지고 앞으로 기어 나갔다. 결국 그 벌레는 몸에 짊어진 물건이 점차 많아졌고, 끝내 자기가 짊어진 무거운 물건에 깔려 죽게 된다.

이치상으로는 사람의 지혜가 작은 벌레보다 당연히 훨씬 더 뛰어나야 한다. 그러나 우리가 생활하는 가운데 하는 모든 행동들이 이 작은 벌레와 얼마나 차이가 있을까? 이 작은 벌레처럼 명성, 이익, 권력을 몸에 짊어지는 것을 좋아하는 습관이 있는 것은 아닌가? 어제의 슬픔, 실수, 좌절을 모두 몸에 짊어지고, 결코 번뇌를 버리려 하지 않으며, 항상 더 많이 얻으려고 하는 것은 아닌지 생각해 보자. 『능가경(楞伽經)』권3에 "어리석고 망령된 생각은 누에가 누에고치를 만드는 것과 같다. 망령된 생각의 실로 자신을 동여매고 남도 얽어맨다."●라는 말이 나온다. 어리석은 중생은 봄누에처럼 번뇌와 욕망의 실을 끊임없이 토해 내어 두툼한 고치를 만든다. 우리의 욕망이 강렬할수록 토해 내는 번뇌의 실도 길어지고, 고치도 두꺼워지며, 우리를 동여매는 것도 더 단단해진다. 그래서 우리는 정신의 자유로운 공간을 잃어버리고 평생 욕망의 노예가 된다. '자신을 동여매고' 자기에게 고통을 줄 뿐만 아니라, '남도 얽어매어' 사회에 불협화음을 초래해 남에게 해를 입힌다.

● "凡愚妄想, 如蠶作繭. 以妄想絲, 自纏纏他."

언제 버려야 하는가

# 공자에게서 집착하지 않음을 배우다

"공자는 네 가지의 마음이 전혀 없으셨다. 사사로운 마음이 없으셨고, 기필코 해야겠다는 마음이 없으셨으며, 집착하는 마음이 없으셨고, 자신에게 이롭게 하는 마음이 없으셨다."● 이 구절은 공자가 공연히 억측하지 않고, 자신의 견해를 고수하지 않으며, 완고하게 고집하지 않고, 자신을 부풀리지 않는다는, 결점이 될 네 가지가 전혀 없었다는 의미이다.

---

송나라의 일부 학자들은, 공자는 타고난 성인으로 그가 태어나면서부터 이렇게 완벽하고 위대한 것처럼 생각하였다. 사실 결코 그렇지 않다. 공자 자신이 말하기를 "나는 어려서 천했기 때문에 비천한 일을 많이 할 수 있다."라고 했는데, 그는 젊었을 때 가난하고 비천하였기 때문에 많은 일을 배워서 할 수 있게 되었다. 다시 말해서, 공자의 지식과 품성 그리고 능력은 후천적으로 서서히 수양하여 향상되어 나간 것이다. 그리고 그는 자아 수양에 있어서 가장 중요한 한 가지는 바로 자아의 집착을 없애야 하는 것으로 보았다.

"공자에게는 네 가지의 마음이 전혀 없으셨다. 사사로운 뜻이 없으셨고, 기필코 해야겠다는 마음이 없으셨으며, 집착하는 마음이 없으셨고, 자신에게 이롭게 하는 마음이 없으셨다[子絶四: 毋意, 毋必, 毋固, 毋我]." 이 구절은, 공자는 다음과 같은 네 가지 잘못을 전혀 범하지 않았으니, 그는 공연히 억측하지 않고, 자신의 견해를 고수하지 않았으며, 완고하게 고집하지 않고, 자신을 부풀리지 않았다는 뜻이다.

우선 '뜻[意]'에 대하여 보면, 일반적으로 일이 아직 발생하지 않았고, 이유가 아직 밝혀지기 전임에도 우리는 모두 공연히 억측하여 당연히 그럴 것이라고 생각하기를 좋아해 실제 상황에 대하여 충분히 존중하지 않거나, 심

---

● 『논어(論語)』「자한(子罕)」, "子絶四: 毋意, 毋必, 毋固, 毋我."

지어는 주관적인 의지가 종종 객관적인 참모습을 앞서기도 한다. 하지만 공자는 이러한 잘못을 범하지 않았다. 그는 '사사로운 뜻이 없어서[毋意]' 공연히 억측하지 않았다.

그 다음 '기필[必]'은 자신의 견해를 고수하는 것이다. '기필하지 않는다[毋必]'라는 것은 전반적으로 긍정하고, 반드시 어떻게 해야 된다고 끝까지 버티지 않으며, 다른 사람과 자신의 의견이 다른 때, 내가 반드시 맞다고 생각할 수 없음을 가리킨다. 따라서 말하거나 비판할 때, 장래에 후회하지 않도록 여지를 남겨두는 게 좋다. 우리는 먼저 자기의 원칙을 고수해야 하지만 타인과 관련되었을 때는 반드시 관용적인 마음을 가져야 한다.

이어서 '집착[固]'은 변통할 줄 모른다는 뜻이다. 사람의 습관은 한번 형성된 다음에는 고치기가 쉽지 않고 경직되어 변통할 줄 모른다. 그러나 시대는 변하고 추세도 변하는데 만약 오로지 이전의 오래된 방법을 고수한다면 통하지 않을 것이다. 공자는 변통할 줄 알았고, 사람들에게 끊임없이 배울 것을 권장하였다. 왜냐하면 '배우면 고루해지지 않고', 견문이 넓어지면 완고하게 집착하는 것을 모면할 수 있고, 자신의 마음도 보다 밝아지기 때문이다.

마지막으로 '자기에게 이롭게 하지 않는 것[毋我]'은 자신이 옳다고 여기지 않는다는 것을 가리킨다. 사람은 자신을 부풀리기 쉬워 약간의 성적이 있으면 자신이 남을 추월했다고 생각한다. 공자는 그렇지 않았다. 유가는 나와 남의 관계에 있어서 '용서[恕]'를 가장 중요시했다. '내 마음과 같이 여기는 것은 용서가 된다[如心爲恕]'라는 것은 자기 마음으로 남의 마음을 헤아려 배려한다는 것이다. '자신이 원하지 않는 것을 다른 사람에게 시키지 말고[己所不欲, 勿施於人]', 무릇 남과 관련된 말은 모두 신중하게 해서 무작정 자신을 부풀리고 남을 부정하여 온갖 불필요한 곤경이 형성되는 것을 피해야 한다.

따라서 군자가 수양하는 데 중요한 것은 아집을 없애는 것이다. 왜냐하면 사람이 총명하고 기지가 뛰어날수록 자기중심의 곤경에 빠지기 쉽기 때문이다. 공자는 타고난 자질이 대단히 훌륭한 성인이지만, 또한 행동하며 자기중심의 곤경에서 벗어나려고 노력해 '뜻, 기필, 집착, 아집'에 대한 잘못이 전혀 없었고, 수양에 있어서도 매우 깊은 노력을 기울였음을 알 수 있다.

# 가면의 고백

모두가 말하기를 인생은 연극과 같고, 연극은 인생과 같다고 한다. 우리는 평소 사람들이 늘 습관적으로 가면을 쓰고 생활하여 서로 간에 지울 수 없는 거리가 있으며, 진실과 거짓이 뒤섞여 어떻게 해도 확실히 구분할 수 없다고 말한다. 불교는 사람들에게 분별심을 갖지 말고 그 가면을 벗으면 서로 추측하고 방어하는 가운데 번뇌할 필요가 없다고 가르친다.

**인생은 안개 속에서 꽃을 보는 것이다**
군중들 속에서는 우리 개개인의 모습도 다채롭고 기이하여 자신조차도 명확하게 보지 못하는데, 또 어떻게 다른 사람을 알아보겠는가.

**가면 인생**
이 세상은 원래 '나[我]'가 없다. 모든 것이 사람의 눈 속에 있는 가짜 모습에 불과하며, 그것은 마치 연극에 등장하는 배우가 얼굴에 두꺼운 화장으로 분장한 것처럼 가리고 숨기는 것에 지나지 않는다. 따라서 자아에 대한 집착을 버림과 동시에 모든 사람의 본심과 진면목을 명확하게 볼 수 있게 된다.

**있어서는 안 될 벽**
많은 온갖 벽들은 모두 사람들이 자아의 가짜 모습에 지나치게 집착하여 만들어 낸 것이다. 때문에 그렇게 집착하고 있는 자아를 버리고, 사람마다 모두 솔직하고 성실하게 대할 수 있으면 이 세상은 훨씬 더 아름답지 않을까?

**가면을 벗고 진심을 드러내라!**
분장한 화장을 지우고 더 이상 가리지 않으면 모든 사람들이 다 같은 얼굴, 같은 본심(本心)이며, 어떤 차이가 없다.

모든 법은 인연에서 생기며, 어떠한 현상도 상주성(常住性)은 없다.

내가 본 세상과 자신은 모두 가상(假相)이다.

마음은 청정한 공성(空性)이니 어떠한 흔적이든 모두 가짜이다.

무아를 깨달아 아집을 끊어 없애면 생사의 번뇌를 벗어날 수 있다.

# 평범해야 비로소 재미있다

'냉온(冷溫)'에는 찬 온도와 따뜻한 온도가 있으며, '함담(咸淡)'에는 짠 맛과 싱거운 맛이 있으며, '빈부(貧富)'에도 가난한 재미와 부유한 재미가 있다. 인생은 아주 단순하고 유쾌해야 한다.

## 짜고 싱거운 인생

중국에 널리 알려진 가곡 〈송별(送別)〉의 노랫말 가운데는 다음과 같은 대목이 있다. "교외 정자 밖 옛길 옆에, 향기로운 풀 하늘에 맞닿은 듯 푸르네. 저녁 바람 버들가지 스칠 제 피리 소리 잦아들고, 석양은 산 너머 산으로 사라지네."• 이 가곡은 오랫동안 사랑받고 있는 고전 작품이다. 이 곡의 작가는 바로 홍일(弘一) 대사 이숙동(李叔同)••이다.

홍일 대사에게는 아주 친한 친구가 하나 있었는데 그는 하개존(夏丏尊)이라고 하는 유명한 교육자였다. 어느 날 하 선생이 홍일 대사를 찾아와 배알하였다. 그는 홍일 대사가 식사하는 것을 보니 짠지 한 접시만 놓고 드시기에 참지 못하는 마음에 물었다. "이것은 너무 짜지 않은가?" 홍일 대사가 대답하셨다. "짠 것은 짠 맛이 있지."

식사를 마치고 나서 홍일 대사는 뜨거운 물 한 잔을 따라 마시고 있었다. 하 선생이 또 그에게 물었다. "이것은 너무 싱겁지 않나?" 홍일 대사가 빙그레 웃으며 말씀하셨다. "싱거운 것은 싱거운 맛이 있다네." 그때 하 선생은 그 말을 듣고서 대단히 감동하였다. **짠 것은 짠 맛이 있고, 싱거운 것은 싱거운 맛이 있으니, 짜든 싱겁든 그 속에서 즐거움을 얻을 수 있는 것이다. 이러한 심경이 바**

---

• "長亭外, 古道邊, 芳草碧連天. 晚風拂柳笛聲殘, 夕陽山外山."
•• [편집자주] 중국 남산 율종의 11대 조사.

444

# 마음을 가라앉히는 수업

마음을 가라앉히는 것은 마음을 고요하게 하는 것이다. 이것은 대단히 평범하지만 정신을 치료하는
방법이다. 매번 인생이 침체되거나 절정일 때, 이것은 우리의 몸과 마음을 건강하게 해 주고,
성정(性情)을 원만하게 해 주는 유일한 수단이며, 우리가 길고 긴 인생길에서 언제 어디서든 사랑과
깨달음을 지니고 있게 해 준다.

## 귤의 정심법(淨心法)

① 아주 편한 자세를 취해 앉아 온몸에
긴장을 풀고, 눈을 감는다.

② **상상하라**
자신의 오른손에 귤 하나를 들고 있는데, 주황색이 환해지면
귤 향이 사방에 퍼진다. 그것을 던져서 왼손으로 받아
그 묵직한 무게를 느낀다. 다시 던져서 또 오른손으로 받는다.

④ **상상하라**
그 귤이 금빛 찬란한 작은 태양으로 변하여,
그 빛줄기가 마치 폭포처럼 정수리에 쏟아지고, 빠르게
몸속을 지나 아래로 씻어 내면, 몸속의 잡념이 두 손과
두 다리의 발가락 끝으로 빠져나간다. 자, 모든 잡념이
전부 빠져나가고, 몸속은 완전히 맑고 깨끗해졌으며
머릿속에는 닳지 않는 지혜만 남는다.

③ **상상하라**
오른손으로 이 귤을 뒤통수 위에 놓는다.
오른손을 내리면
그 귤이 거기에 가만히 떠 있는다.

**로 평상심(平常心)의 심경이다.** 마치 고요한 밤하늘에 걸려 있는 밝은 달의 물 그림자를 두고 바구니에 담길 보배인지 아닌지 따지지 않는 것과 같다.

## 평상심으로 번뇌를 전환하다

현재 우리는 물질적인 부가 고도로 발달한 시대에 처하여 많은 사람들이 고군분투해 천만장자, 억만장자가 된다. 사회에서 각종 부호들의 순위는 모두의 관심 대상이 되었다. 많은 사람들이 이러한 허황한 영광을 필사적으로 좇아 경박하고 교만하게 변한다. 그래서 돈이 없는 사람은 미친 듯이 돈을 모으고, 돈이 있는 사람은 또 극도로 난잡하고 허무하게 산다.

미국의 교육학자 윌리엄 듀랑은 일찍이 자신의 경험에 비추어 이야기하며 행복의 개념을 밝혔다. 그는 이렇게 행복을 찾았다. 그는 돈에서 행복을 찾으려고 생각했고, 충분한 돈만 있으면 행복한 생활을 할 수 있을 것으로 여겼다. 그러나 돈으로 그는 결코 행복을 느낄 수 없었고 얻은 것은 번뇌뿐이었다. 그는 감정에서 행복을 찾으려고 생각했으나 결국 그는 마음속으로 사랑하던 사람과 각기 제 갈 길을 가게 되고, 친한 친구와 사이가 틀어져 원수가 되어 얻은 것이라고는 슬픔뿐이었다. 그는 여행에서 행복을 찾으려고 생각했으나 결국 세계를 두루 돌아다니고, 수없이 많은 산과 강을 누비고 다니며 얻은 것은 피곤함뿐이었다. 그는 그가 생각할 수 있는 거의 모든 방법으로 행복을 찾으려고 시도했으나 끝까지 해 보고서야 모든 것이 허사였음을 깨달았다.

삶에 있어서 중요한 것은 체험이 있어야 한다는 것이다. 차가움과 따뜻함, 짠 것과 싱거운 것, 가난함과 부유함은 사람마다 각자 나름대로의 느낌이 있다. 우리가 즐겁다고 느끼면, 우리는 즐거운 것이다. 우리가 부유하게 느끼면, 우리는 부유한 것이다. 그것은 물질적 자산의 많고 적음과 결코 직접적인 관련이 없다. 우리가 그것을 정확하게 알고 그것을 보살피면, 평범하고 소박한 생활 속에도 인생의 즐거움이 있다.

**마음을 해방하라**

# 부정적 정서라는 잡초를 뿌리째 뽑아라

불교의 입장에서 보면, 인간의 지(知)·정(情)·의(意)는 근본적으로 아집의 기초 위에서 세워졌으며 반드시 정감(情感)을 동반하고 있어 사실에 입각해 진리를 추구할 수 없다.

---

불교의 입장에서 보면, 아견(我見)은 제칠식의 근본 번뇌로서 모든 번뇌를 일으킨다. 제칠식 말나(末那)의 공능은 제팔식의 견분(見分)을 아(我)로 집착하고, 상분(相分)을 법으로 집착하였기 때문에 정(情)이 생하는 것이다. '정'은 무엇인가? 불학에서는 말하는 '정'은 '혹(惑)'이고, 번뇌이며, 어리석음이다. '정'이 있으면 이치가 없으니, 다시 말하자면, '정'은 현실에 대한 편견이고, 몸과 마음의 긴장으로 나타나서 '집착'이라고도 한다. '아집'이 생기면 '아치(我痴)', '아애(我愛)', '아만(我慢)'이 있게 된다. '아치'는 바로 앎의 근원이 되며, '아애'는 '정'의 근원이고, '아만'은 의지(意志)의 근원이다. 이 네 가지 번뇌가 모두 함께 일어난다.

불교에서 말하는 번뇌를 보다 구체적으로 말하면 총 열가지가 있다. 즉 성냄[忿]·증오[恨]·덮음[覆]·번뇌[惱]·질투[嫉]·인색[慳]·기만[誑]·아첨[諂]·해침[害]·교만[憍]이다. '성냄'은 곧 분노이고, '덮음'은 남이 알지 못하게 하려는 마음상태이며, '번뇌'는 성냄과 증오를 우선으로 한다. 만약 성내는 것이 마음속의 감각에 머물러 있으면 번뇌는 이미 분노를 표출해 낸다. '질투'는 시기하는 것으로 타인이 빛나는 것을 싫어하는 것이고, '인색'은 우리가 통상적으로 말하는 인색한 것으로 재산과 법을 탐하고 아끼며 희사하지 않는 것이다. '기만'은 이익을 위하여 일을 행하는데 교묘하게 속이는 것이고, '아첨'은 우리가 일반적으로 말하는 비위를 맞추는 것이다. '해침'은 남에게 해를 끼친다는 뜻으로 남에게 해를 끼치거나 남을 성나게 하는 것이 모두 '해침'이다. 때문에 남을 욕하는 것도 해침이고, 타인을 신경을 건드려 짜증 나게 하는 것도 해침이며, 남을 때리는 것도 해침이다. '교만'은 자신에 대하여 잘난 체하며 좋아하는 일종의 정서이다. 현실 생활 속에서 이러한 번뇌는 곳곳에서 볼 수 있다.

번뇌는 심리의 각 방면에 영향을 미친다. 도거(掉擧)·혼침(昏沈)·나태(懶怠)·방일(放逸)·실념(失念)·산란(散亂)·부정지(不正知)의 총 여덟 가지 번뇌가 있다. 이것은 구체적인 정서가 아니라 불안하고 우울한 심리 상태와 관련이 있다. 이 밖에도 정서와 관련되어 있고, 또 오변행(五遍行) 가운데 하나인 '수(受)'가 있다. '수'에는 고통[苦]·즐거움[樂]·걱정[慢]·기쁨[喜]·희사[捨]의 다섯 가지 방면이 있는데 이것이 감정의 출발점이다. 우리가 평소 말하는 불안함 속에 가장 많이 내포된 마음은 이 가운데 '걱정'이며, 미래에 대한 걱정이 불안함을 일으킨다. 우울함도 걱정이지만 이것은 다만 과거에 대한 것이다.

정서는 '수'에서 나오며, '수'는 아집이고, 나를 따르면 즐겁게 화합하고, 나를 거스르면 싫어서 떠난다. 따라서 정서는 단계적으로 발전한다. 처음에는 감수(感受)하고, 이를 거쳐 일련의 심소(心所)가 일어나고, 이리저리 얽혀서 드러나 보이는 정서가 만들어진다. 드러나 보이는 정서가 생길 때는 이미 '오변행'의 뒷부분에 있는 '상(想)'과 '사(思)'가 된 것이다. 정서가 일어나는 것은 욕망의 균형을 맞추기 위한 것이며, 물러나지 않으려고 하면 정서는 계속 등류심(等流心)을 유지하고 있는 것과 같아져 이 균형이 깨지게 된다.

# 정서의 괴로움을 전환하라

우리는 반드시 끊임없이 연습하여 정서와 공존해야 한다. 그래야 비로소 가장 원초적인 동굴을 또렷이 볼 수 있다. 고립무원, 실망과 절망, 가득 찬 두려움과 걱정은 드러내 놓고 그 속에 깊이 들어가야 비로소 진실한 인생을 똑똑히 볼 수 있다.

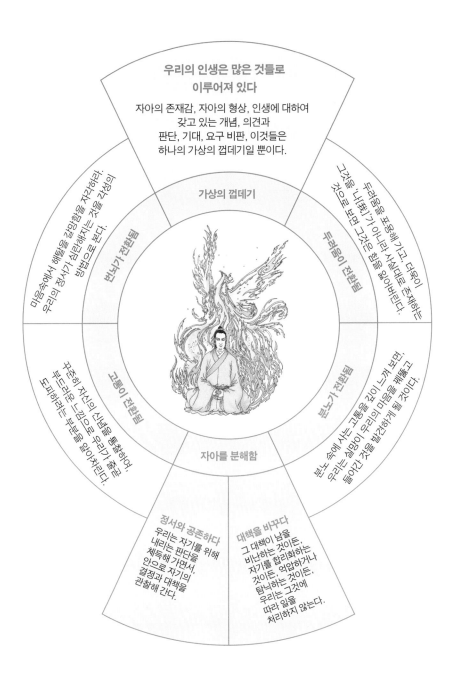

우리의 인생은 많은 것들로
이루어져 있다

자아의 존재감, 자아의 형상, 인생에 대하여
갖고 있는 개념, 의견과
판단, 기대, 요구 비판, 이것들은
하나의 가상의 껍데기일 뿐이다.

가상의 껍데기

두려움이 전환됨

두려움을 포용해 가고, 더욱이
그것을 '나(我)'가 아니라 사실대로 존재하는
것으로 보면 그것은 힘을 잃어버린다.

생각이 전환됨

먼저 고통스럽게 느껴질
것이다. 그 고통을 깊이 느끼게 되면
분노 속에 사는 고통을 같이 느끼게 될 것이다.
우리는 생명이 우리의 마음을 꽉 채우게
돌아간 것을 발견하게 될 것이다.

자아를 분해함

생각이 전환됨

구조하 자신의 신념을 통찰하여,
분노와 느낌으로 우리가 쉽게
도피하려는 부분을 알아차린다.

마음속에서 해탈을 갈망함을 자각하라.
우리의 정서가 심란해지는 것을 감정의
방벽으로 본다.

대책을 바꾸다
그 대책이 남을
비난하는 것이든,
자기를 합리화하는
것이든, 억압하거나
탐닉하는 것이든,
우리는 그것에
따라 일을
처리하지 않는다.

정서와 공존하다
우리는 자기를
내리는 판단을 위해
체득해 가면서,
안으로 자기의
결정과 대책을
관찰해 간다.

# 연꽃에 활짝 핀 순수함

잃어버린 산뜻한 아름다움은 보완할 수 없으나, 쌓인 먼지는 닦아 낼 수 있으니, '때때로 부지런히 털고 닦아 먼지가 끼지 않게 하라'.

## 연꽃의 고결함

아주 자세히 헤아려 보면, 연밥은 역경을 헤쳐 나온 경력과 속되지 않은 수양(修養)이 있다. 연밥은 진창에 뿌려져 그 속에 떨어져 빠져들 때는 진흙의 더러움을 씻어 내며 생존한다. 연꽃 가지는 질식을 감수하며 고통이 머리를 짓누를 때 이에 대한 시련을 받으며 생존하고, 꽃망울을 터뜨리려 촌각을 다툴 때는 이에 대한 은혜를 베풀며 생존한다. 화려한 풍모가 다하고 뿌리가 모든 것을 끌어당겨 연방에 씨를 맺을 때, 이것은 그동안 살았던 것에 대한 감사함이다!

연밥의 수양은 현숙한 가운데 배어 있는 요염함과 '진창에서 나왔으나 물들지 않고, 맑은 물로 씻어 냈으나 요염하지 않은' 정신을 향해 나간다. 의심할 여지없이 연밥의 수양은 고결한 것이다. 이것은 환경이 열악함에도 변함없이 향상하는 마음으로, 아름다움에 대한 집착을 잃었기 때문이 아니다. 다만 이러한 것들을 보면서 사람들이 우러러보게 되는 것이다. 그런 까닭에 화려한 꽃이 다 떨어지고 생명의 맥락이 분명해질 때, 우리는 비로소 어떤 수양이 있어야 어떤 결말이 있는지 알게 된다.

## 수양이 있는 사람 만들기

개성이 있으면서 매력 있고, 고귀하면서 품위 있고, 일거수일투족에 훌륭한

# 마음의 함정

많은 사람들이 사람 팔자를 알 수 없다고 생각하는데, 곳곳에 함정이 있어 자칫 방심했다가는 남의 계략에 빠지게 된다. 사실 세상의 함정은 유형적인 것이고, 이에 상응하는 사회 경험이나 인생 경력을 가지고 있으면 진위를 식별할 수 있어 미혹되지 않는다. 설령 세상 경험이 부족하더라도 예방하는 마음을 가지고 신중하게 일을 처리하면 속아 넘어가지 않을 것이다. 가장 예방하기 어려운 것은 바로 우리 자신에게 있으며, 마음속에 무형의 각종 함정에 있다.

**두려운 마음의 함정**

마음의 함정이 무서운 점은 우리가 회피할 수 없다는 데 있을 뿐만 아니라, 의식할 수 있는 사람이 많지 않다는 데 있다. 심지어 우리가 함정에 떨어지고 나서 그것을 파면 팔수록 깊어지는데도, 여기에 인생의 탈출구가 있다고 생각한다는 데 있다.

**마음의 위기를 모면하다**

따라서 우리는 마음을 자세히 조사하여 함정이 있는 곳을 찾아내야 한다. 동시에 정지(正知)와 정념(正念)의 힘을 길러 철저하게 함정을 없애야 한다. 단순히 겉만 덮어두면 안 된다. 그러면 잠재된 위험을 더 깊게 묻고, 위기를 더 심하게 할 수 있다.

**보이지 않는 함정**

물질적인 외형이 없는 함정이 여전히 많다. 예를 들어 어떤 사람에게 화가 나면, 속담에 "생각만 나면 화가 난다."라는 말이 있는 것처럼 그렇게 생각하기만 해도 마음이 곧장 곤두박질친다.

만약 마음의 함정이 점점 더 많아지면 우리의 일생은 이 함정에서 저 함정으로 빠져 영원히 암담한 세상이 되어 계속 피해를 입게 될 것이다.

교양이 한껏 드러나며, 도처에서 사람들에게 환영을 받으며 주위 관계를 매끄럽게 처리하는 것은 모든 이들이 추구하는 인생 목표이다. 수양은 개인적 매력의 토대가 되고, 사람을 매료시키는 모든 장점은 이로부터 나온다. 어째서 어떤 이는 말하고 행동하는 하나하나, 이를 테면 미소 짓거나 안부를 묻거나, 심지어는 전화를 받는 것까지도 사람들에게 편안한 느낌을 주는 한편, 어떤 사람은 완전히 상반되는 경우도 있는 것일까? 이것은 바로 그 사람이 수양이 있는지 여부가 나타나는 것이다. 때로 남에게 보이기 위한 목적으로만 우아하고 예의 있는 행동을 하는 건 아니다. 우리 모두는 마음 깊은 곳에서 전부 이러한 아름다움을 좋아한다. 반드시 얼굴이 아름답고 예뻐야 할 필요는 없다. 목소리가 듣기 좋거나 온몸을 명품으로 휘감았다고 반드시 사람의 이목을 끄는 것도 아니다. 훌륭한 수양은 평범한 당신을 보통 사람들 속에서 송곳 끝이 주머니를 뚫고 나오듯 두드러지게 하기 마련이다. 만약 당신이 다른 사람의 주목을 더 많이 끌려면 자신의 수양을 향상시켜 보아라.

**부처님께서는 중생이 한 생각을 바꾸어 마음자리[心地]를 깨끗이 씻어 내고, 어진 사랑을 마음에 품으면, 즉시 부처가 될 수 있다고 말씀하셨다.** 이 생각은 단순해도 너무 단순하지만 핵심을 찌르는 것이다. 지극히 단순한 것이 때로는 가장 큰 정도(正道)가 되기도 한다. 왜냐하면 사람들에게 무시되기 쉬우면서 흔히 실현하기는 가장 쉽지 않기 때문이다. 원래 매우 쉬운 일인데 가장 실현하기 어려운 일이 되기도 한다. 세상일이 어려운 것은 사람들이 한 생각을 바꾸는 것을 모르거나, 충분히 바꾸기 어렵거나, 생각을 돌리고도 끝까지 밀고 나갈 힘이 없어서이다. 행복한 세계에는 어리석은 사람, 나약한 사람, 게으른 사람의 자리는 없다. 우리가 합리적으로 살려면 깨닫고 결심하고 노력하는 정신과 능력이 있어야 한다.

새로운 부(富)의 철학

# 선량함에 투자하라

선의(善意)는 선행(善行)을 실천하게 한다. 선량한 사람과 함께 접하면 자주 지혜가 열리고, 지조가 고상하게 되며, 정신이 고결하게 되고, 아량이 더욱 넓어지게 된다.

## 선량함의 씨를 뿌려라

봄날 하늘 아래 민들레 홀씨가 은은한 바람에 날려 밭둑 구석구석에 떨어져 뿌리를 내리고, 새싹이 돋아나면 찬란한 황금빛 노란 꽃이 피어나는 것을 생각해 보라. 그 선량한 마음 한 알 한 알도 그런 소박한 홀씨처럼 봄바람을 타고 가장 참되고 아름다운 꽃을 세상의 모든 구석에 가득 피우게 될 것이다.

인간 세상에서 가장 귀중한 것이 무엇일까? 빅토르 위고가 선량함이라고 한 말이 적절하다. "선량함은 역사 속에서 보기 드문 진주이며, 선량한 사람은 거의 위대한 사람보다 더 훌륭하다." **중국 전통문화는 역대로 '선(善)'을 추구해 왔다. 사람을 대하고 일을 처리하는 데 마음에 선의(善意)를 갖고 선(善)을 지향하는 아름다움을 강조하였고, 사람들과 교제할 때는 남에게 선을 행하며 착한 일과 남을 돕길 즐겨할 것을 중히 여겼으며, 자기에게 요구한 것은 홀로 자기 몸을 닦는 데 힘쓰며 선심(善心)이 상주하기를 주장하였다.** 한 유명 인사가 대중들에게 있어서 유일한 권력은 법률이고, 개인에게 있어서 유일한 권력은 선량함이라고 말했던 것이 기억난다.

미국 작가 마크 트웨인은 선량함은 세계에 통용되는 언어이며, 이것은 눈 먼 사람을 '보이게' 하고, 귀 먹은 사람을 '들리게' 한다고 찬양하였다. 마음에 선량함을 지닌 사람은 마음이 따뜻하고 정열적이어서 추위를 쫓아 내고, 뿌연 먼지를 쓸어버린다. 선의는 선행을 실천하게 하고, 선량한 사람을 접하면 자주 지혜가 열리고, 지조가 고상하게 되며, 정신이 고결하게 되고, 아량이 더욱 넓어지게 된다. 선량한 사람과 함께 지내면 경계할 필요가 없어 마음이 편안해진다.

선량함을 심어야 희망을 간직할 수 있다. 사람은 옆 사람을 경탄하게 하는 자태가 없을 수 있고, '돈에 쪼들리는' 날들을 참아 낼 수 있지만, 선량함을 떠나면 인생은 난항을 겪고 퇴색되어 버린다. 왜냐하면 선량함은 생명의 황금이기 때문이다. 조금 더 많이 선량하고, 조금 더 많이 겸양하고, 조금 더 많이 너그러워지고, 조금 더 많이 이해하면 사람들은 생활하는 가운데 아름다움과 행복을 느끼게 된다. 이것이 선량한 사람들이 동경하고 추구하는 것이다.

## 선량함은 사람을 아름답게 한다

사람들은 '얼굴은 마음의 거울'이라고 말한다. 사람의 외모는 마음으로 결정된다고 생각한다. 우리는 자기의 얼굴에 책임져야 한다는 것을 말해 준다. 어떤 사람이 우스갯소리로 자기의 얼굴은 '30세 전에는 부모에게 달려 있지만, 30세 이후는 자기에게 달려 있다'고 한 것도 같은 이치이다.

성장 과정 속에서 우리가 했던 일, 했던 말이 사람을 감동시켰던 점은 모두 마음속에 존재하고 있으며, 아주 조금씩 쌓이다 보면, 우리의 눈과 코와 입이 차츰 변하여, 서서히 우리 주변에 정겹고 감동적이며 아름다운 빛이 서리게 된다. 진정한 아름다움은 마음 깊은 곳에서 나오는 것이며, 그것이 선(善)의 대명사이다. 이러한 아름다움을 뜨겁게 오래 유지해야 우리가 18세가 되었든 80세가 되었든 다 똑같이 사람을 사로잡는 매력이 가득할 것이다.

## 행복한 인생을 쓰다

우리의 인생은 눈앞에 평평하게 깔아 놓은 한 장의 백지이다. 우리가 걸어온 모든 발걸음과 했던 모든 말들, 행했던 모든 일들이 다 이 종이 위에 흔적으로 남아 있다. 그러므로 마지막에 우리는, 어떤 사람의 인생은 색채가 화려한 유화 같고, 어떤 사람의 인생은 담담한 수묵화 같고, 또 어떤 사람의 인생은 한 무더기의 난잡한 선(線)뿐이거나 아예 뒤범벅이 된 한 조각 얼룩일 뿐인 것을 보게 된다.

**불나방이 불에 날아드는 비극**
불나방이 불에 날아드는 것은 촛불을 달빛으로 착각하기 때문이다. 우리가 만약 인생의 진실함과 선량함과 아름다움을 잃어버린 채, 이른바 헛된 재산을 추구해 간다면 결말은 이와 같을 것이다.

**선량한 마음**
선량한 마음은 등잔불처럼 항상 사람의 눈에 띄지 않는 구석에서 조용히 자신을 태우지만, 언제나 온 방안의 가득한 어둠을 몰아낼 수 있다.

**행복은 어디에 있나**
진실하고 선량하며 아름다운 마음이 바로 행복한 인생이며, 모든 사람들은 다 자신의 인생이라는 책이 풍부하면서 멋지게 쓰이기를 원한다.

# 도해 운명을 바꾸는 법

그림과 도표로 터득하는 일생일대의 인생 변화를 위한 운명 관리술

2019년 9월 6일 초판 1쇄 발행

편저 석심전 • 역 김진무, 류화송
발행인 박상근(至弘) • 편집인 류지호 • 편집이사 김선경
책임편집 김재호 • 편집 이상근, 양동민, 주성원, 김소영 • 디자인 쿠담디자인
제작 김명환 • 마케팅 허성국, 김대현, 최창호, 정승채, 이선호 • 관리 윤정안
펴낸 곳 불광출판사 (03150) 서울시 종로구 우정국로 45-13, 3층
　　　 대표전화 02) 420-3200 편집부 02) 420-3300 팩시밀리 02) 420-3400
　　　 출판등록 제300-2009-130호(1979. 10. 10.)

ISBN　978-89-7479-678-5 (03150)

값 20,000원

이 도서의 국립중앙도서관 출판예정도서목록(CIP)은
서지정보유통지원시스템 홈페이지(http://seoji.nl.go.kr)와
국가자료종합목록 구축시스템(http://kolis-net.nl.go.kr)에서 이용하실 수 있습니다.
(CIP제어번호: CIP2019028313)